雷震傳

民主的銅像

范泓——著

雷震在大陸時期深受蔣介石信任，負責黨派協調的工作。
圖為1946年，雷震（右）在南京機場等候中共代表周恩來。

1952年11月28日，《自由中國》三週年紀念餐會，於台北青島東路裝甲軍官俱樂部舉行，共計兩百五十多人參加，包括國民黨元老許世英、吳鐵城等人皆與會。圖中發言者即胡適，胡適後方即雷震，雷震最後以「對人無成見，對事有是非」的工作態度期勉同仁。

1939年9月9日，對日抗戰第三年，國民參政會第四次大會於重慶召開。雷震時任國民參政會副秘書長兼議事組主任，折衝於各黨派之間，運籌帷幄長達十年。

1949年底，雷家遷居台灣，圖為1952年雷震與如夫人向筠攜子女在台北合影。

1920年，雷震在日本第八高等學校時期留影。

1949年9月，上海易手，雷震（左三）轉往福建參加廈門防衛戰，與夏道平（左四）、方治（中）等人攝於南普陀寺。

1946年，國民政府還都南京，雷震在國民政府大廈前留影。

出獄後的雷震與夫人宋英
攝於木柵家中。

晚年雷震與向筠。

1949年1月，蔣介石下野前夕，雷震於南京辦公室中。

1949年9月下旬，雷震在廈門赴高崎地區視察軍事工程時，在戰壕前留影。

雷震攝於家中盛開的杜鵑花前。他曾說：「我是締造中國歷史的人，我自信方向對而工作努力，歷史當會給我做證明。」

1988年，雷家三姊妹自美返台為父親雷震翻案，在政治受難者家屬晚會中合影。
左起：雷美琳、雷美莉、向筠、雷美梅、陳菊、友人及雷震昔日獄中難友張化民。

台灣民主人士到松江路寓所拜訪雷震先生，前排左起為張富忠、林正杰、陳菊。
後排左起為向筠、雷震、許信良。

1952年11月至次年1月，胡適自美返台講學，與雷震（左一）、許世英（左二）、張群（右一）合影。

1960年10月8日，雷震案一審判決前，雷震從容步入「軍事法庭」，被熱情民衆包圍。

1931年，雷震、宋英於日本合影，兩人次年北平結婚。

美琳夫婦帶著孩子與美梅母子和雷震、向筠夫婦在家中庭院合影。

胡適與雷震正式結交於1937年秋，胡適代表北京大學，雷震代表教育部。同年廬山會議，兩人對話曾不歡而散，雷震主張「對日抗戰」，胡適主張 「忍辱負重」。但因當時胡適住在教育部宿舍，得以朝夕相處，終成莫逆。雷震意見較激進，胡適則主沖和。終其一生，雷震都尊崇胡適。胡適在雷震入獄年餘病逝，雷震為此慟哭，他自言如蘇雪林，一生兩次大哭，一次哭母喪，一次哭胡適。

1939年9月9日，雷震在重慶出席第四次國民參政會，於會場前留影。

自由中國半月刊發行人總統府前國策顧問雷震被控
言論叛乱、及掩護匪諜、經台灣警備總司令部軍法處
處刑十年、覆判確定、已於十一月廿四日移監執行。伏念
雷震追隨　鈞座、献身革命、抗日戡乱、無役不從、奮
勵忠勤、垂三十年。共匪肆虐、中原板蕩、於上海垂陷之
時、協贊湯故總司令恩伯、履危蹈險、萬死不辭。淞沪
撤守、隨軍轉進、廈台之间、辛苦驅馳、承命規劃、弥多
献替。及　鈞座俯順輿情、再秉國政、共匪惶懼、妄肆
謗誹、以香港為樞軸、逞簧鼓之詭詐、人心惘惑、迷其归趨、
雷震與國民黨故中央委員洪蘭友、馳往宣釋、堵口嘵

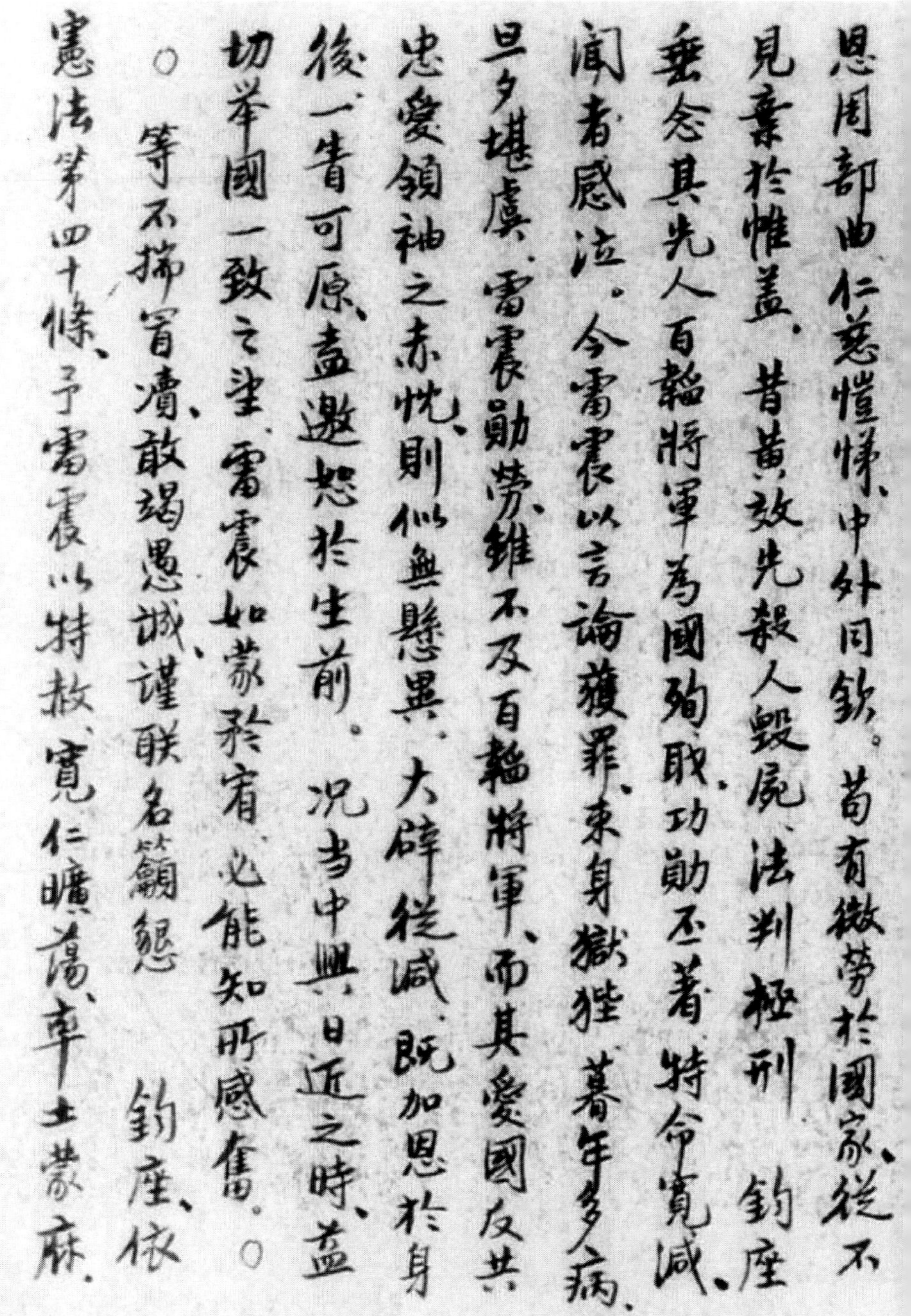

恩周部曲仁慈愷悌、中外同欽。茍有微勞於國家、從不見棄於帷蓋、昔黃效先殺人毀屍、法判極刑、鈞座垂念其先人百韜將軍為國殉職、功勳丕著、特命寬減、聞者感泣。今雷震以言論獲罪、束身獄狴、暮年多病、旦夕堪虞、雷震勛勞、雖不及百韜將軍、而其愛國反共忠愛領袖之赤忱、則似無懸異、大辟從減、既加恩於身後、一眚可原、盍邀恕於生前。況當中興日近之時、益切舉國一致之望、雷震如蒙矜宥、必能知所感奮。○等不揣冒瀆、敢竭愚誠、謹聯名籲懇　鈞座、依憲法第四十條、予雷震以特赦、寬仁曠蕩、率土蒙庥、

1961年2月4日，胡適、蔣勻田、陳啓天、胡秋原、張佛泉、成舍我、毛子水、沈雲龍、徐復觀、夏濤聲、齊世英、李公權、朱文伯、李濟、沈剛伯等四十六位著名學者、社會名流上書蔣介石，替受誣入獄的雷震慷慨陳情，要求根據「憲法」第四十條規定，予以特赦。

署名者包涵大學教授八人、國大代表七人、立監委員二十八人，其餘為政黨領袖。若以黨籍計，國民黨二十人，民社黨七人，青年黨十一人，無黨無派人士人八人。

茲據自由中國社依出版法第九條聲請登記業經審核合格除登記外核給本登記證此證

中華民國四十二年十二月七日

姓名	雷震　男　年五十七歲
籍貫	浙江省　縣　市
住址	金山街一巷二號
發行地址	金山街一巷二號

《自由中國》登記證及刊末的訂購單。

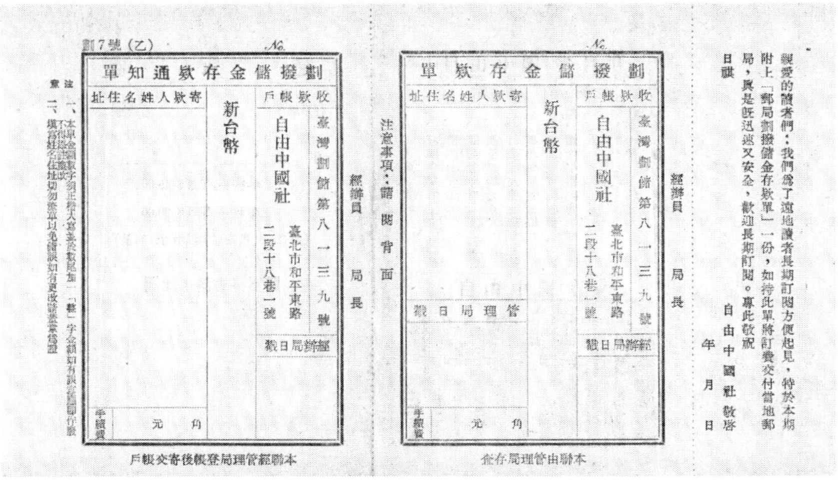

親愛的讀者們：我們為了適地讀者長期訂閱方便起見，特於本期附上「郵局劃撥儲金存款單」一份，如持此單將訂費交付當地郵局，真是既迅速又安全，歡迎長期訂閱。專此敬祝

日祺

自由中國社敬啓

年　月　日

劃撥儲金存款單　No.

收款帳戶：臺灣劃儲第八一三九號　自由中國社　臺北市和平東路二段十八巷一號

新台幣

寄款人姓名住址

經辦局日戳

管理局日戳

手續費　元　角

經辦員　局長

本聯由管理局存查

注意事項：請閱背面

劃7號（乙）　No.

劃撥儲金存款通知單

收款帳戶：臺灣劃儲第八一三九號　自由中國社　臺北市和平東路二段十八巷一號

新台幣

寄款人姓名住址

經辦局日戳

手續費　元　角

經辦員　局長

本聯經管理局登帳後寄交帳戶

注意：一、本單金額數字須正楷大寫並於數尾加一「整」字金額如有誤寫應即作廢不得塗改
二、填寫姓名住址切勿潦草以免錯誤如有更改請蓋章證明

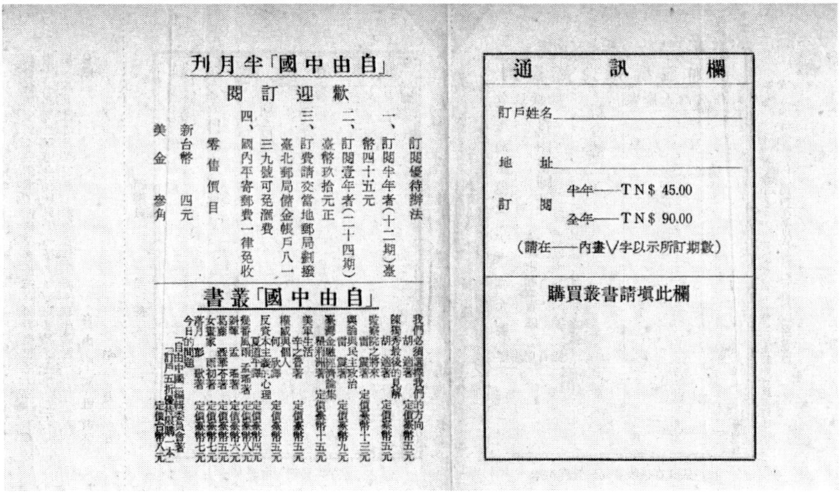

「自由中國」半月刊

歡迎訂閱

訂閱優待辦法

一、訂閱半年者（十二期）臺幣四十五元

二、訂閱壹年者（二十四期）臺幣玖拾元正

三、訂費請交當地郵局劃撥臺北郵局儲金帳戶八一三九號可免滙費

四、國內平寄郵費一律免收

零售價目

新台幣　四元

美金　參角

「自由中國」叢書

我們必須選擇我們的方向　胡適著　定價臺幣五元
陳獨秀最後的見解　胡適著　定價臺幣五元
監察院之將來　雷震著　定價臺幣十三元
輿論與民主政治　雷震著　定價臺幣九元
臺灣金融經濟論集　[illegible]著　定價臺幣十五元
美軍生活　辛之魯著　定價臺幣五元
權威與個人　何欣譯　定價臺幣五元
反資本主義的心理　夏道平譯　定價臺幣四元
[illegible]風雨　孟絲著　定價臺幣八元
[illegible]　孟瑤著　定價臺幣六元
葛藤　聶華苓著　定價臺幣五元
女畫家　[illegible]著　定價臺幣七元
落月　彭歌著　定價臺幣七元
今日的問題　「自由中國」編輯委員會著　「訂戶五折優待限購一本」　定價台幣八元

通訊欄

訂戶姓名

地址

訂閱　半年——TN$ 45.00
全年——TN$ 90.00

（請在——內畫∨字以示所訂期數）

購買叢書請填此欄

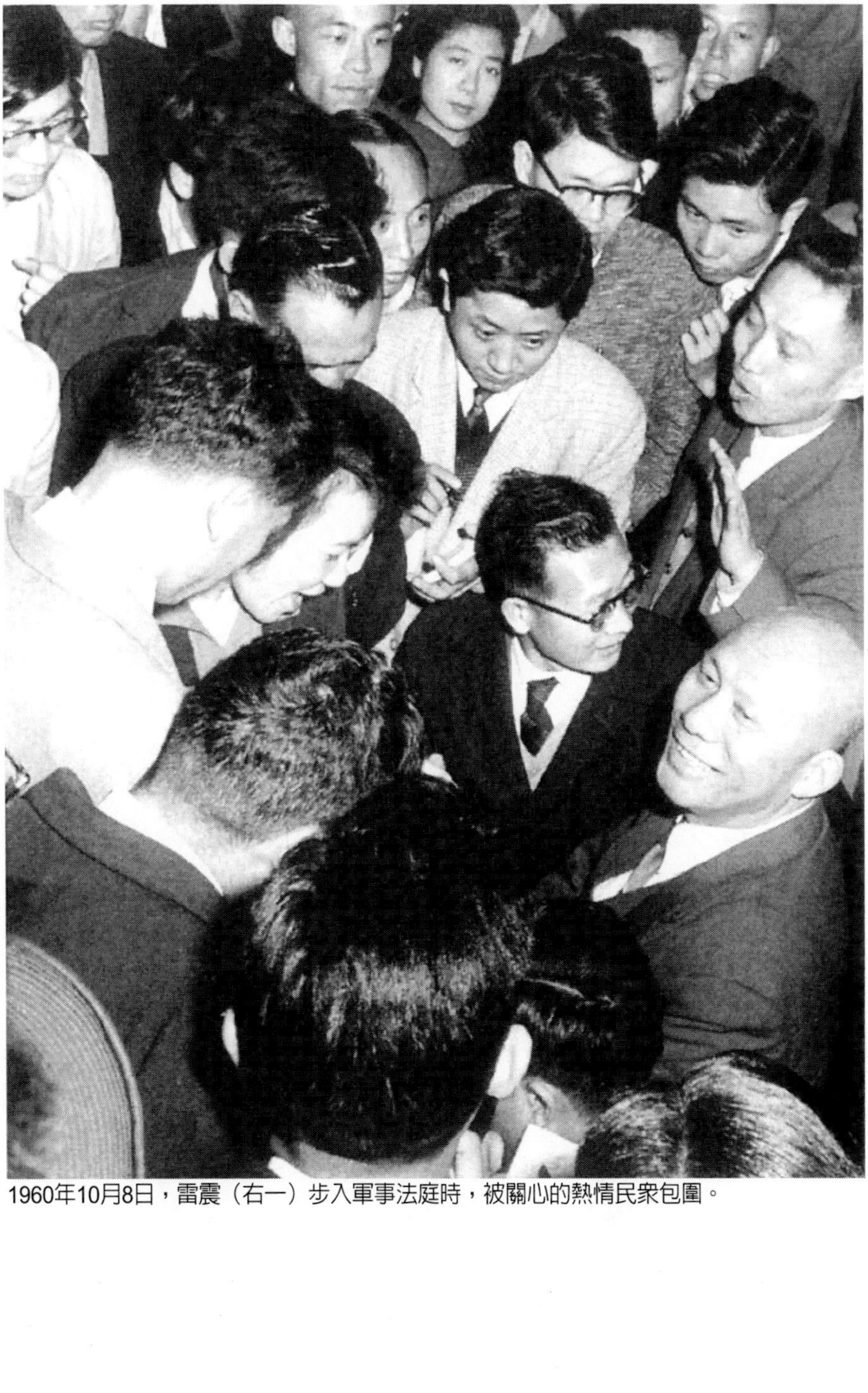

1960年10月8日，雷震（右一）步入軍事法庭時，被關心的熱情民眾包圍。

序　為雷震造一個銅像

傅國湧

第一次對雷震這個名字有了印象，大約是在二十多年前，李敖的某一篇雜文中有一段話給我留下了很深的印象，大意是說，中國人本身有很多不自由民主的性格，雷震的氣質是革命黨式的、單調的、高高在上的，興趣狹隘的，雖然很雄渾、很過癮，可惜不是自由民主的氣質。從那時起，我就想瞭解雷震，這位曾經進入過國民黨權力中心、最後卻因追求民主自由而成了「階下囚」的歷史人物到底是怎樣一個人，他真的像李敖論定的那樣缺乏民主自由的氣質嗎？自那以後，我斷斷續續讀到過不少有關書籍、文章，但真正對雷震一生大起大落的命運，他的理想、追求，他的性格、氣質有了較為全面的瞭解，一直要等到二〇〇四年五月，《風雨前行——雷震的一生》問世之後。相隔八年，此書重出修訂本，易名為《民主的銅像——雷震傳》，范泓兄要以我當年寫下的一點感想為序，修改舊作之時，遙想海峽對岸，物是人非，早已換了人間，雷震若在，不知會有如何的感想。面對十年牢獄，他在鐵窗之中寫給兒女的信中，傲然說出了這番話：「我是締造中國歷史的人，我自信方向對而工作努力，歷史當會給我做證明。」是的，歷史已給他做了證明。

這是我在目前為止讀到的第一部雷震傳，也是唯一的一本。以史家筆法而不是文學筆法寫的，沒有多少輕飄飄的抒情成分，讀起來沉甸甸的。范泓兄是新聞記者出身，年輕時當過詩人，卻偏好文史，對一九四九年以後海峽對岸的歷史曲折和政治變遷尤有特別的興趣，所以首先選擇了這個題目。我從中看到了一個包括我在內的多數大陸讀者陌生的雷震，一個從坐而論道到起而行之的雷震，一個「雖千萬人，吾往矣」的大丈夫，即便在獄中，他也從來沒有低頭屈膝，他的脊樑始終是挺直的，他的骨頭向來是硬的。他不僅是海峽對岸邁向民主憲政的風雨歷程中一個具有鮮明個性特徵和悲劇色彩的象徵性人物，一個「光焰萬丈」的紀念碑，也是中國人追求民主的百年長路上的一個不能迴避的座標。讀罷此書，我老是在想，他早年深受蔣介石的賞識，連國民黨內炙手可熱的ＣＣ系、政學系都暗中嫉妒過他，在國民黨大廈將傾的一九四九年他還成了「滬上三劍客」，他身上不乏對蔣和國民黨政權的忠誠。如果不是一九四九年風雲激蕩的大變局，他是不是會走上這條不歸路，還是一個未知數呢。

但另一方面，青年雷震長期留學日本，曾師從日本負有盛名的憲政學者森口繁治、行政法學者佐佐木等，接受了憲政主義思想。特別是他在國民黨權力系統中那段獨特經歷，從參政會到政協會議，奔走於各黨各派之間，與各種政治觀點截然不同的人打交道，在一個歷來缺乏包容、缺乏多元選擇可能性的中國，這一經歷對他政治生命的影響，怎麼估計都不過分。雷震不是從中國傳統文化中生長出來的，雖然他身上有類似古代士大夫的那種浩然之氣，在許多方面受到中國歷史文化的影響，但毫無疑問他是近代的產兒，他的思想、行事作風中包含了更多我們傳統中所缺乏的東西。

雷震主持《自由中國》半月刊達到了一生事業的頂峰，歷史記住了雷震這個名字，後世的人們緬懷這個名字，不是因為他曾是國民黨高官，介入過許多重大歷史事件，而是因為他主辦的那本《自由中國》雜誌。從一九四九年十一月到一九六〇年九月，在長達十多年的歲月中，《自由中國》在水深浪闊、長夜難明的孤島舉起了一個火炬，照亮了一代青年，後來推動臺灣民主化進程的許多重要人物或多或少受到這本雜誌的影響。李敖批評雷震的民主自由氣質是「革命黨式」的，可是如果不是他以雷厲風行的決絕姿態，高舉起《自由中國》的大旗，不斷地發出道義的聲音，殷海光他們的書生論政能堅持十年之久嗎？在與蔣介石政權的衝突中，正是雷震不惜被開除黨籍、撤銷「國策顧問」等頭銜，以傲岸的人格力量抵抗一切襲來的橫逆。

一九六〇年，在島上存在了十年之久的《自由中國》已陷入風雨飄搖之中，雷震不僅沒有退縮，反而加快了籌建反對黨的步伐，超越了士大夫的清議傳統。他的悲劇命運也因此註定，羅網迅速張開，情治機構最初想找馬之驌，這位與雷震並無深交、「對政治向無興趣、也沒有寫過任何文章」的普通人不肯出賣人格，拒絕和當局合作，而另一個與雷震關係更深、多次受過其恩惠的原《自由中國》雜誌社會計劉子英在威逼利誘面前，很快就軟了下來，「自白」

是部力子之妻傳學文派到臺灣的「匪諜」，而且早就向雷震說明。這讓國民黨黑暗勢力情治部門大喜過望，一場以「知匪不報」罪名將雷震構陷入獄、掩天下人耳目的獨角戲就此完成。雷震為此付出了十年牢獄代價。

在這齣歷史劇中，讓我感到吃驚的不是劉子英的出賣，在人權根本沒有保障的時代，漂浮在黑暗的孤島上，劉子英，一個微不足道的小人物，在強大的幾乎無所不能的暴力機器面前，確實連一隻螻蟻都不如，他選擇出賣雷震以求自保顯得那麼正常。在構陷了雷震之後，劉子英照樣被判了十二年，當局給他的回報是「養其終生」，即在獄中享有零花錢之類的特殊待遇。

而雷震幾乎從一開始就原諒了叛賣他的劉子英，以他閱世之深，豈能不明白，就算沒有劉子英扮演這個不光彩的角色，他的牢獄之災同樣無法倖免，劉子英不過是一個工具罷了。他說：「我並不深責劉子英，如果他不肯屈服，警備總部當會另找他人來陷害我的。」特別是後來他瞭解到，劉子英被捕後關押在台北警備總部保安處的黑屋子裡，「四周無窗戶，不透空氣，不見天日，地上是泥土，其黑暗陰森可怕，被囚於此者無不肉跳心驚，以為個人的末日將至也。」他明白，「關在這裡的人，都是為著逼供的，和過去屈打成招則毫無二致……這裡的方法，是精神壓迫而使囚者精神崩潰」，何況「有時也兼用酷刑」。所以，一九七〇年代有人告訴他劉已獲釋時，他當場就問：「劉子英已經出獄，為什麼不來見我？」語氣平靜。一九八八年八月，雷震的遺孀宋英終於等到了劉子英的懺悔信，其中說：「而您對我的為人罪行也似給以寬容，從未表露責怪之意，因而益使我無地自容。」此時，距離震驚臺灣及國際社會的「雷震案」已相隔二十八年，雷震謝世已近十年，這是一份遲到的懺悔。

這一切，在這部傳記中都可以看得很清楚。雷震的前半生在國民黨體制內浮沉，《自由中國》創刊那一年他已年過半百，卻是他在風雨中前行、跋涉的開始。此書初版時，我曾以為，從篇幅上說，他前半生的經歷可以寫得簡略一些，《自由中國》十年、獄中十年還可以寫得更詳細、更豐滿一些，因為雷震一生意義最重大的是他的後半生。這已經在修訂本中得到了相當程度的解決。

這些年來，相關的新史料不斷浮現，當年臺灣的許多檔案都已陸續解密，修訂本增加了許多新材料，在這方面還有進一步可拓展的空間，比如雷震日記中留下的大量有價值的線索，都可以好好利用。當時駐美大使葉公超的「使美外交文件」中涉及「雷震案」的內容，一九六〇年十一月二十八日，雷震案判決幾個月後，葉公超致電外交部並請轉陳誠，美國國務院主管政治事務的助理國務卿Merchant當天下午約談，對雷震案表示「至為遺憾」，美國一般人士指責蔣政府壓制自由及阻止組織新黨，國務院受到國會方面強大壓力，要求發表聲明。國務卿親自約談一個多小時，就是希望蔣介石能考慮減刑一途。美國國務院中國事務局馬丁局長向葉公超透露，有國會議員列舉南韓李承晚封閉反對黨報紙時，國務院曾發表聲明，此次如不採取行動，實有偏頗，為此提出警告。葉公超的電報轉到蔣介石那裡，蔣不為所動，親批：「雷案為反共運動政策與共產顛覆陰謀之爭。且為維持國法與破壞反共法律之爭，乃為國家生死存亡之關鍵，不能再作其他如減刑等之考慮。否則我政府無法再言反共，即使其存在亦無意義。最後結果臺灣只有坐待共匪和平解放而已。」十二月四日，由總統府秘書長張群覆電，除了轉達此意，並說臺灣為西太平洋防衛之要衝，其安危得失，與美國利害有不可分之關係，要葉公超將這個意思相機懇切陳說，獲得美國的諒解。（參考周谷編著《胡適、葉公超使美外交文件手稿》，台北聯經出版公司二〇〇一年版，第二六三至二六四頁。）

如果要說初版時留下一些什麼遺憾的話，我想到的是雷震的心路歷程，一九四九年前後，他目睹國民黨政權在大陸的失敗，倉皇撤到孤島，驚魂未定，雷震和一班受過良好教育、心懷自由理想的知識份子一起開始了重新的思考，穿越《自由中國》和漫長的囚禁生涯，直到出獄後的最後時光，從他的思想轉型到最後以如此決絕的姿態，與他大半生棲身的這個政治集團決裂，他的內心軌跡、精神脈絡還可以進一步展開；此外，對雷震的個性、精神氣質可以做更深入的探索。李敖以為自由民主的氣質是自然的、從俗的、快樂的、嘻嘻哈哈的、拍肩膀捏大腿的，雷震不具備這些氣質。這不過是一管之見、一家之言，我不相信一個有著如此深厚的專制土壤的民族，依靠嘻嘻哈哈、拍肩膀捏大腿就能走向民主，我不相信只有那樣的氣質才是自由民主的氣質。誠如雷震在《自由中國》時期一再說的，自由是爭取來的。嘻嘻哈哈、拍肩膀捏大腿式的自由民主未免也太廉價、來得太容易了，它忽略了在專制向民主過渡的過程中志士仁人們付出的努力、汗水和血淚代價。假如沒有雷震，海峽對岸的歷史有可能完全不同，在一九六〇年胡適就在《自由中國》十周年紀念會上說過，「雷先生為民主自由而奮鬥，臺灣的人應該給雷震造個銅像。」

我以為，雷震不僅屬於那個他埋骨的孤島，同時也屬於生養他的這片廣袤的大陸。他在本質上是一個真正大陸型的知識份子，儘管他一生的事業是離開大陸之後才開始的。在雷震告別人間四分之一個世紀之後，范泓兄的這本《民主的銅像——雷震傳》，可以看作是他用象形文字為雷震建造的第一個銅像。

二〇一一年十一月七日於杭州

目次

序　為雷震造一個銅像／傅國湧 …… 14
引言 …… 23

第一部分　少年時代（1897—1916）

第一章　浙江豫籍移民之子 …… 28
第二章　父親之死 …… 33
第三章　《我的母親》 …… 36
第四章　「蓴菜湯事件」與「反袁運動」 …… 45

第二部分　求學日本（1916—1926）

第五章　加入中華革命黨 …… 52
第六章　罷學歸國 …… 58
第七章　東京「明寮」一年 …… 64
第八章　名古屋「八高」三年 …… 69
第九章　京都帝國大學三年半 …… 83

第三部分　投身政治（1927—1949）
第十章　進入權力核心……96
第十一章　與蔣介石結緣……110
第十二章　「舊政協」秘書長……116
第十三章　「制憲國大」眞相……126
第十四章　漸進的民主憲政觀……135
第十五章　滬上「三劍客」……146

第四部分　骨鯁之士（1950—1960）
第十六章　《自由中國》半月刊……156
第十七章　國策顧問．香港歸來後……176
第十八章　與威權體制漸行漸遠……187
第十九章　超越「清議」……272

第五部分　政治構陷（1960—1970）
第二十章　震驚海内外的雷震案……304
第二十一章　判決之後引起的震撼……337

第二十二章　在獄中……366
附錄　《雷震軍監服刑日記審查表》……383

第六部分　最後歲月（1970—1979）

第二十三章　出獄後受監視……396
第二十四章　與王雲五的筆墨官司……407
第二十五章　銅像遲早會出現的……419
第二十六章　聶華苓：再見雷震……426
第二十七章　「雷震案」平反運動……435
第二十八章　不容青史盡成灰……450

修訂後記……456
雷震大事年表……459
主要參考書目……470

引言

二〇〇二年五月二十三日，臺灣《中國時報》記者陳盈珊一篇關於〈雷震故居難保，改以公共藝術留事蹟〉的報導引起不少讀者關注。這篇報導主要內容是，台北市文化局長龍應台女士應雷震之女雷美琳的要求，偕中研院社科所研究員錢永祥、《新新聞》雜誌總編輯南方朔等人會勘位於台北市松江路一百二十四巷內的「雷震故居」。這是一所被玉蘭花、蓮霧樹、龍眼樹所環抱的日式木構平房，當年的松江路還是阡陌稻田、白鷺鷥優雅飛掠的一個地方。這所日式木構平房，為《自由中國》半月刊發行人雷震生前與如夫人向筠女士的居所，最早是臺灣省主席陳誠專撥供給青年黨領袖、原國民政府農林部長左舜生及家屬來台所住，因其不久即往香港定居，轉撥給了雷震作為「自由中國社」職工宿舍。

由於年久失修，這幢日式木構平房已十分殘破，掩不住頹圮之勢，雷震之子雷天錫表示「無力修繕」。這所「雷震故居」（雷震在木柵埤腹路另有一住所，與夫人宋英所居）正位於此時建造中的新莊線與松山線交會的地鐵出口處，土地與產權屬於「國有」，恐難保其存在。經專家們討論，擬計畫改以「公共藝術方式」在地鐵站內呈現其人文歷史意義，以另一種方式來記錄雷震與臺灣民主進程中那一段艱難的歷史，究竟採以何種「公共藝術方式」，這篇報導並未加以說明。

那天，在濛濛細雨之中，龍應台女士手執一本一九五六年十月適逢蔣介石七十壽辰出版的《自由中國》半月刊，內文包括當年雷震所寫的一篇題為〈壽總統蔣公〉社論，呼籲蔣介石不應三連任，以及胡適、徐復觀、毛子水、夏道平、陳啟天、陶百川等人要求臺灣當局集納眾議、善待建言、以圖革新的文章。這一期「祝壽專號」在當年臺灣社會引起巨大反響，前後再版十三次，龍應台女士動情地說：「這篇社論正是雷震十年牢獄之災的關鍵點。」

雷震曾經是國民黨高層核心人物之一，蔣介石的政治幕僚，一九四九年隨國民政府去臺灣，被任命為蔣介石的「國策顧問」。雷震與蔣介石的關係，在較長時期交往中，無論於公於私，都非同尋常，雷震本人一直得到蔣的信任和重用。上世紀五十年代初，雷震與胡適、王世杰、杭立武等人共同發起創辦極具自由主義色彩的《自由中國》雜誌，「創刊宗旨」即出自胡適之手。其時國民黨正在檢討大陸失敗原因，並進行改造運動，黨內外出現兩種截然不同的聲音，「其一是以胡適、雷震為首，認為國民黨在大陸的失利就是因為沒有貫徹民主政治，導致政府腐化，人心盡失，因此國民黨必須徹底反省，在臺灣實施充分的民主憲政，如此才能對大陸百姓產生號召力；其二則是以蔣經國、陳誠為首，他們認為國民黨在大陸的失敗正在於提供了過多的民主自由，給予共產黨滲進內部和煽風點火的機會，國民黨本身卻綁手綁腳，無法施予有效的反擊。為了記取教訓，國民黨在臺灣應將內部不穩定因素徹底清除，廣設政工制度，鞏固領導中心，以確保政策的順利推動」（徐宗懋〈胡適在臺灣的日子〉，香港《鳳凰週刊》二〇〇二年第九期），胡適、雷震等人的意見未得當局認可和採納。

一九五〇年六月，朝鮮戰爭爆發，美國第七艦隊進入臺灣海峽，驚魂未定的國民黨政權由此得以維持。國民黨為了在臺灣鞏固其統治地位，對黨政軍組織進行了大規模的內部改造。主持改造計畫的不是別人，正是在史達林時期留蘇十二年、曾為蘇共預備黨員的蔣經國。由於國際形勢出現驟變，創刊不久的《自由中國》半月刊，將眼點從國際事務轉而臺灣內政，對國民黨各項施政提出一系列尖銳批評，前後近十一年時間，雙方不斷發生言論衝突，終因政治理念與國民黨威權體制南轅北轍，迥不相侔，成為當局在政治上的「眼中釘、肉中刺」，雷震本人因與本土政治精英籌組新黨，遭致政治構陷，成為蔣介石的「階下囚」。一九六〇年九月四日發生的「雷震案」震驚海內外，被輿情認為是國民黨自一九四九年退守臺灣島以來最大的一件政治冤案。二〇〇二年九月四日，「雷震案」終獲平反，距他去世已有整整二十三年。

胡適是《自由中國》半月刊揭櫫自由民主理念的一面大旗，但在《自由中國》整整十年社務中，扮演最重要角色的卻是雷震，被同仁稱為「《自由中國》的火車頭」（夏道平語）。這不僅因為雷震是一個頑固的民主憲政論者，在國民黨內擁有較高地位，更在於這位二十歲在日本留學時就加入中華革命黨（國民黨）、有著三十七年黨齡的「老牌國民黨」，晚年毅然決然地為了民主自由的理念，不惜與自己的那個黨決裂，通過創辦與主持《自由中國》與威權體制進行抗爭，從而贏得了臺灣社會和民眾的極大敬意。雷震等人被捕後，《自由中國》被迫停刊，胡適認為「一種雜誌為了爭取言論自由而停刊，也不失為光榮的下場」！一九六一年陰曆五月二十六日，雷震六十五歲生日，胡適想念獄中的雷震，手書南宋詩人楊萬里的名詩〈桂源鋪〉轉交這位老友：「萬山不許一溪奔，攔得溪聲日夜喧。到得前頭山腳盡，堂堂溪水出前村。」第二年，胡適就去世了。

一九七〇年九月四日雷震出獄，自撰春聯貼在牢門前：十年歲月等閒度，一生事業盡銷磨。橫聯是「所幸猶存」。一九七九年三月七日雷震病逝，終年八十三歲。對於臺灣民主憲政運動發展來說，《自由中國》十年中傳播出去的自由民主理念，早已深入人心，為日後臺灣社會的政治轉型起到了承前啟後的作用，直至上世紀八十年代，臺灣所有重要的政治議題都是根據《自由中國》的言論來闡述或界定的，「《自由中國》半月刊對臺灣政治體制和社會關係所引起的問題，在出刊十年期間幾乎都曾論及……從思想史的角度來看，臺灣新一代不見得都讀過《自由中國》這份刊物，但所使用的語言、基本概念和陳述方式，都是從這份刊物出來的」，這一切，雷震功不可沒。

在臺灣媒體的視野中，被捕前的雷震和被捕後的雷震，從一開始就具有劃時代的意義：既是《自由中國》半月刊在一個時代的夭折，又是一場「媒體反對運動」的重新開始。臺灣世新大學傳播研究所管中祥博士在〈媒體反對運動〉一文中指出，「有關大眾媒體在推動民主及言論自由中所扮演的角色，一直是戰後臺灣政治反對者與社會運動團體的關切重點」，雷震與他主導下的《自由中國》半月刊是這場運動中至關重要的角色，在臺灣思想發展史中具有獨特而不可抹滅的地位。《自由中國》創辦十年，雷震被關十年，一天不多，一天不少，折射出威權體制的冷酷與無情。以雷震從政多年的經驗，對此早有思想準備。一九五七年八月二日，他在給「中華民國」原駐丹麥大使館秘書朱養民的一封信中這樣寫道：「本刊自八月一日起，擬連續討論『今日的問題』，先生看了八月一日這一期社論即可明白。這就是反對黨的綱領，因此反對黨的文章務請先生撥冗寫好寄下，千萬千萬。他們愈頑固，我們愈要幹，今日打開局面，是知識份子的責任……我已下決心與他們奮鬥到底，早已準備坐牢了。」

在動員勘亂時期威權體制的限制下，上世紀七十年代前，臺灣只有地方選舉，而透過地方選舉則成為自由派人士推動臺灣實現民主的重要政治參與。一九六〇年六月三日上午，雷震與青年黨《民主潮》雜誌發行人夏濤聲來到胡適家中，再次言及國民黨威權體制給臺灣政治、經濟、文化、教育等領域所造成的種種弊端，表示仍想組建一個「新黨」。胡適出於對這個體制的「大失望」，覺得「一定沒有結果的」，乃出言相勸，勸雷震放棄這個想法。這次談話或許不歡而散，三個月後，胡適的話不幸而言中，雷震遭當局逮捕，「新黨」也胎死腹中。一九六〇年十一月十八日，胡適與蔣介石有過一次談話，表面上是彙報赴美出席中美學術合作會議情況，實際上談了許多有關雷震和「雷震案」的話題。不過，為時已晚，蔣介石制裁雷震決心如鐵，胡適已無能為力。「雷震先生就是這樣失去身體自由了，想到這裡，我不禁要借《聖經》上的一句話贈給雷震先生：『為義而受難的人，有福了』」，這一段話是《自由中國》政論主筆殷海光於雷震被捕後在一篇文章中寫下的，也正是當時所有關心雷震和「雷震案」的人想說的一句話，歷史就這樣記住了雷震這個人，正如胡適所說：雷先生為民主自由而奮鬥，臺灣的人應該給雷震造個銅像！

第一部分

1897—1916

年代少時

第一章　浙江豫籍移民之子

知名學者陳鼓應[1]是雷震老友台大教授殷海光的學生，也是雷震晚年交往甚多的晚輩之一。上世紀七十年代初，雷震出獄後，陳鼓應經常邀請雷震去家中做客。此時的雷震，在政治上已成為邊緣人物，「儘管有時還有議論政治的興趣，但已很少有再從事政治活動的精神和體力了，偶然與他有所接觸的『民主人士』，還是以老一輩者居多。」[2]儘管如此，雷震的行蹤仍受到當局的嚴密監控，在他寓所的對面，有一個長年監視他的行動小組。陳鼓應的住處與雷宅隔著一個小山頭，騎自行車去雷家只要十幾分鐘時間，雷震時常來他家談天，陳鼓應回憶，「他一到我家，就可以看到特務的身影，偏偏我家的圍牆又低，因此只看到一顆頭晃過來又晃過去……」[3]在陳鼓應心目中，雷震是一位為臺灣民主自由奮鬥的前輩，具有政治遠見、對民主憲政持有堅定信念的先驅人物。

陳鼓應形容雷震「南人北相」，個子高大、心胸開闊，性情坦誠，是一個完全沒有心機的人，對人沒有任何設防，即便遭受很大的打擊，也照樣睡覺，照樣談天，照樣會見客人。有一件趣事：當年一位專門盯梢雷震的情治人員（情報與治安）「老陳」，經年累月之後，竟成了雷震的好友，甚至還買下了一塊與之相連的墓地，打算身後也要與雷先生相伴至永遠。陳鼓應開玩笑地對他說：「你不但生時要和雷震在一起，連死了也不放過他呀！」

1　陳鼓應（一九三五——），福建長汀人。一九四九年前往臺灣，一九六〇年考取臺灣大學哲學研究所，師從殷海光、方東美。一九六四年在台大哲研所取得學位後，於台大哲學系擔任講師，後升為副教授。與哲學系講師王曉波常常批評時政，主張應在校內設立民主牆並鼓勵學生運動，引發當局注意。一九七三年，陳鼓應因當局壓力被調動職務；一九七四年被台大不續聘。陳鼓應這一段期間投入黨外運動；之後與陳婉真分別參與一九七八年的中央民意代表增補選，發表《告中國國民黨宣言》，被國民黨開除黨籍。一九七九年在臺灣創辦《鼓聲》雜誌，任發行人。之後，前往美國加州大學柏克萊校區擔任研究員，一九八四年前往北京大學擔任哲學系教授，講授老莊哲學。一九九七年台大平反「台大哲學系事件」後，陳鼓應重返台大任教。

2　李敖、胡虛一等著《雷震研究》，李敖出版社，一九八八年五月五日初版，頁三十六。

3　蔡惠萍〈一份機密文件透露的雷震案秘辛〉一文，原載《歷史月刊》（二〇〇二年）第一六七期。

陳鼓應所說的「南人北相」，透露出雷震這位浙江豫籍移民之子的血脈之承。雷震出生在浙江省長興縣，祖籍是河南省羅山縣周黨畈，祖上世代務農，皇天后土之下，男耕女織，與世無爭。一八八四年（光緒十年），而立之年的雷震之父雷錦貴（一八五七－一九〇九），因捻亂之後，生活愈發維艱，便獨自南下浙江去尋找自己的堂兄，欲以謀求墾荒之事。未料來到浙江之後，墾荒之期已過，惟有一些不毛之地，雷錦貴無心開墾，便又在堂兄的介紹下，來到長興縣小溪口一戶童姓人家中做傭工，一年酬金為九塊大洋。雷錦貴整整做了兩年，分文未用，攢得十八大洋，購良田九畝，返回豫中老家將家室接來，從此落籍於小溪口鎮。[4]

小溪口鎮跨於長興、安吉兩縣，以苕溪支流的「小溪河」為界，市鎮以「小溪口」命名，中間有一座古老的石橋連綴兩頭，這裡的店面與學校，大都以「長安」或「安長」而命名。長興地處長江三角洲杭嘉湖平原，位於浙江省的北部，與蘇、皖兩省接壤。東臨太湖，西倚天目，南靠杭州，北接蘇州。當時小溪口鎮連一個郵政代辦點都沒有，只有少數的篾竹店和鐵匠鋪，可見一時的古老和落後。

其時雷錦貴的原配夫人范氏依然健在，他們已有二子，繼續以農營生，日夜勤耕於江南這個天然富庶的「魚米之鄉」，家境漸有好轉。十年之後，范氏不幸過世，壯年雷錦貴續娶十九歲浙江諸暨女子陳氏（一八七五－一九三八）為妻，雷門遂另生一支。第二年，陳氏即生長子用邦；翌年，即一八九七年（光緒二十三年）陽曆六月二十五日，雷震出世，取名用龍，學名雷淵；之後，又有一弟和二妹。

浙江豫籍移民被稱為「客民」，因風俗習慣不同而自成一個小社會，與浙江人（所謂「土民」）鮮有往來。當時浙江豫籍移民不在少數，卻通常只在族群內進行婚配，很少有人能像雷震父親那樣與當地的女子結婚。陳氏出身浙東諸暨一個望族，但在「客民」這個小社會裡，仍未能逃脫在社群內備受族人歧視的不堪命運。初來雷家時，學不好河

4 《劍橋中國晚清史》提及捻軍的來歷：這些人大都是一八一四年白蓮教叛亂失敗後的餘眾，分散在安徽和河南的交界處，成了強盜和土匪，當地人將這些「一小夥一小夥」的人稱為之「捻」。

南話，不知受了多少河南人妯娌之間的閒氣。每逢本家或親戚婚壽喜慶之事，除非是對方真心實意的三請四邀，否則絕對不敢貿然前往，惟恐遭之鄙視，或譏她不懂「中原規矩」而有損於自尊。雷震自小目睹這一怪現狀，後來這樣評價浙江豫籍移民，「河南遷來的人，儘管都是一些『老粗』和『目不識丁』之輩，但他們自視甚高，認為江浙地方乃蠻荒鄙野之地，老百姓不大懂得中原上國的規矩。他們認為河南是中原，中原的一切一切，才是中國的正統文化，才是合乎禮教的規範。譬如說，本地的婦女可以隨便和男子講話，或在客廳裡，或在門外，河南人就認為這是不懂禮教的緣故。」[5]

浙江豫籍移民一般看不起浙江人，口口聲聲稱他們為「蠻子」，從不避人。雷震年少無知，一次竟也跟著叫母親「蠻子」，陳氏聽到後，滿臉不悅，當時狠狠地瞪了他一眼。雷震頓感失言，從此再也不敢說「蠻子」之類的歧視語。等雷震上中學時，浙江籍同學反又嘲笑他不會說浙江方言，此事讓他苦惱了許久。雷震一直認為，自己之所以能夠在日後「培養出忍耐心與反抗心極強的特質」[6]，與少年時代這一段經歷有關，尤其是在移民社會特殊的生活氛圍中，「讓他體認到省籍衝突與歧視是毫無必要的，雙方只有和平共處，才是互利之舉。」[7]

長興是南北朝時期陳朝開國皇帝陳霸先的故鄉。茶聖陸羽在這裡撰寫曠世之作《茶經》，因此，長興成為中國茶文化的發祥地之一；明代吳承恩任長興縣丞時，為撰寫《西遊記》在這裡積累了大量的創作素材。雷震父母雖不識之無，卻相當關心子女的教育。只是由於受到豫籍移民傳統之風的浸淫，他們並沒有利用當地現存的文化資源作為培養子女學習成長之手段，而是聘請河南籍塾師入塾授課，說起來，是為免受「南蠻饒舌之人的影響」。

據雷震回憶，在十二歲之前受的是傳統私塾教育，十二歲之後是新式教育。依當時家鄉對兒童發蒙的一般認識，當某個孩童識數能達到百位以上，就算是心靈「開了竅」，即可入堂讀書。雷震在五歲時，常以銅錢來識數，當他很

5 雷震《我的母親》，收入傅正主編《雷震全集》第八冊，桂冠圖書股份有限公司，一九八九年初版，頁九十八。以下不另注傅正主編之字樣。
6 中研院近代史所「雷震個人檔案」D.40，《中華民國制憲史》（第一節注釋Ⅰ）。
7 任育德著《雷震與臺灣民主憲政的發展》，國立政治大學，一九九九年五月版，頁一。

快就能數到百位數時，父親雷錦貴（天壽）臉上頓時泛出異樣的神情，大呼「豎子稟賦很高」，應趕緊入學念書，以「光耀雷氏門楣」。母親陳氏更是時常過問課程進度與選擇塾師之類的瑣事。實際上，雷震至一九〇三年（光緒二十九年）虛齡七歲才發蒙入學。最初三年，隨二表兄沈幼卿就讀，初念《三字經》、《百家姓》，繼以《論語》，《千字文》則未讀，雷震感到索味寡然，每每要吵著回家，不想念這個書。而這位表兄，雖然授課力有不逮，卻十分嚴厲和粗俗，動輒打人，進而罰跪，無所不為；第四年，雷震改隨堂姑丈黃有鄰就讀，雷震對他的印象同樣不佳，「在他的學塾中，一連讀了兩年，等於糟蹋了兩年的光陰。我終其一生就痛恨這個不務正業，好管閒事，跡同訟棍，而貽誤學生學業的黃老師。」[8]

一九〇九年初，小溪口鎮開辦兩所新式小學堂，鄉下人稱之為「洋學堂」，客民、土民各辦一所。客民辦的小學設在小溪口鎮上街頭陳家大屋內，取名為「安長小學堂」。剛剛守寡的陳氏覺得這是「大勢所趨，不能抱殘守缺」，自己的孩子也應當進「洋學堂」讀書，於是動了這個念頭。此時所謂的「洋學堂」，不過是一個半新半舊的「教育混合物」而已，甚至較之後來的「改良私塾」還不如。由於兩所新式小學堂的生源一直有限，致使入不敷出，出資人惟恐負擔不起，於是，在某一個冬天，經由地方紳商大佬數度集議，將原有客、土兩校合併為一所，公推客民韓寶華（字劍青）先生為校長，校址仍設在陳家大屋內，校名改為「安長兩等小學堂」。

入校後的雷震，人小志大，勤學可嘉，無論大考或小考，在校成績皆為第一，深得校長韓寶華的賞識。一九一二年初，韓寶華離開「安長兩等小學堂」，受聘於距小溪口鎮二十華里之外的梅溪高等小學校，託人帶信給陳氏，請她將雷震也送來梅溪高小就讀，並謂可以「就近照料」。就這樣，雷震去了梅溪鎮，成為梅溪高等小學校的一名學生。

8 雷震《我的母親》，《雷震全集》第八冊，頁一五九。

這時是民國元年，之前一場突如其來的「革命」掀天揭地，最終導致清廷退位，千年帝制結束，進入一個人人爭說的「共和」時代，但此時的中國，仍處於各種政治勢力彼此相爭、互為傾軋的動盪不安之中。不過，從朝代的更迭來看，在新舊交替之間，也正為國家「百廢待興」之時。這一年春季，浙江省教育司「勵志思變」，推行改革，決定在本省各「府治」地方，新設省立中學各一所，並依照浙江省十一府「杭（州）、嘉（興）、湖（州）……」等府名順序命立校名，設在湖州府的新校就稱之「浙江省立第三中學」，擬暑假正式招生。

梅溪高小校長劉式玉先生愛才如珠，再加上韓寶華先生的推賞，劉校長特別囑咐雷震也去參加這一次的考試。從未出過遠門的雷震，這是第一次去湖州，他在小溪口鎮搭乘「夜航船」獨自前往，次日拂曉，抵達湖州城內前街碼頭，投宿在碼頭旁一個名為「萃牲」的小客棧裡。在報名時，雷震發現新式中學仍未脫清朝過考的習慣，無一例外要填上曾祖父、祖父和父親三代的姓名。

關於這一次考試，雷震始終記憶猶新，當時一共考了三門，即國文、數學和英文。他回憶說，「國文試題為《試述如何振興工藝》。我不曉得怎樣胡謅了近三百字。數學可能有一半對的，而英文一課，在梅溪高小讀了半年，除ABCD外，大約認得頭二十個生字。不料這次考試，試題由丁師蓮伯（聖約翰大學畢業，後為學校的英文教師）臨時用粉筆寫到黑板上。信手寫草體，已經使人感到模糊，而丁先生又寫得很快，在初學英文的人看起來，真是蟹形蛇體，辨認困難，經窮二十分鐘之研究，我只認得**TREE**一字。」[9] 儘管如此，他還是被錄取了。雷震在「浙江省立第三中學」一直讀到一九一六年畢業，在校成績名列前茅，偶爾也有例外。

9 參見《雷震全集》第十冊，頁四九〇。

第二章　父親之死

雷震進入新式小學堂之前，父親雷錦貴在一天突然病倒，這個家庭陷入一片恐慌之中。

雷震清楚地記得，這是陰曆臘月初三晌午之後，父親赴長興縣城交納完皇糧國課的「糟米」，突然感到身體不適，踉蹌回到家中之後，就一直臥床未起。這一天，雷震與胞兄用邦正在山上抓柴葉，在他家前面不遠處的地方，有一個很大的平山，這是雷震童年時經常去的地方。母親陳氏當時以為丈夫雷錦貴馬上就要斷氣了，急忙差人至山上尋找兄弟二人，讓他們速歸，並再三叮囑兄弟二人要死守在父親的病榻之旁，一步也不許離開，以盡子責。

雷錦貴已神志不清，「連自己家人都不認識，滿口胡言亂語，有時大呼大叫，時時要起床向外奔跑，好像有人在外面招呼他似的……」[1]附近的本家人聞訊趕來，裡裡外外擠滿了人。屋內燒著一盆炭火，啪啪作響，由於人多閉塞，空氣極為燥熱，沉悶不堪。眾人見雷錦貴囈語不止，於是七嘴八舌，說東說西，最後竟鐵口直斷，說雷錦貴此次在外肯定是遇上了什麼「孤魂野鬼」，要麼就是被雲遊的「妖魔鬼怪」攀附纏身，以致鬼迷心竅，才如此言語失常的。這些人還不停地大聲嚷著，讓陳氏趕快焚化紙錢，叩頭禱告，求神拜符，聲稱只有這樣，才能使附身於雷錦貴體內的「魔鬼」儘快地離去。此時，陳氏早已六神無主，只好照辦，遂出門呼天喊地，指名喚鬼，但終無效驗。至傍晚時分，雷錦貴的熱度更高了，雙眼緊閉，呼吸短促，口吐白沫，囈語益甚，延請的「郎中」又遲遲未到，眾人驚慌失措，亂作一團，陳氏急得淚如雨下，這時一位親友說應當預備後事了，以免措手不及。

實際上，雷錦貴在這一天並未離去，而是整整折騰了三個月又十六天，宣統元年（一九〇九年）閏二月十九日黃昏之際才撒手人間，時壽五十三。父親雷錦貴究竟得的是什麼不治之症，至死沒有一個人能夠說得清楚。母親陳氏除未請西醫前來斷病之外，方圓幾十里遠近聞名的中醫，無不一一請到。令少年雷震大惑不解的是，這些郎中大都不能

1　雷震《我的母親》，《雷震全集》第八冊，頁一二六。

給予確診，不是說什麼「溫症著風」之類，或者就是一些不著邊際的話。而且，診費之昂貴，讓人難以置信，僅出診一趟，非二三十元光洋不可，不僅如此，還要有大魚大肉供奉。這些人大模大樣，架子十足。每當陳氏問及病症時，總是吞吞吐吐，期期艾艾，一副高深莫測的樣子。其實，他們是由於不能確診，才出此「妙策」，免得盡失面子。

這種情況下，陳氏心裡已然清楚，丈夫雷錦貴的性命已來日無多，必須做好這個心理準備。雷錦貴在彌留之際，一直在依賴自己魁梧結實的體格維繫日見衰敗的生命，直至最後一刻，仍未能闖過這一關。

在雷震的記憶中，父親除患有嚴重的鼻炎之外，平日裡很少生病，像這一次重病臥床不起，從來沒有過。三個多月的病疾折磨，幾乎耗盡了雷錦貴的所有體能，在清醒的時候，他很想能吃上一碗雞湯或魚肉什麼的，陳氏卻嚴格遵守那班郎中的醫囑，每天只熬上一些稀飯或是米湯，並苦口婆心地規勸丈夫要能忍耐這一切，待病癒之後再吃；其實，陳氏並不知道這是丈夫在體能上的一種需要，畢竟在封閉的鄉下，當時人們醫學常識極其匱乏，只能聽由郎中的擺佈。據雷震後來回憶，「父親是由於營養不足而漸漸瘦弱下去的」，再加上一次又一次道士、巫祝五花八門的捉妖降魔法術，擾得病中的父親始終不得安寧，「只要有人建議某某巫祝或某某道士法術高明，捉妖手到擒拿，即刻派人邀請其來家行法如儀。因此，道士和巫祝，此去彼來，很少間斷，鑼鼓喧天，號角震瓦，好人可能被吵得生病了，何況病人更需要安靜休養呢？」[2]母親陳氏一生篤信佛教，雖然從內心討厭這些道士、巫祝或三姑六婆，然無奈之中，卻又尋思不出更好的辦法，只得依眾人的建議去做，以免日後遭致族人說三道四。有一次，道士、巫祝將米糠在鍋中炒焦後，灑在一個火把上四處驅鬼。炒焦的米糠，在火把上惹得火焰嘶嘶亂竄，直沖房頂，雷震見了十分害怕，他擔心弄不好會把整個房子都給燒了。開始時，雷震對這些術法還頗有點好奇，以為這樣就可以將父親從死亡邊緣拉回，可看得久了，老是這一套，父親的病情沒有任何好轉的跡象，漸漸地，從心裡厭惡起來。

2 雷震《我的母親》，《雷震全集》第八冊，頁一三六。

父親雷錦貴之死，使雷震從此對中醫抱有很深的成見。他始終認為父親之死完全誤於那班「胡言亂語」的郎中，「我敢斗膽地說，那些中醫沒有一個是對症下藥的，因為他根本不知是患了什麼病，也許中醫看病就是用『不求甚解』的辦法……中醫遇到病人求診時，從來沒有說過，此病非待專門而拒絕診治的。他們總是摸脈後開上一個不好不壞的方子，讓病人自己去受折磨吧！這並不完全是中醫醫德之壞，而是中醫的治法，根本是一個『一品鍋』、『大雜燴』的辦法啊！」[3]

若干年後，雷震又遇到了一件事，讓他再次想起當年患病的父親，對中醫更是沒有什麼好感了。那是在抗戰初期，重慶「國醫館」館長、著名中醫焦易堂[4]先生有一天突發高燒，口中囈語不止，呼吸困難，其狀與雷震父親當年極為相似。當時重慶所有的名中醫主動前來會診，竟無一人斷出真正的病因，這些人只好私下合擬一方，讓焦先生吃了再說……幸虧其時監察院院長于右任路過此地，見狀後，立即差人將焦先生送至歌樂山中央醫院，經驗血確診，不過是患了「惡性瘧疾」，打了幾針，沒過幾天，便痊癒如初。此事一直讓雷震覺得「中醫的理論和治療的方法，實在是太落伍了……而中國人生病，誤於中醫者，又豈止我父親一人而已……」當年父親的病若不是相信那班「郎中」，而是「試身西醫」前往湖州一家教會開辦的「福音醫院」去就診，父親憑藉自身的強壯體魄，很可能不至於如此早逝。只是當年雷震才十二歲，根本無法左右當時的一切，因此，留給他的只是對中醫的一種輕蔑和反感。這位浙江豫籍移民之子對父親的死一直「耿耿於懷」，實際上，暗含強烈的父子情感，少年失怙的不幸際遇，一直刻骨銘心。

3　雷震《我的母親》，《雷震全集》第八冊，頁一三三。
4　焦易堂（一八八〇至一九五〇年），名希孟，陝西武功縣人，早年畢業於北京中國公學大學部法律科。一生酷愛中醫藥。遵照孫中山遺教，極力主張提倡發揚我國中醫藥之國粹。一九三一年，中央國醫館成立，焦易堂被選任為館長。幾年中，在各省成立了分館，各縣成立了支館，在海外成立了十三個分館。

第三章 《我的母親》

父親病逝那一年，母親陳氏三十四歲，除雷震三兄弟外，身邊還有一個不滿周歲的女兒。

就在雷錦貴出殯（宣統元年閏二月二十二日）當天下午，雷震同父異母的二哥雷用書突然來到陳氏家中，大吵大鬧，聲稱自己也是雷錦貴的兒子，應當按比例分得生父遺留下來的產業，當場要陳氏把田地契紙拿出來，否則絕不甘休。陳氏未曾料到雷錦貴屍骨未寒，親生骨肉竟會這樣昧著良心打上門來，實在是忍無可忍，出言怒斥其「糊塗荒唐」。雷用書潑皮無賴，當堂反目，亂打亂跳，執意要與陳氏算賬拼命，全然不顧是一個有家室的人。

早在陳氏來雷家之前，雷用書已過繼給雷震二伯父為嗣子。當年二伯父經營有方，勤勞克儉，產業之裕為其弟雷錦貴的十倍之多。二伯父死後，留有肥田沃地二百多畝，未出十幾年光景，一份偌大的產業，被他們母子坐吃山空，賣得一乾二淨……而現在，又要來瓜分雷錦貴的這一份薄產，見財起意之心，超出一般的情理。此事驚動了族內長輩蘭泉伯父老人，聞訊趕來，厲聲叱責雷用書，聲稱若再這樣胡鬧下去，將打開祠堂大門，召集所有雷氏族人治以「不孝之罪」。雷用書方知理虧，才中途收場，但陳氏在精神上遭受此番打擊，內心苦不堪言。其時，雷錦貴的靈柩尚未移往蘇州東山正式下葬，浮厝在老屋後面不遠的山上。陳氏心情低落時，常常會一人跑到浮厝邊嚎啕大哭。雷震只要發現母親不在家中，就知此時一定是在父親墳前哭訴。每每此時，雷震也會跑去浮厝前，跟著母親一起失聲慟哭。

這不過是未來一系列不幸事件的開端。

這一年七月，蘭泉伯父不幸染病去世，讓陳氏感到身邊失去一位值得信賴、敢於說公道話的族長前輩，對這個家的前景更加憂心忡忡。雷震描述過母親當年所處的困境，「……門衰祚薄，孤苦伶仃，不僅裡裡外外要她一人肆應周旋，而且枝節橫生，應付棘手，真是一波未平，一波又起，使她嘗盡了人世間的辛苦。故此後的十年間，是她一生中最艱苦的時期，也是她個人奮鬥成功的時期。她個人的社會地位，也是由此時期而奠定的……如果稍有鬆懈或忽略一點，我家產業定不可保，不僅我們生活會發生問題，我們的讀書也就無法繼續。」[1]

雷家經過多年的經營之後，已漸入佳境，確有不少田地、桑園和山場，這些都是雷錦貴夫婦二人起早摸黑、胼手胝足辛勞而得，也是全家人終年粗茶淡飯、省吃儉用積累起來的一份產業。雷用書在生父出殯之日大鬧析產，說起來，與其終日遊手好閒、結交鄉間頑劣、及時行樂的品行有關，在背後卻是受到某些族人的肆意挑唆。之後，又發生過諸如霸佔水路、強行借貸、盜伐森林、偷竊田中稻穀和桑葉等事件，為首者皆為族中一班不肖子弟，指使者則是一些族中長者，這些人明裡暗中變著法地欺侮這一門孤兒寡母，其目的就是想侵吞他們的財產。然而，陳氏秉性剛直，信佛而不佞佛，精於辨析事理，且不屈不撓，為保得這一份家產，不惜一切與之周旋到底。經年累月之後，終使族人意識到陳氏本是一個意志堅定、不可輕侮的女人，輕視不得，並由此對她產生敬畏之心。當時有人送陳氏一個「老巴子」綽號，意即「老虎」。但更多的人視她為本地的「大紳女」，出了湖州城而西上，只要提起「雷四老太太」，幾乎無人不曉。雷錦貴本兄弟二人，以其叔伯兄弟排行計，雷錦貴行四，故「雷四老太太」之謂由此而來。

一份含辛茹苦的家產，不僅遭族人垂涎，竟也被一幫江湖大盜所覬覦。

雷錦貴病故這一年，即宣統元年陰曆九月初一，這一天，正好是陳氏生日。午夜時分，夜風颼颼，伸手不見五指。陳氏尚未入睡，突然聽到門外一片喧囂聲，且火把通天，亮如白晝。陳氏小心翼翼地起身爬到廂房瓦上窺望，但見十多名江湖大盜手執鋼刀，花布裹頭，面目猙獰，正蠢蠢欲動。家中雖藏有防範的槍支和馬刀，但無奈勢單力薄，面對這麼多的強盜，根本無法抵禦。陳氏急中生智，快速折回樓上，將通往閣樓的小門打開，那裡有一架木梯可通向院外。陳氏之所以這樣做，是想作出已外逃的一個假象，以避免盜匪捉到「當家人」，而受到恣意勒索。在那個瞬間，陳氏想到：這幫盜匪誅求無厭，慾壑難填，但對於雷震這樣十幾歲的「小把戲」[2]頂多是施以恐嚇威脅罷了，不

1　雷震《我的母親》，《雷震全集》第八冊，頁一三八。
2　當地人俗稱小孩子為「小把戲」。

至於會有生命的危險（雷震說，幸虧當時盜匪還不懂「綁票」手法，否則，後果不堪設想）。後來事實證明，陳氏料事如神。

陳氏佈置妥當之後，又退回廂房的瓦上伏身不動，以觀其變。這幫江湖大盜衝進屋後，將熟睡中的兄弟三人驚醒。三兄弟嚇得跳下床，乘亂而逃，大哥用邦和三弟用國僥倖逃脫，雷震卻被捉住。未滿周歲的小妹在床上大哭，雷震走上前將她緊緊地摟在懷中，竟然沒有任何膽怯。盜匪用馬刀架在雷震的脖子上，威逼他說出「婆子」（指陳氏）哪裡去了？洋錢放在哪裡？雷震一概不予搭理，直顧狂呼救命，就是想把動靜弄大，這幫盜匪聞之惶恐不已，急忙制止。就這樣，十二歲的少年雷震目睹了一次江湖大盜瘋狂打劫的場面，「毫無人性和理性可言。他們找東西，不止是傾箱倒篋，但凡遇到箱籠櫃子，不論有無上鎖，立用刀斧或木棍來劈開，櫃子從背後，箱子則從底面，因為背面和底面的木板比較薄些，開劈較為容易。遇到皮箱之類，即用刀子在上面劃破，再從劃破的裂縫中把裡面所藏的東西倒出來，從不願意花點功夫去開箱子……強盜恣意搜索完畢，大包小包捆好背在身上，一齊集合在大門口稻場上，由強盜頭子點名，一五、一十、十五、二十，恰好數到一百為止。這不過表示強盜人數眾多，虛張聲勢而已。隨即鳴槍數響，說明是來借軍糧，然後蜂擁由房屋左邊往吳山渡一條路走去……」[3]

精明的陳氏伏在廂房瓦上「察言觀色」，辨析盜匪口音，又尾隨其後，將他們的去向通報給了小溪口鎮防守軍，並數次告到縣衙門。數月之後，這幫盜匪有七人被捉，雷震上堂一一指認，這些人終於供出有十七人參與了這次打劫，為首者是一個綽號叫「張大霸子」的人。這夥人是號稱「清幫」的職業強盜，專以打家劫舍為生。這一次之所以盯上了雷家，乃風聞陳氏剛剛賣了百擔大米，米款就藏在家中。這些盜匪一直被關到辛亥革命那一年才得以獲釋，其中一人病死獄中。此番險惡之後，鄉人更是敬佩陳氏有膽有識，在此千鈞一髮之際，像她這樣鎮定自若，事後不屈不撓，配合官府將這些人抓獲，即便在男子漢中，亦不可多得。雷震經歷少年時代最為驚心動魄的一幕，其臨危不亂、

3 雷震《我的母親》，《雷震全集》第八冊，頁一五四、一五六。

死不足懼的性格，與母親陳氏頗為相似。等盜匪走後，雷震才感到自己的頸部疼痛不堪，「辣烘烘猶如火烙一般」。陳氏撩衣細察，發現道道血條子，是這幫盜匪威逼時將快刀擱在雷震脖子上留下的刀痕，陳氏心如刀絞，緊抱雷震，淚如泉湧。

熬過了最初的十年之後，陳氏在族人中的處境大為改觀。這種不屈不撓的天然秉性，對雷震的成長影響很大。陳氏一生只關心兩件事，一是子女教育，二是勤勞致富。常對雷震說起「貧在路邊無人問，富住高山有遠親」、「人死得，窮不得」、「毛毛細雨濕衣裳，豆腐小菜吃家當，坐吃大山也要空」等鄉間俗語。她自己也說，「鄉下人只要起五更，摸半夜，勤儉刻苦，自然會有飯吃，不必依靠別人。大家都這樣做，天下就會太平了！」在陳氏看來，惟有讀書可以「振興門楣」，憑勤勞才能「自立致富」。陳氏一生最怕一個「窮」字，說「等到向人家借錢過活，倒不如死了乾淨，免看人家的白眼」。

「子女教育」和「勤勞致富」兩件大事，始終貫穿於陳氏事必躬親的一生，成為她的「人生觀」。在她六十壽辰時，不讓雷震為自己鋪張做壽，命其籌辦一所小學校，以求造福於鄉閭鄰里的窮苦子弟。對於自己孩子的教育，陳氏堅守原則，苛刻無比，從不姑息。自長子用邦也過繼給雷錦貴胞兄之後，她對雷震的學業更是傾注了大量的心血，雷震始終記得這樣一件往事：

> 不料到塾後，我心血來潮，坐立不安，無論如何不想念書，不管他們怎樣哄騙，我均置之不理，堅持要回家。姑丈不得已，囑用書二哥陪我回家。路上既滑躓，我又走不動，二哥幾乎背了我走了一半。到家後，天色已暮，父親疼愛兒子（父親此時已有四十七歲），心中雖不高興，但未怎樣責備。而母親見此情狀，則勃然大怒，認為豎子翹課，不堪教誨，在痛罵之後，還狠狠地打了我一頓，立命用書二哥連夜帶我返塾，不稍姑息。此時天已漆黑，雨又未停，還是父親百般講情，始准我在家中留宿一晚……我自

此之後，再未逃過學，且深知讀書的重要。以後多多少少讀了一點書，乃是母親此次教訓之力。[4]

陳氏一度受到浙江豫籍移民家族的歧視，在家中卻與長於自己二十歲的丈夫相濡以沫，恩愛有加，其主婦的中心地位不容忽視。與緘默、憨厚、性溫的夫君相比，陳氏機智過人，善於言表，這個身世並不複雜、不識之無的女人，較之當時一般地位卑下的婦女倒是一個例外。雷震說自己的體格像父親，高大魁梧，性格與母親十分相像，雖亦豁達、健談，但與母親相比，有時自愧弗如。丈夫病逝後，陳氏一人獨撐門戶，艱辛備嚐，雷震夫人宋英十分敬重陳氏，在一篇文章中描述過自己的婆婆：

> 儆寰不幸在十二歲時喪父，全靠寡母掌理門戶。而鄉間欺侮孤兒寡母的惡俗歪風，對他母親的衝擊很大，所幸他的母親個性倔強，從不認命，更不向惡勢力低頭，雖是文盲，又是婦道人家，仍敢於到省政府打官司，而且獲得勝訴。所以，他的母親早以雷四奶奶的大名而傳聞鄉里，大家都尊稱為「一鄉之長」。地方上要興辦公益事業，固然要與她商量，甚至請她出面倡導。而地方上的大小糾紛，也常需要請她主持公道，乃至不惜專門抬轎子或雇船隻請她出面處理。儆寰後來之熱心於為人排難解紛，例如到臺灣以後，對於民、青兩黨的家務糾紛，他也願意挺身介入，多少就受到了母親的影響。[5]

一九三八年二月二十日，陳氏在家鄉被日軍硫磺彈擊中而不幸罹難，終年六十四歲。直至兩個月後，雷震才在武昌驚悉這一噩耗。其時，他隨王世杰[6]已離開國民政府教育部，受聘為軍事委員會政治部設計委員，這是一個閒職，

4 雷震《我的母親》，《雷震全集》第八冊，頁一〇三。
5 《雷震全集》第一冊，頁五十八。
6 王世杰（一八九一至一九八一），字雪艇，湖北崇陽人，曾留學英國和法國。歷任武漢大學校長、國民政府教育部長、外交部長、國民黨中央

相當於顧問性質。除兩週例會之外，平時不用到會辦公。雷震當時住在漢口，辦公地點在武昌。四月底的某一天，雷震過江去設計委員會，在辦公桌上發現一封未貼郵票、顯然不是從郵局寄來的信。折閱之後，獲知兩個月前母親陳氏已在家鄉遇難。寫信人是浙江安吉縣的楊哲夫先生。雷震知道此人，卻素無來往。此信也沒有留下位址，雷震因此判斷楊先生大概是從家鄉逃至後方途經武漢時特意給他留下的。雷震捧信展讀，悲傷欲絕，心如亂麻，含著淚水跑到不遠處的黃鶴樓上大哭一場。若干年後，他借用《三國志》中徐庶說的一句話來形容當時的心境：「今失老母，方寸亂矣！」

雷震與母親最後一次見面，在一九三七年「七七事變」發生後。陳氏不顧大戰在即，執意要來南京看雷震一次。正是南京政府各機關緊急疏散的關鍵時刻，雷震身為教育部幹部要職在身，四處奔波，至重且繁，席不暇暖，未能有時間與母親長談一次。八月六日，其妻宋英率全家撤離南京，陳氏獨自一人留在雲南路西橋五號寓中，終日枯坐。八月十三日，日軍進攻上海，淞滬之戰開始，陳氏聞之決定立即返鄉。她對雷震說，將把地方上零散的槍支搜集起來，組織青年壯丁擔任地方上的防衛工作。雷震擔心戰事之中交通線恐被切斷，自己又公務纏身，無法更好地照料母親，就未作最後的挽留。當時陳氏身體已十分虛弱，經常大咳不止，雷震放心不下，擬調用教育部小車送母返鄉，以減少旅途勞頓。陳氏聞之堅拒，說：對日一戰，關乎國家盛衰和民族存亡，在這個時候怎能動用國家物資，一個老人坐長途汽車又算得了什麼？

第二天，雷震將母親陳氏送至白下路江南汽車公司長途車站，母子倆動情相別，依依不捨。陳氏對雷震說了不少勉勵的話，特別囑咐一人在外要注意身體。以往也有過母子相別的場面，陳氏從未掉過一滴眼淚，而這一次，淚水漣漣，神情恍惚，彷彿冥冥之中，早有預知。雷震感到國難當頭，山河破碎，人心惶惶，「大家前途茫茫，吉凶禍福未卜，恐怕以後不容易見到面……我也不知不覺的眼紅流淚了。當汽車開行的一瞬間，我看到她在車上的背影，瘦削的

宣傳部長等職。來台後，任總統府秘書長、中央研究院院長等職。

兩肩，斑白依稀的頭髮，和以巾擦淚的淒涼樣子，我的淚水益發湧溢不止，很想痛哭一場才好。萬未料到這次車站一別，竟成永訣……」[7]

雷震說母親一生受盡了人世間的所有之苦——辛苦、勞苦、艱苦、痛苦。

陳氏有子女五人，先後四人病歿，惟雷震一人尚在，成為她在這個世界上「最可親、最可靠、最可依念」的親人。母以子貴，每次相見，陳氏總是情不自禁地將心中的繾綣和寂寞一吐為快。陳氏晚年最大的夙願，就是希望身後也能安葬在蘇州吳縣太湖洞庭山，她覺得那裡「風水好」，不僅九泉之下可心安理得，且「存歿均安」和「子孫高發」，這也是她在後來之所以將雷錦貴和原配范氏夫人移葬到那裡的緣故。陳氏每次與雷震言及此事，態度十分堅決。雷震表示：一定遵命辦理，絕不食言。

抗戰八年中，雷震開始進入權力中樞，在國民黨內部成為炙手可熱的人物。抗戰勝利後，雷震參與籌備一九四六年一月的「全國政治協商會議」（秘書長）及同年十一月「制憲國民大會」（副秘書長），被記者們公認為「南京第一忙人」（陸鏗語），一直無暇顧及母親陳氏的下葬之事。及至行政院改組，雷震出任政務委員，此時並無固定職責，才得以抽身前往蘇州東山俞塢數次，為母親陳氏踏勘墓地。在表叔丁鶴人的協助之下，總算在父親雷錦貴墓地東面較高的一處坡地，為母親選定了最後的墓址。此處藏風聚氣，溫暖異常；枇杷樹、楊梅樹成林；佇立遠眺，可見太湖的浩瀚，水天一色，風帆上下，鷗鳥群飛，且與父親雷錦貴之墓遙相對望，完全符合陳氏遺命中的各種條件。

一九四九年秋天，陳氏正式下葬於此，墓碑由雷震老友于右任先生所書。若干年後，一九七八年六月九日，八十二歲高齡的雷震在給老友立法委員王新衡[8]一封信中，談及當年母親之慘死，仍悲憤不已：

---

7 雷震《我的母親》，《雷震全集》第八冊，頁十七。

8 王新衡（一九〇八至一九八七），浙江人，一九二六年赴蘇聯留學，與蔣經國同學。長期從事特工工作，一九四八年當選為立法委員。

我母親三十四歲守寡，茹苦含辛，撫養我們弟兄成人，後來兄與弟相繼去世。而日寇侵華時，常到我鄉騷擾，說她幫助地方上的游擊隊。平時敵人來時，我母親和家人逃到後面山上自建茅屋內暫避。這一次我母親患病不能走動，遂臥在小船中停在對面汊港裡。敵人來我家搜索時，看到對面河港裡有幾隻小船停泊著，遂發射硫磺彈燒船，家人避到田溝裡，母親不能走動因而燒死。時為民國二十七年陰曆正月二十一日。我在武漢獲此凶耗，曾至黃鶴樓上慟哭一場。

民國三十七年（應為三十六年，作者注）回家葬母，因見厝在石壇上的棺木業已腐朽，另換一口棺材時，看到母親的屍體燒得只剩下幾根骨頭，使我又大哭了一場，因而恨透了日本人殘忍成性，以殺人來滿足其征服的欲望。來台後，我寫了《我的母親》一文，在《自由中國》半月刊上刊出，本擬分作八期刊畢，不料被誣陷坐牢，《自由中國》半月刊也因而停刊。茲將已刊出的一段奉閱，請兄看看有什麼不妥之處。[9]

實際上，《我的母親》是一部近二十萬字的書稿，前後共八章，書名原為《對母親的回憶》。此書完稿於一九五九年十一月，雷震將書稿交胡適先生審閱。胡適仔細通讀，用紅筆改了幾處筆誤，還把第六章的標題「應付裕如」改為「獨力持家」，並建議書名可改為《我的母親》，雷震後來照辦了。一九六〇年五月十四日，胡適給雷震回信說「《對母親的回憶》，我匆匆讀了，很感興趣。長興與我家鄉相去不過一百多公里，竟完全是兩個世界，我竟不知道這個太湖、苕溪區域的情形。你的記載很有歷史意味——如河南移民的一類問題。我也覺得此中記你自己的事情太多（例如第（一）章的大部分可刪除）……文字似須仔細刪削。如原第一頁的第一個句子，長到二百多字……」[10]

退還原稿時，胡適在另一封信中，對雷震又說「一般人寫的傳記，總是誇大其辭，歌頌備至。尤其對於大人物，明明是一個虛偽陰詐的暴虐之徒，偏偏說成是一位偉大英明的領導者，全篇均是歌頌溢美之辭，讀之令人肉麻不已。

9　一九七八年六月九日雷震致王新衡函，《雷震秘藏書信選》，《雷震全集》第三十冊，頁五一五至五一六。

10　萬麗娟編注《胡適雷震來往書信選集》，中研院近代史研究所，二〇〇一年十二月版，頁二二九。

你確實是用平淡的字句，據實寫出，這才算是一本真正的史料，夠得上是一篇名副其實的傳記……」[11]

一九七七年九月，雷震深感生命來日無多，擬將《我的母親》一書自費印出兩百本，注明「非賣品」，準備分送給子侄及至友作為最後的紀念。未料，書印好後，尚在裝訂之中，被臺灣警備司令部連同原稿全部沒收。在當時，臺灣所有印刷廠裡面都有國民黨安插的特務，因此，印刷廠老闆劉某也遭到了拘留，其妻跑到雷震家來吵鬧。警總沒收《我的母親》的理由，是書中有批評蔣介石的內容，雷震聞之，怒不可遏，當即給過去的「老朋友」蔣經國寫了一封信，責問道：你可以寫《我的父親》，三個月內賣了八版之多，我為什麼不能寫《我的母親》，只印兩百本，且注明是「非賣品」，是不是只許州官放火，不許百姓點燈？

蔣經國將此信轉至國民黨中央黨部，警備司令部自知理虧，將原稿和沒收的一萬五千元印刷費全部退回，雷震這才甘休。一九八九年三月，在紀念雷震逝世十周年之際，原「自由中國社」編輯傅正[12]主編的四十七冊《雷震全集》經由桂冠圖書正式出版（原叢書計畫出版四十七冊，實際出版四十三冊，缺第七冊《雷案平反記》及第二十四至二十六冊《中華民國制憲史》，作者注），《我的母親》一書作為第八冊收入全集之中，雷夫人宋英女士為雷震全集寫了序言，有「如願以償」之句；其子雷德寧也說，「父親一生受祖母的影響最大」[13]。

11 雷震著《雷震回憶錄——〈我的母親〉續篇》，香港七十年代雜誌社出版，一九七八年十二月初版，頁二。

12 傅正（一九二七至一九九一），本名中梅，江蘇高淳縣人。早年響應「十萬青年十萬軍」號召，棄學從戎，加入蔣經國擔任政治部主任的抗日青年軍，復員後經分發至上海大同大學經濟系，後轉學武漢大學政治系。一九五〇年來台後參加國防部政幹班，因閱讀《自由中國》，認同雷震的民主理念，離開政工系統，從投稿者而成為編輯，與雷震同時獻身「中國民主黨」組黨運動，一起被捕。一九七九年後曾任世界新聞專科學校、東吳大學政治系教授等。

13 參見《雷震全集》第二冊，頁二九〇。

第四章　「蓴菜湯事件」與「反袁運動」

一九一二年，雷震考入湖州「浙江省立第三中學」。不久，因「蓴菜蕩事件」與校方發生衝突，一怒之下，離校返家，這一年，他十六歲。

「蓴菜」是湖州一帶生長於鄉間池塘或河汊淺水之中的一種野生植物，當地人稱之為「董董秧」，被視為「浮萍」的一種。「蓴菜」葉子呈橢圓形，莖上和葉背面多有黏液，花開暗紅色。這種野生植物到處都是，當時的鄉下人從不拿它當菜吃，只是城裡人好奇，特別愛吃。所以，每當春季長出嫩葉時，鄉下人就採來賣給城裡人，一般是做湯。

「蓴菜」初吃尚覺清香可口，滑溜溜的，而且很嫩，若連日吃來，就會覺得「淡而無味」了。

校方食堂小伙夫，每逢「蓴菜」上市，幾乎三天兩頭就做這種「蓴菜湯」，一是容易做，二是價格便宜。結果，同學們吃得實在是倒了胃口，不得已找到庶務（舊指專做雜項事務的人，作者注）錢胖子進行交涉。錢胖子有點世故滑頭，見人多勢眾，苗頭不對，便滿口允諾，說一定轉告食堂以後不再做這樣的菜湯，又稱：如果發現食堂再這樣應付大家，同學們盡可以將湯碗敲掉就是了。

誰知，只過了三天，食堂還是照樣「蓴菜湯」不誤。同學們大呼上當受騙，一時間，自發鼓噪起來，一定讓食堂換湯之後才吃飯，而且，嚷著要錢胖子出面解釋清楚。錢胖子避而不見，不知跑到哪裡去了，學生便懷疑他在伙食費上必有好處，或揩油，或朋分，否則，為什麼這樣言行不一，不負責任？校長潘起鳳平時不在學校用餐，由舍監羅先生出面代為解釋。羅先生口才笨拙，結結巴巴說了半天，也不得要領。這時，同學們早已饑腸轆轆，實在忍受不了，喊聲、噓聲頓時連成一片，食堂裡亂作一團。有人突然想起，說應當以三天前與錢胖子達成的「君子協定」，將湯碗都敲掉才是。話音甫落，就有人乒乒乓乓打碎了五隻湯碗，事態一下子變得嚴重起來。

潘校長聞訊趕來，見學生們仍在與羅舍監爭論不休，也不分青紅皂白，雷霆大發，厲聲責問道：究竟是何人打掉了這些湯碗？又說：如此囂張胡為，無異於暴徒之行……同學們一下子被震住了！而剛才將湯碗打掉的那些同學，竟無一人敢於站出來承認。雷震覺得潘校長不明就裡，有失偏頗，只見敲碗，不論菜湯，於是走上前與潘校長理論。雷震對他說：我們之所以將湯碗打掉，完全是事出有因，這是與錢庶務事先達成的「君子協定」，然而，學校食堂對我們的正當要求漠然置之，食言背信，那個錢胖子又不肯見人，我們無計可施，才出此下策，對那些不負責任的輕諾寡行者，有虧於自己職守的人，潘校長理應嚴查究辦他們才是……話音畢落，贏來一片喝彩聲。

潘校長未想到眼前這位學生竟敢頂撞自己，更加氣急敗壞，當場一通訓斥，隨後在校內貼出一張佈告，謂「查得『雷淵』等敲破菜碗，殊屬非是，除責令賠償外，當照章嚴予處分……」其時，雷震尚未改名，「雷淵」是他的學名。雷震事後說，「我並未打過一隻碗，我之講話是出於『正義感』，乃是『打抱不平』的態度。所以，我看到這張佈告後，十分生氣，因為佈告上僅我一人的名字，下面是『等等』，等等者表示學校當局並未查出敲碗人的名字。校長既未查出菜碗究係何人所敲，只因我出頭爭辯了一番，竟把敲碗責任全部放在我的身上，等於誣陷好人，心中實有未甘。」[1]

此時有人正在醞釀罷學之事。校方意氣用事，意欲開除雷震。雷震覺得受到莫大委屈，心想索性跟著罷學風潮而動，卷起鋪蓋，打起箱籠，一走了之。就這樣，雷震離開了學校，儘管走在路上編了一大堆理由，又覺得「總不能自圓其說」，心中一直忐忑不安。當他突然出現在母親面前時，陳氏大吃一驚，不知道兒子「在學校裡闖下了什麼滔天大禍」，以至於非要回家不可。不過，陳氏是一位精明、沉穩的女人，以她對兒子的瞭解，雷震在學校是不會無端惹禍的，此次離校歸來，其中必有內因，只是一時無法明說而已。

1 雷震《我的母親》，《雷震全集》第八冊，頁一八六。

發生這樣的事情，陳氏當然不便去校方直接查詢，免得傷及雷震的自尊。於是，靜觀其變，她相信一定能夠等來校方的說法。果不其然，校方不久來一公函，聲稱已開除「罷學鬧事」的學生，共十七人，雷震不在其中，校方希望各位家長敦促未被開除的學生立即能夠返校。雷震事後獲悉，此次參與打碗的人，並未被全部開除，相反，平時裡敢於直言批評校方的同學，卻藉機被除名了，「安吉的章廷坤已被開除了，但他已有二十多歲，辦過學校，有經驗，對校務講過幾次話，都是一針見血之談，今竟被開除了，我深感不平。」[2]雷震從此對潘校長心存芥蒂，認為校方此舉是「殺雞給猴看」，只求「校內安定」而不思改進。若干年後，即一九二七年，當雷震從日本歸國治病，被浙江省教育廳突然任命為母校「浙江省立第三中學」校長一職，為教學之事，雷震還去過潘校長家中請益，老校長早忘記十幾年前的「蓴菜湯事件」，只知道自己的學生現在出人頭地，樂不可支。

在當時，雷震並沒有打算立即返校。正近年關，家中一些瑣事需要分勞，加上他向省內各私立學校提出的轉學申請，尚未有最後的結果，須在家中等待一段時間。母親陳氏表示不妥，堅持讓雷震返回湖州城，不許他轉至別處就讀，態度十分堅決。寒假過後，在母親一再催促下，雷震才怏怏地回到了學校。經過此次「蓴菜湯事件」，雷震對校方有了自己的看法，變得成熟了許多，很少再過問校方與學生之間的矛盾。然而，此時他卻發現自己對政治的興趣開始漸濃，其視線從校內已轉到了校外。此時的中國，正處於袁世凱時代，儘管清廷被推翻，但各種政治矛盾仍層出不窮，新與舊、專制與共和、革命黨與立憲派仍處於對立和交鋒之中。不久，發生一個重大事件，國人指責袁世凱與日本簽下了一個喪權辱國的「二十一條」，「凡稍有國家觀念和民族意識者，誰也不能忍氣吞聲、茹辱含垢了。所謂『是可忍，孰不可忍也』。尤其像我們這些血氣方剛的青年學子，身上熱血的沸騰好像已升到攝氏百度以上，心臟五腑快要爆裂似的，再也無法心安理得的在教室內平心靜氣的上課了……」[3]

2　雷震《我的母親》，《雷震全集》第八冊，頁一八七。
3　《雷震全集》第十冊，頁四〇一。

雷震是初三的學生，四年級的學生正面臨畢業大考，不能全身心投入反袁運動，只能「從旁協助，無力率先倡導」，雷震與其他一些學生便成為校中反對日本「二十一條」活動的活躍分子。雷震帶頭上街抗議，組織同學們進行頗有聲勢的示威活動，在街頭發表慷慨激昂的演說，甚至在湖州城內發起了一個「抵制日貨」宣傳活動。以雷震本人的說法，這完全是一次自發的學生行為，所散發的大量傳單，不僅由學生自己撰寫、油印，其紙、筆、墨和印刷費用也需要個人來承擔。湖州這個小城並非政治文化的中心，不過是隨全國風潮湧動而已。校長潘起鳳先生，早年就讀於日本早稻田大學，但畢竟是中國人，從內心並不反對這一次的學生運動。浙江省教育廳一再發文要求各校及時制止學生的反日活動，但出於大勢所趨，人心所向，潘校長既未採取高壓手段，也未予以積極支持，雷震等人在湖州發起的「學生救國行動」持續好幾個月，「經過一陣狂熱、緊張和忙碌之後」，回到了課堂上。不過，深感「身心俱疲」，功課和學業被耽誤了不少。儘管每次開會、活動，大都選擇在星期天或晚間進行，但為時不短的反日活動，無法讓年輕人的內心保持應有的平靜。這一年暑期大考，雷震成績平平，「總算勉強及格」。

對於參加這一次學生運動，雷震並不感到後悔，相反，由此有了一番較深的體認：近代中國學生之參加救國運動，實應自反對日本「二十一條」的運動開始。當時全國學生遊行示威和抵制日貨，其聲勢之浩大，地區之普遍，時間之持久，實可比得上後來的「五四運動」而毫無遜色；可以這樣說，「五四運動」之發生，「直接與間接」都是受到這次運動的巨大影響。但有一個問題，在當時始終在困擾著雷震，就是「讀書與救國孰重」，雷震這樣說，「此時大家只知道國家民族的榮辱，而未計行動的實際效果……我們那時尚未發明『讀書不忘救國』的巧妙口號，故對於這個難題，始終未能獲得一個『兩全其美』的答案……我就常常反省到我們青年學生去搞這樣的救國運動與愛國運動是否與國家有益？又是否與自己有益？究竟應不應該由學生來做？」[4] 當然，雷震還是肯定了那種自發的、「潔身自愛」的學生運動，因其背後，尚無不良的政治動機：

4 《雷震全集》第十冊，頁四〇五。

那個時候，學校裡面也沒有什麼黨部和青年團、救國團一類的組織，故此時的學生運動，也沒有這類組織在背後策劃支助，可是大家搞得井井有條，誰也不想出風頭，哪個也不打算做領導人物。每次開會時去做主席和作報告的人，總是一再被推、被迫得不得已而後才勉強登臺，因為哪個人也不想靠此而起家。相反的，大家生怕有人說他要出風頭，故總不願過分露面，其潔身自愛的心理則充分流露了。一切行動既是完全出於「自發」、「自動」，所以也就沒有一點越軌的行為……那時的教育，則庶幾乎近之。[5]

雷震說這一番話時，已是國民黨執政之時。他以親歷自發的學生運動為考量，針對國民黨自實施「黨化教育」以來，在「學校設立黨部、團部」利用學生為政治工具、違背教育的根本原則，提出了自己的看法。一九二七年，雷震任湖州「浙江省立第三中學」校長時，發現「無論用人或施教，已受到當地黨部不少幹部的干涉和牽制」，各類政治組織進入校園，製造出不少諸如挑撥離間、無中生有、爭權奪利、派系傾軋等副產品；而學生又過於年輕，血氣方剛，富於情感，容易衝動，自易發生諸多波瀾和裂痕，「波瀾進而愈浪愈大，而裂痕則愈陷愈深，其結果則是損毀了整個的教育。將來撰寫中國教育史的人們，當然不會忽視這一政策——黨化教育——對於中國實際教育之惡劣影響」[6]，這一洞見與若干年後，雷震在國民黨中央會議上提出「在學校廢除三民主義課程以及軍隊撤銷其黨部」之主張，有一種內在的邏輯關聯，並非泛泛而談，而是他的一種基本認識。

參加反對「二十一條」救國運動不久，雷震又第二次參加了反袁救國運動。一九一五年十二月，袁世凱盜用「民意」，帝制自為，於次年元旦登極，稱「中華帝國皇帝」。面對這種復辟行徑，全國掀起了反袁怒潮。一九一五年八月，「梁啟超反對帝制的名文〈異哉所謂國體問題者〉率先在《大中華》雜誌第一卷第八期發表，一文既出，轟動南

5 《雷震全集》第十冊，頁四〇三。
6 同上。

北。九月九日，《申報》以大字標題、大塊篇幅刊登介紹這一期《大中華》雜誌的廣告：『國體問題發生，全國人應研究，本報梁任公凡三篇，洋洋萬言，切中今日情勢，為關心時局者不可不讀』。」[7]

湖州離上海不遠，關心時局的雷震不會不讀到梁任公這篇「轟動南北」抨擊帝制的檄文。這一年冬天，雷震等人「已獲悉此事的經緯，大家乃暗中集會，討論進行策略，並和其他各地中學秘密聯絡，以冀造成廣大的反對陣營。可是這一次卻非常危險，不意軍警密探們竟在暗中對我們加以監視，幾乎被捕而坐牢。由於反對二十一條運動的緣故，我們這批人已經聲名大噪，自為當地軍警和密探所密切注意」[8]。

與第一次參與學生救國運動相比，雷震這一次似乎走得更遠。當時所期待的已不僅僅是上街示威遊行，或街頭上的一番慷慨陳詞，而是試圖組建一個「廣大的反對陣營」來反對袁世凱「帝制自為」，以維護新生民國的存在。這一年，雷震十八歲，已初步具備一定的組織領導才能，否則不至於會遭到官廳的跟蹤和監視。若不是校方予以庇護，或許已惹出麻煩來。「不過，雷震此時的政治知識與教育其實並不充分，他的政治行動仍然偏向立即性、偶發的回應，而未進一步的參與政治組織。直到東渡日本求學後，才更進一步的瞭解民主、法治、議會政治，與參與政黨」[9]，這是學者在後來對他的客觀評價。

7 參見傅國湧〈「報有報格」：史量才之死〉一文，原載二〇〇三年《書屋》第八期，頁二十。
8 《雷震全集》第十冊，頁四〇四。
9 任育德著《雷震與臺灣民主憲政的發展》，頁十七。

第二部分

1916—1926

求學日本

第五章　加入中華革命黨

一九一六年秋天，雷震從上海抵達日本東京，開始了自己的留學生涯。

高中畢業後，他原本想投考北京大學預科，當時的想法比較簡單，就是「藉此觀光和瞻覽歷朝的文物和建築」。未料，等他趕到杭州，試期已過，不免有點失望。在下榻的旅館中，得遇梅溪鎮金正容先生。金先生正準備赴日本留學，與雷震素不相識，只是出於結伴之心，拼命地勸說一同前往，稱此間從上海赴日本的船費比去北京的車票還要便宜，而且，到了日本之後，有「公費」可讀。儘管雷震對金先生所說的這些，沒有多少瞭解，但覺得去日本讀書並非是一件不可能的事情。尤其當金先生無意中透露一個消息，雷震在梅溪高小時的業師劉式玉也準備前往日本留學，雷震動了心，決計東渡留學。

從杭州回到家中，雷震將此事稟告給母親，陳氏在驚聞每年需要五百銀元巨額學費之後，沈默未語。但這位目光遠大的母親，並沒有阻攔兒子的鴻鵠之志，「在風氣相當閉塞的我們鄉里，把出洋留學看做了一件大事，母親為我籌措了一筆留學的經費，確實費了不少的苦心。經過三個多月的籌備階段，終於是年陰曆九月初五日由家鄉起程。」[1]陳氏親自將兒子送到湖州府，雷震將在那裡與劉式玉、金正容及同學潘梓餘等人會合，一同趕往上海。

就在前夜他們從長興乘坐夜航船往湖州時，陳氏的水煙袋被人偷走了，她半夜起來要抽水煙卻找不到，不免有點懊惱，心生疑惑。第二天，陳氏在府城的城隍廟內看到一個「測字」小攤，突然停了下來，想測一測兒子此行吉凶如何。她從一大堆紙捲裡取出兩個字，問：「向東方去好，還是向西方去好？」測字先生裝模作樣，將這兩個字放在洋

1 雷震《我的學生時代》，《雷震全集》第十冊，頁四〇七。

鐵皮板上左拆右拆，慢條斯理地說：東行啊！大吉大利……佇立一旁的雷震不禁鬆了一口氣，他實在害怕這位測字先生在此時會說出相反的斷語，陳氏也多少感到有點寬慰。十天之後，雷震等人乘坐一千六百噸的「築島丸」號從上海啟航，經由黃浦江向東而去。這一年，雷震十九歲，正式更名為「雷震」，字儆寰。

雷震到達日本後的第一個目標，是準備參加一九一八年夏天東京第一高等學校特別預科考試，由此進入一所高等學校；等畢業之後，再報考日本最高學府之一東京帝國大學。雷震從未學過日語，不識日本文字片假名五十字母，必須先從語言學起。他進入神保町的東亞預備學校，突擊學習日語和英語。東亞預備學校除設有「日文班」、「英語班」之外，還有「數學班」和「理化班」，是專為中國留學生開辦的。校長松村龜次郎先生，是一位五十多歲的中國通。在滿清時代，曾經到中國東北教過書，比較熟悉中國留學生的情況。大約半年後，雷震又進入「數學館」補習數學、物理和化學等課程。他與同來的劉式玉、金正容等人廁身於東京的「錦輝館」，名字聽起來十分悅耳，其實，這是一家條件極其簡陋的小旅館，雷震住的那個房間什麼陳設也沒有，僅有三疊席子。

一九一七年五月七日，留日中國學生在東京大手町衛生院召開會議，以紀念日本政府對中國所提二十一條而發出最後通牒的「國恥日」，較之國內五月九日為「國恥日」提前了兩天，原因在於五月七日是日本政府發出「最後通牒」之日，留日學生即以此為「國恥日」，五月九日為袁世凱簽字之時，中國各地在「七七事變」之前，則以此定為「國恥日」而舉行大會。這是雷震到日本後第一次參加留日學生舉行的公開活動，從這以後，他每年都要參加這樣的紀念大會，當時在日本的留學生，大都也是這樣。

這一天，出席者約有千人之多，樓上和樓下，座無虛席，幾乎都是留日的中國學生。紀念大會於上午九時正式舉行，由東京帝國大學學生王兆榮擔任主席。王兆榮在開場白中闡述了紀念大會的意義之後，邀請革命黨人張繼、戴季陶兩位先生上臺作演講。雷震清楚地記得，「……張先生先講，他穿著白膠布學生裝，精神奕奕，容光煥發，講演時捶桌頓腳，口中白沫四飛，慷慨激昂，語驚四座。戴先生則穿著極其考究的日本和服，外罩『羽織』（haori）[2]，說話時慢條斯理，用上許多學術上的名詞，頗有教授先生在課堂講書析理的風味。」[3]這次紀念大會開了近三個小時，至中午十二時才散場。說起來，為留日中國學生會所發起，幕後實際組織者，卻是中華革命黨（即國民黨）東京支部。大會結束後，張繼、戴季陶二人餘興不止，邀約參會的部分年輕人談話，雷震是其中一位。

張、戴二人為追隨孫文從事革命的骨幹人物，與留日學生打交道有著豐富的經驗，這是從同盟會成立以來，革命黨人在不斷的挫敗中逐步積累起來的。戴季陶出生在四川廣漢，祖籍是浙江湖州，算是雷震的老鄉。這是雷震第一次見到大名鼎鼎的「戴天仇」（戴的筆名，日本人稱其戴天仇），立刻被他的演說及翩翩風度所吸引。張、陶二人「鼓動式」談話，對雷震個人來說，無異於注射了一次政治的興奮劑，雷震決定加入「中華革命黨」。

當年革命黨人利用留日學生從事推翻滿清的活動，起到相當有效的作用。這些年輕的學生，與秘密社會「洪門會黨」畢竟不同，他們既關心時局，又有專業知識和政治理想，大都對「革命」持認同的態度，稍加鼓動，往往激情高漲，血脈賁張，此時的雷震就是一個典型的例子。「二次革命」失敗後，孫文等人逃命日本。在孫氏看來，此次失敗的主要原因，是由於國民黨內部思想混亂、組織不純所致，「非袁氏兵力之強，乃同黨人心渙散」，決定從整頓黨務開始，改組國民黨為「中華革命黨」；至一九一九年，孫文再次改組「中華革命黨」為國民黨。以學者任育德的看法，加入政黨，對雷震來說是自發的選擇，「與當時學生一般，普遍希望改革與救國，建立民主政治，選擇入黨即成為達成理想的最佳途徑」[4]。

2 原注：「羽織」頗像中國衣服之馬褂，罩在衣服外面。夏天非上層社會的人，或出入隆重禮節之場所，則不穿此服。夏季之羽織，都是用絲織品的紗做成的。

3 《雷震全集》第十冊，頁四一三。

4 任育德著《雷震與臺灣民主憲政的發展》，頁十七。

當時入黨手續極為簡便，可見擴充黨勢之需要，「只要寫上自己名字、年齡、籍貫和通訊位址，就算是入黨了，黨部既未頒發黨證，我們也不用繳納黨費，更無宣誓等等形式。我們這些年輕的學生，深深痛恨北京政府之腐敗無能，和各地軍閥割據之自私，看到整個國家快要被他們斷送殆盡。在這種悲觀和憤慨的當兒，我們相信國民黨是一個有現代政治意識的政治團體，如果國民黨一旦能夠掌握政權，一切改革均可立即進行，而民主政治就可建立起來，國家自然富強，人民也就是康樂。」[5] 這是雷震在當時對革命黨人以及他們的政治目標的一個基本認識，曾經用「五體投地的信仰」來形容自己的心情。自從參加這樣一次紀念大會後，雷震與國民黨結下不解之緣。在某種程度上，也可以說，決定或影響了雷震今後的人生方向。

這裡簡單介紹一下張繼、戴季陶二人的政治經歷，對於我們認識和瞭解雷震在未來的中國政壇上迅速崛起有一定的幫助，同時也可見國民黨派系路線的「法統」理念，對於某個人在政治上的成長往往起到「推波助瀾」的作用。張繼（一八八二至一九四七）是直隸滄州人（今河北滄縣）。一八九九年（光緒二十五年）留學日本；一九○二年結識孫中山。次年回國，任《蘇報》參議，創辦《國民日日報》；一九○五年在日本加入同盟會，最早的會員之一；三年之後，赴法國，與友人創辦《新世紀》雜誌。一九二四年國民黨改組，曾任中央監察委員；一九二七年南京國民政府成立，張繼為國民黨中央特別委員會委員，出任司法院副院長。從雷震的自述中可以知道，他與張繼無論在當時還是以後，並無實質性交往，只是仰慕已久的一位前輩人物，但張繼作為雷震入黨介紹人之一，這一點，不容忽視，張繼在國民黨中的元老地位對他多少有點幫助。相反，在與戴季陶的交往中，一直保持某種特殊關係。在雷震的政治起步中，如果沒有戴季陶，就沒有後來的雷震，戴氏於雷震有「知遇之恩」。

5 《雷震全集》第十冊，頁四一四。

戴季陶（一八九一至一九四九）於一九〇五年（光緒三十一年）留學日本，一九〇九年（宣統元年）畢業回國後，曾任《天鐸報》主編，以「天仇」為筆名撰寫社評，抨擊清政府，在南洋檳榔嶼加入同盟會；一九一一年武昌首義發生後，回上海參與創辦《民權報》。二次革命時，受命在上海、南京聯絡反袁軍事，事敗後再次逃亡日本；一九一六年隨孫文返國，次年在廣州任護法軍政府法制委員會委員長，兼任孫文大元帥府秘書長。一九二〇年參與籌備上海共產主義小組，後又拒絕加入；一九二四年國民黨「一大」，被選為中央執行委員、常務委員，出任國民黨中宣部部長、黃埔軍校政治部主任等職；一九二五年孫中山逝世後，發起組織孫文主義學會，形成所謂的「戴季陶主義」。一九四九年二月十一日深夜，戴季陶深感國民黨大勢所去，寫下遺書，囑家人送交蔣介石，爾後自殺身亡。

一九二七年底，雷震辭去母校浙江省第三中學校長一職，以國民黨員身份服務於國民政府。就是在戴季陶的舉薦下，直接進入國民政府法制局擔任編審之職；次年冬天，法制局併入立法院，雷震被戴季陶徵召到考試院擔任編輯局編撰，並兼任中央軍校教官；一九二九年銓敘部成立，雷震任秘書兼調查統計科科長，一九三〇年兼任國立中央大學法學院教授，銓敘部隸屬考試院，戴氏為考試院院長，這一切，都不難看出戴季陶在背後的作用。戴季陶自殺時，雷震在滬上協助湯恩伯軍事防守，正疲於奔命之中。從雷震的文字中，並沒有發現此時與戴氏保持「過從甚密」的記錄，儘管他已成為國民黨高層核心圈內的人物之一，不乏與這位國民黨元老有相互走動、交換意見的機會。戴季陶之死，給雷震內心帶來多少震動和衝擊，不得而知。但以雷震的厚道性格及處事風格，應當不會忘記戴氏當年對他的賞識和舉薦。

雷震經張繼、戴季陶二人介紹在日本加入「中華革命黨」，這一年，二十歲。其時，在日本加入「中華革命黨」的年輕留學生，大都處於一種亢奮狀態，「黨部如有工作分配去做，大家都爭先恐後地去幹，即令赴湯蹈火，亦在所不辭。不僅一切工作出自己心願，所有的費用都是自己掏荷包，從未接受黨部的任何津貼。黨部開會，大家認真討論，可謂知無不言，言無不盡，真是民主之至，誰也不想領導誰，誰也不敢領導誰。」相比之下，雷震卻較少參加東京黨部的各種活動，主要是因為沒有更多的時間，他正在晝夜不停地預備第二年的升學考試，每天要上六至八小時的課。然未出一年，即傳出北京段祺瑞政府與日本簽訂「山東膠濟鐵路密約」的消息，在留日學生中引起巨大震動，一下子打亂了雷震內心的平靜和苦讀投考的計畫。[6]

6　《雷震全集》第十冊，頁四一四。

第六章 罷學歸國

袁世凱與日本簽下的所謂「二十一條」，其中共五號（項），第一號就是「山東問題」。「二十一條」始終遭致中國國內各界人士強烈反對。日本政府惟恐在一次大戰結束後，中國作為戰勝國之一，在不久的「巴黎和會」上突然臨時變卦，於是在一九一八年九月二十四日，委派外務大臣後滕新平秘密照會中國駐日公使章宗祥，提議膠濟鐵路歸中日合辦經營，即所謂《山東問題換文》（日方稱《山東善後協定》），「鐵路巡警本部及樞要驛並巡警養成所內須聘用日本人」（照會中第四條），並欲以二千萬日元貸款，以濟北京政府之急，試圖簽下「濟順」（濟南至順德）和「高徐」（高密至徐州）兩條鐵路借日款修建的合同。

在這份秘密合同中，不僅寫明日本應在山東省內繼承德國過去所享有的全部權利外，還包括膠濟鐵路的交換條文。根據這份密約，不僅使日本完全取代德國的權利，甚至還超出德國的舊有權利。北京政府急於籌軍費，以鞏固加強自己的實力，指示駐日公使章宗祥秘密覆照後滕新平，對日本政府這一提議表示「欣然同意」[1]。這是日本政府繼向中國政府逼簽「二十一條」之後，以其政治貸款試圖控制北京政府的同時，打著「共同防禦俄國革命」的幌子，與北京政府秘密簽訂《中日共同防敵軍事協定》中的一部分。段祺瑞與日本政府的這一秘密交易，事先被洩露出來，激起在日中國留學生的不滿和抗議，這一歷史事件，史稱「拒約運動」。

據雷震本人回憶，北京政府意欲簽下「秘密合同」的消息，在中國留學生中不脛而走，「立刻現出極度悲觀的騷動和不安」。曾琦（後為中國青年黨領袖，也是雷震好友之一）發起的「留日學生罷學歸國」行動，以及組織的「救

1 參見陳旭麓、李華興主編《中華民國史辭典》，上海人民出版社，一九九一年八月第一版，頁九十八。

國團」，得到眾多留日學生的回應，「此時無論是官費生抑或自費生，又無論是已經入學或正準備入學的學生，都不能安心讀書，猶如滔天大禍快要臨頭似的。其悲慟的心情，正如喪考妣。大家不僅在私下談論，見面就問到事情發展到了什麼地步，而且三三五五，到處集會，商討應付辦法。這樣或明或暗、半公半私的醞釀了兩個多星期之後，留日學生總會乃召集全體留學生大會，決議『罷學歸國』，要求留日學生全體即日回國，以後不再留在日本讀書，表示要與日本斷絕文化的關係，以抗議日本的無理勒索。」[2]

這一段記述，可見此事在當年留日學生內心所帶來的極大震盪，以及民族主義情緒適時發酵的真實一面。雷震置身其中，不可能不受到影響，他不僅將一年多來添置的書籍、桌椅、和服以及日常生活用品統統賣掉，還發誓再也不願在日本這個蠻橫無禮的國家讀書。這次「罷學歸國」行動，就雷震個人而言，與當年在湖州自發地反對「二十一條」抵制日貨活動有所不同，因為幕後策劃者，仍是「中華革命黨」東京支部，雷震當時「像發了狂的瘋子一樣，只想到如何完成我擔負的任務，每日到各處宿舍找同學們談話，傳達留學生總會的意旨（黨部未公開露面），好像多能回國一人，我就多一份光榮似的，我對國家就多一份功勞似的。」[3]

作為一次有組織、有策劃的「罷學歸國」行動，不免蒙上一層人為的政治陰影，在當時，並非人人都自願「罷學回國」。當時青年周恩來也在日本，他卻主張在日本就地組織某些反抗行動，可見有分歧或不同意見。不過，在一種普遍的激奮情緒之下，如若有人反對罷學或不願歸國，即會遭到某些激進者的「賣國賊」之辱罵，甚至還有「被挨揍」的危險。一些學生甚至組織起「鐵血團」、「歸國隊」、「糾察組」等臨時性團體，在主體上以溫和方式勸導中國留學生回國，其中亦不乏脅迫之舉。

雷震決定回國前，去見當年的業師劉式玉。劉玉式見他執意要放棄即將到來的考試，再三勸說「不必這樣興奮的自暴自棄，要冷靜些考慮考慮自己的前程，以免將來後悔莫及。」劉式玉是一位忠厚的大哥，當年與雷震等人結伴而

2 《雷震全集》第十冊，頁四一五。
3 《雷震全集》第十冊，頁四一八。

來，在湖州城內出發前，陳氏一再拜託他好好照料和看管雷震，以免不慎而誤入歧途。劉式玉盡自己的責任，好言相勸，無奈雷震在衝動之下而不知自抑，對劉式玉所說，大不謂然，甚至放言「年輕人應重信義，中途退縮，乃莫大之恥」！

一九一八年五月，雷震等人從東京乘夜車至神戶，轉乘「八幡丸」號輪船於下旬抵達上海。在虹口、匯山碼頭，分別受到先期返國留日學生的歡迎。雷震下榻在一個名為「振興」的小旅館，這是湖州人開辦的一家旅店。店老闆十分熱情，尤其對日本歸來的同鄉店客，有所照顧，房價折扣優惠。雷震當天就去已遷至上海辦公的留日學生總會報到，他以為回國之後，就可以投入到蓬勃興起的「反日救國」運動中去。

事實上，此次「罷學歸國」行動並不順利，北京段祺瑞政府根本不理睬留日學生歸國團提出的「拒約要求」。據一九一八年六月十一日《民國日報》報導，段祺瑞接見留日學生代表，在會見時，「歸國團」團長王兆榮及代表團成員「聞其剛愎自用之言，乃知廢約之無望」。段祺瑞政府還接連發出訓令，要求歸國學生一律於六月中旬返日復課，並以開除學籍相威脅。如此意想不到的結局，使雷震深感一腔熱血，無地可灑，「一切與在日本的想像相去甚遠」。「歸國團」第一批成員抵滬不久，創辦了一份《救國日報》，作為反對簽訂中日軍事協定的輿論陣地（一九二〇年秋，在經濟、政治雙重壓力之下，《救國日報》被迫停刊。作者注）。雷震擔任發行之職，負責報紙的推銷工作。雷震本來就對上海社會不熟悉，更不懂報紙營銷，雖然幹得十分賣力，卻不見效果，最後不得不感歎道，「其他又無投效之事可做，真是『盲人瞎騎馬，夜半臨深池』，簡直不曉得今後要怎麼辦才好。」[4]

「罷學歸國」學生的所有費用，均由個人自己承擔。除了路費等開銷之外，加上平日裡的日常生活之需，雷震在日本變賣生活用品的錢款已所剩無幾，不僅旅館欠賬不能支付，最後連坐車子錢也沒有了。萬般無奈之下，雷震只好

4 《雷震全集》第十冊，頁四一九。

給母親陳氏寫了一封信。

陳氏做夢也沒有想到此時雷震竟然不在日本，而是已回國多時，在上海灘上賣什麼報紙，且受困於小旅館之中。在此之前，雷震曾給她發來一函，述說自己正在發憤努力，將在這一年夏天投考第一高等學校特別預科，語氣中透著十足的信心。可眼下的情形，與所說竟是兩回事，陳氏不禁傷心至極。母親畢竟是母親，陳氏讓三兒用國帶上一百五十銀元，前往上海去尋找雷震，並傳達自己的意思，無論如何，必須回家一趟。從弟弟的口氣中，雷震深知母親的失望，不免悔意頓生。就這樣，雷震隨三弟回到了長興鄉下，度過了一段極為難堪而又失落的時光。雷震無法向前來探望的親朋至友解釋此次返國的真實原因；而當時，在政府與一般百姓眼中，民黨、國民黨、革命黨均為「亂黨」。就在前一年，雷震在湖州就讀時的好友韓裕峰從滬上返鄉，被誣為「亂黨」分子，竟被湖州鎮守使王桂林槍決。陳氏對此心有餘悸，對誰也不敢吐露實情。

然而，天下沒有不透風的牆。兩星期之後，雷震在與友人一次相聚的酒席上，發現湖州鎮守使署的兩名暗探正在門外監視。他們不知從何處得知雷震此次回國，乃因反對「膠濟鐵路密約」，參加罷學行動，疑與亂黨有關，只是一時無真憑實據，無法下手。未幾，發生一件意想不到的事情，雷震堂兄子才與湖州鎮守使署密探朱阿二為一名土娼式女子爭風吃醋打架被拘，被誣為「亂黨嫌疑分子，拒捕行兇」。極據他的口供，湖州鎮守使署確認雷震是反對北京政府、罷學回國的激進分子，立即派出若干密探前去捉人。

這一天，雷震正好前往表叔丁鶴人家中做客，所幸不在。陳氏面對湖州密探的盤問，鎮定自若，一再聲稱雷震前幾日就去了上海，此時或已回到日本。陳氏並解釋說雷震此次返鄉，不過是暑期例行省親而已，與罷學無任何關係。陳氏一邊與密探周旋，一邊暗中差人通知雷震，讓他速往附近親戚家中暫避。夜半時分，雷震來到一位親戚家中，當親戚問明真相，十分害怕。將雷震藏匿在後閣樓上，連大小便都不讓他下來。彼時容留亂黨分子在家，輕則受到處罰，重則誅連九族。雷震在後閣樓上待了兩天，實在不堪忍受，差人通知母親說要離開這裡，陳氏只好同意雷震前往蘇州吳縣渡村鎮姑夫那裡再避一些時日。

吳縣渡村鎮距蘇州城約六十華里。靠近太湖洞庭山，從蘇州前往乘木船一日即可到達。姑夫沈文卿在小溪口種過雷家的田，光緒三十一年遷至渡村鎮，與雷震已有十三年沒有見過面。雷震的突然到來，沈文卿不免感到詫異，卻也料到其中必有原委。沈文卿並沒有深問，而是濃酒醇茶以待，二人相與笑樂。雷震在沈文卿家大約住了半月，又應遠門親戚敖雲翹先生之邀前往蘇州小住。雷震有一遠房侄女嫁給敖先生之子為妻，平添了一門親戚關係。敖先生家居蘇州城內，得此之便，一生喜山樂水的雷震盡情遊覽各處名勝，許多景點不止去了一次。他還將天堂中的蘇杭作了一次生動的比較：杭州西子湖邊，風景秀麗，山水明媚，引人入勝，處處生機盎然；蘇州名勝古蹟，處處可見衰頹老舊的模樣，一如大家庭門道敗落之氣象，與《紅樓夢》後半部中的大觀園毫無二致。儘管如此，蘇州人聲沸鼎的茶樓仍給雷震留下深刻的印象：

> 我在蘇州這段期間，約莫有兩個月，雨天無處可遊則常至茶樓品茗，分享蘇州人的樂趣。敖親家最喜歡上茶館，幾乎天天非去不可。他到的那些地方，可以碰上舊雨新知，談天說地，打聽消息；而我可以到茶館看看報紙，瞭解內外大事。蘇州茶館之大而且多，在中國則是鼎鼎有名的。蘇州人上茶館，似乎等於每日經常工作之一。早晨起來跑到茶館找朋友聊天。泡上了一碗茶可以過上一天，隨到隨吃，走時關照一聲，堂倌自會收留，用不著另外花錢。所以茶館也者，乃是蘇州人交際應酬、呼朋會友、商場交易和消閒休息的場所。就是遊覽名勝古蹟，也還離不開吃茶一事，不論虎丘或留園，隨地都設有茶樓、茶亭，高檔的或簡單的，遊客遊畢一地時，必定坐下來吃茶休息。這確比喝汽水有味道得多。[5]

5 《雷震全集》第十冊，頁四二六。

在一種悠閒而又頗為失落的心境中，雷震似乎忘記了自己是湖州鎮守使署欲以捉拿的「亂黨嫌疑犯」。但在夜靜更深時，他還是想到了母親的某種擔憂和失望，雖然也知道，母親並不會認為自己做錯了什麼，但此次輕率「罷學返國」無異於一種荒棄學業、浪擲光陰的幼稚行為。當年，家中穀賤傷農，收入卑微，母親為了讓自己出國留學不惜舉債度日，不知耗盡多少心血。想到這裡，雷震決定給母親寫信，說想返回日本繼續求讀，「此番前去一定可以考上官費學校」，所需費用已不會太多，請母親趕緊籌措，並由此下了決心，「今後不再盲目參加學生救國運動，必須好好的多念一點書，求一點有用的知識，俾使他日可以自立於社會，以免依賴社會或貽害社會……國者人之聚，個人如能自立，也就是對國家、對社會有貢獻的地方。而一個人必須具備有淵博的知識，和高遠的學問，而後才能自立，才能有所貢獻。蓋讀書求知即所以救國，尤其是在科學昌明的時代，『知識即權力』……」[6]

有了這一番切身感悟，雷震對以後的政治活動，抱以疏離的態度，對他而言，這很現實。這一年十二月，陳氏將稻穀加工成大米出售變作川資和學費，然後攜帶錢款、衣物、書籍等，與雷震從蘇州一同趕往上海。雷震再次赴日本留學，中國學生「特別預科」考試早與他擦肩而過，只能等待來年七月的又一次考試。近半年的從事「政治活動」，原先預習的許多功課多有丟失，必須從頭至尾再溫習一遍，「每晚常常讀到夜半更深，甚至次晨一二時左右就寢，早晨不到六時又起床，每晚僅睡四五個鐘頭。這樣繼續準備了四個多月，不料在入學考試之前一個月，忽然頭部劇痛，眼睛昏花，彎腰時眼中發黑，星火迸發，口中乾燥無味」，就是在這種緊張、自律開快車的苦讀中，困擾雷震一生的失眠症由此而來。

6　《雷震全集》第十冊，頁四二八。

第七章　東京「明寮」一年

一九一九年七月底，雷震考取東京第一高等學校（簡稱一高）附設的中國學生「特別預科」文科班，他形容當時的心情「快慰可知」，總算「進入過去朝夕所祈求的學校」，「即可享受官費待遇，按月領取生活費用，直至大學畢業時為止。如欲再進研究院，官費還可以繼續兩年。」[1] 據雷震自己統計，三年來幾乎用去母親先後為他籌措的一千多銀元。對於鄉里人來說，無論如何，都不會是一筆太小的數目。此時鄉間穀米根本不值錢，由於所借之款未能及時歸還，利上翻利，漲到了三千多銀元，至一九二三年才得以還清。

所謂「特別預科」是為已經考取高等學校的中國學生專門設立的，主要是經過一年語言訓練之後，使中國學生可以從容地與日本學生同堂上課，不致在語言交流上出現障礙。「特別預科」是清末年間，清政府籲請日本文部省明令發文在四所學校中特別設立的，這四所學校分別為：東京第一高等學校、東京高等師範學校、東京高等工業學校、千葉醫學專科學校。各校每年招收中國學生五十名，以十五年為期。就是說，在這十五年中，只要能夠考取這四所學校的中國學生，均為「官費生」，由清政府提供學習和生活費用。儘管此時清政府已不復存在，這一條約依然有效。雷震考取的東京第一高等學校中國學生「特別預科」分文理兩科，選擇文科是他個人的意願，當時他的夢想是能在不久的將來考進東京帝國大學法學部。

1　《雷震全集》第十冊，頁四二八。

東京第一高等學校的學生，除身體患疾經校醫務室確診得特別許可者外，一律要住校，另外三所學校好像沒有這種嚴格限制。「一高」學生宿舍均冠以「寮」字，雷震所住的那幢樓，就是叫作「明寮」。寮均為兩層，每寮分割成三十間，樓上為臥室，樓下對應的那間是自修室。

寮者——即中國人說的那種較為簡陋的普通住房。當時「一高」學生宿舍共有八寮，皆位於校區內課室後大操場的西頭，一律坐東西向，依次為八排。寮與寮之間，相隔九米許。若站在窗口，兩寮之間的人大聲呼喚，清晰可聞。雷震住在「明寮」的第十六室，正好在此寮的中間，寮中共有十四名學生，除雷震之外，都是日本當地學生。

開學伊始，依慣例有一次同學聚會，日本人稱之「Room Meeting」。每寮臨時選出一人為主席，由此人來闡述同學集會的意義，然後各人自報家門，除姓名、年齡之外，還要特別說明本人曾在何地何處就學、成績如何、家鄉風景名勝以及土特產品、家鄉出過什麼大人物等等。雷震發現，本寮的日本學生成績相當優異，不少人中學畢業考試皆為第一，最低者亦在前五名之內。雷震在「浙江省立第三中學」畢業名列第四，多少使他保住了一點面子。只是輪到表演個人才藝時，雷震窘迫不堪，不會唱歌，也講不出故事；有人提議唱「國歌」，更讓他沮喪不已，此時中國尚無正式國歌，雷震只好背誦了一首白居易的〈長恨歌〉，竟也是結結巴巴，未能全篇。

東京第一高等學校中國學生「特別預科」，為期一年。

從雷震本人敘述來看，並無多少特別的記憶。惟有「一高」宿舍學生自治委員會和「寮雨」這兩件事，給他帶來不少意外收穫和快感。「一高」學生宿舍的管理，校方素不過問，完全放手由學生們「自治而為」，如同一個小社區。課堂以外的任何事情，大都通過學生自治委員會加以協調和管理。校方之所以放任「自治」，目的就是為了培養學生「獨立審事、公平正義」的能力。從某種程度講，學生自治委員會的權力實際上很大，其權威僅次於校方的管理委員會。雷震入住「明寮」時，這一屆自治委員會業已改組完畢，他並不知道自治委員會成員是如何選出來的。自治委員會由七人組成，每天有一位輪值委員，負責處理宿舍內部的日常事務。經過一年細心觀察，雷震發現這些人都是責任心很強的學生，他們按章辦事，有條不紊，委員們之間的關係十分融洽。同學們對自治委員會的管理和處置也十分信服，很少有什麼怨言。主要是因為自治委員會在處理問題的方式上謹慎而又獨到，能夠堅持原則。

和所有學校一樣，在當時，最常見的違規之舉乃是「深夜不歸」。如果一經查出，就要受到委員會的處置。所謂處置，其實不過是「禁足一週」而已，即一週之內不准邁出校門半步。對於屢犯者，最多也是兩週或一月不等。這種「處置」對於同學們來說，確實不算什麼，但處置過程有點「程序公正」的意味。據雷震回憶：學生在宿舍內如有犯規的，先經調查確實之後，由自治委員會寫一條子，秘密通知某生於某日某時到委員會辦公室談話。該生按時到達，由一位委員說明違規情節，當面申斥一頓，或禁足若干日子，該生認錯道歉，就算了事，「當然不張貼佈告」。而對於那些諸如偷竊、打人、對女生大有冒犯不敬者，被視為「重大犯規」，處置方式則是意想不到的「拳頭懲罰」。不過，這種「懲罰」必須事先經委員會討論之後方可執行，絕不輕易使用，仍是秘密通知某生於某夜十二時到委員會辦公室，接著由全體委員率同該生一起來到距離宿舍很遠的操場一角。除自治委員和犯規學生外，不允許其他學生到場，也儘量不讓他們知道，這大概是要保全違規學生的面子——自尊心，使其在精神上免遭太大的傷害。操場上沒有燈光，僅燃一堆柴火，彼此只能看得見，先由一位委員對某生所犯過失詳為報告，如有遺漏，其他委員可補充說明。然後詢問違規者事實是否如此，如該生承認其事，自治委員們就重賞幾拳和幾下耳光，該生認錯道歉，謂今後一定改過自新，請委員給予原諒等等。最後由首席委員聲淚俱下地痛斥一番，說這是損毀校譽的大事，今後一定要自愛自重，「犯規學生接著向各委員逐一鞠躬為禮後，退出操場，回房睡覺，……自治委員會沒有記錄。」2

雷震在「明寮一年」，只聽說過有兩次這樣的懲罰，一次是有人偷竊東西，另一次，是一男生強行要求某女生接受情書而遭到告發，其實，就是把情書強塞到這位女生的衣袖裡。學生自治委員會這種「文武兼治」的管理模式，成了雷震最初體驗社團群體「自治而為」的一次絕好機會。雖然無法斷言對於雷震在日後從事現實政治能否提供一點直

2 《雷震全集》第九冊，頁十至十一。

接的經驗，但這種「自治理念」無疑給雷震留下了深刻印象。尤其是「學生在自修室內，常常放言高論，批評學校當局，批評某某教授，乃至批評政府措施，毫無忌憚，從不怕有人在背後監視。當然，學校裡面沒有設立執政黨的黨部，學生甚至連黨員都不是的。」[3]

雷震忘不了一高宿舍「寮雨」這一幕。

「寮雨」一詞，是學生們自己杜撰出來的。《雷震全集》第九冊《我的學生時代》中有這方面的細節描述：「寮雨者，就是住在宿舍的學生，夜間要小便的時候，就推開它〔他〕臥室的窗門，兩腳跨在窗沿上，一手扶著板壁，以對著天井『撒尿』之謂也。當尿龍下落時掉在地面上滴滴答答的聲音，猶如天上下雨一般，而這種雨水乃是從寮的樓上降下，一高宿舍學生遂名之曰『寮雨』。宿舍裡住上了頭二千人，這種寮雨幾乎無夜無之。如果要寮雨的人，每夜每百人中平均有二人，則一齊發射，亦可蔚成奇景壯觀。」

在最初時，雷震極為反感這種不良的生活作風，他覺得作為一名學生，毫無顧忌地站在宿舍視窗小解，不僅妨礙公共衛生，也有失學生行為之操守。但「寮雨」之由來，實則因其宿舍與廁所相隔較遠所致。「寮」本是一幢很長的房子，只有兩頭才有樓梯通向樓下較遠處的廁所。且不說平日裡上廁所如此不便，臨到冬季夜間，寒風刺骨，尿急逼人，人的行動更顯遲緩，誰都不想穿過這長長的黑暗甬道去廁所行一次「方便」，實際上，是客觀條件所促成的。「寮雨」之所以不在學生自治委員會的管理視線之內，因為這些委員往往也是這樣的夜間「寮雨者」。可見當時一高「寮雨」之甚，當然，同學們也是自有苦衷，決非簡單的不知自愛。雷震後來認為，「一高」宿舍若不加以適時改造的話，「寮雨」之景觀絕不會自動消失，而「過分地矯枉過正是行不通的」。

3　《雷震全集》第九冊，頁九。

當年某個夜半時分，病中的雷震也曾經手扶板壁，戰戰兢兢地「寮雨」數次，並自嘲「習俗移人，聖賢不免。如入鮑魚之肆，久而不聞其臭，或即此之謂歟」。一九二三年九月一日，在關東大地震之中，一高校舍毀之殆盡，後遷至東京郊外重建，「各寮是否照舊，不得而知」，雷震後來說。

第八章　名古屋「八高」三年

一九二〇年七月，雷震於東京第一高等學校「特別預科」畢業，被分發至名古屋第八高等學校（簡稱八高）就讀。這是根據「中日兩國關於留學生設置特別預科的規定，中國學生在第一高等特別預科一年修完後經過考試及格者，須分發至其他高等學校與日本學生同班肄業，然後再與日本學生一樣的升入帝國大學」[1]這一規定，雷震所做出的一個選擇。

當時日本從本島到九州，有十餘所高等學校，雷震的第一志願為京都「三高」，第二、第三志願才是名古屋「八高」，但「三高」文科「設有以法文為第一外國語的班級」，一般未習法語的文科學生，頗不易被分到這個學校。雷震之所以選擇離開喧囂不已的東京，其中有一個很現實的想法，就是想暫時遠離國民黨（此時已改名國民黨）東京黨部的各種政治活動，「俾可好好的讀一點書」，以便集中精力，為投考東京帝國大學打下較好的基礎。而且，京都或名古屋，氣候溫和，風光明媚，交通便利，文化發達，這也是雷震所喜歡的。

「八高」當時並不在名古屋市區內，而在較遠的郊外瑞穗郡，隸屬愛知縣管轄。很快，名古屋市區擴大，「八高校址始改列為市區」。這一年八月，雷震從東京來到這裡，辦完註冊手續，入住距校區約有半公里遠的「御器所町」的「慶親館」。這是一所比較簡陋的寄宿學生公寓，只有二層樓，中間有一天井，是一幢矩形「回」字式的房子，有三十個房間。入住者大部分是「八高」的學生，只有少數是名古屋其他學校的學生。雷震自稱是一個「不喜移動」的人，在「慶親館」一住就是三年，與廣東籍同學後來成為大學教授、《自由中國》半月刊編委的羅鴻詔[2]同居一室。

1　《雷震全集》第十冊，頁四三一。
2　羅鴻詔，廣東興寧人。「八高」畢業後與雷震分開，考入東京帝國大學哲學系。畢業回國後先後任中山大學、金陵大學、暨南大學教授，來台

雷震與羅鴻詔之所以沒有像其他中國學生一樣常換住地，還有一個原因，就是這裡的飯菜較合中國人的口味，雷震不愛吃「腥氣逼人的魚類」。

這一年，日本全國各高等學校改行「新制」。在這之前，大、中、小各級學校的學制，均以每年九月為新學年之始，至次年八月底止為一個學年；改制後，從每年四月開始為新的學年，至次年三月底止為一個學年。這次改制的原因，主要是考慮學生的健康以及考試環境，以避開夏季溽暑大熱，使學生不受季節的干擾。由於學年改在第二年三月結束，只剩下幾個月時間就要進行大考，雷震若不想留級，必須加倍努力，其辛苦可想而知。

一、求學與戀愛不可兼得

這一年，雷震二十三歲，這是一個人一生中精力旺盛又往往難以自控的階段。

雷震等人所寄居的「慶親館」經營和管理，由老闆鈴木一家人共同承擔：老闆娘親自烹飪，老闆端菜送飯猶如一跑堂夥計，他們有兩個女兒，在後廚房經常幫助母親做一點雜活。大小姐姿色不俗，可惜是一個啞巴，花信之年，尚無如意郎君；二小姐仍在上學，放學後幫家人端茶送水，分信發報，與中國留學生接觸相對多一些。

在雷震眼中，「二小姐比日本一般女子身段略微高些，修長個子，瓜子臉盤，膚色潔白，頭髮漆黑，兩眼脈脈含情，見人笑口常開，芳齡約為十七八歲，而聰明活潑，體態窈窕，說話時鶯聲宛囀，嬌羞自持，充分現出少女的美麗，真有『沉魚落雁之容，閉月羞花之貌』（這是我們當時的評語）。因此，遂成為多數學生角逐爭奪的對象了」[3]，從這一段描述中，可見雷震本人對二小姐亦不無好感，否則，不會給他留下如此深刻的印象。不過，「賞花」與「品花」是兩回事，並未妨礙雷震在學業上的突飛猛進。

後為《自由中國》半月刊編委之一。為雷震一生中最重要的朋友，病故若干年後，雷震將其移葬至自己預購的墓園中。

3 《雷震全集》第九冊，頁二十四。

倒是二小姐與理科學生蔣君一番「陳倉暗渡」之後，不久即生下一男嬰，讓雷震覺得不可思議。蔣君為了能與這位妙齡少女「多廝守一年」，心甘情願地留級一年，以後經常可以見到他們雙宿雙飛，儼若夫婦一般，「而在名義上無父的男孩不便在宿舍內公開撫養，據說送到附近的鄉下人家裡養育去了。」無獨有偶，不久，又發生中國學生與隔壁兩位千金小姐「三角戀愛」事件。

這兩位小姐都是小學教員，姿色一般，但畢竟年華二十，「都有一股動人的少女美，而燕語鶯歌，又都駕乎我們宿舍的二小姐之上。因為這兩位小姐喜歡唱歌，在學校裡教的『歌遨』（即唱歌遊戲）返寓後歌聲繚繞不絕，一壁之隔，猶可欣賞餘韻。因此，亦就成為我們宿舍中諸位男士追逐獵取之目標的了」，兩位小姐「架子擺得十足，對於我們『支那』學生，是不肯隨意假以顏色的。」

與雷震同在「特別預科」又同被分發至「八高」的同學周君，情竇初開，暗戀上兩位千金小姐，「朝夕相攻，不久遂入彀中，而成為鄰居的座上賓了」。周君是長崎寧波華僑之子，小學、中學都是在日本完成的，日語十分流利，且深諳日俗之道，其言談舉止，一如日本翩翩少年。周君家道殷實，不靠官費來維持學習和生活，對學業的好壞，並不特別在乎。

初戀中的周君如同入魔一般，一下課，就直奔隔壁與兩位千金小姐廝混，有時連書包都來不及放下。隔壁人家並不供應晚飯，周君常常是跑回來用開水泡飯，狼吞虎嚥之狀，讓人哭笑不得。「周君每晚流連忘返，恒至夜靜更深，宿舍全室學生都睡了，他才躡手躡腳地返回寓所睡覺，風雨冰雪無阻，天天如是，夜夜如是，習以為常。假日還要侍奉小姐到市區看電影，或逛『大丸』百貨公司。

……因為每晚睡眠特遲，有時遲到半夜三更，故次晨頭一堂課就常常遲到，而睡眼惛懵（朦朧），聽課時全不知道先生所講的是什麼，致常遭學校生徒監[4]之嚴厲譴責。」鑒於這種情況，同學們出於好意，讓雷震出言相勸，因為

4 生徒監即「學生監」之意。日本高等學校和中小學校的學生，均稱為「生徒」，管理學生的人即為「生徒監」。進入大學之後始稱為「學生」，管理者就成了「學生監」，這是學制上規定的名稱。

他們兩人同來「八高」，一個湖州人，一個原籍寧波，怎麼說也是浙江同鄉，雷震與他談，「希望要以身體與學業為重」。周君當面沒有拒絕雷震的這番勸告，表示自己「以後用功讀書，保養身體，以符同學的關懷與雅愛。」

事實上，周君口是心非，依然故我，照樣夜半而歸，甚至曠課廢學如故，不停周旋於兩位千金小姐的情欲之間，更要應付她們父母的要求，看臉色行事，奔波效命，「在此期間，周君唯一新的作法，就是絕對不和我們往來，偶爾返寓，一定避開我們的視線。」果然，不出眾人之所料，周君的學習成績直線滑落，考試惡劣不堪。未出一年光景，罹患上肺病，日夜咳嗽咯血不止，力不能支，竟至臥床不起，待休學返回長崎家中治療時，已來不及，而天不假年。雷震聞之以此為鑒，大發感慨，「學生時代之不可妄談戀愛，除因談情說愛浪費時間妨礙讀書而外，這類麻煩的事情，亦足以妨礙求學而有餘的。」[5]

六年之後，也就是一九二六年春天，雷震在南京經友人介紹認識後來的夫人宋英，已近三十歲（之前與劉氏有過一次短暫婚姻，但不論在其文章、回憶錄以及他人的記述中，很少提及此事。作者注），雷震與宋英在北京結婚是在一九三二年秋天的事情。

二、「自誇狂」的日本教授

在雷震眼中，「八高」的老師除少數者堪稱優秀外，其一般水準均不可與東京「一高」同日而語。「八高」三年，所聆教過的老師不下二十人，真正讓雷震「心悅誠服」的老師少之又少，他這樣說，「數學一課教授解析幾何和高等代數，照我當時的觀察，先生自己尚未搞通，故講解的時候結結巴巴，極不順口，其結果是教者諄諄，聽者藐藐」，因此，根本無法激起雷震對數學的興趣。這一年期中考試，數學只得了五十分，不及格。進入學年考試，雷震憑藉強聞博記的本領，將定律和公式記了一大堆，居然也考到了七十分。

5 《雷震全集》第九冊，頁二十四。

新開設的經濟地理一課，由河村信一先生講授。他本是理科植物學的教師，由於校方一時找不到適合人選，讓其代為授課。河村先生自知不通，初次與同學們見面，坦承自己不是這方面的專家，完全是因為校方「拉夫」不得已才來「充數」的。當時日本各校的師資狀況，雷震認為「東京係首善之區，人文薈萃，群賢畢至，所以好的教授特別多……我曾在一高特別預科讀過一年，那裡的教師都是由一高的教授來兼任，故對於教師之優劣，具有特別的敏感」。

「八高」的師資水準參差不齊，令人無可奈何。但某些日本教授看不起中國人，讓雷震更加「敏感」。栗田元次教授講授日本史和東洋史，在他的講義中，更多的就是中國歷史或與此有關的歷史。「他是特別的瞧不起中國人，認為中國民族是自私自利、散漫頹廢、消極苟安、不求進取、有奶就是娘……等等，今日已經衰老到了無可救藥的地步。換句話說，他認為中國民族將要亡國滅種的」。栗田教授時常在課堂上鼓吹「軍閥主義」，聲稱「日本人之向大陸發展（侵略之意），乃勢有必至，理所固然，正如水之就下，係一自然的趨勢，一方面為日本自身謀發展計，同時亦係為世界求進步計，他並認為這是日本在世界政治上應有的責任」[6]。雷震感到栗田教授十分荒唐可笑，某些日本人如此狂妄自大，豈止是對中華民族的極大侮辱，也是對整個世界的一種鄙視，他說，「栗田教授的這些說法，完全忽略了近代歷史的演進中，釀成世界局勢發生變動的最大因素，乃是普遍的民族覺醒的運動潮流所激蕩，而中國民族的覺醒運動，也正是沿著這一方向而前進，就是要求中國民族之獨立與平等。」[7]

雷震當時讀過一個名叫大谷光瑞「政治和尚」寫的一本《對支那議》，大光在書中聲稱「支那」存有「五匪」，即「土匪」、「學匪」、「兵匪」、「官匪」、「政匪」。對於這種說法，年輕的雷震在情感上當然不能接受，讀後極為反感，曾經毫不客氣地說，「其實若大谷光瑞這種流氓和尚，為軍閥之走狗，天天鼓吹侵略中國，我們也可稱之為『匪僧』也。」

6 《雷震全集》第九冊，頁五十三。

7 《雷震全集》第九冊，頁五十三。

雷震留學日本十年，無時不在思索日本人看不起中國人的原因。儘管結論是有的，卻又讓他感到頗多痛苦，因為有許多事實不可否認，「第一，中國留日學生之良莠不齊，壞的學生不僅不用功讀書、努力求知，而且到處鬧事、玩女人。第二，中國在日本若干商人，一有機會就想法走私套匯，而知識水準之低落，不僅不明了世界的局勢，即對中國歷史、中國文化和中國事情，所知亦屬有限。第三，過去革命黨人在日本私生活之糜亂荒唐，和窮極無聊時胡作非為等等，都是造成日人輕視中國人的原因。」[8]

雷震還讀過一本署名「不肖生」撰寫的《留東外史》，有不少關於留學生和革命黨人的逸事閒話，此書文筆肆意，旁徵博引，儘管有「若干穿插和揑造，但大部分均係事實」，作者敘述時比較巧妙，將這些事實中的人物「易名更姓」，避免引起麻煩。所以雷震認為「中國內部軍閥混戰、革命陰謀、政治腐敗、官吏貪污、盜賊橫行、民不聊生，更是加深了日本人輕視中國人和加速侵略中國的心理」。這種「反省自咎」，從客觀上講，加深了雷震對當時中國現狀的認識，以至內心感到不滿，萌發出有朝一日投身政治、改造中國的想法。

在「八高」，今井教授也是一個莫明其妙的「自誇狂」。一九一九年一月「巴黎和會」開幕，日本代表用日語在會上發表演說，這原本是一件十分正常的事情，今井教授竟在課堂上手舞之、足蹈之，大呼「日本語」已開始走上了世界外交舞臺，今後必將成為國際會議的通行語言，「其欣喜歡愉的態度，好像著魔發瘋似的」，雷震冷眼觀之，覺得可笑至極，一如演技拙劣的演員。

當時日本的報刊雜誌也是整天煞有介事在那裡「自誇自炫」，更是助長了一般日本國民「自誇狂」的心理。針對這一現象，雷震後來指出：九一八事變也好，七七事變也好，乃至第二次世界大戰也好，問題雖出在日本政府「窮兵黷武」的侵略政策，但是「一般文人學者和知識份子之不知天高地厚，而成天盲目的自吹自擂，殫精竭慮地製造自誇狂的根據和理由，陷一般無知國民於夜郎自大，只知有己而不知有人的心理，對軍人侵略的野心更是火上澆油」，

8 《雷震全集》第九冊，頁五十一。

「獨裁政治都是患了自誇狂的毛病，而獨裁者也就天天以『領袖』、『領導者』自居而恬不知恥，希特勒和墨索里尼之流，也就是被這種自誇狂毀滅掉的……」在雷震看來，日本這個民族畢竟「根基太薄」，得意忘形，大有一種「暴發戶」的心態。

三、校園觀察

雷震是一個善於觀察和思考的人。這一點，對他的未來十分重要。

雖然他對某些日本教授的偏激言論不以為然，甚至反感，但也能客觀地看到日本這個民族的另一面，「老練不足，而熱情有餘。惟其如此，所以在做事情的時候，真是拼命工作，而在玩時，也是盡情玩樂……一個極其落後的國家，經明治維新幾十年之經營而變成一個現代化的國家，當不是一件偶然的事情。」[9]

此時正是日本行憲三十多年，許多信仰民主自由、醉心於民主政治的政治人物、文化人、大學教授等，正在集中精力和力量向著「議會政治」和「政黨內閣」這個目標突進，希望能使日本現實政治進入憲政常軌，以期制止囂張跋扈的「薩摩」和「長州」兩派軍閥殘餘勢力，以及日見抬頭的「少壯派軍人」的政治野心，「進而希望打破乃至剷除日本七百年來、甚至千餘年的『武家政治』和『軍人政治』的局面」。

雷震對軍人執政素無好感，就當時日本的狀況而言，他認為「軍人執政或掌握實際政治，對內一定採取高壓政策，使人民沒有言論及講學的自由，對外很容易和英美列強發生正面的衝突，挑起國際間的戰爭……」

在「八高」，教學基本上仍以訓練語言為主。就文科而言，除英語、德語、漢語、修身、體操和軍事訓練等課程為必須所授之外，還要教授一個學年的數學、物理、化學、日本史等課程。準確地說，這只是「普通教育」的一種延伸，並不完全等同於大學的「預科教育」。根據當時日本政府的「高等學校令」，學生應以完成男子高等普通教育為

9　《雷震全集》第十冊，頁四七〇。

目的，特別強調致力於「國民素質」方面的培養。在課餘，校方儘量使學生能參加各種運動和活動，如柔道、劍術、射擊、游泳、騎馬等，有專人教授；校園內還有學生自己組織的各種團體，登山會、遠足會、騎馬會、詩歌社、繪畫會等。不過，雷震對於這一類活動的興趣，遠不如對校內日本學生自發舉行「議會演習」的關注，他認為這是「八高」三年對自己在政治上的成長最具意義的一件事情：

每年舉行「議會演習」一次。由學生自己組成若干政黨或政團，有的在朝，有的在野，開會的時候，儼然是一個議會活動的雛形：有政府的施政報告，也有議員的質詢，復有政府主管機關的答覆，最後有提案的討論。惟上午下午的角色，須換班扮演，即上午在朝的團體，下午就立於在野的地位。其未參加團體的學生，有的做新聞記者，有的坐在旁聽的席上做旁聽人。大家興趣十足，搞得井井有條，殊可佩也[10]。

此間日本報刊雜誌，正流行這樣一句政治術語——憲政常道，政治人物的各種演說，往往也離不開這句話。經過三年的實際觀察，雷震對此話的理解是，「憲法政治的正常軌道，必須是由人民經由普通選舉而產生的代議士（議員）所組成的議會來決定政府政策的政治」，也就是說，「政府必須是在議會裡握有多數議席之政黨首領出來組閣，而天皇的任命只不過是形式上的例行手續而已。若從另一角度來說，即政府這一切施政，包括政府預算案和軍事設施案在內，凡是含有政策性之諸般措施，必須先行經過議會之決議，政府始能付諸實施。就是要發揮議會政治、政黨政治和內閣制度之精神，採行『虛君制度』，一如英國當時之政治體制，要把日本的『天皇』變為英國的國王。」[11]正是由於受到輿情的影響，以及日本各界在政治上的漸次覺醒，「憲政常道」之風開始吹進了校園，新潮教授在課堂上經常提到的就是這句話，「議會演習」則成為校園內自發演練的最好模擬形式。

10 《雷震全集》第九冊，頁四十九。
11 《雷震全集》第九冊，頁一一六至一一七。

對高等學校的學生來說，這種政治「模擬活動」，不僅有助於激發他們對民主政治中「議會政治」的理解和興趣，更能身與其中直接體會「議會政治」之如何運作。為了讓學生們獲得這方面的經驗，校方一般並不介入，而是積極鼓勵學生們「自由發揮」，事先通報一下就可以了。毫無疑義，觀察「議會演習」成為雷震在「八高」一年間最不容忽視的一段經歷，使他認識到「議會政治」的重要性，「我當時的想法是這樣的：凡是學習政治的人，即令將來自己不去從事實際政治的工作，但是僅僅靠著書本上一些知識和教授們在課堂上口述的那些講義，是不容易瞭解現實政治的情況的。蓋政治人物的實際行動和其縱橫捭闔的行為，乃是推動現實政治的主因之一，凡是學習政治的人，自不能不注意考察這些實際政治的運作……」[12] 如果說，未來的雷震能在中國現實政治中迅速嶄露頭角，尤在國民參政會和政治協商會議中擔任要職，與他在日本留學時獲得的初步經驗無不關係，或者也是他「政治理想」的一部分。

在「八高」一年最後的一段時間裡，雷震本人也在從事自己早期的「政治實踐」，耗去了不少業餘時間，他先後出任「華工共濟會」名古屋分會副會長和夜校校長等職，與中國現代史上的重要人物王希天[13]、王兆澄[14]等人交往甚密。

四、華工共濟會

一九二〇年前後，日本各地突然出現了大批的中國勞工和行商的人。這些勞工和行商，大部分是浙江青田人，也有一些是青田附近各縣的人，還有少數是山東青島人。在第一次世界大戰中，日本大發戰爭橫財而淨賺十六億日元，以那個時候的匯率，一美金折合二日元，可見不少，許多新工廠需要

12 《雷震全集》第九冊，頁一一七。
13 王希天（一八九六至一九二三），又名王熙敬，吉林長春人，留學日本，曾與曾琦等人在日本發起「罷學回國」運動，被日本政府視為「排日分子」，後慘遭殺害。
14 王兆澄，安徽天長人，生卒不詳。留日學生，畢業於東京帝國大學農業化學系。一九四九年曾代理湖南長沙南岳師範學院院長，時往廣州請款（國民政府教育部），消息不慎洩漏，歸途中不幸遇害。

興建和開工，急需大量廉價的勞動力。此間在日本的浙江青田勞工就成了這種「實際需求」的犧牲品，而更多的浙江青田勞工並未能意識到自己是遭到「盤剝」，那時的中國太窮了，「有錢可賺的消息傳到他們家鄉青田以後，馬上不脛而走，他們的同鄉和親友們就絡繹不絕的跟著跑到日本去找工作」，以為可以「大發其財」。

此間，中日兩國無需辦理護照、簽證，從上海到日本長崎、門司和神戶等地的客貨船，三等艙的票價，不過就是十幾塊錢，來往一趟，湊點錢，並非特別困難。中國勞工以東京與名古屋兩地為最多。東京市區這時正在快速擴充發展，名古屋作為僅次於大阪和東京的工業區，也在百廢待舉，開路築港、建廠造屋。過去以出產瓷器而著名，現在則各種工業次第興起，尤其在軍事工業方面，名古屋已成為飛機製造業的一個中心。事實上，中國勞工只能幹一些挖泥、挑土、築路、開礦之類的簡單粗活，工資往往是日本同類工人的一半。

所謂「行商」，是指那些攜帶「貨物」沿街挨門挨戶叫賣的中國人，所賣的東西，無非是些文房四寶、青田石刻、石雕之類的小玩藝，以毛筆、筆筒、筆架和松煙墨居多。這些中國行商，在日本做買賣，當成在中國一樣，「看到人家大門開了，就隨便闖入，倘遇關門閉戶之家，又任意乒乓敲門。日本人的習慣，外面來人敲門時，俟開門後，要向主人說一聲『對不起』或『請原諒』的話，他們既不明了日人的習慣，也不會說這套客氣話，看見人家把門打開了，就馬上闖入而把考籃[15]揭開，立將籃內貨物擺出來兜售。」[16]時間一久，遂引起當地人的反感。

由於在日中國勞工急劇增加，出現不少問題，一是語言不通，經常招致誤會；二是住宿問題；三是衛生習慣；四是聚眾賭博；五是與日本工人競爭工作而引發矛盾。在這些問題中，以住宿條件之不堪最為突出和嚴重。

這些人合住在遠離鬧市區一個較為偏僻的地方，房子是租來的，條件自然十分簡陋，一間十多平米的房子往往擠上十幾個人。為了防止警察取締，夜間連窗子都不敢打開，空氣十分鬱塞，導致一些身體虛弱的人或患病者在夜間猝然死去。這些勞工做的都是粗活，又常不去洗澡，「真有三分像人七分像鬼的樣子」；在異國，又住郊外，掙來的錢捨不得

15 所謂「考籃」即古時讀書人參加科舉考試時，用來盛放文房四寶的器具，以竹編成，常見的為敞口，四圍有底。

16 《雷震全集》第九冊，頁九十至九十一。

花，要積蓄起來寄回國內，於是賭博成為他們唯一的消遣和娛樂。中國勞工過於廉價，加上能吃苦耐勞，此時勞務市場基本上被中國人所佔據，一些日本人抱怨這些中國人搶走了他們的飯碗，便與當地警察勾結在一起，滋事挑釁和欺凌中國勞工，動輒拘留或罰款，以此進行報復。中國駐日使、領館依然採取袖手旁觀、不聞不問的態度，「極盡推託敷衍之能事」，遭致留日中國學生的強烈不滿。在這種情況下，一個名叫「華工共濟會」的組織在日本出現了。

這是由在日本的「救世軍」[17]和東京中國青年會共同發起組織的。這兩個組織都是信奉基督教的社會事業團體，有著共同的目標——助人濟世、服務社會。目的是為了能夠幫助在日中國勞工解決上述問題和矛盾，所以，正式成立了「華工共濟會」，總部設在東京，負責人為吉林人王希天，他是一位虔誠的基督教徒。名古屋也成立了分會，由王希天的至友、「八高」理科學生王兆澄出任分會會長，負責辦理這一區域中國勞工的福利事業，此時名古屋的中國勞工比東京還要多。

最初，雷震並沒有介入此事，還有一年就要報考東京帝國大學，他並不想分散自己的精力，儘管對中國勞工的處境抱以極大的同情。王兆澄是一個忠厚老實、熱心有餘而計畫不周的人，他與雷震同住「慶親館」，經常找到雷震一起商量分會的具體工作，雷震總能替他想出一些行之有效的辦法。後來乾脆提出請雷震出面主持一些事務，雷震回憶說，「我當年離開東京來到鄉間（指名古屋郊區，作者注）的目的，原為想多讀一點書，故不欲為外務而分去讀書之心，起初數度拒絕其請，無奈他一再誠意相邀，情不可卻，而我有一天和工人談過一次零落不接氣的話，使我覺到工人的境遇，確實可憐而令人同情；……在這種周圍情勢相逼而來之情形下，我遂決定出任華工共濟會名古屋分會副會長兼夜校校長。」[18]在名古屋，「華工共濟會」分會除了自己經營的兩所宿舍外，還辦了一所夜校。

17　「救世軍」是基督教的別派，由英國人薄氏（William Booth）於一八七七年創建成立。注重對貧民、失業者、墮落者的救濟。有自己的貧民學校、廉價的旅館和食堂、勞動介紹所等，對於社會救濟事業，貢獻很大。

18　《雷震全集》第九冊，頁九十七。

開辦夜校的目的很明確，一方面教中國勞工學習常用的日語，一方面讓他們由此熟悉日本的習俗，使之能夠在日本較為便利地生活下去，不至於因種種矛盾和衝突，經常受到日本人的輕蔑和欺侮，同時也想提高在日中國勞工的文化水平和文明素質。雷震對夜校寄予了某些期待，儘管學業繁重，仍抽出時間親自授課，因其人手不夠，又請來「八高」低一班的同學劉楚青、朱得安二人協助教學。然而，有一半的中國勞工並不情願來夜校上課，他們白天做工，耗去不少體力，到了晚上已疲憊不堪，實在打不起這個精神，前來上課的人，往往無精打采，這是一個實際問題。

此事讓雷震意識到開辦夜校的願望和動機良好，卻未能從中國勞工的實際處境出發，往往事倍功半，得不償失，「主觀上覺得是好的東西或者有利的事情，對方可能不感興趣或者覺得對他們根本無益。」在個人衛生文明方面，「華工共濟會」要求每一位華工起床後必須洗臉、刷牙；夏季每晚洗浴一次，冬季三日洗浴一次；尤其那些在染坊、漆布店打工或挑泥、挖土、挑煤的中國勞工，無論春秋寒暑，每晚都必須洗浴一次。這些看起來都是一些最基本的生活要求，從一開始時就不能做到，後雖有一些改觀，仍不是特別理想。相比之下，對於內部打架、吵嘴者一律處以「罰日金一元」的規定，尚能行之有效。在當時，中國勞工打架、鬥毆之事，幾乎每天都有發生，「工人之易於衝動，甚難與之理喻」，對當事人處以「罰金」乃出於下策，不得已而為之，卻收到意想不到的效果。這些人知道「華工共濟會」所做的一切都是為他們著想，而且比使館、領事館要到位，從內心也認同這個組織。但在更多的時候，由於自身原因，許多陋習仍不能一下子改掉，比如聚賭，在當時是最為嚴重的一個問題，爭吵和打架大都因「賭博」而起，因此「抓賭」成了雷震等人的經常性工作。只是這些聚賭的人自有對付辦法，「常常專雇一個人在門口『把風』，一聞我們走來腳步之聲，不待敲門，他們就已先行收場，往往使我們撲上一個空。」[19]

19 《雷震全集》第九冊，頁一〇〇。

對於「華工共濟會」分會工作，雷震與王兆澄確實投入不少精力和業餘時間。從他們的「慶親館」到分會會所，至少要走上半個小時，雷震幾乎每天晚上都要到分會。當時「共濟會」的經費特別緊張，許多工作不易展開。一九二二年寒假期間，經總部負責人王希天提議，派雷震前往神戶富裕華僑家中進行募捐，同去的還有共濟會成員王家楨，當時王在東京總部工作。若干年後，此人曾任國民黨外交部次長及國民參政會參政員。

以雷震等人學生身份，人微言輕，再加上對神戶商埠華僑人家有所不熟，結果，極不理想，只募集到了五千多日金，這對於龐大的中國勞工群體來說，杯水車薪，實在是太少了。神戶有一寧波鉅賈名叫吳覲堂，家住海濱，宅邸寬大，院內花草樹木茂密，「當時積有百萬日金資產，為富不仁，起初是一毛不拔，嗣經托人要求，才捐到了一點錢。」駐神戶領事館總領事也姓吳，是四川人，當雷震找到他時，「總是推託支吾，毫不開誠相助，而神戶華僑社會亦深惡其處事為人，認為他是一個標準的中國官僚。吳君對於國民黨黨員更是敬鬼神而遠之，生怕一和他們來往，則貽誤他的前程。但又不敢公開得罪這些黨員，深恐其中有亡命之徒要和他搗亂。」

一九二四年初冬，孫文途經神戶準備返國，經戴季陶的引見，雷震與東京帝國大學同學許世墉、金庸三人應約前往交談，這位神戶總領事正好也在場，「看到他那副侍奉左右畢恭畢敬的神態」，雷震暗自發笑，心想這位總領事大概預感到國民黨可能就要得勢，立馬換了一副嘴臉[20]。

一九二三年春天，雷震與王兆澄二人從「八高」畢業，分別進入京都帝國大學和東京帝國大學就讀，「華工共濟會」名古屋分會工作遂轉交給劉楚青、朱得安二人負責。劉、朱二人十分熱心，接辦後會務仍能照常進行。這一年初夏，雷震三弟用國忽患病亡故，陳氏悲痛欲絕，雷震趕回國，陪伴在母親身邊，「冀略減少她的悲傷之情」。回國之前，王希天曾囑託雷震在國內向各界呼籲給予「華工共濟會」援助。五月九日在上海各界舉行的「國恥日」紀念會上，經大會主席居覺生（居正）同意，雷震在會上詳細報告了中國勞工在日本的實際境況，籲請各界援之以手。會

20 《雷震全集》第九冊，頁一〇二。

後，雷震又來到上海國民黨黨部，先後見到居覺生、徐謙（曾任孫文政府最高法院院長）、徐宗漢（黃興夫人）諸先生，「請他們登高一呼，號召各界發起援助華工，並促政府改善留日華工之境遇」。雷震在滬上奔走十多天，各方在口頭上均表示十分同情，「可是無一人採取實際行動」[21]。

這一年九月一日，日本發生關東大地震，在東京、橫濱、千葉、相洲灣、橫須賀一帶，並發生海嘯。當天下午，共濟會總部負責人王希天不顧個人安危，捨命去尋訪倖存的中國勞工；九月八日，他隻身一人騎車再次前往災區查訪華工下落時，途中被日本憲兵伺機逮捕；九月十二日凌晨三時，被日本憲兵殺害，屍體被剁碎，拋入豎川河中，年僅二十七歲。「華工共濟會」總部因此陷於癱瘓，分會的工作也無法再繼續下去。不久，日本政府即開始大規模遣返中國勞工，「華工共濟會」的歷史使命就這樣「壽終正寢」了。

21 《雷震全集》第九冊，頁一〇四。

第九章　京都帝國大學三年半

一、興趣旨在政治學科

在雷震的求學計畫中，進入東京帝國大學法學部一直為首選。與他在「慶親館」同室三年、親密無間的「八高」同學羅鴻詔，此時已報考東京帝國大學文學部，準備選修哲學，雷震報考了該校法學部政治學科，這樣一來，兩人不僅可以經常見面，還可相互切磋，彼此有個照應。雷震平時雖然也喜歡讀一些哲學方面的書籍，但他報考東京帝國大學法學部政治學科（法學部有兩科，即法律與政治）的原因，主要是為學習「政治」，雷震認為：

> 東京時為日本的首都，中央政府的所在地，實際政治的活動中心，無論就議會政治或政黨活動來說，抑就各種大大小小的選舉和各種會議來說，東京總是發號施令的大本營，計畫作戰的首腦部，因而就可隨時隨地與政治的實際行動有接觸和見習的機會。尤其是東京為人文薈萃之區，各色各樣的人物都在那裡聚居和活動，還有來此作短期的訪問者，而外國人來日本訪問和觀光，亦均以東京為其主要的目的地，職是之故，除在報紙上和刊物上揭出的公開活動之外，尚有許多的內幕策劃，和不露面的地下活動，暗地裡在那裡把持和操縱政治的人物存在者，在實際上更有影響於現實政治。我如果能在東京讀書，則接觸方面既可廣泛，而實際上的見聞自然較多。[1]

1 《雷震全集》第九冊，頁一一五。

沒有想到，羅鴻詔順利考取，雷震卻失敗了，打亂了事先預設的求學計畫。

一九二三年，東京帝國大學法學部預定招收五百五十名新生，法律學科五百名，政治學科五十名，實際報考人數有九百多名。東京帝大法學部通常要對報考學生進行一次「選拔試驗」，以淘汰一批報考的學生。參加這次「選拔試驗」的中國學生有七人，只有雲南籍學生鄧鴻藩[2]一人考取。這天晚上，雷震與友人丘景尼擦著火柴去看榜，發現榜上無名，情急之下，第二天打電報至「八高」教務處，再報京都帝國大學法學部。

當時日本有五所「帝國大學」，大凡準備學習法律、政治和經濟的學生，第一志願首選東京帝國大學，其次是京都帝國大學，「在那個時代的憲法學範疇，日本算是亞洲比較先進的國家」[3]，時京都帝國大學校風以自由主義為特徵，這種風氣尤以法學部為強[4]。這一年，京都帝大法學部招收三百名新生，此次報考沒有失手，雷震榜上有名，但卻與好友羅鴻詔分開了。

京都帝國大學即今日京都大學前身，創建於一八九七年，位於日本京都府左京區吉田本町，是當時日本第二所國立大學。雷震進京都帝大時，該校設有文學、理學、法學、經濟學、工業、農業、醫學等七個學部，大學院（相當於中國的研究生院，作者注）設在各學部內。雷震讀的是法學部政治學科，這是經過反覆思考後選擇的一個專業。考入京都帝大的學生百分之九十選擇法律學科，只有很少一部分人選擇畢業後出路較窄的「政治」。雷震選擇政治學科，首先是希望研究「政治」，尤其是國家的根本大法——憲法；其次，自己不願做律師，在他內心一直把律師看成是一個「訟棍」[5]。雷震的這一選擇，為不久將來步入中國政壇、從事現實政治埋下了一個「伏筆」，儘管此時並不知道畢業後前途將如何，但對於「政治」的濃厚興趣，未來的人生方向實際上已確定了下來。

---

2 鄧鴻藩，生卒不詳。一九二九年，曾任東陸大學（今雲南大學）預科部主任、教授。
3 〈可貴者膽，所要者魂：雷震〉，收錄於蔡明雲主編《臺灣百年人物2》，頁七。
4 參見潮見俊隆、利谷信義編《日本法學者》，東京日本評論社，一九七四年出版，頁二八六。
5 《雷震全集》第九冊，頁一四三至一四四。

雷震選擇學習「政治」，卻沒有把「政治」看得有多麼高尚。相反，認為「政治」在某些時候是十分「齷齪」的，而書本上的「政治」，與現實中的政治根本是兩回事，「凡是學習政治的人，自不能不注意考察這些實際政治的運用，儘管政治有其極為『齷齪』的一面，而學習政治的人，對於這種『齷齪』的一面，自不能不求個相當的瞭解。」[6]

京都帝國大學政治學科課程，介乎於法律學科與經濟學科之間。除政治學、政治史、外交史等，其餘大部分均為法律學科方面的內容，如憲法學、民法總則、物權法、債權法、刑法總論、行政法學總論等，另有一部分為經濟學科方面的內容，如經濟學、財政學、社會政策和殖民政策等。依雷震個人的看法，京都帝國大學的「政治學科」應稱為「法律政治經濟學科」才更為準確，因其涵蓋面之廣，無所不包，而這些課程的設置，無形中使雷震學到不少有關法律和經濟學方面的知識，成為他日後撰寫法政文章的根底，「修課範圍涵括自由主義、憲政主義、馬克思主義，使他對於社會科學與哲學有一定的認識。」[7]

京都帝國大學法學部採用「學分制」，時間為三年。即三年之內，必須學完必修學科中的十八門課程和選修科目的六門功課，通過考試及格，才能獲得畢業證書，授予法學士學位。雖然是「學分制」，其中一門「外國法」，屬於必修課程，又分為「英法」、「德法」、「法法」（日本稱為佛法）三個部分，每個學年只能選修一種，即便在兩年內修足其他所有的學分，也不可能馬上畢業。雷震在京都帝大三年半所修讀的課程，除「外國法」三項必修，共計二十四門，雷震曾經完整地列舉出所修課目之名錄，以其夫人宋英後來的說法：這使雷震不斷地充實自己，多了一分拯救這個苦難國家的機會[8]。

6 《雷震全集》第九冊，頁一一七。
7 任育德著《雷震與臺灣民主憲政的發展》，頁二十。
8 參見《雷震全集》第一冊，頁六十。

大正十五年三月，即一九二六年三月，雷震從京都帝國大學法學部畢業，隨後進入「大學院」跟隨森口繁治教授攻讀「憲法」。這一年一月，京都帝大修正了「法學部規程」，旨在彌合政治學科和法律學科之間的區別，取消了必修課目和自修課目的分類，改行「自由選科」制度。這一項新的規定擬於四月一日正式實行，也就是說，凡是想在三月底之前畢業的學生，按舊規定必須參加二十四門課程考試，欲延期至四月底畢業的學生，依照新的規定，可以少考六門。

雷震自承是一個「好勝心極強」的人，又要「替國家爭面子」，決定參加三月份的畢業考試。日本學生考慮到畢業之後的就業問題，全都參加了三月份的畢業考試，因為在四月底畢業的人，就要被算成是下一個學年的畢業生。中國學生則無此方面的顧慮，早一個月畢業，與晚一個月畢業並無大的區別，而且還可以少考六門。大部分中國學生都選擇了四月份的畢業考試，只有雷震與吉林籍同學徐家恒兩人考足了二十四門。法學部十分讚賞這種做法，視之為「優秀學生」。雷震畢業後申請進入大學院（研究生）時，立即獲准，連口試都免去了。

二、接受立憲主義思想

上世紀二十年代的京都帝國大學，學風相當自由與多樣化。

建校初始，首任校長木下廣次先生就強調京都帝大要辦出自己的特色，「比東大更尊重學生的獨立自主精神」。京都帝國大學法學院憲法學研究，教學令譽素著，與東京帝國大學法學院分庭抗禮，同居南拱北辰之領導地位。雷震入校時，「京都帝大師生研究學術的空氣甚為濃烈，極力倡導學術研究的自由，和發表意見的自由，其中尤以法經兩部的教授為然。蓋法經兩學部所講授的課程，很多與現實問題有密切關係，故教授在課堂上講書的時候，常常要涉及當前的現實政治得當否，有時候還要引用現實政治上各種設施作為課程理論的例證，俾可闡釋其原因和結果，用以證明某一學說在理論上的正確性，和政治理論與實際政治之間的距離。」[9]當時的法學部教授中，有主張「國民主權說」的森口繁治先生，主張「法人擬制說」的市村光惠先生；講授「馬克思資本論」的河上肇先生，以及講授「殖民政策」的山光美越乃等人。有日本學者指出，京都帝大遠離政治中心的東京，在批評時政時所遭受的反彈與壓力，遠遠要低於東京帝國大學，因而在校園中比較容易培養出學術獨立、超然於國家權力的開明風氣，自然形成了有別於東京帝大憲法思想的獨特觀角和理論[10]。正是在這種學術自由的氛圍之中，雷震從中獲得了一個最重要的認知，就是在立憲主義的理念中，「縱為天皇也要受其約束和監督」[11]。

《憲法學》和《政治學》兩門課程，由著名教授市村光惠先生講授。

市村先生著有《帝國憲法論》一書，以「法實證主義」和「國家法人說」來闡釋日本的憲法，在日本被時人稱為倡導「法實證主義」的第一人，對日本法學界的影響很大。市村先生「除以德國公法學者Georg Jelinek（一八五一至一九一一）的學說[12]為其主要見解外，兼涉獵憲法學諸家的學說，擷取其適合於自己之學說而採用之，故他的比較憲法學的學識，相當豐富，也是站在『立憲主義』的立場上來立論的」[13]。市村先生性格自由奔放，治學研究，不拘舊章，特立獨行，在課堂上「海闊天空，古往今來，漫無邊際的自由講話」，批評時政不遺餘力，給雷震留下了深刻印象。京都議會的議員，大都是市村先生的學生。

9 《雷震全集》第十冊，頁二八四。
10 家永三郎著《日本近代憲法思想史研究》，東京岩波書店，一九六七年出版，頁一七七。
11 李鴻禧《雷震之憲法學者像素描》，頁十五至十六。
12 德國法學家格奧爾格．耶利內克，先後在維也納、柏林大學、海德堡大學任教，最著名的公法學說是「國家自限說」，著有《人權與公民權利宣言：現代憲法史論》等。
13 《雷震全集》第九冊，頁一六二。

一九二七年，雷震回國後不久，市村先生被京都市議會推選為該市市長，以冀其大展鴻圖，實現「學人從政」的理想。然則，不到兩個月，即與市議會鬧翻，掛冠而去。對此議論者不一，有人認為市村先生根本不能勝任行政工作，不僅一點政治手腕都沒有，說話態度也極不謙遜，對市議員發表談話，一如在大學課堂上對待年輕的學生，居高臨下，讓人無法接受；也有人認為，教授的理想和遠大抱負，與實際政治運作是兩回事，他們批評時政，紙上談兵，固屬不易，但從政時卻不具備「從善如流」的本領，面對複雜的行政諸事，往往不得要領，以致一籌莫展。在雷震看來，市村先生無法勝任市長，或與他浪漫不羈的性格有很大關係。市村先生上課喜歡坐在椅子上，雖然才六十歲，「時常離開本題，而海闊天空，古往今來，漫無邊際的自由講話」。雷震在校時就聽說市村先生從不閱卷，而是異想天開地「在自己書齋的榻榻米上，手捧試卷向上拋，落下則散佈於榻榻米上，他預先劃定一條界線，規定試卷落在某區之內為六十分到六十九分，落到某區者為七十分至七十九分，某區者則為八十分以上，然後拿起筆來，按此區別給以分數，橫直都是及格的。」[14]雷震並不相信這個說法，儘管有不少同學認為確有其事，他們的試卷答案明明十分正確，卻只有六十分，一些不甚用功的同學胡亂答來，反而在八十分以上。雷震姑妄聽之，當成是一個笑話。

在京都帝大法學部的教授中，對雷震影響最大的屬森口繁治和佐佐木惣一先生。

森口繁治教授講授《國法學》，與市村光惠先生共同翻譯盧梭的《社會契約論》，並撰有《近世民主政治論》、《立憲主義與議會政治》、《比例代表法之研究》等專著。日後成為臺灣大學法學院院長的薩孟武[15]也畢業於京都帝國大學法學部，曾將森口先生的《近世民主政治論》翻譯成中文，在抗戰前由商務印書館出版。森口先生是一位堅定

14 《雷震全集》第九冊，頁一六四。

15 薩孟武（一八九六至一九八四），福建福州人。歷任國民黨陸軍軍官學校教官兼編輯部主任、國民黨中央政治大學大學部行政系教授兼主任、國民參政會委員、中山大學法學院政治系教授兼院長等。來台後曾任臺灣大學法學院教授兼院長、立法委員、國民黨中央評議委員等。一九八四年四月十三日逝世。

的民主主義者，畢生推崇「全民政治」的民主政治、議會政治和政黨政治，反對軍人弄權和武人干政，針對日本軍事體制以及軍隊首腦繞開行政內閣直接上奏天皇的制度，譏之為「帷幄上奏」。

森口認為近世民主政治，是以民主主義或「國民主權說」為基礎的，其中包含三個重要的思想要素：其一，國家為個人而存在；其二，國家的一切權力，出自人民自身，政府官員，要對人民負責；其三，人民之服從國家利益，就是服從自身的利益，人民有權選擇自己的利益。在森口先生看來，現代民主政治就是「多數決的政治」、「議會政治」，也是「輿論政治」，這三條原則具有濃厚的立憲主義色彩，對雷震在日後堅持民主政治、議會政治等一貫主張有直接影響。森口當時還很年輕，思維活躍，治學有道，具有「誨人不倦」的風範。在雷震的記憶中，森口先生最感興趣、研究最深入的是「比例代表制度」。這種制度「可以把少數人的意見，反映於構成國家意思的議會之中，……以免陷於『多數暴政』的局面，因為多數人的意見，有時並不完全正確，惟有採用『比例代表法』的選舉制度，才可以表現出少數人之意見，才是實現真正的民主政治——全民政治。由於多數暴政以壓制少數人的權利的局面，不僅不能實現真正的民主政治，且易釀成『革命』或『暴動』發生，蓋少數人的意見及其利益，決不能完全置之不顧。」[16]

森口先生留法多年，是一個十足的民主主義者。以他本人觀察法國議會選舉，發現就是採用這種「比例代表法」；不過，他又認為其中有一定的弊端：「比例代表法」雖民主之至，卻容易造成「小黨林立」的態勢，如果沒有一個黨派獲得半數以上，勢必就是一個「聯合內閣」，對於一屆政府制定或貫徹其大政方針不利，而政府內部結構，亦不易穩定。森口先生撰文立說嚴謹，講課卻不甚簡潔明瞭，有重複和囉嗦之嫌。儘管如此，雷震在法學部政治科畢業後，申請進入「大學院」，仍是選擇森口繁治先生作為自己的指導老師。

佐佐木惣一博士講授《行政法總論》、《行政法各論》，一生致力於行政法學和憲法學的研究。著有《日本行政法總論》、《日本行政法各論》、《警察法概論》等。《日本行政法總論》一書在七百頁以上，被時人稱為「權威之

16 《雷震全集》第九冊，頁一六七。

作」。與森口不同，佐佐木惣一授課條理清晰，觀點鮮明，語言生動，大受學生歡迎，每次上課「幾乎座無虛席」。佐佐木惣一博士有「總論」和「各論」兩大冊在手，卻從不照本宣科，而是層層深入解釋其原理和原則，並儘量舉例加以一一說明。每次開課，雷震總要搶得頭排位置，「我最佩服佐佐木老師的學問和風度，不僅好好的去聽講，且從不缺課，對於他的《日本行政法總論》一書，我仔細地讀過好幾遍。為使容易記憶和下次翻閱起見，在書本上用紅墨水打了許多紅線條，並在每頁書頭上寫下了許多『眉批』和『注解』來表示個人的意見。」[17]抗日前夕，這本《日本行政法總論》被中央政法學校教授劉百閔[18]借用不還，雷震「捨不得自己的眉批和注解」，再三索要，劉不予搭理。

一九三二年（昭和七年），京都帝國大學爆發震驚全日本的「瀧川教授事件」。

瀧川幸辰先生是一位富有自由民主思想的青年教授。日本政府在第一次世界大戰後，推行「學校軍國主義化」教育，採取各種手段以取締當時的「左傾思想」。所謂「左傾思想」，指的是「民主自由」和「尊重人權」等基本政治訴求。瀧川教授的《刑法讀本》係自由主義刑法學說，他在這部書中強調「犯罪的最大原因，是由於環境不良和社會的不健全，要減少犯罪的人，應從改革社會環境入手」。因為瀧川教授具有所謂的「左傾思想」，成日本政府打壓的對象。教育部長鳩山聽命於軍方的指示，將瀧川教授趕出了京都帝大。法學部全體教授同情瀧川教授遭受無端迫害提出集體辭呈，試圖迫使政府收回成命。然而，政府態度十分強硬，不願糾正這一錯誤決定，最終導致法學部森口繁治、佐佐木惣一、宮本英雄、末川博、田村德治、恒藤恭等教授憤然離教席而去。直至第二次世界大戰日本戰敗後，「瀧川教授案」被再次提出，政府才承認其處分不當，瀧川教授得以復職。日本著名電影導演黑澤明以「瀧川教授事件」為背景，執導了戰後自己的第一部電影《我於青春無悔》，獲當年日本電影旬報年度十大影片第二名。雷震回憶

17　《雷震全集》第九冊，頁二三四。
18　劉百閔（一八九八至一九六九），浙江黃岩人，留學日本，歷任南京中央大學、中央政法學校、復旦大學教授；一九五二年來臺灣，次年任香港中文大學教授；一九六九年卒於香港。

說，「關於此事，佐佐木教授在戰後出版的《日本國憲法論》改訂版（一九五一年）的序論中，有這樣一段回憶文字，讀之令人敬仰不已。」[19]

京都帝國大學這種崇尚自由、人權，不畏權力、不懼打壓的校風，對薰陶雷震成長為一個知識份子，使其具備擇善固執、堅其百忍之性格培養，自有深邃的意義。觀諸雷震著作中所闡述的憲法學觀念之清晰，法理論述體系之嚴謹，頗得佐佐木諸師之真傳。雷震在京都帝國大學就讀過程中，專攻的一部分屬於憲法學範疇，雷震對於「憲政原理」的瞭解和掌握，基本上是在這一時期形成，「在這種環境薰陶下，有助於雷震汲取自由民主與憲政主義之觀念；雷震不屈服於權威的個性，更因為教師們的言教與身傳，而得到進一步的強化」[20]，雷震也認為「森口師之教誨，所受之時間雖不多，而今日之篤信民主政治和議會制度而牢不可破者，自不能不說是受到他的意見的影響。」

三、奈良模範監獄

奈良位於日本中西部，距離京都很近。從京都乘坐火車前往，只需一個多小時的時間。對於喜歡旅行的雷震來說，奈良就像是京都的近郊，「晨往而夕返」，可以盡情遊玩許多著名景點，如祭奉著日本最大的佛像，又是世界上最大的木結構建築——東大寺，一直讓雷震「歎為觀止」。奈良公園是日本當時最大的公園之一，以天然林木為主，約占奈良市區的三分之一。蒼杉古松，樹木蔥鬱，春櫻秋楓，景色十分迷人，是一般遊人不可不去的地方。雷震在此期間，先後去過奈良三次，前兩次都是遊歷名勝和瞻覽古蹟，第三次是在京都帝大法學部的安排下，與幾十位同學一起參觀了在當時被認為是日本監獄管理制度最為完善和最見成效的奈良模範監獄，從學習法律的角度來講，無疑是他

19 佐佐木惣教授這樣說：「我學於斯（京大），畢業後又以職員而工作於斯，一心一意致力工作於斯，今竟要和這個大學分別，真是感慨無量。惟此非關係於個人的私事，而是國家的公事，我不過當作一個『公人』而去職的。況當時和我站在反對的立場的人，不論是政府當局抑或大學當局，毫無個人的感情在內，今日依然是一樣的。」參見《雷震全集》第九冊，頁二三四。

20 任育德著《雷震與臺灣民主憲政的發展》，頁二十二。

「政治課程」中的一部分。

走進這所模範監獄，環境與設施之好，同學們不勝驚訝，根本不像是一座陰森森的監獄，「一如學校式的生活，絕無坐牢的意味，犯人也無腳鐐手銬之事」。監獄長是一位法學博士，對監獄管理訂有一套完整而充滿人性的制度。在這位博士監獄長的監管理念中，其中最重要的一點，就是犯人也有最基本的、不可剝奪的人權自由。對於獄方來說，應當根據每一位犯人的技能及自己的志願（而不是強迫）分配適合的工作，不能不考慮每一位犯人的實際情況。在這所模範監獄中，除了正常管理之外，還有許多由獄方出面安排的團體活動，名目繁多，內容生動，其目的是為了「讓犯人被囚的身心在一種集體的相互關照下感到幾許溫暖」。

對於那些信奉宗教的犯人，獄方會尊重每一個人的信仰，儘量滿足他們提出的正當要求，並指定牧師、神父以及佛教的和尚，按時前來給這些人做禱告或念經；他們自己每天早晚也要誦讀聖經和佛書，以便在服刑期間，首先在精神上能夠獲得一種自救，然後對其罪責有所反思，真正做到洗心革面，悔過自新，出獄之後，方能自覺地成為一個守法有理智的公民。獄方還提供大量的文藝書籍或專業參考書供犯人閱讀，若哪位犯人想研習專門的學問需要參考書籍時，盡可開出書單讓獄方代為購買。

這位博士監獄長談吐儒雅，為人真誠，給人以一種信任之感。

雷震瞭解到，獄中的犯人對這位監獄長無比尊敬和擁戴，「他對於犯人十分親切，照料周到。每週一到週六的午餐，和他們會餐，每次約有一百五十人，他坐在上頭，面對著犯人，用日本吃飯時的小茶几，吃的東西，完全相同，吃完了談笑風生，他把所有犯人視為兄弟……這位典獄長在犯人工作時，經常去巡視，拍拍犯人的肩膀，稱讚他們做工做得好，誇讚有加。凡入獄的犯人，不久之後，對這位典獄長則極為尊敬」，這種監管方式，雷震等人聞所未聞。這位博士監獄長對前來參觀的學生說：這所監獄的犯人，有很多人在刑期不到三分之一之時，就已經懺悔改過，並表示出獄之後，將努力做一個遵守法紀的人。而法院的判決卻「刑有定期」，對獄方來說，只能依照判決之刑期對其繼續執行禁錮，而不是根據犯人的悔過表現，由獄方提出建議，予以提前釋放，或暫行開釋。日本現行刑法固執刻板，法理陳舊，無視人性可以回歸的這一基本事實，既殘害了犯人的品格，也傷害了犯人的情感，對於國家和社會來說，在人的資源上是一個極大的浪費；更何況，歲月蹉跎，人生幾何，不能因為一個人偶爾失足或犯罪，就要長期受到身體乃至精神上的折磨，從而消耗了一個人的大好時光。

這位博士監獄長主張修正日本現行刑法，在他認為，今後法院的判決只要判出一個「最高年限」和「最低年限」就可以了，其改造過程及自省效果，可以由監獄方針對每一位犯人在獄中的實際表現、懺悔程度，核准其釋放年限，以求真正達到「改過自新」、「刑期無刑」之目的。這一番話，讓雷震等人茅塞頓開，「印象極深而迄今不能忘懷」。雷震當時就認為，這是日本「監獄理念」正朝著法治和人道主義方向轉變的一種努力，在這所模範監獄中得到了最好的體現，與中國傳統中的「牢不可破」的監獄觀相比，更具理性和人性化色彩。據當時介紹，從這所模範監獄被釋放出去的人，再犯者僅為極少數，可見「人性化管理」對於人性的復甦帶來了效果。

若干年後，當雷震坐滿蔣介石的十年大牢之後，以其親身經歷深感兩者之間的巨大差距，「中國人過去把監獄叫做『牢』，『監牢』，『牢』者，飼養牲畜的圈子，所以有『牢頭禁子』之說。有關『牢』的術語，如『坐牢』、『監牢』等等，似對人有侮蔑之意，蓋把人當作牲畜看待也。現在法律上稱『牢』為監獄，我覺得『獄』字也有些不妥，使人聯想到『地獄』上去，倒不如稱為『監屋』為佳，或『民監』、『軍監』亦可，這是我被蔣氏父子下令坐了十年牢獄的感想，未坐過牢的人則不會注意及此」，在中國，「牢頭禁子在觀念上，一般的是沒有把受刑人當作『人』看待，其心目中認為『受刑人』簡直就是一個『禍害』，牢頭禁子對於受刑人沒有給予相當的禮貌……像奈良模範監獄長對待受刑者的溫暖，一點也沒有」[21]。

---

21 《雷震全集》第十冊，頁三七五至三七六。

一九二五年秋天的「奈良模範監獄」之行，可以說，成為雷震一生考量「監獄理念」的一個重要尺規，這是他在後來之所以猛烈抨擊國民黨牢獄制度的一個主要原因，這堂意外的「政治課」對他個人來說，實在是太重要了！

第三部分

1927—1949

投身政治

第十章　進入權力核心

一、從中學校長到「國策顧問」

一九二六年三月，雷震於日本京都帝國大學法學部本科畢業，進入「大學院」（即研究生院）隨森口繁治教授研究憲法，未料，唯讀了一個學期，被迫停下來。其原因是之前落下的失眠症日趨嚴重，以至於精神萎靡，體力不支。在這種情況下，不得不接受朋友們的勸告，採用「旅行治療法」，暫時回到了國內。

脫離緊張的學習氛圍，原本的壓力一下子得以釋放，再加上對症下藥，失眠症逐漸有所好轉。雷震本想在這一年底回日本繼續自己的學業，母親陳氏卻認為大學已畢業，「大學院」研究生課程並非天天上課，堅持讓他過完了陰曆年再走。就在這時，浙江省政府教育科突然宣佈雷震出任「浙江省第三中學校長」一職。

一九二六年七月，國民革命軍出征北伐，相繼收復湖南、江西、福建、浙江等省，成立了「革命政府」。張靜江為浙江省主席，省府委員中包括沈鈞儒、沈定一等人；同時設有浙江省政治分會，代主席為蔡元培，韓寶華是政治分會委員之一。國民黨剛剛掌權不久，大凡有國民黨背景的人自然容易成為被委以重任的對象。雷震後來才知道，這是當年梅溪高等小學校校長韓寶華（時為國民黨浙江省黨部工人部部長）推薦所致，省教育科長朱兆萃（一九二七年初改為教育廳，蔣夢麟任廳長）是雷震在日本時的好友，因此，在「浙江省第三中學」校長人選問題上，韓、朱二人一拍即合，就這樣定了下來。雷震是京都帝大法學部高材生，入黨介紹人又是國民黨元老張繼、戴季陶兩位，凡此因緣種種，一件看起來十分突然的事情，卻又在情理之中。一九二七年二月，雷震前往浙江省教育科（廳）接受了這一任命。

二月十六日，雷震走進湖州天寧巷自己的母校「浙江省第三中學」，心情十分複雜。這次意外的任命，打亂了他的所有安排，日本京都帝國大學變得遙不可及，學業因此中斷，不免有一種失落和不安。雷震並不打算在這裡長期任職，他不知自己能否勝任一個中學校長，也不知道森口先生對自己一去不返會持何種態度。不過，既已決定不再返回日本，就必須正視現實。雷震只是隱約感到有種莫名的召喚正在等待自己，雖一時無法說清是什麼，卻變得越來越清晰，這就是湖州對他來說，格局確實太小了一點。

這一年底，雷震辭去浙江省第三中學校長一職，在戴季陶舉薦下進入國民政府法制局擔任編審之職。國民政府定都南京，許多法規制度亟須改革與創新，首任法制局長是王世杰。當王世杰瞭解到雷震具有日本京都帝國大學法學部這一學歷背景，立即同意將他召至麾下。王世杰本人先後留學英國、法國，專門攻讀憲法，其專長與雷震差不多，兩人彼此相惜，十分投緣，公私之誼自此肇始。惟此時王世杰已是國民政府中重要人物，雷震則需要謹慎行事，儘管這時從政的大門已向他打開，但還有一段較長的路要走。

一九二八年冬，法制局併入立法院，雷震被戴季陶徵召至考試院擔任編譯局編撰一職，兼任中央軍官學校的教官。戴季陶此時為國民政府考試院院長，十分器重雷震，命令這位年輕人起草《公務員任用法》[1]。雷震深感起草《公務員任用法》難度頗大，尤其是參考資料「在中國文獻上則無法找到」，於是致函森口先生，請其代尋日本文官任用制度範本。森口先生很快寄來日本現行文官任用的許多法規，並向京大圖書館借了一套三巨冊的《官吏學》。雷震後來說，「對我研究此道，頗有資助」[2]。

1 南京國民政府於一九三三年三月正式公佈《公務員任用法》，此時雷震已隨王世杰入教育部任職；一九三一年雷震發表〈行政改良芻議〉一文，曾引發戴季陶不快，此後即少有往來。由此推斷，《公務員任用法》雖為雷震起草，但此間公佈的《公務員任用法》大概已與雷震無關。

2 《雷震全集》冊九，頁一九八。

雷震進入法制局和考試院之後，仕途十分暢達。一九二九年銓敘部成立，隸屬考試院，雷震任秘書兼任調查統計科科長，一九三〇年兼任國立中央大學法學院教授。一九三一年八月，雷震當選國民黨南京市黨部候補執行委員，負責宣傳工作；次年十月，當選國民黨南京市黨部執行委員兼常務委員；一九三三年四月，王世杰出任教育部長，調升雷震為教育部總務司司長；一九三五年，在國民黨五中全會上，雷震當選候補監察委員，兼任國民黨政治委員會所屬財政專門委員會委員；一九三八年一月，隨王世杰離開教育部，轉任軍事委員會政治部設計委員，同年七月五日，第一屆國民參政會第一次會議在武漢召開，汪精衛為參議會議長，王世杰為秘書長，雷震為議事組主任。中共領導人毛澤東、董必武以及鄧穎超、林伯渠等人被聘為參政委員，毛澤東因「公務纏身」沒有出席這次會議[3]。

參政會籌備期間，副秘書長一職由參政員周炳琳[4]兼任。周炳琳身任「西南聯大」法學院院長，平時在昆明主持校務，並未去重慶參與會議的籌備工作，副秘書長的工作，由雷震一人代勞。「此時的雷震是政通人和，一帆風順。他在政治生涯中的發跡，就是從國民參政會開始的」[5]，這一段話是馬之驌[6]後來說的，不無道理。

從一九二七年底算起，雷震離開湖州前往南京，不過是一個普通的中學校長；僅僅過了十年之後，即在國民參政會這樣一個重要的國家議政機構中挑起大樑，絕非一般人輕易可以做到。雷震在當時的中國政壇嶄露頭角，獲得各方好評或賞識，應當說，與他本人所學專業以及個人才幹有一定關係，但絕不能排除戴季陶、王世杰等人對他的關照與大力提攜，再加上日後蔣介石對他的信任和使用，其仕途通達，就無怪其然了。其中還有一點不容忽視，那就是無論雷震本人的政治才幹，抑或戴季陶、王世杰等人慧眼識珠，恰好與這一時期中國政治的某種需要（行憲準備與專門人

3 參見《南京國民政府紀實》，安徽人民出版社，一九九三年七月第一版，頁六〇八。
4 周炳琳，字枚蓀，浙江黃岩人，生於一八九五年。北京大學畢業，留學英、美、法、德等國。曾任中山大學、清華大學、北京大學教授；西南聯大法學院院長，國民政府教育部常務次長。中華人民共和國成立後，任全國政協委員，民革中央常委。
5 馬之驌著《雷震與蔣介石》，臺灣自立晚報社文化出版社，一九九三年十一月第一版，頁十。
6 馬之驌，當年「自由中國社」發行部經理，「雷震案」涉案人之一，上世紀七十年代中期任臺灣東華書局總編輯。著有《中國的婚俗》、《新聞界三老兵》、《雷震與蔣介石》等。

才）有關或相適應，即所謂「時勢造英雄」。事實上，雷震可能無法勝任一個中學校長，但在政要雲集的「國民參政會」卻找到一個使自己大顯身手的絕好場所。

一九四〇年，國民參政會成立憲政期成會，雷震出任秘書長，此後有關國家制憲的工作，雷震均為其中的重要人物之一。一九四三年，雷震升任國民參政會副秘書長；一九四五年五月，在國民黨第六次全國代表大會上，雷震連任中央監委。一九四六年一月，政治協商會議在重慶召開，雷震任秘書長，負責協調各黨派的意見。同年十一月十五日，召開制憲國民大會，雷震以國民黨中央監察委員身份遴選「制憲國大」代表，兼任副秘書長一職；這次會議產生了《中華民國憲法》草案[7]，亦稱「政協憲草」。

一九四七年四月，國民政府擴大各黨派參與組閣，張群為行政院長，雷震任不管部政務委員。一九四八年五月，翁文灝組建行憲後的第一任內閣，仍為不管部政務委員。翁內閣總辭後，在孫科內閣，未在續任。一九四九年一月，蔣介石宣佈引退，由李宗仁代行總統職權，雷震前往上海擔任京滬杭警備司令部顧問一職。同年八月，國民黨總裁辦公室在台北草山成立，雷震為設計委員會委員。不久，又被蔣介石任命為國策顧問。至此，雷震從一名普通的中學校長，自一九二七年進入國民政府法制局後，在上世紀三四十年代這一段雲譎波詭的風雲際會中，很快成為國民黨高層核心圈中人物之一。

7　關於這部「憲法」，中共領導人周恩來曾發表〈對國民黨召開「國大」的嚴正聲明〉，他指出：這部所謂的「憲法」，把「獨裁『合法』化，把內戰『合法』化，把分裂『合法』化」。

二、「各黨各派」之譽

隨王世杰進入國民參政會後，雷震的政治生涯出現重大轉折。之前「多是擔任幕僚、執行者角色，並未參與決策，從其擔任編撰、編輯、秘書等名稱便可見分曉」[8]。參政會議事組長雖是一個事務性官員，但在先後兩任秘書長王世杰、邵力子[9]均無暇過問國民參政會具體事務時，雷震成了國民參政會實際上的大管家。一九四六年雷震出任政治協商會議秘書長，這是同級職務中最引人注目的一項工作。雷震辦事一向認真仔細，能力突出，且善於巧妙周旋，受到蔣介石、王世杰等人的高度信任，因工作之需與國民黨以外的各黨派人士頻繁接觸，進而成為他們的朋友，在當時獲得「各黨各派」之譽，更有人私下戲稱「國民黨的統戰部長」。

8 任德育著《雷震與臺灣民主憲政的發展》，頁二十五。

9 邵力子（一八八二至一九六七），浙江紹興人。一九一九年加入國民黨，一九二一年參加共產黨。曾與柳亞子發起組織新南社，提倡新文學。一九二七年後歷任國民革命軍總司令部秘書長、甘肅、陝西省政府主席、國民黨中央宣傳部長；一九四〇年出任駐蘇大使，一九四三年回國後任國民參政會及憲法促進會秘書長。一九四九年通電脫離南京政府。中華人民共和國成立後，曾任中央人民政府政務院委員、中蘇友協副會長、政協常委等職。一九六七年在北京病逝。

這一期間，雷震與青年黨李璜[10]、左舜生[11]；國社黨（民社黨前身）張君勱[12]；職教社黃炎培[13]，鄉治社梁漱溟[14]等人，有著密切交往，並建立起良好的個人關係。從黃炎培「國民參政會日記」中可以知道，雷震與中共代表一直有頻繁的接觸。抗戰期間，中共駐渝代表團團長周恩來、共產黨參政員董必武，每次見到雷震，必戲呼其為「雷長官」[15]。一九四五年二月八日，周恩來、王若飛、王昆侖等人在參政會與王世杰、雷震等人討論國共兩黨團結問題；同年四月七日，王世杰、雷震設宴為中共領導人董必武等人餞行；同年八月三十一日夜，毛澤東到重慶談判時，參政會秘書處設宴招待[16]。

10　李璜（一八九五至一九九一），字幼椿，四川成都人。法國巴黎大學文科碩士，青年黨創始人之一。曾任北京師範大學、北京大學、四川大學教授。一九三八年至一九四八年任第一屆至第四屆國民參政會參政員，後任行政院政務委員、總統府諮詢委員會委員。

11　左舜生（一八九三至一九六九），名學訓，字舜生，湖南長沙人。上海震旦學院畢業。青年黨創始人之一。曾任復旦大學、大夏大學、中央政治學校教授。一九三八年至一九四八年任第一屆至第四屆國民參政會參政員，後任國民政府農林部部長。一九四九年短暫來台，後定居香港。一九六九年在台北病故。

12　張君勱（一八八七至一九六九），名嘉森，號立齋。一九一三年留學德國柏林大學。一九三二年創建國家社會黨，一九四五年出席聯合國會議，任聯合國憲章大會組委員。一九四六年一月回國出席政治協商會議。八月將國社黨與華僑中的民主憲政黨合併為中國民主社會黨。十一月民社黨參加蔣介石召開的國民大會。一九四九年十一月赴印度，一九五一年移居美國。一九六九年二月二十三日在三藩市病逝。

13　黃炎培（一八七八至一九六五），上海人。愛國民主人士。早年因反清而逃亡日本，加入同盟會。辛亥革命後，曾任江蘇省教育司司長。後任國民參政員。一九四一年參與發起中國民主同盟。一九四五年發起籌組中國民主建國會。一九四九年，中華人民共和國成立後，歷任中央人民政府政務院副總理兼輕工業部部長、全國人大常委會副委員長、全國政協副主席、中國民主建國會主任委員等。一九六五年在北京逝世。

14　梁漱溟（一八九三至一九八八），原名煥鼎，字壽銘，廣西桂林人，生於北京。一九一八年起在國立北京大學任哲學教授。五四運動時提倡「生命派哲學」。一九二一年出版成名作《東西方文化及其哲學》。曾任南京國民政府行政院司法部秘書、國民黨廣州政治分會委員兼建設委員會主席、廣東省政府委員。提出《開辦鄉治講習所建議和試辦計畫大綱》，獲准後在廣州為地方警衛隊編輯委員會講《鄉村十講》，開展「鄉村建設」活動。一九四五年在重慶擔任中國民主同盟秘書長。中華人民共和國成立後，曾任政協全國委員會委員、常務委員。一九八八年六月在北京病逝。

15　李敖、胡虛一等著《雷震研究》，李敖出版社，一九八八年五月五日初版，頁一七九。

16　此為參考黃炎培日記，刊於《國民參政會紀實．續編》，重慶出版社，一九八七年六月第一版，頁五七五。

而蔣介石本人，每當在政治上意欲尋求與各黨派之間的合作時，常常會利用雷震這一特殊管道，由他單線向各黨派傳遞自己的意圖。民社黨副秘書長楊毓滋[17]在一篇文章中透露：「抗戰勝利……這期間有政治協商、制憲國大、及行憲後的政府改組，一時之間，朝野接觸頻繁。儆寰兄當時負責政府方面的傳言人，最高當局凡是有咨商於民、青兩黨或君勱先生者，類多由其溝通協調，故儆寰兄每僕僕於京（指南京，作者注）滬道上，無分晝夜，有時在君勱先生所居上海範園內，即於沙發上和衣而睡……」雷震與各黨派人士關係密切，除責任心強之外，最主要的是能做到不偏不倚，真誠傾聽，甚至仗義執言。

一九四一年十二月，珍珠港事件第二天，日軍進攻香港。由重慶派往香港迎救有關要員的飛機，發生接運孔祥熙之妻宋藹齡寵物狗的咄咄怪事，引發西南聯大的一次學潮。此事本與民社黨領袖張君勱無直接關係，蔣介石聽信他人誣告，將張氏軟禁在重慶南岸汪山寓所，張君勱胞弟張公權時為國民政府交通部長，對此莫可奈何。一九四三年，雷震知悉內情後，挺身而出，親自前往汪山予以證實，歸後據理力爭，終使張君勱恢復人身自由，從此二人成為「莫逆之交」。不過，在國民黨內部，也有人將雷震與各黨派之間的這種友善關係，貶抑為「黨性不強」，認為雷震總是在幫這些人說話。但對於雷震來說，恰恰符合他本人的民主政治理念。他一直認為，作為執政的國民黨，只有站在「在野黨」角度去換位思考，才是雙方相互合作與信任的先決條件。

雷震以「歸國學人」身份投身中國現實政治，與一些「受政府徵召，盡書生救國」之道的知識份子從政經歷有所區別，如王世杰、翁文灝、陶希聖、蔣廷黻[18]等人，都是在獲得相當學術成就之後才進入政界的，雷震並無這方面的學術成就，他只是從戴季陶的推薦而開始，王世杰的重用而發軔，蔣介石的信任而榮升，成為國民黨內部重要人士，其中固

17 楊毓滋，生卒不詳。江蘇人，畢業於臺灣政治大學及私立東吳大學法學院，臺灣民社黨前主席，一九四七年三月增補為第四屆國民參政會參政員，後為監察委員。

18 蔣廷黻（一八九五至一九六五），湖南邵陽人。美國哥倫比亞大學哲學博士，任南開大學、清華大學教授；後為國民黨政府駐蘇聯大使、聯合國常駐代表、駐美大使等。

然不乏機緣巧合，但最終選擇從政還是因其個人的政治理想，並符合他本人的志向與所學。自重慶開始，雷震與左翼和右翼知識份子均能保持融洽的關係，不僅僅是因為豪爽義氣的真性情，而是每每在政黨協商的難題上堅持互信與團結的立場，「而自然對民主人士友善，以促進憲政與民主政治早日實現」[19]。

在法制局服務期間，雷震結識杭立武[20]、周鯁生[21]等人；在教育部總務司長任內，與蔣夢麟[22]、胡適、段書貽、傅斯年[23]、李濟[24]等人多有接觸。傅斯年主持中研院史語所，在南京的辦公地點，正好是在教育部對面，傅雷二人「幾乎常可在上下班的時刻，打個照面和招呼的，兩人之熟識，已到可以互開小玩笑的境地」[25]。雷震任職教育部時期，即與胡適相識，對他一直很敬重。抗戰結束後，胡適從美返國，出任北大校長，雷震此時已是行政院政務委員，在行政院會議上，凡是胡適代表北大爭取政府財政補貼時，雷震總是無不極力支持。陳布雷對此感到不解，一次私下與雷震閒談，笑問：「儆寰兄非北大出身，又非胡適門下的弟子，一個日本留學生，如何對一個美國留學生這樣支持呢？」[26]雷震只說了一個故事[27]，並沒有正面回答，言下之意，自己之所以這樣，完全是對教育事業的支持，他本人

19 中研院近史所藏，雷震文件，D.19，《中華民國憲政史》之〈制憲國民大會召開的籌備〉一文。

20 杭立武（一九〇四至一九九一），安徽滁縣人。英國倫敦大學博士，曾任中央大學政治系教授兼系主任、國民參政會參政員、教育部長等職。

21 周鯁生（一八八九至一九七一），湖南長沙人。早年留學日本，曾加入中國同盟會。後留學歐洲，先後獲英國愛丁堡大學政治經濟學碩士、法國巴黎大學法學博士學位。曾任北京大學、中央大學、武漢大學教授；中華人民共和國成立後，任武漢大學校長、外交學會副會長、全國人大法案委員會副主任委員等職。

22 蔣夢麟（一八八六至一九六四），浙江餘姚人。早年留學美國，獲哲學博士學位。歷任浙江省教育廳廳長、教育部長、北京大學校長、行政院秘書長等職。一九六四年六月十八日病故臺灣。

23 傅斯年（一八九六至一九五〇），山東聊城人。早年留學歐洲，就讀於英國倫敦大學、德國柏林大學哲學研究院，後任中山大學教授、中央研究院歷史語言研究所所長等職。一九四九年一月，出任臺灣大學校長，次年十二月二十日腦溢血猝發，在台北省議會現場去世。

24 李濟（一八九六至一九七九），湖北人。早年留學美國，獲哈佛大學人類學博士學位。曾任南開大學、清華大學教授，後為中央研究院院士、史語所所長。

25 李敖、胡虛一編著《雷震研究》，李敖出版社，一九八八年五月五日初版，頁一八五。

26 李敖、胡虛一編著《雷震研究》，頁一二八。

27 雷震對陳布雷說的故事是：當年他做教育部總務司長，政務次長段書貽（錫朋）起初不敢批閱總務司的公文，段以為雷震在南京首都這個地

無派無系，對胡適的支持，就是對教育的支持。

在國民參政會時期，雷震與周炳琳、羅隆基[28]、梁實秋等人交往甚密。一九四一年十一月二十三日，諸參政員與蔣介石會餐時，雷震原本安排羅隆基坐在蔣介石身旁，以便能夠交談。只是因為陳布雷臨時調整，才被調至席末，此事說明雷震與自由派知識份子關係非同一般，或許也是具有自由主義傾向之故。抗戰期間，雷震兼任川康建設協進會主任秘書，參與籌備「工礦銀行」、「工礦建設公司」，並代表官方任其董事，他在商界中也有許多朋友。「這些人際網路多在其供職國民參政會期間建立，人際網路有助於他瞭解各方意見與工作進展，還有知識的吸收。故供職國民參政會，對雷震一生而言，是相當重要的經歷。」[29]

國民黨內部的派系鬥爭，一直為後來的研究者所關注。

雷震對國民黨的派系鬥爭素無好感，曾勸說當時把持國民黨組織大權的CC派首腦陳立夫，要與張群、孫科、王世杰、陳誠、朱家驊等人搞好關係，強調本黨只有加強團結，「則局勢尚有可為」，否則必敗；更對陳立夫進言，「……謂今日辦黨，應變更作風。過去為一黨專政，今後為多黨政治，不獨方法不能同，而一切作風，均應改變。並望其一改過去狹隘作風，而代以寬大之作法，但渠仍不以為然」（雷震一九四七年二月十八日日記）。

方，辦過地方黨務工作，疑他可能是「CC派」的人。有一次段與部長王世杰閒話此事，王哈哈大笑，連聲說「做寰不是的」。此後段書貽與雷震公私交誼增進如至友。這一往事是雷震在晚年對友人胡虛一所說，參見李敖、胡虛一編著《雷震研究》，頁一二八至一二九。

28 羅隆基（一八九八至一九六五），江西人。早年留美，先後任清華、光華、南開、西南聯大等大學教授。一九三八年後，為國民參政會第一、二屆參政員。一九四一年參與組織中國民主同盟，任中央執行委員；中華人民共和國成立後，歷任政務院政務委員、森林工業部部長、政協常委等職。之後被打成右派，一九六五年病死北京。

29 任育德《雷震與臺灣民主憲政的發展》，頁二十八。

雷震一生交遊廣闊，朋友遍及各黨各派，從未與任何一派發生過衝突，也不介入任何一次派系紛爭，這在國民黨內部極為少見。雷震與王世杰關係密切，王被劃入「政學系」[30]，雷震又曾在張群主掌行政院時擔任過政務委員，在事實上，很難脫「政學系」色彩，至少也是一個親政學系的人物。雷震本人不大同意這種說法，「我做了三十七年有半的國民黨黨員，對黨雖無貢獻，也未靠黨吃飯，在黨內始終是獨往獨來，未參加任何派系的活動，縱然無益於黨，也未為害於黨。」

上世紀二〇年代末，國民黨完成北伐統一中國，實施「黨外無黨」的一黨專政，為反對國民黨一黨專政，一些主張民主自由的有志之士，先後成立政黨與之抗衡，其中有一九二三年曾琦、李璜等人在法國巴黎成立的中國青年黨，一九三〇年鄧演達的第三黨，一九三四年張君勱的國家社會黨；其後又有梁漱溟的鄉村建設派、黃炎培的職業教育社和沈鈞儒的救國會。這些政黨均有自己的政治主張，由於實力有限，仍不足以抗衡國民黨，常遭致國民黨的打壓。直至七七事件爆發，中日全面戰爭，國民黨為營造朝野團結、共赴國難的氛圍，主動釋出善意，邀請在野黨派領袖共商國是，彼此間的關係才得以改善。

朝野關係的改進，並不意味這些小黨放棄各自的主張，即便國難臨頭，仍希望在抗戰中推行民主憲政。由於國民黨在參政會中占多數優勢，與各黨派的矛盾十分突出，雷震身任議事組主任、副秘書長及至後來政協秘書長，須傾聽來自各方的意見，協調解決各黨派之間存在的矛盾和問題，包括這些黨派對國民黨施政的批評和指責，盡可能做出合理解釋，並建議他們以大局為重，不要為難國民黨。

30 政學系原指一九一六年由部分國民黨右翼分子及進步黨分子組成的政治集團——政學會的通稱。一九二七年南京國民政府成立前後，該系一部分人與蔣介石接近，又成為國民黨內的派系之一，其主要成員有黃郛、楊永泰、張群、熊式輝等人。

雷震曾對「七君子」之一王造時[31]說，「抗戰期間，政府處理問題當有許多困難，也可能不免有錯誤之事發生，何況仁者見仁，智者見智，希望在下筆寫提案時，不要過分主觀，要顧及政府困難，特請下筆留情。」[32]不過，雷震又認為，「當時那些靠每月向國民黨政府領取津貼過日子，連辦公房子住所和代步汽車都靠國民黨予以施捨供給的所謂『友黨』……認為像這個樣子的『在野黨』，是不能擔負起一個能監督『在朝黨』的『反對黨』角色，這樣又如何能培養出一個民主國家的真正『政黨政治』來呢？」[33]

雷震在黨外廣交朋友，完全是一種為推動實現民主憲政的自覺行為。獲得「各黨各派」雅譽之後，及至重慶政治協商會議失敗，與他個人情誼不淺的張君勱、左舜生等人，見面總要一番調侃，「儆寰兄多年來的專業工作，是『各黨各派』和『民主憲政』，而今功敗垂成，一切努力，盡付東流」[34]。「各黨各派，民主憲政」，為當時民主黨派人士對雷震的高度評價。雷震後來回憶道：「國民黨中央黨部從未命我做任何拉攏各黨派或注意黨派活動的工作，也未給我一點經費，我和他們應酬，完全是自掏腰包，我在參政會工作十餘年，除了一點國難薪和配給外未領一文特別費，參政會的預算編得很緊，用錢非常節約。」[35]

一九四六年十一月，國民制憲大會開幕前後，雷震不停穿梭於各黨派之間，儘管有第三方從中不斷斡旋，中共出於自己的立場以及對時局的考量，拒絕參加這次制憲國大，民盟也是如此。青年黨的態度則以民社黨是否參加為前提，當時正在猶豫是否提出參加此次會議的最後名單。在雷震的建議下，蔣介石同意先拿到青年黨出席制憲國大的名單，並公佈於媒體，再由雷震親自出面前往上海敦請民社黨參加這次會議（詳見第十三章：「制憲國大」真相）。

31 王造時（一九〇三至一九七一），江西安福人。著名「七君子」之一，時為國民參政會參政員。
32 中研院近史所藏，雷震文件，D.11，《中華民國制憲史》第三節。
33 李敖、胡虛一等著《雷震研究》，頁一八二。
34 李敖、胡虛一等著《雷震研究》，頁一七九。
35 中研院近史所藏，雷震文件，D.45，《中華民國制憲史》第三節。

制憲國大後政府改組，國民黨當局以期組成一個「聯合政府」，雷震又承命奔走於民主同盟、民社黨、青年黨之間，自一九四六年十一月二十七日起即與各方進行廣泛會談，並在一九四七年年初將會談帶入磋商具體事宜階段。民、青兩黨均主張國民黨與中共先開和談，如不成功，再議改府之事。

一九四七年一月十五日，國民政府決定派員前往延安洽商恢復和談，蔣介石特別囑咐雷震將此事通知民、青兩黨。次日，司徒雷登正式通知中共代表王炳南，國民政府決派張治中前往延安，同一天，雷震攜和談新方案到滬，與第三方面接洽。一月十七日，中共作出正式答覆，聲明「重開和談」必須以一九四六年一月十三日軍事位置及取消憲法為先決條件，蔣介石未能接受。在此情況下，國民黨與民、青兩黨的商談才正式轉到政府改組方面，仍由雷震負責從中協調。一月二十日，政府方面的代表在立法院與民、青兩黨會談，對改組方案，青年黨表示同意，民社黨則遲疑不決。此時雷震面臨的一個問題是：青年黨對於名額分配不滿，要求增加代表名額；民社黨因內部意見不統一爭論不休，張君勱不贊成參加聯合政府，汪世銘（民社黨內部革新派人物之一）等人則認為「民社黨應在行政院有主導力量」[36]。雷震及時抓住了這一分歧，一月二十六日，代表政府再次前往上海，反覆做工作，一再強調「今日局面，要實事求是，三黨合作，應以國民黨為重心，然後始能挽救其政治局面。」[37]二月中旬，民社黨終於同意參加立法院、監察院、參政會、憲政實施促進會，但對參加行政院與決策機構仍持有保留意見。

雷震在當時被記者公認為「南京第一忙人」。著名記者、曾經擔任過北美南加州華人寫作協會會長的陸鏗於一九七九年三月二十一日雷震病逝後的兩週，撰文回憶抗戰勝利後、國共兩黨和談期間記者們對雷震的總體印象：

36　汪世銘主張由張君勱出任行政院長，其他人則反對國民黨以民社黨為點綴。參見雷震一九四七年一月二十八日日記，胡虛一《雷震日記選注》，收錄於李敖主編的《千秋評論叢書》第七十二冊，頁三一三。

37　雷震一九四七年一月二十六日日記，胡虛一《雷震日記選注》，收錄於李敖主編《千秋評論叢書》第七十二冊，頁三一三。

當時，和談新聞是頭條新聞，南京、上海和全國其他各地以及外國派駐南京的記者，都鑽頭覓縫，廢寢忘食地去打聽。八仙過海，各顯神通，各人有各人的主要來源，各人有各人的新聞網。可是每遇和談進行到關鍵時刻，大家都不約而同的想去問問雷震，出了什麼岔子，有了什麼希望。因為，他身兼政協秘書長，國民參政會副秘書長，國民大會籌備委員，後來又是國民大會的副秘書長，由於他忠誠對事，熱誠待人，在各黨各派中，建立了信用，結交了好多好朋友，不少人都願意和他講知心話，因而，他所掌握的情況就比較全面、可靠。[38]

有許多政客都不願意與新聞記者打交道，「畏記者如虎，或視記者為敵人」（陸鏗語），雷震則儘量滿足他們的要求。當記者看到雷震雙眼佈滿血絲，仍在不知疲倦地接受採訪，心裡都過意不去，有時會說出一些比較客氣的話。每逢這時，雷震就會說：「用不著講客氣話，我們大家都是為中國的光明前途而奮鬥嘛！」不過，國共和談尚屬機密，雷震並不會輕易透露，這也是他的身份所決定的。一九四七年，陸以正在南京《大剛報》作記者，跑國共和談新聞，他這樣回憶：「每次他與周恩來在梅園新村談話回來，不管多晚，總看見我們這群記者在他客廳裡恭候大駕。高高瘦瘦的雷先生明知也趕我們不走，只好耐著性子陪我們窮聊。他總是守口如瓶，很少讓我們挖到什麼新聞。一晚，有位出道未久的新聞同業，冒冒失失地問他，那天下午和周恩來究竟說些什麼？儆寰先生強忍住滿臉疲倦之色，右手往他全禿的前額往下抹了一把，似笑非笑地瞅著他說：『忘記了！』哄堂大笑之餘，大家只好起身告辭……」[39]

38 《雷震全集》第二冊，頁二五六。

39 陸以正〈我所知道的雷震與國民黨間的舊事〉一文，收錄於張忠棟著《胡適・雷震・殷海光——自由主義人物畫像》，台北自立晚報出版社，一九九〇年，頁九十一至九十二。陸以正，資深外交官。一九二四年生於江西南昌，南京國立政治大學外交系一期畢業，獲美國哥倫比亞大學新聞碩士學位。曾任職臺灣行政院新聞局，出任瓜地馬拉、南非大使等。

政協秘書長的工作事無鉅細，雷震辦事一向認真，此間政黨之間的矛盾又格外突出，雷震代表國民黨不得不做大量的協調工作，因而顯得格外忙碌。他既要參加各種會議，又要去黃埔路官邸向蔣介石直接彙報，更要考慮各黨各派所提出的各種要求，小至一張臥鋪車票，大至名額分配不均，往往都需要雷震親自出面來安排或解釋。

這一時期，雷震每天工作在十六個小時以上，沒有娛樂，也沒有假日，有時需要休息一下，但走進西橋五號家門時，常常又是記者先生、小姐「守株待兔」在那裡等他，只好又強打起精神接受他們的採訪，實在是支持不住了，「頂多打兩個呵欠而已」。於此可見，雷震在當時之所以使出渾身解數，終日周旋於各黨派及記者之間，「決不是單純的折衝樽俎，而是有一種理想在支配著他，這種理想就是他晚年以身殉之所表現的志節」[40]。

雷震回憶自己生平有過三次在白天「遺精」之事，完全因為疲勞過度及緊張所致。前兩次是在讀書期間，第三次是在國民制憲大會開幕典禮儀式上，站著行禮時，突然出現「遺精」。就在幾天前，他為了邀請民社、青年兩黨參加制憲國民大會，尤其在邀請蔣介石最討厭但又非請其出席不可的民社黨的商談中，不僅耗費許多口舌，還聽了許多咒罵國民黨和蔣中正的話，心情已十分糟糕，「十一月十四日晚上我索取青年黨出席國民大會的名單，又進而聽了該黨秘書長陳啟天和那些辦事人員的諷刺，使我幾乎一夜未睡著，才有第二天站著會場上遺精之事出現」[41]。

40　《雷震全集》第二冊，頁二五七。
41　《雷震全集》第九冊，頁二三五。

第十一章　與蔣介石結緣

雷震與蔣介石結緣，首先因為他本人與王世杰關係密切，其次是在國民參政會。雷震特殊的政治才幹，也是蔣介石委以重任的原因之一。從歷史的某種淵源講，雷震留學日本多年，蔣介石早年也曾在日本學習過軍事，在事實上，自然會有一種「同為留日的親切感」。而且，雷震二十歲在日本就加入了中華革命黨（國民黨），介紹人是張繼、戴季陶兩位黨內元老，與孫文也有過實際接觸，因此，「對黨性的成分當無問題」。

一九二七年，雷震從政不久，在法制局（立法院前身）即為王世杰所延攬的得力幹部。由於蔣介石對王世杰十分信任（來台幾年後對王的信任有所改變），對雷震也有某種好感。雷震進入國民參政會後，被王世杰委以秘書兼議事組主任，與蔣介石開始有了一定接觸，「以僚屬關係為主，逐漸獲得蔣之信賴」，隨後在蔣的指意下增加了一些兼職，如國防最高委員會「財政委員會專門委員」，參與當時的預算審議工作；國民參政會「川康建設期成會」，蔣兼任會長，雷震兼任該會秘書。在國民參政會附屬的委員會中，大凡由蔣介石本人兼任會長的，即派雷震出任秘書；凡與各黨派成立的聯合組織，由蔣介石親自主持的，也是任命雷震為秘書長。

國民黨內部派別林立，一般認為除「西山派」外，主要有三大政治軍事集團，即蔣介石政治軍事集團，汪精衛、孫科兩大政治集團，汪精衛集團又稱「改組派」，孫科集團亦稱「太子派」、再造派，西方稱它為「自由主義派」[1]。蔣介石集團又分有三大派系，以軍人為主體的黃埔系，還有所謂的「CC系」[2]和「新政學系」[3]，這兩個

1　參見張皓著《派系鬥爭與國民黨政府運轉關係研究》，商務印書館，二〇〇六年二月第一版，前言，頁三至四。

2　所謂CC系，即一九二九年十一月陳果夫、陳立夫兄弟成立的「中央俱樂部」，一般認為是國民黨內部的擁蔣集團，其勢力頗大。骨幹分子有張道藩、谷正綱、谷正鼎、胡健中、洪蘭友、程天放、高信、黃少谷等，晚年陳立夫並不承認有這一派系組織的存在。

3　所謂「新政學系」，是相對於北洋時期的「政學系」（政學會）而言，其成員比較複雜，前期核心人物有楊永泰、黃郛、蔣百里、陳儀等，後

派系以文官為主，都在蔣介石面前爭寵、效忠，「眼看著雷震已由『單線作業』與蔣介石建立了直接關係，與其嫉妒他，不如拉他『入夥』，所以這兩派的人物對雷震都盡力拉攏，張群組閣時雷震被任命為政務委員即為明證。」[4]但「獨往獨來」的雷震，無疑是一位堅定的「擁蔣派」，每逢關鍵時刻，表現出一種忠誠不渝的立場。一九四九年一月，朝野上下要求蔣介石下臺的呼聲日漸高漲，王世杰、雷震、胡適等人為反對蔣下野的少數派人物。在當時，華中「剿總」司令白崇禧[5]通電要蔣下臺，國民黨CC派人物劉百閔認為，蔣介石若選擇下臺可使腐敗勢力「無所依恃」，青年黨領袖左舜生甚至主張蔣介石「放洋出國」，張君勱在徐蚌會戰（即淮海戰役，作者注）之前致函蔣介石，勸其下野。一九四九年一月三日，王世杰曾給雷震打電話，明確表示「蔣介石不宜下野，戰局仍有轉機等」，並約雷震一同前往李宗仁處，以「探聽口氣」。雷震認為蔣介石即使下了台，李宗仁也無力維持中國的局面。在當時倒蔣勢力中，以CC派健將黃宇人[6]為最激烈，雷震對此事一直深感不安。

一九四九年二月二十日，雷震特意邀請約黃宇人夫婦至中山陵梅花山觀賞初春的梅花，藉此機會二人「交換對時局的意見」。黃宇人對蔣介石其行其言認識頗深，並不掩飾自己的看法，說「蔣以個人第一，權力第二，兒子第三，國家第四」，並斥責蔣介石「二十年之工作，完全是為保持自己之權力」，「以蔣公之私心太重，今日CC與復興社之組織，均係其一手所造成」，黃對此表示深惡痛絕；雷震也未客氣，當場批評他「不夠恕道」，竭力為蔣介石辯護。[7]

期為張群、王世杰等，也包括其他從政學人，如王寵惠、張君勱、蔣夢麟、蔣廷黻等。

4　馬之驌著《雷震與蔣介石》，頁十三。

5　白崇禧（一八九三至一九六六），廣西桂林人。抗戰後，曾任國防部長、總統府戰略顧問委員會副主任等職。

6　黃宇人，貴州黔西人，生於一九〇五年。黃埔軍校第四期畢業，留學英國倫敦大學。曾任國民黨江蘇省黨部常務委員兼組織部長，貴州省黨部執行委員，後為立法院立法委員。

7　參見雷震一九四九年二月二十日日記，《雷震全集》第三十一冊，頁一三九至一四〇。

早在一九三七年，雷震就表達了對蔣介石的一種支持。當時有一個很現實的想法，即建立一個統一的政府才能抗日救國，這種想法多少受到「政學系」的影響。在雷震看來，建立統一的政府不僅是救國的條件之一，也是步入現代國家的方法；而統一的政府應力行法治，整治社會腐敗；在政府內部需要養成一種廉潔的風氣，為達到此目的，惟有公平的用嚴刑重典。[8]。雷震還認為，好的在野黨應當持有兩種正確的態度，若不能出以友誼而支持現行政府，也應當持有一個客觀的立場來批評政府，這些都反映出雷震「身為國民黨員，對黨的感情與期盼，使其更注重實際，即以國民政府的勝利為優先，亦以民族思想、反共為優先，對於政府有侵害人民權利措施，採取容忍態度，不予苛責，勸反對黨人士多多包容，呈現思想與行動的落差。這種取捨涉及當事人內心的價值觀，若無相當自由民主觀念者，是不易產生孰先孰後的選擇……」[9]

正是由於這一點，蔣介石對他長期信任、重用，也就不令人奇怪了。從一九三九年到一九四九年止，雷、蔣二人的「緣」與「情」漸次達到了一個沸點。關於這一點，對雷震知之甚深的馬之驌認為：雷震「本來是具有『民主憲政』思想基礎的人，但他自從當過『政治協商會議』秘書長之後，因與蔣介石建立了濃厚情感，所以，對他的民主自由理念不無影響。譬如他對蔣『言從計行』，事無鉅細作報告；無論對黨內外人士，無論在任何場所，只要有人批評蔣介石的不是，而雷震當即提出解釋或答辯。」[10]ＣＣ派人物劉百閔戲贈雷震「新ＣＣ」綽號，其中無不暗含嫉妒之意。在劉百閔看來，雷震對蔣介石效忠的程度已不亞於某些「ＣＣ分子」了。

雷震以「擁蔣救國」為手段來實現自己的政治理想，但在種種場合下，仍不止一次當面向蔣介石表達「速謀重大改革的意見」。雖然事實上無效，卻亦盡了「知無不諫」的職責，在當時蔣介石的高級幕僚中，可說是無出其右者。

---

8 雷震〈黨國當局應有之覺悟〉一文，收入《雷震全集》第十八冊，頁九十五。
9 任育德著《雷震與臺灣民主憲政的發展》，頁五十三。
10 馬之驌著《雷震與蔣介石》，頁二十五。

也就是說，鑒於局勢的不斷變化，雷震在內心對蔣介石也有新的認識，畢竟他是一位有著自由民主理念和憲政素養的人。對他個人來講，之所以擁蔣，在當時的客觀條件下，不過是一種「孰先孰後」的選擇而已。隨著他本人對蔣介石威權體制認識的不斷加深，民主憲政意識必然會再度萌發，以至在不久的將來與之漸行漸遠，乃至決裂抗爭。若歷史地看，雷震在政治上的這種轉變，根本在於他是一位漸進的民主憲政論者。

抗戰結束後，雷震與蔣廷黻曾經討論過如何發展中國憲政的問題。在當時，兩人獲得三點共識：第一，若政府行憲後，國民黨必須放棄「一黨獨大」的優越地位，應居於一般政黨地位；第二，不贊成中共以武力方式爭奪政權，那不是「憲政民主」；第三，對某些「書生政黨」頗感失望，未能真正發揮「民主憲政」中「制衡執政黨」的真正作用，並由此而想到「在國民黨內，既常鬧派系政爭的傾軋而不和，還不如讓其不滿分子退出來，和國中抱持『民主憲政』理想的仁人之士，另組一個真能發揮一點『民主憲政』力量，不依賴國民黨維持，真能獨立自存的新政黨，來和國民黨作公平、和平的政治競爭……」[11]這是雷震、蔣廷黻之間的一次私人談話，並未認真其事，但可以看出他的「民主憲政」思想已初步形成，顯現對「憲政體制」的重視。不久，雷震忙於「制憲國大」調停，奔走於各黨派之間；蔣廷黻奉命赴美，接替郭泰祺出使聯合國，兩人均無暇來真正推動此事。直至一九四九年，蔣廷黻在美國突然宣佈要成立「中國自由黨」，儘管由於諸多原因，後來不了了之，但從上述細節中可找到某些合理的解釋。

二戰結束後，徐蚌會戰是國民黨與共產黨勢力消長的一個重要轉折，面對戰局不利的狀況，國民政府內外主張和談的聲浪漸高，包括手握重兵的白崇禧也主張和平，「使得剛失去精銳部隊的國民政府已無再戰的可能」。蔣介石在一九四九年一月一日總統元旦文告中，對中共提出和平呼籲，表示只要能夠和平，「個人進退出處絕不縈懷」；一九四九年一月二十一日，蔣介石決定下野，由李宗仁任代總統。當天下午，蔣介石在南京黃埔路官邸召集國民黨中常委宣佈此事，下午三時即乘專機飛往杭州。這天晚上，雷震與王世杰乘夜車前往上海，雷震在日記中這樣寫道：

11 參見李敖、胡虛一編著《雷震研究》，頁一八七。

蔣公下野，改造依然困難，如稍有不慎，則自趨崩潰，因德鄰先生（即李宗仁，作者注）一派亦無人才，恐不易大刀闊斧來改造也。惟今日之局面必須改革，我前次曾於蔣公面前陳之，勸其以最大決心，最大勇氣，如北伐時之勇氣改革現局，並提供意見，當時蔣公聽得頗不耐煩，不到一月局勢演變如此，蔣公自己亦要負責。[12]

一九四九年二月十二日，在上海，雷震奉蔣之命給即將赴美的胡適送去有關經費，他在胡適的住處用完午餐，兩人就當下局勢推心置腹談了數個小時。其間，胡適示以陶淵明一首小詩表明心跡，雷震看過之後，認為正為國民黨今日處境之寫照：「種桑長江邊／三年望當採／枝條始欲茂／忽值山河改／柯葉自摧殘／根株浮滄海／春蠶既無食／寒衣欲誰待／本不植高原／今日復何悔？」就在這天，胡適還對雷震說，蔣介石有意讓他出面組織一個「在野黨」，但他覺得自己「個性不適合」，做不了這件事[13]。說者無意、聽者有心，胡適這一番話在雷震內心引來較大的悸動，儘管胡適坦承自己做不了這件事，但不反對在中國能有一個真正意義上的「在野黨」，與蔣介石所說的「在野黨」有本質的不同。從某種事實來講，雷震來台之後主持《自由中國》與威權體制相抗爭，乃至發展到與本土政治精英共同組黨，其是受胡適（包括蔣廷黻）的影響最大，這也是晚年雷震在精神上與胡適「同聲相應，同氣相求」的原因之一。

一九四九年三月，中共部隊已迫近江邊，南京或很快失守，何應欽此時在廣州，被李宗仁代總統提名為行政院長，正待由立法院行使同意權，雷震對於國民黨內部「猶軋轢不已」深感不安，於三月十日致函何應欽，「閱報悉先生已出任艱鉅，欣佩無以，竊意先生此次出山，應負兩重責任，一面備戰謀和（備戰除整軍經武外，必須立謀政治與

12 雷震一九四九年一月二十一日日記，《雷震全集》第三十一冊，頁一二五。
13 參見雷震一九四九年二月十二日日記，《雷震全集》第三十一冊，頁一三〇。

經濟上之改革），一面為德公與介公間之橋樑，溝通兩者之意見。能如是則局勢雖艱，事尚可為，守江復興，不難實現……」[14]儘管局勢非如雷震所想像的那樣，但他強調政治與經濟的改革，可見對國民黨的前途無比堪憂。

四月三日，雷震、王世杰等人赴溪口看望下野的蔣介石。這一天特別冷，到達後「蔣經國來迎，同至寧波午餐」；是晚，蔣介石在其老宅約餐。席間，雷震將與胡適、王世杰、杭立武等人意欲發起「民主自由中國運動」、籌辦《自由中國》雜誌之設想報告給蔣介石，「渠表示贊成並願贊助」（雷震當天日記）。

這是蔣介石第一次聽到胡適、雷震等人要辦雜誌這件事，以蔣當時對胡適的尊重，以及對王世杰、杭立武、雷震等人的信任，自然會表示支持。只是萬未料到《自由中國》這份經自己同意創辦、資助的一份刊物，若干年後，會成為挑戰國民黨威權政治和意識形態的輿論重鎮，雷震這位忠誠的幕僚也成為自己在政治上的一個敵手。這一切，在當時雖無法預料，可現實的演變就是如此，即基於雷震具有民主政治理念這一事實，儘管一度是擁護蔣介石的堅定者，甚至超過國民黨內部的其他人，一旦情勢出現惡化，雙方的理念發生衝突又無法調和之時，最後的抉擇必然決定一個人在政治上的取向。雷震與蔣介石的關係，就這樣由親密而分離，看似偶然，實又必然。

14　一九四九年三月十日雷震致何應欽函，《雷震秘藏書信選》，《雷震全集》第三十冊，頁二十六。

第十二章 「舊政協」秘書長

一九四六年一月，全國政治協商會議在重慶召開，受命出任秘書長的雷震，已成為中國政壇炙手可熱的人物。這裡所說的「政治協商會議」，有別於一九四九年以後受中國共產黨實際控制的「人民政協」，故中共習慣稱之為「舊政協」。

「舊政協」無疑是當時中國各種政治勢力經過重大較量和妥協之後，正在理性地朝著「和平」的方向邁進的一個政治產物。具體來說，是在國共兩黨一九四六年一月正式簽訂「國共雙方關於停止衝突、恢復交通的命令與聲明」這一停戰協議的基礎上召開的，「所以一九四六年一月十日那天，停戰協議在早晨簽字，上午十點方開成了政治協商會議」[1]。如果說沒有這次短暫的停戰，「在政治上也就無從協商起」。抗日戰爭的勝利，無論如何，對於此時的中國都是一件有歷史意義的重大事件，亦為重整山河、恢復元氣之始。然而，歷史總是在某個關鍵時刻遠離人心而去，「日本投降國共兩黨爭著『受降』，國內許多地方已由共產黨給解放了，受降接收了，國民黨卻不予承認……就在各處打了起來。後由美國出面調停，國共雙方都表示願意停戰，就由馬歇爾代表美國居間，組成停戰會議」[2]。

此時中共已成為一支在軍事上、政治上與國民黨相抗衡的政治力量，其他一些政黨，諸如青年黨、民主社會黨（簡稱民社黨）、民主政團同盟（簡稱民主同盟）等，雖有自己的政治主張，鑒於自身實力有限，並不能真正與國民黨政權相抗衡，其中一個重要原因，就是這些黨派並無自己的武裝力量。上世紀四十年代初，國民黨專制獨裁日見趨

1 梁漱溟著《憶往談舊錄》，中國文史出版社，一九八七年第一版，頁一七一。
2 梁漱溟著《憶往談舊錄》，頁一七一。

強，這些原本各自為政、政治立場頗有分歧的小黨派，捐棄成見，共組「中國民主政團同盟」，即日後的「民盟」。「民盟」成員在政治上有左右之分，終因分裂親共，遭當局取締而宣告瓦解。

從這一點看，「所有在野黨派，除共產黨可以用武力抗爭外，其他黨派對國民黨所作所為，均敢怒而不敢言」[3]。中國政壇的這種無奈格局，經過八年抗戰之後，隨著中共的日益壯大和崛起，國民黨最高當局不得不認真考慮各黨派之間的政治矛盾和分歧，並由此試圖組建一個「聯合政府」——這也是美國政府竭力想促成的一件事情[4]。在國共兩黨之外，青年黨提出「國民黨還政於民，共產黨還軍於國」的口號，反映出在當時國共兩黨仍有以武力相向而爭雄的危險，在野黨無不憂心忡忡。

一九四五年八月二十五日，中共就抗戰勝利後時局發表《中共中央對於目前時局的宣言》，呼籲當局「立即召開各黨派和無黨派代表人物的會議，商討抗戰結束後的各重要問題」，以結束國民黨「一黨專政」，成立民主的聯合政府。正是在這種背景下，國民黨當局以現實為考量，權衡利弊，對中共領導人毛澤東發出赴重慶談判的電報，謂：「倭寇投降，世界永久和平局面，可期實現，舉凡國際國內各種重要問題，亟待解決，特請先生克日惠臨陪都，共同商討，事關國家大計，幸勿吝駕，臨電不勝迫切懸盼之至。」毛延安回電表示：「鄙人亟願與先生會見，共商和平建國之大計。」

一九四五年八月二十八日，毛澤東等人飛赴重慶，國共兩黨經過四十一天的會談，雙方在討價還價之後，終於簽定了一份《雙十協定》，「對和平建國基本方針、政治民主化、保障人民自由、黨派合法化、釋放政治犯、推行地方自治、懲治漢奸、解散偽軍等問題獲致協議，但對召開國民大會、軍隊國家化、解放區地方政府及受降等問題未能達

3　馬之驌著《雷震與蔣介石》，頁十二。

4　一九四五年十二月五日，美國總統杜魯門發表對華聲明，表示美國承認蔣介石政權，同時暗示這個政權必須進行民主化和憲政化變革。參見陳峰著《中國憲政史研究綱要》，貴州人民出版社，二〇〇三年一月第一版，頁二四二。

成協定」[5]，其中確定召開一次「全國政治協商會議」，此即一九四六年一月「舊政協」的由來。蔣介石任命雷震為全國政治協商會議秘書長，不外乎他在國民參政會副秘書長任內，為人誠信，辦事得力，頗得人緣，無論各黨各派或無黨無派的參政員，都願意與之打交道；當各方意見不相統一需要溝通時，多由雷震出面負責協調解決。不過，雷震這個秘書長的任務非比尋常，因為「國民黨一黨專政數十年，黨人已養成『坐大』的習性，各黨派積怨已深。尤其共產黨一直是刀槍相向，而今要面對不同的臉色，不同的意見，以笑臉言和，當然要費一番周章。究竟如何溝通、協商，藉以達到各黨各派合作之目的，就要看秘書長的修養與其運籌帷幄的方略了」[6]。

「舊政協」於一九四六年一月十日在重慶開幕，至一月三十一日閉幕。大會的目標與任務，最主要的一點是由各黨派相互協商如何結束國民黨「一黨統治」，從而實行「憲政」。與會者來自五個方面，國民黨代表八人，共產黨代表七人，民主同盟代表九人，青年黨代表五人，社會賢達人士九人，共計三十八人[7]。在這些代表中，原有參政員二十二人，超過與會者半數以上，雷震任國民參政會副秘書長時，與這些代表已建立了良好的關係，溝通起來比較容易。

此次大會擬分設憲草、國民大會、政府組織、施政綱領、軍事問題五個小組，既然目標在於實行憲政，就必須先起草憲法，再提交國民大會通過，因此，設立憲草小組和國民大會小組十分必要；而將來召開國民代表大會，不能由國民黨一手包辦，須由各方共同召集，又必須改組其政府，以容納各黨各派，設立政府組織小組乃針對於此；而政府改組、實行憲政前，中間有一過渡時期，必須產生一個共同綱領，於是有了施政綱領小組；此外，停戰會議而產生的

5 張玉法著《中華民國史稿》，聯經出版事業公司，二〇〇一年七月二版，頁四三八。

6 馬之驌著《雷震與蔣介石》，頁十四。

7 國民黨方面：孫科、張群、吳鐵城、王世杰、陳立夫、張厲生、陳布雷、邵力子；共產黨方面：周恩來、董必武、吳玉章、陸定一、葉劍英、鄧穎超、王若飛；民主同盟方面：張瀾、沈鈞儒、張君勱、張東蓀、章伯鈞、黃炎培、張申府、羅隆基、梁漱溟；青年黨方面：曾琦、陳啟天、余家菊、常乃悳、楊永浚；社會賢達方面：邵從恩、莫德惠、王雲五、傅斯年、錢永銘、繆嘉銘、胡霖、郭沫若、李燭塵。

停戰小組，當時只負責調處停戰，國共兩黨軍隊如何才能轉變成國家的軍隊，即軍隊國家化問題，尚需協商解決，所以軍事小組的設立，擔綱此方面的重任，這就是分設五個小組的背景和由來。

五個小組圍繞國家即將實行憲政、走向和平統一而工作，環環相扣，互相滲透，一個也不能缺少。經過二十二天的激烈爭執，會議總算通過了和平建國綱領、軍事問題協定、國民大會協定、憲草問題協定、改組政府協定等五項。具體內容是：一，國民政府委員會為政府之最高國務機關，國民政府委員四十人，半數由國民黨人充任，半數由其他黨派及社會賢達充任；二，一九四六年五月五日召開國民大會；三，奉行三民主義及遵從蔣主席領導；立法院為國家最高立法機關，由選民直接選舉之，其職權相當於各民主國家之議會；行政院長由總統提名，經立法院同意任命之，行政院對立法院負責；四，軍隊國家化；五，制定憲法；積極推行地方自治，實行由下而上之普選，省長民選，制定省憲，但不得與國憲抵觸[8]。

對於國民黨高層來說，出於對國家現實的種種考慮，未必不想履行上述這些協議，但其內部意見尚未統一。一月三十一日會議閉幕當天，憲草問題即已暴露出來。這一天上午八時，在綜合小組會議上，為清理彙總各項問題所達成的協定，並商決尚未取得協定的若干問題，爭執了很久，一直開到下午二時才取得了最後的協議。當時民主同盟總部在重慶國府路三百號，政協會場在三百號之東的國民政府禮堂，國民黨中央黨部在三百號之西，彼此相距不遠，各種消息傳遞得很快，據梁漱溟回憶：

> 政協綜合小組下午二時散會，國民黨中央就於三時起開會一直到六時，好多國民黨人如谷正綱、張道藩等在會上吵啊，吵啊，頓足嚎叫，大哭大鬧，他們說：國民黨完蛋了！什麼也沒有了！投降給共產黨了！憲草十二條原則把「五五」憲草破壞無遺了……蔣介石任他們大哭大鬧，一言不發。最後，蔣才

8 金沖及著《轉折年代——中國的一九四七年》，北京三聯書店二〇〇二年十月第一版，頁二十三；同時參見張玉法著《中華民國史稿》，頁四三九。

說：「我對憲草也不滿意，但事已至此，無法推翻原案，只有姑且通過，將來再說（蓋蔣視政協如無物），好在是一個草案，這是黨派協議，還待取決於人民，等開國民大會時再說吧。」蔣流露出憲草有修改挽回餘地，伏下了禍根。[9]

「政協憲草」之所以出現問題，與當時政治形勢及各黨派的自身利益有很大關係。關於憲政模式，當時存在三種藍本：一，英美式的國家憲政；二，根據孫文五權憲法所說的憲政；三，以蘇聯為首的社會主義國家所實行的憲政。對於執政多年的國民黨來說，當然要標榜孫文的五權憲法，並有一個「五五憲草」作為藍本；民盟大多數人及無黨派人士多半趨向英美式憲政；中共代表深知此時若提出蘇聯式憲政恐怕不會得以通過，若能產生一個英美式憲法就可以了，只要能打破國民黨一黨壟斷政權的局面，就是最大的勝利。周恩來對馬歇爾[10]說：我們願意要英美式憲法，假如能像美國憲法那樣，我們便滿意了，只怕不可得。[11]

三種憲政藍本於此剩下了兩種，即五權憲法與英美式憲法，最大的問題在於如何折衷五權憲法與英美式憲法，從而產生新憲法，需要政治上的相互協商和妥協。民社黨領袖張君勱提出：應把國民大會化有形為無形，公民投票運用四權（選舉、罷免、創制、複決）就是國民大會，原有「五五」憲草的國民大會制只是間接民權而非直接民權。張君勱因此主張監察院作為英式的上議院，立法院作為英式的下議院，行政院作為英式的內閣；行政院須對立法院負責，立法院對行政院可以有不信任票，甚至可以推翻內閣，另組新閣；行政院如有自信，也可以對立法院不予信任而解散，實行大選，產生新的立法院。

---

9 參見梁漱溟《憶往談舊錄》，頁一七四。

10 馬歇爾（一八八〇至一九五九），美國民主黨人士。一九四五年至一九四七年任美國政府駐中國特使，「調處」國共兩黨關係。一九四七年至一九四九年任國務卿。一九五一年辭職。一九五九年十月十六日病逝於華盛頓。

11 梁漱溟著《憶往談舊錄》，頁一七五。

關於這部政協憲草，張君勱作為主要設計人，對此有過一段說明：「此稿之立腳點，在於調和中山先生五權憲法與世界民主國家憲法之根本原則；中山先生為民國之創建人，其憲法要義自為吾人所當尊重，然民主國憲法之根本要義，如人民監督政府之權，如政府對議會負責，既為各國通行之制，吾國自不能外。」[12] 顯而易見，若根據這一設計制定一部「新的憲法」，對執政黨來說有所不利，則有利於在野黨，政協憲草原則中包括總統權力大幅壓縮，行政院不必對總統負責而直接對立法院負責、總統制改為內閣制、省縣自治改為聯邦體制等，「所以張君勱這種設計，在野黨方面莫不欣然色喜，一致贊成；尤其是周恩來簡直是佩服之至，如獲至寶」[13]。尤其政協憲草十二條中有其各省制定「省憲」的規定，共產黨已控制了中國的若干省份，若能制定「省憲」，在政治上可大有餘地，甚至可以「大有作為」。

孫科時為國民黨代表團團長，他是「五五」憲草的主持人，由於長期以來與蔣介石之間存在分歧與矛盾，加上他本人對「憲法」的理解和認知，最後同意了張君勱的這一政治設計，而國民黨其他代表也未表示反對意見。憲草小組只開了四次會議，就通過了政協憲草十二條[14]。可是會後國民黨內部則鬧翻了天，二月十日，在重慶校場口，陪都各界召開慶祝政協會議成功大會，「會議還沒有開始，數十名暴徒就衝上主席臺，搶佔播音器，毆打主席團成員郭沫若、李公樸、施復亮等，還以石塊、木凳等向人群亂擲，致使大會未能開成，此事是國民黨重慶市黨部主任委員方治直接策劃下發生的。」[15]

三月一日，在國民黨六屆二中全會上，一些人又是大吵大鬧，對孫科、邵力子等人群起而攻之，辱罵不已；作為大會秘書長的雷震也遭到了攻訐，宋英後來回憶，「頑固派而且主要是屬於陳家幫的CC系，反對和談的情緒高漲，

12　雷震〈張君勱先生與中華民國憲法〉，收錄於《張君勱先生七十壽慶紀念論文集》，一九五六年一月台北出版，頁一一八。
13　梁漱溟著《憶往談舊錄》，頁一七四。
14　參見梁漱溟著《憶往談舊錄》，頁一七五至一七六。
15　金沖及著《轉折年代——中國的一九四七年》，頁二十六。

儆寰（雷震）更成了眾矢之的，乃至指責他吃裡扒外，罵他是吳三桂。他眼看眾人皆醉、唯我獨醒，但又感到勢孤力單，只有聽任那些人自吹自擂乃至做忠貞表演」[16]。

梁漱溟與許多在野黨人士大惑不解。梁漱溟曾私下問雷震：憲草原則在小組會上國民黨完全同意，為什麼又突然不承認呢？雷震深知內情，對梁氏說：政協開會期間，國民黨出席各小組的代表在會後都要向蔣介石彙報，只有孫科一人懶得親自面呈，只是把憲草小組會議記錄交蔣介石過目。蔣不看；雷震覺得此事重大，多次請蔣一定要看，還是不看；到了政協會議閉幕前夕，蔣才看了這份會議記錄，但此時已通過，為時已晚。國民黨中央責成孫科收回憲草協議，在憲草審議會上，孫科提出希望對此作若干修改，張君勱當場表示不同意，並對中共代表周恩來說：憲草審議會議只能根據憲草原則起草憲法條文，無權討論原則問題，應堵住國民黨的嘴不讓它開口，免得節外生枝。孫科、邵力子等人窘迫不堪，周恩來見狀回過頭來做張君勱的工作，對張氏說：政治是現實的事情，走不通就得設法繞過去，不能因此而牽動大局。當時主要是國共兩黨之爭，既然中共代表周恩來表示可以讓步，張君勱大失所望，就不再多說什麼[17]。最後的讓步共有三點：一，國民大會從無形回到原來的有形；二，同意取消立法院對行政院不信任票和行政院對立院的解散權；三，省憲可以改為省自治法，但非省自治法規。

一九四六年三月二十一日，周恩來飛回延安，向黨內彙報憲草審議會的情況，毛澤東聽後表示，「他們（指國民黨）要制定他們所要的憲法，十個、八個，由他們自己去制定吧！必須制定共同遵守的憲法，我才接受，我只接受第十一個憲法！」[18]從毛的這一番話中，內戰的可能性已越來越大。雖然在這一段時間裡，「政協協議成了國民黨統治區很多人衡量是非的重要尺度」，毛澤東在頒佈的停戰令中也說，「中國和平民主新階段，即將從此開始」，甚至在

16 《雷震全集》第一冊，頁六十五。
17 梁漱溟著《憶往談舊錄》，頁一七九。
18 梁漱溟著《憶往談舊錄》，頁一七九。

之前還表示，「中國如果成立聯合政府，可能有幾種形式，其中一種就是現在的獨裁加若干民主，並將存在相當長的時期。對於這種形式的聯合政府，我們還是要參加進去，進去是給蔣介石『洗臉』，而不是『砍頭』。」[19]

中共當然有自己的想法，進入「聯合政府」為一時的權宜之計，推翻蔣家王朝才是最終的目標。以中共黨史專家的說法，政協協議中這些規定，雖不是毛澤東心目中新民主主義性質，但至少已開始接近西方式的民主議會制，「這些規定有利於衝破國民黨的一黨專政和推進民主政治，有利於保障解放區的地方政府的合法地位，有利於和平建國，真能做到的話，在歷史上是進了一大步，因而受到人們的歡迎」[20]。只是在事實上，問題遠沒有這樣簡單，在「政府組織」這個問題上，中共為「國府委員」名額分配多次提出交涉；按原議，國府委員為四十名，其提案權須經過三分之一以上委員同署後才能提交，也就是說，除國民黨委員之外，其他黨派委員必須佔有十四個席位，才有可能真正行使提案權和否決權。

在野黨若能擁有否決權，對制衡權力中心有著至關重要的意義。民社黨負責人蔣勻田回憶：「關於主席之複議權，須有五分之三以上委員始能對抗主席之複議權。而國民黨占全體委員之半數，可說主席之複議權，已是穩如泰山。因此複議權之多次協商，乃有第六條第二款及施政綱領之變更者，須有出席委員三分之一贊成之規定一項，可說二者係互相交換之協議。當時中共與民盟同認為維護施政綱領之重要，不亞於國民黨所尊重之主席複議權，故願以此易彼。……故迨協商國府委員名額時，中共與民盟欲共得十四名，而國民黨僅允給十三名，僵持於一名國府委員席位，終不可解決，使改組政府與軍隊國家化之企望均成空想，誠為始料之所不及。」[21]

蔣介石早年參加革命，經歷北伐，終獲至高無上的權力，但並無多少民主思想。為了防止中共在改組後的「國府委員會」中獲得提案權與否決權，不願多給中共一名國府委員的席位。國共兩黨相爭多年，根據以往的經驗，蔣介

19 《毛澤東文選》第四卷，北京人民出版社，一九九三年版，頁七。
20 金沖及著《轉折年代——中國的一九四七年》，頁二十四。
21 蔣勻田著《中國近代史轉捩點》，香港友聯出版有限公司，一九七六年版，頁四十一至四十二。

石對中共心存疑慮，站在他的立場上，並非全無道理。但正因為如此，結果導致中共決定不參加多黨派的「聯合政府」，這就意味著將改變歷史的應有方向，朝著不幸的結局（內戰）走去。雷震作為大會秘書長，試圖打破這種政治僵局，在國民黨內部做了大量的工作，卻最終未能挽救其分裂的局面。時任雷震隨從秘書的龔光朗對此知之甚稔，一九八六年一月十一日在上海政協《團結報》撰寫回憶文章，這樣寫道：

綜合委員會最後審議的是聯合政府最高權力機構——國務委員的組成問題。幾經爭執商議，初步擬定了四十名委員的名額分配案：國民黨二十名，共產黨八名，民盟四名，青年黨四名，無黨派人士四名。這樣，國民黨方面在國務委員會中至少佔有百分之五十到六十的多數，共產黨方面則註定在任何情況下都居少數地位。為了求得最低限度的民主，周恩來提出了行使「三分之一否決權」，和四名無黨派委員中要有兩名由中共推薦的建議。國民黨方面對此表示：同意實行「三分之一否決權」，但是只同意由中共推薦一名無黨派委員；也就是使中共八名委員加上民盟四名委員和由中共推薦的一名無黨派委員，合共只有十三票，湊不足占四十個名額三分之一的數，自然也就無法去行使「三分之一否決權」了！舊政協秘書長雷震眼見這樣僵持下去，聯合政府大有因此流產的危險，於是為求得這一名之差的問題圓滿解決，曾多次向最高當局犯顏直諫，請其以大局為重，從寬同意中共推薦兩名無黨派人士，其結果卻是口舌全白費！

雷震無法改變或影響蔣介石的決定，儘管他的所有努力「均是以支持蔣中正領導下的國民黨為主體，加上青年黨、民社黨的政府而努力。在此權力架構下，政治權力仍集中於國民黨之手，是由國民黨讓出部分權力給其他黨派，與多黨平等競爭、政權和平交替仍有相當的距離」[22]，雷震在主觀上想為中共多爭一席「國府委員」的可能性並不存在。蔣介石一直把中共視為最強大的政治敵手，同時相信國民黨有能力在短時間內以武力消滅之。一九四六年底，蔣介石約見美國駐華大使司徒雷登，坦言「共產黨問題必須以某種方式在半年內解決」[23]。雷震深感和談無望，內戰在即，十分沮喪。這一年十一月十五日，國民黨召開制憲國民大會，蔣介石命雷震出任大會副秘書長一職，雷震推辭不掉，只好接受。

22　任育德著《雷震與臺灣民主憲政的發展》，頁四十。
23　《被遺忘的大使司徒雷登駐華報告》，江蘇人民出版社，一九九〇年第一版，頁二〇三。

第十三章 「制憲國大」真相

「政協憲草」由各方代表共同起草，正式通過須經過國民大會的認可。實際上，制憲大會最早定於一九三六年十一月召開，因代表產生不順利而延期一年，未料一年後，抗戰爆發，不得不再次延期。此次政治協商會議決議，國民大會原定於一九四六年五月五日舉行，後改在十一月十二日召開，這一天，正好是孫文的誕辰日。七月三日，國防最高會議通過此項決議，次日，南京國民政府單方面對外宣佈了這一消息，引起中共與民盟的強烈反彈。中共代表聲明不受國防最高會議決議案之約束，認為：召開國民大會應由各黨派共同磋商之後才能舉行，其中包括停止內戰、政府改組、結束訓政、憲草修正完成後，方可召開，國民黨無權獨自辦理。

這次召開國民大會的中心任務是制定《中華民國憲法》，故稱之為「制憲國大」。此時國民黨在軍事上取得暫時性的勝利，因而試圖在政治上也能夠搶得先機，於是蔣介石提出結束「訓政」，召開制憲國大。

中共為此提出書面抗議，民盟也深表不滿。到了十一月十一日，臨近會期，中共仍表示拒絕參加這次會議，第三方人士[1]在南京白下路交通銀行緊急聚會，以商討對策，同時建議大會延期三天召開，改為十一月十五日召開，以爭取時間促成中共的參加。以梁漱溟當時的判斷：共產黨方面此時最迫切的一個要求就是立即停戰，國民黨方面則希望各黨派都來參加這次制憲國大。因此，他對王世杰提出了自己的一個主張，「國民黨宣佈停戰，共產黨提出國大名單，這樣就可以關閉和平破裂之門。因為所謂國民大會並不是民選的大會而等於各黨派綜合性的大會，如果有些黨派不來參加，大會是開不成的」[2]。

1 第三方人士是指以民盟、青年黨、社會賢達三方所扮演的國共兩黨調停人之角色，以沈鈞儒、羅隆基、張申府等人為要角，後調停以失敗而告終。

2 梁漱溟著《憶往談舊錄》，頁二〇六。

王世杰對梁漱溟的這一建議表示感興趣，認為「很有意思」；梁漱溟去找周恩來談，周堅持認為中共單方面停火「太險」，這個建議就未能正式提出。[3]十一月十四日，事態越發緊張，不僅中共方面拒絕參加，民社黨也不表態，青年黨則以民社黨是否參加為前提，仍未提交出席會議人員的名單。第二天大會就要開幕，幾方面均無動靜，蔣介石「急得像熱鍋上的螞蟻」（雷震語）。當天下午四時左右，雷震接到蔣介石官邸打來的電話，命他即刻前往。

雷震趕到黃埔路官邸時，吳鐵城[4]已在那裡，隨後王世杰也來了。

蔣介石問雷震：青年、民社兩黨參加國民大會的消息怎樣？張君勱肯不肯參加？雷震如實回答：青年黨已表示參加，但要以民社黨參加為首要條件，否則是不願單獨參加的。雷震又說，「民社黨方面，我私下雖有接觸，並勸他們參加，由於中央和蔣先生沒有表示，我不便正式表示邀請。」已近下午六點，天黑得較早，蔣介石與吳鐵城、王世杰、雷震等人一起用餐。席間，蔣介石突然說：「儆寰兄，今天晚上你就去上海，邀請民社黨參加國民大會，你可以告訴張君勱說，政府一定提出政協憲草來討論，並照政協憲草通過。」雷震應道：現在坐夜車去上海也要等到第二天才能辦事，不如明天乘飛機去；自己還打算先拿到青年黨的名單後並在報上發表，這樣更有把握以促成民社黨的參加。蔣介石表示同意。

雷震發現蔣介石有點坐立不安，「我看見蔣中正連筷子都沒有拿過，連面前的一碗湯也沒有喝過一口」[5]，雷震見狀起身立即給青年黨負責人曾琦[6]打了一個電話，讓他帶上會議名單速來黃埔路官邸一趟。曾琦、李璜、左舜生等

3　梁漱溟著《憶往談舊錄》，頁二〇七。
4　吳鐵城（一八八八至一九五三），廣東中山人。時任國民黨中央黨部秘書長，國民黨中央執行委員會常委。一九四九年來台後，任總統府資政。一九五三年十一月因替王世杰講情，因遭蔣介石痛斥，不堪刺激，歸後服安眠藥過量，於當年十一月十九日在台北去世。
5　《雷震全集》第二十三冊，頁十。
6　曾琦（一八九二至一九五一），四川隆昌人。字慕韓。時為青年黨主席，主張「國民黨還政於民，共產黨還軍於國」，一九四八年參加行憲國大，後被聘為總統府資政。

人來到時，雷震他們還沒有吃完，蔣介石把曾琦等人帶到另一客廳。十五分鐘後，眾人回到原來的大客廳，蔣介石將手中一份名單交給雷震，說：「青年黨要一百四十名！慕韓先生（即曾琦，作者注）說，要增加四十名始分配下去。」雷震當即表示不同意，對曾琦說：「現在只有河北、山東、哈爾濱、北平四個省市的代表還未最後選出，如青年黨要求加四十名代表，只能從這四個區域裡產生了。但若其代表的籍貫不在這四個區域之內，也就無法選出。而且，這四個區域大概也不會同意，青年黨的朋友應該給予同情和諒解……」青年黨組織部長李璜聽雷震這樣說，大為不悅，出言指責雷震是從中「殺橫槍、故意搗蛋」。在這種情況下，雷震只有耐心反覆解釋，直至李璜不再說話為止。

青年黨出席此次會議的名單，雷震是在第二天參加完開幕式後上午十一時才拿到手的。青年黨秘書長陳啟天[7]的態度十分強硬，再三對雷震強調說：這份名單絕不能見報，一定要等見到民社黨的名單再說；即使見了報，青年黨也有可能不出席此次會議。陳啟天甚至指責說：你們早幹什麼去了！[8]雷震不加理會，也未正面回答陳啟天，而是驅車直赴丁家橋中央黨部，準備將這份名單交給陳立夫，命中央社於第二天即刻發表。未料，陳立夫不在，回常府街公寓吃飯去了，雷震又折向陳府將事情交代清楚，並說「一切責難我去承受好了」，才急赴明故宮機場。已是中午十二時許，雷夫人宋英在機場等候多時，為他送上出差用的小衣箱，還有一碗蛋炒飯。雷震飢腸轆轆，只吃了幾口，就趕緊登機。班機奉命等候已誤點半個多小時，機場主管人員焦急不安，乘客們見雷震上來個個面帶怒氣，雷震無法和這些人解釋，也不可能解釋。此次他重任在身，蔣介石對他寄予莫大信任，「制憲國大」對他抱以最後一線希望。

此次上海之行，對雷震個人來說，若能說服民社黨領導人同意出席制憲國大，就算功德圓滿，而制憲若能成功，訓政結束，國家走向憲政體制，這是雷震本人最希望見到的。抗戰後，中共以「和平、民主、團結」為口號，在宣傳

7 陳啟天，字修平，湖北黃陂人，生於一八九三年。東南大學畢業。曾任四川大學、中華大學教授。一九三八年至一九四八年任第一屆至第四屆國民參政會參政員。一九四七年任國民政府委員，行政院政務委員兼經濟部長。

8 《雷震全集》第九冊，頁二三五。

攻勢上一直讓蔣介石大傷腦筋，以至在這次制憲國大開幕式上說，現在共產黨「最成功的一點便是向國際上宣傳，說本黨一黨專政，實行獨裁，說這次國民大會是一黨的會議，必將制定法西斯憲法。這種錯誤的觀念，以訛傳訛，已經深入外人心裡，使政府在外交上的運用，處於很不利的地位，而增加許多困難。我們現在召開國民大會制定憲法，就是要用事實來打破共產黨的宣傳，使共產黨無法藉口，使國際輿論明瞭本黨實行民主的真誠」[9]。話雖如此，眼前的現實卻是中共與民盟明確表示不參加會議，青年黨仍持觀望態度，只有等待雷震在上海說服民社黨張君勱等人，或許才有轉機。

這一天上午「制憲國大」開幕後，即宣佈休會，以等待民、青兩黨代表的到來，蔣介石只給雷震三天時間。以雷震對張君勱的瞭解，相信自己能夠說服他，當年張氏在重慶被軟禁一事，最終是雷震幫他解脫。但此時民盟也正在做張君勱的工作，各方都在竭盡拉攏之能事，問題是「制憲」這樣的國家頭等大事居然也遭到了抵制。出於在野黨的立場與考慮，張君勱的態度實際上並不明朗，對民盟拉攏也未有任何反應。張君勱始終擔心民、青兩黨代表在會上為少數派，如何對抗得了百分之八十的國民黨代表？如果蔣介石本性不改，不遵守其諾言——強行通過政協憲草，又該怎麼辦？

民社黨其他領導人如徐傅霖[10]，對國民黨的態度一向強硬，加上前不久，徐氏在日軍進攻香港時避難於新加坡友人家中，吃了不少苦頭，遷怒於國民黨與蔣介石。雷震一到上海，民社黨負責人之一蔣勻田就提醒他，除要做通張君勱的工作之外，徐傅霖是其中一個關鍵人物。從南京飛到上海只需五十分鐘，雷震在機上一分鐘也未睡，他在考慮到滬後如何進行說服工作。下飛機後，直抵大馬路的「金門飯店」，上電梯時居然頭暈跌倒，「茶房把我扶到床上，一

9　蔣介石〈本黨對國民大會和憲法應有的態度〉，一九四六年十一月二十五日。轉引自《中華民國政治制度史》，上海人民出版社，一九九二年版，頁三五一至三五二。

10　徐傅霖，字夢岩，廣東省和平縣人，生於一八七九年。早年留學日本早稻田大學，同盟會會員。曾任臨時參議院議員，國會眾議院議員，廣東高等審判廳長，廣東軍政府司法部長兼大理院院長。一九三八年六月任第一屆國民參政會參政員。一九四六年參加「國大」。

個冷水手巾往頭上一擦，我就清醒了。吃了一杯含有興奮作用的咖啡，和兩片『土司』，精神又振作起來，連忙出門工作」[11]。

雷震與蔣勻田趕到海格路張君勱寓所已晚上六點，雷震也不客氣，開門見山對這位老朋友說：這次來滬是代表蔣先生正式邀請民社黨出席會議的，蔣先生讓我轉告你，請大家放心，這次大會將以政協憲草為討論基礎，國民黨方面不會推翻政協憲草的基本原則，只是在文字上可能會作出某些修正，但採行「內閣制」，總統沒有實際權力，行政院對立法院負責，監察院是立法院之外的另一民意機關，考試院不考核「公職候選人」，中央與地方許可權之劃分等，在原則上不會有改變，雷震一口氣說了三個小時。

張君勱聽完這一席話，對雷震說，「一個政黨，如果黨內不能民主，不能儘量討論，各部門負責人不敢發表意見，這種黨去主政，政治上很不容易出現民主的。」[12]張君勱沒有明確表示民社黨是否決定同意出席會議，只是說要等到第二天召開中常委會才能確定下來，「因為民社黨不能像國民黨總裁那樣一人說了算」。

雷震辭別張君勱，正好遇上進門的徐傅霖，便與徐約定第二天上午八時即去拜訪。此時雷震晚飯還未吃，在南京路上「日升樓」下的一家麵館吃了一碗「大肉麵」，才回到下榻的「金門飯店」。上海《申報》社長潘公展已在他的房間坐等多時。雷震向他詳細諮詢上海方面對「制憲國大」的反應，同時徵求他對「制憲國大」的看法。潘公展是陳布雷至友，與陳二人同年加入國民黨，入黨介紹人是蔣介石、陳果夫。潘公展毫不掩飾地說：希望民、青兩黨能夠參加這次會議，但國民黨必須「委曲求全」，以儘早結束自己的「一黨專政」。

雷震與徐傅霖不熟。以往民社黨的事，都是與張君勱本人談，張是民社黨最高領導人。國民參政會期間，雷震與徐傅霖有過點頭之交，卻沒有正式打過交道。徐傅霖有一陣居住在香港，就更少有什麼接觸。徐傅霖為人率直、剛烈的個性，雷震早有耳聞，而且，批評國民黨政府不假辭色，一向不留什麼餘地，他在民社黨中地位僅次於張君勱。

11 《雷震全集》第九冊，頁二三七。
12 《雷震全集》第二十三冊，頁二十一。

第二天一大早，雷震趕到徐傅霖家中。徐傅霖剛吃過早餐，正在看報紙上青年黨出席會議的名單，雷震也不繞彎子，將昨晚與張君勱說過的話重複一遍，希望民社黨能夠迅速提交一份名單，以便共商國是，參與制定憲法，包括行憲後加入「聯合政府」。誰知，未等雷震說完，徐傅霖就罵開了，從蔣介石一直罵到陳果夫、陳立夫和CC集團，又從「中統」罵到「軍統」，說這是兩個殺人不眨眼的反動集團，國民黨從來不要民主與自由，民社黨如何受到打壓等等，足有四十分鐘，雷震只有耐著性子洗耳恭聽。

等徐傅霖說完，雷震再三強調此次制憲的重要性，只要國民黨這次結束「訓政」，保證以後不會再出現壓迫其他黨派的事情。徐傅霖在大罵之後心情舒暢多了，表示同意民社黨出席這次會議，並說將在上午十時召開的中常委會上表明自己的態度，並說：希望國民黨這次不要口是心非，仗著人多勢眾，強行通過某些違反政協憲草的有關條文；如果這樣，民社黨必以退席而處置，即令鬧得不歡而散，也在所不惜。

這一天，民社黨中常委會議並未能達成一致，其中有兩個原因，「一是部分中常委堅決反對，弄不好民社黨有可能發生分裂，這不能不使包括張君勱在內的民社黨領導人對此問題慎之又慎；二是張君勱、徐傅霖等人對於國民黨是否履行諾言還有疑懼，儘管他們對蔣介石通過雷震向他們作出的保證比較滿意，但他們知道，蔣介石這個人是從不講信用的，他自己當面說的話都可反悔，更何況是通過雷震向他們作出的保證，誰能保證他不出爾反爾？」[13]

下午三時左右，雷震又去張君勱處。張告訴他說：「參加與否，尚未有定案，明日上午還要舉行常會，再作決定。」雷震知道這是民社黨內部的事，無法介入。他又找到蔣勻田，請他在明天的會議上堅持自己的態度，說服中常委會通過參加「制憲國大」之決議。至於其他細節，可以等到代表團到達南京之後再行商議，哪怕代表團到南京遊覽一趟也行，費用全部由國大秘書處負責。

13　鄭大華著《張君勱傳》，中華書局，一九九七年十二月第一版，頁四八七。

雷震甚至還表示，如果到了南京還是談不妥，代表團可以不出席大會，立即返回上海。拜託過蔣勻田之後，雷震再訪張君勱、徐傅霖二人，請他們出於對國家利益的整體考量，全力促成此事。第二天，民社黨中常委會終於作出參加制憲國大的決議，雷震如釋重負。已是第三天中午，雷震想到應當立即包一架飛機，以最快速度將在滬的民社黨代表二十四人（總數為四十人）送往南京，以防夜長夢多。雷震找到老友上海市長吳國楨[14]，請他幫忙解決。吳國楨是一個爽快人，無多少官僚習氣，辦公室的電話總是親自接聽，從不假他人之手，雷震對他印象一直不錯。吳國楨深知此事重大，速將包機之事辦妥。

十一月十七日下午四時三刻，民社黨代表團飛抵南京。張君勱本人沒有參加這次會議，徐傅霖任代表團團長。雷震給蔣介石打電話，希望他能接見一下民社黨代表團成員，蔣介石表示同意。晚八時，在雷震的陪同下，蔣介石接見了民社黨代表團成員。蔣的心情極好，說了許多話，徐傅霖的態度也緩和很多。結束時，蔣介石親自將代表團成員送到寓所外的大門口。

第二天上午，蔣介石在大會秘書處召見雷震，表示讓他擔任大會副秘書長，雷震當場懇辭，稱自己是國大代表，要出席會議，無暇顧及秘書處事務；蔣介石未允，直言相告：「請你擔任副秘書長，就是要你負責設法通過政協憲草，務使民、青兩黨不致因國民黨人要恢復五五憲草而退席……」[15]雷震只好接受。自制憲國大籌備以來，秘書處舞弊多端，無一事不貪污，無一物不拿回扣，其中以洪蘭友[16]開銷最大。原參政會秘書長邵力子是繼葉楚傖死後兼任制

14 吳國楨（一九〇三至一九八四），湖北人。一九一三年入天津南開中學。後考入清華大學。一九二一年赴美國梅林尼爾學院留學，又轉入普林斯頓大學深造。一九二六年獲博士學位。曾出任國民黨中央宣傳部長。一九四六年五月調任上海市市長。一九四九年任臺灣省主席兼保安司令和國民黨行政院政務委員。一九五三年三月辭職。同年五月赴美。一九八四年六月病逝。

15 《雷震全集》第二十三冊，頁三十一。

16 洪蘭友（一九〇〇至一九五八），江蘇江都人。上海震旦大學法學研究院畢業，歷任中國公學、中央政治學校教授。曾任國民黨中央執行委員、中央紀律委員會副主任委員、內政部部長等職。

憲國大籌委會秘書長，對此知之甚詳，屢次與雷震談起時「憤怒萬分」。以雷震的性格，不願扯入這些不明不白之中，或許也是雷震不願接受大會副秘書長之職的原因之一。

民社黨在最後時刻同意出席制憲國大，雷震功不可沒。從他個人的良好願望來講，希望由此結束「訓政」，在中國制定一部真正的憲法，以求長治久安的局面。在這一問題上，與張君勱等人的想法相一致，只有打破國民黨的「一黨專政」，中國的政治建設才有可能走上民主政治的常軌。張君勱不願出席這次「制憲國大」，完全是因為對蔣介石的不信任。他在私下對雷震說：「蔣中正是過河拆橋的人，有求於你的時候，可以滿口應允，等到不需要你的時候，就一腳踢開，完全無視對方的人格。」[17]會議期間，民社黨代表團正式轉交一封張君勱署名致蔣介石的公開信，張君勱在這封信中表達了對當前時局的憂慮：

> 自今歲一月參加政協以來，所繫繫不忘者，厥為和平統一，將國內各黨融合於國大之中，制定全國共守之憲法，我公之所祈求者，諒不外乎此。孰料事與願違，國共之始於政協者，終以國大召開日期未獲協議而睽離。君勱曾力主延開十五日以寬商議之限，亦未能得各方之共諒，至今希求和平之人惴惴焉，群疑國共之和談無日，停戰令雖下，人民仍恐難逃戰禍之苦。國大雖能召開，而所制定之憲法，恐將難邀共守，政協代表亦將剖而為二。此種疑竇如果演成事實，則國家萬劫不復……[18]

17　《雷震全集》第二十三冊，頁三十七。
18　《雷震全集》第二十三冊，頁三十三。

張君勱的憂慮不無道理。政協會議之後的憲法之爭，提出的是國方，同意讓步的是共方；四月，東北戰事愈演愈烈，民盟出面調停，陳誠[19]又不願意；等到四月中共攻下長春，雙方的矛盾更加激化；蘇北政權問題，提出的是國方，不肯讓步的是共方，爭執焦點在於國民黨準備在中共軍隊撤出後由自己來掌管，中共認為應當依照政協原則而進行選舉改組，周恩來甚至對梁漱溟這樣說，「我是淮安生的孩子，我若同意此要求，我無顏面見淮安父老！」[20]綜觀前後，這一年七月至十一月，是國民黨要打；十一月之後，是共產黨要打。葉劍英當時對許多人說，我們現在必須要打，要打到國民黨好戰分子不再好戰為止。請大家朋友放心，我們必不超過這分際。超過這分際便是共產黨的錯誤，便是一種不可恕的錯誤[21]。張君勱則對中共一直持保留態度，對國民黨同樣極端不信任，以致在籌備行憲過渡時期，未參與政治上的決策機關「國民政府委員會」的任何工作；雷震「原就擔負著和平解決爭端的重大責任，對於和談終於失敗，而國共兩黨又不得不用槍桿子爭政權，當然感到無限失望……」[22]

中共與民盟始終拒絕參加「制憲國大」，也不承認頒制的《中華民國憲法》。民社黨進入聯合政府，但分歧依然存在。青年黨領袖李璜與張君勱採取一致行動，既未出席制憲國大，也未參加聯合政府。國民黨政府原本內定宋子文仍為行政院長，由於張君勱堅決反對，聲稱「如由宋子文任行政院長，民社黨絕不參加」，只好改任張群為行政院長。國民黨函邀李璜出任經濟部長，李璜堅辭不就，改由青年黨秘書長陳啟天接替，「聯合政府」延遲兩週才得以組成。

19 陳誠（一八九七至一九六五），字辭修，浙江青田人。時任國民黨參謀總長。後任東北行轅主任兼東北政務委員會主任，進攻東北解放區，遭到重大打擊。東北解放前夕被免職。後來台，任臺灣省主席、行政院長等職。
20 梁漱溟著《憶往談舊錄》，頁二四二。
21 梁漱溟著《憶往談舊錄》，頁二四五。
22 《雷震全集》第一冊，頁六十八。

第十四章　漸進的民主憲政觀

雷震一九四九年前的民主憲政主張，是以「訓政到憲政」這一思想為軸心的。就對「訓政」[1]而言，與胡適、張君勱等民主憲政人士的看法有所不同。雷震為國民黨內部堅定的擁蔣者之一，較容易站在黨派的立場上來考量這一問題，因而認為國民黨實施「訓政」有一定的必要性，「並認為國民黨居於指導者的地位，以訓政培養人民的政治能力，可讓人民在憲政時期更順利行使其政治權利」[2]。胡適等人一直認為無須以「一黨訓政」來引導人民行使自己的政治權利，他在一九三四年十二月〈答丁在君先生論民主與獨裁〉一文中指出：「民主政治的好處正在它能使那大多數『看體育新聞、讀偵探小說』的人每『逢時逢節』都得到選舉場裡想想一兩分鐘的國家大事。平常人的政治興趣不過爾爾，平常人的政治能力也不過爾爾……英美國家知道絕大多數的阿斗是不配干預政治，也不愛干預政治……只要他們『逢時逢節』來畫個諾、投張票，做個臨時諸葛亮，就行了。這正是幼稚園的政治，這種『政治經驗』是不難學得的。」[3]雷震與胡適等人在這一問題上的觀點落差，反映出雷震在這一時期政治理念的傾向性。

1 所謂「訓政」，是指孫文提出的建立「民國」的第二階段，原本為期六年。即由政府派出經過訓練考核合格的人員，到各縣籌備地方自治，並對人民進行使用民權和承擔義務的訓練。孫文將建立「民國」分為三個階段，即軍政、訓政、憲政。
2 任育德著《雷震與臺灣民主憲政的發展》，頁四十四。
3 胡適〈答丁在君先生論民主與獨裁〉，原載一九三四年十二月三十日《獨立評論》一三三號，頁八。參見胡頌平編著《胡適之先生年譜長編初稿》，台北聯經出版事業公司，一九八四年版，頁一二九一。

上世紀三十年代，雷震在上海《晨報》撰寫大量的政論文章，宣傳國民黨的政綱。陶百川[4]時任《晨報》主筆，負責社論與專欄，經常向雷震約稿。在陶百川眼中，雷震是一個「多才多學而且多產」的人，《晨報》上常刊用他的文章，陶百川與雷震，因此成為終身的朋友。一九三五年四月一日，雷震與留日好友羅鴻詔、徐逸樵、馬存坤等人創辦《中國新論》[5]，徐逸樵為總編輯，雷震為發行人，以南京為基地。《中國新論》是一本政論刊物，其宗旨是：「吾人極端高倡民族之復興，高倡國家與政治組織之強化，並高倡此三者相關健全的發展；舉凡有俾於此旨之實現者，吾人將不慊求詳以研求之，不慊大聲疾呼以提倡之。大膽主張，無所顧忌，大膽批判，無所忌諱，始終如一，不曲不撓……」[6]

一九三六年《中國新論》出版的《非常時期專號》與《非常時期叢書》，認為中國已進入非常時期，應當動員全國所有資源，全力以赴應對抗日一戰。這份刊物發行量在當時僅次於《東方雜誌》、《新中華》，上海《中國評論週報》一九三六年三月五日介紹《東方雜誌》、《國聞週報》、《申報月刊》、《中國新論》等刊物，並將《中國新論》列於第一[7]，可見這份刊物在當時的廣泛影響。

雷震在上世紀三十年代所寫的文章，多見於《中國新論》和《時代公論》。雷震曾經負責過國民黨地方（南京）宣傳工作，對國民黨「一黨訓政」給予肯定，還為此進行辯解。一九三二年五月，他在《時代公論》上發表文章，針對少數人的詰問，以歐美革命為例這樣說：

4 陶百川（一九〇一至二〇〇二），浙江紹興人。留學哈佛大學。曾主持《香港時報》和重慶的《中央日報》；曾任國民黨監察委員、蔣介石「國策顧問」。一生淡薄自持，耿直敢言，曾對孫立人、雷震等冤案提出糾正案及建言。著有《困勉強狷八十年》等。

5 雷震等人創辦《中國新論》，其目的是為喚醒國人認識日寇的侵略。辦刊經費由雷震負責籌措，至一九三七年「七七事變」後，因戰事吃緊，時為教育部總務司司長的雷震負責疏散工作無暇顧及辦刊，《中國新論》不久即停辦。

6 原載於《中國新論》，一九三五年四月一日創刊號，收錄於《雷震全集》第十七冊，頁一〇六。

7 吳成〈中國新論社第二次聚會紀略〉，《中國新論》，一九三六年十二月一日，第二卷十期。

……此種詰問未免太過於皮相觀了！蓋問者只見到表面所浮出的事情而未洞燭這些事情的內幕。歐美革命成功之後，固然即刻實行憲政，並未經過訓政的中間階段，然實行憲政而參加政治之民眾，即為當時斬木為兵、揭竿為旗的革命民眾本身，當時的革命是他們所發動的，反抗君權、解放民眾是以他們心坎中發出、口中呼號出來的，殘暴壓迫的君主是他們送上斷頭臺的，民主政治議會制度是他們熱烈要求的……請看當時革命民眾是何等人物呢？他們當時自稱第三階級而以別於第一階級之僧侶及第二階級之貴族，他們自從中央集權國家成立與產業革命發生以來，在社會之勢力蒸蒸日上，富力天天增加而已凌乎貴族之上，他們的物質生活比貴族更舒服更奢侈，他們的知識、他們的學問足以與貴族對抗；因其如是，他們自然不願屈居於貴族之下而要求革命，革命既告成，他們當然要求參加政治，何況其實力又足以參加政治呢！[8]

言下之意，在中國不存在所謂「第三階級而以別於第一階級之僧侶及第二階級之貴族」，由於人民普遍缺乏政治常識，直接實行憲政是不大可能的。雷震的這種觀點，是否受孫文、梁啟超等人思想的影響，不得而知。孫文將「訓政」視為建國程序中一個最重要的階段，也成為國民黨變相推行黨治制的一個理論依據，有論者認為「梁啟超與孫文同樣承認當時中國國民的程度不及格，因而梁有所謂的『新民』，有所謂的『開明專制論』，在孫有所謂的『約法之治』（日後稱訓政時期），都是設想作為民主政治之前的過渡」[9]。孫文本人對「訓政」的解釋是，「須知共和國皇帝就是人民，以五千年來被壓作奴隸的人民，一旦抬他作起皇帝，定然是不會作的。所以我們革命黨人應該來教訓他，如伊尹訓太甲樣。我這個訓字，就是從伊訓上『訓』字用得來的。」[10]

8 《雷震全集》第十五冊，頁六十八至六十九。
9 陳儀深著《獨立評論的民主思想》，聯經出版事業公司，一九八九年五月初版，頁一九九。
10 孫文著〈訓政之解釋〉，《國父全集》第二冊，頁三九八。

從當時的歷史進程看，憲法權威高於任何政治權利的這一形式特徵，即使在袁世凱和袁世凱之後的軍閥時代，仍被保留著。一直到了黨權政治時代，這一特性才在以黨治國及其憲政發展三階段理論中被抹去了。「無論是從孫中山一九〇五年提出的軍法之治、約法之治和憲法之治，還是一九一四年七月孫中山在《中華革命黨總章》中提出的軍政時期、訓政時期和憲政時期三階段理論，其實質都是由開明專制導入憲政。這種開明專制的權力主體是軍權和黨權。」[11]如果簡單回顧一下，便可以發現，在民國一系列的憲政危機中，幾乎都有軍閥政治的影子[12]。

然而，雷震又是一直反對軍權的，若從當時國民黨執政地位以及國內現實來加以分析，他之所以強調「訓政」的必要性，在某種程度上，與蔣介石「一個政黨，一個主義，一個領袖」的主張還是有所不同。在雷震看來，「訓政」之目的，最終是為了在預定的時間內在中國實行民主憲政。學者陳儀深將此稱之為「積極的訓政論」；那些並不強調文化因素，僅從國家不統一或貧窮落後等理由來反對開放憲政的理論，則是一種「消極的訓政論」。

上世紀三十年代《獨立評論》有關「民主與獨裁」的論戰，是當時中國一批具有英美留學背景的知識份子在國家制度建設上的一次激烈交鋒。雷震本人沒有介入這場論戰，卻公開表明了自己的觀點，「我的意見是國民黨還有二年的訓政期間，應使其務於此期間內完成訓政之必要工作，完成憲政之基礎條件，第一，不要分散國民黨訓政的力量；第二，不要捨本逐末的弄到同歸於盡……尚有重要一言，就是國民黨要速行取消黨禁……無論何黨何派，須讓其自由活動，公開主張，一則可助成健全之政黨，以備憲政時期之用；二則可分任訓練人民政治知識之工作。民權政治是以黨為前提的，亦惟有健全之政黨始能實行民權政治。黨爭——標明主張，以『口』與『筆』為鬥爭之工具——並不是壞的事情，最壞的是『以槍相抗』」[13]。

11 陳峰著《中國憲政史研究綱要》，貴州人民出版社，二〇〇三年一月版，頁二三七。
12 參見陳希賢〈軍權政治的興起及中國憲政的衰敗〉一文，原載二〇〇〇年《戰略與管理》第六期。
13 《雷震全集》第十五冊，頁七十九。

由此可見，雷震對「訓政」的認同，完全是站在本黨利益這一立場上生發出來的，此時還較少考慮反對黨的立場，但他要求「開放黨禁」的主張，卻又是民主憲政原理中應有之義。一九五一年，雷震在日記中有過一段令人回味的反思：「我於民國十二、三年即抱此（按：開明專制）見解，但是經過二十五年之從政，再不敢如此主張，蓋此種主張只助長其專制也。」[14]

雷震早年就讀京都帝國大學法學部，前後三年半時間，所修課目包括憲政民主、自由主義、馬克思理論等，他是經過一番思考之後才服膺憲政民主理念的。雷震說自己年輕時一度傾向於社會主義，其中有五個原因：一，他所欽佩的英籍哲學家羅素曾於一九二一年到日本和中國演講，給予蘇俄建設正面評價，使他想研究社會主義；二，一九二三年三弟雷用國去世，雷震回家半年陪伴面臨哀痛未已的母親，因而羨慕俄共「兒童公育制度」，似可降低母子感情、減少痛苦；三，曾修過京都帝大的經濟學課程（資本主義）；四，俄國宣稱放棄一切在華特權，雷震對此頗有好感，因此想進一步瞭解蘇俄；五，身為國民黨員的雷震，亦想知道孫中山為何稱許俄國，也想趁此瞭解社會主義[15]。只是當他選修了河上肇教授講授的《資本論》，並瞭解其大要之後，便不再相信「唯物史觀」和「社會主義」，對蘇聯的外交政策深不以為然，甚至到了後來「懷疑孫中山聯俄容共的決定」。

一九二四年十一月二十八日，孫文途經日本在神戶高等女校發表演講，談「大亞洲主義」，雷震與京都帝大同學許世鏞、金庸等人前往聽講。孫文在演講中大談蘇俄是一個「新的國家」，卻遭到歐洲的排斥，「歐洲人都視他為毒蛇猛獸，不是人類，不敢和他接近，我們亞洲也有許多人都是這一樣的眼光……俄國現在要和歐洲的白人分家，他為什麼要這樣做呢？就是因為他主張王道，不主張霸道。他要講仁義道德，不願講功利強權，他極力主持公道，不贊成用少數壓迫多數。像這個情形，俄國最近的新文化便極合我們東方的舊文化，所以他便要來和東方攜手，要和西方分家……」雷震等人聽完孫文大贊「蘇俄好」的演講，內心多有矛盾和糾結，等孫文回到下榻的東方飯店，「我們三人

14 雷震一九五一年十二月二十一日日記，《雷震全集》第三十三冊，頁二一二。
15 《雷震全集》，第九冊，頁二四六。

去見他，就表示『聯俄容共』主義之不妥，日本留學生中的國民黨員大都是反對的。孫文答覆我們說：『說來話長，短時間內不是說得明白。』蓋他知道留日學生中對他無好感，老留學生多叫他為『孫大炮』，不問是不是國民黨員，最近又稱他為『共產黨的俘虜』」[16]。

中國自古未有憲法。民初有過憲法性質的《中華民國臨時約法》（一九一二年），施行不久，即因袁世凱提出修改繼而「帝制自為」，形同廢紙；北洋政府時期有過「天壇憲草」（一九一三年），又因發生討袁的「癸丑之役」（即二次革命）南北分裂以及軍閥武力相爭，根本無從在一個混亂的中國建立起良好的憲政秩序。一九二八年北伐成功，國民黨執政，頒佈《訓政綱領》，一九三一年又頒佈《訓政時期約法》，推行「以黨治國」、「一黨訓政」作為憲政預備期，遭到地方實力、中共、非國民黨人士的反對和抨擊，以民社黨領袖張君勱的看法，所謂「訓政」並未能真正訓練人民行使四權（即選舉、罷免、創制、複決，作者注），只是藉此壓抑反對黨。儘管這種批評帶有黨派色彩，但此間，仍有不少知識份子屢次提出「提前結束訓政」、「如期結束訓政」的政治訴求，國民黨高層人士孫科也有過類似主張，當時置身香港的胡漢民表示應儘快實施憲政，並贊成黨外可以有黨[17]；然而，並未能阻止「黨國」的逐漸形成。南京國民政府自一九二八年以來，在國家建設與發展經濟上取得一定成就，但政治上的「不作為」始終遭人詬病，尤其「九一八事變」之後，對日採取讓步策略，以爭取時間，儲備軍事，避免中日雙方早日對決，致使「抗日救亡」呼聲漸高，中共爭得了輿論上的「主動權」。

雷震長期受到民族主義思想影響，加上母親慘死在日軍的炮火之中，從內心根本無法接受與日本人的任何接觸，他在一九三五年就指出：「日本所要求的親善，是臣服式的親善，簡直是要中國俯首投降；而中國之表示親善，亦係具有不得已之苦衷，所謂虛與委蛇是也。在這種狀況之下，中日親善固有可能，中日交戰難保不有，故在親善之中檢

16　以上均參見雷震著《雷震回憶錄——〈我的母親〉續篇》，頁二二六至二二七。
17　參見一九三二年五月二十二日《獨立評論》第八十號，胡適《憲政問題》，頁五至七。

討戰爭，準備戰爭，正為未雨綢繆之計，應無無的放矢之議。」[18]他認為當時的中國缺乏「應有的民族精神」，若真要想救國，必須先覺醒才行。雷震所說的這種「民族精神」具有四個特質：「一，要有克服私欲、抑制小我的偉大精神。二，要有犧牲個人、奉獻祖國的高尚愛國心。三，要能殺身成仁、捨棄個人生命，為確保大生命的永遠的靈魂。四，剷除貪污自肥、貪安好逸的墮落性格，以造成捨身赴難的精神」，就是說，要想恢復「民族精神」，須從教育和法治入手，前者是注重人格的培養，後者是對人的劣根性的控制，兩者相輔相成，缺一不可[19]。

抗戰勝利後，雷震參與政治協商會議、制憲國大及進入政府內閣，總是強調國民政府應以從事戰後建設為優先，憲政則是在這個框架下的一個漸進過程。一九四七年，雷震出任行政院政務委員，向行政院長張群提出「革新建議」，內容主要包括改善財政、軍事、地方行政、中央政治，主張由政府統制財經，肅清貪污，整治吏治，以增加國庫的稅收等[20]，後來甚至建議「徵用豪門資本，尤其孔宋之產」[21]。

雷震認為應以文人擔任主要行政官員，減少「軍人干政」的成分，這才符合民主國家的政治體制，也是民主憲政的又一試金石，「這一制度雖說是仿效歐美……英國的陸海軍大臣及法國的國防部長都是由國會議員出任，絕無例外；美國的國防部長亦須文人充任，軍人則須退役十年以後才行，前幾年杜魯門總統提出馬歇爾為國防部長，因他退役尚不及十年，國會雖然勉強通過，仍聲明下不為例，可見遵守制度之嚴格」[22]。雷震之所以強調這一點，乃因「文人當國，則事關用兵，自不能不顧及各方的意見」，軍人「則有武力以強人之必從，盡可抹殺其他一切意見而貫徹其

18 雷震〈中國果不能與日本一戰乎？〉，原載於一九三五年八月一日《中國新論》，收錄於《雷震全集》第十八冊，頁一。
19 雷震〈救國應先恢復民族精神〉，原載於一九三二年十月十四日《時代公報》，收錄於《雷震全集》第十八冊，頁二一二至二一六。
20 一九四七年二月雷震致張群函，《雷震秘藏書信選》，《雷震全集》第三十冊，頁四至五。
21 雷震一九四八年十一月八日日記，《雷震全集》第三十一冊，頁九十三。
22 《雷震全集》第十五冊，頁一。

獨自的主張，故其政見雖錯誤，依然不受阻力而錯誤到底，非至敗亡不止」，這就是他日後提出「軍隊國家化」的重要原因之一。

雷震一直強調輿論監督的必要性，這是政府的天然防波堤，也是政治上的萬里長城。他曾引用黃宗羲《明儒學案》中「子言之，君子之道，辟則『坊』與。清議者，天下之坊也。」這句話來佐證自己的觀點，「這是何等精闢透徹的見解，可謂正中政治的要訣。」[23]。在他看來，民主政治就是民意政治，民意政治就是輿論政治，一個民主政府的道德權威應建立在國民內心傾向之上，「即在對於政府的政策能否以自由討論和公開批評這一點，而民主政治的要義，就在對於一切涉及公共政策的決議，任何人都可以討論和批評，且可進一步加以抨擊和責難……一個真正民主的局面，其中絕沒有一人僅為他人意志的工具；而一個政府可以加諸人民身上的外力或壓力，也絕不是那個政府之道德的權威之基礎……民主政制的政府，其權威的基礎是真理、是妥善、是建築在公道上面；而獨裁政制的政府，其權威基礎是暴力，是威勢，是建築在強權上面」[24]。

雷震還認為各方在溝通意見時要有一種自由討論與容忍的精神，不能以「一致」為必要條件，「若強迫一致，則不合於人性」[25]。人民參與自由討論、表達對政治事務的關心，既有利於國民學習民主政治，也有利於國家的團結。在這一認知上，他承襲業師森口繁治的觀點，指出「民主政治的民有、民治、民享中，以民治——由人民行使政權或由其代表根據人民的意思行使政權——為最重要，也是分辨真民主與假民主之所在」[26]，民主政治就是常識政治、繁瑣政治，要解決的是與我們每一個人生活息息相關的事物及與之形成的社會問題。

23 《雷震全集》第二十一冊，頁八十二。
24 《雷震全集》第二十一冊，頁八十。
25 參見《雷震全集》第二十一冊，頁六至八。
26 任育德著《雷震與臺灣民主憲政的發展》，頁一三四。

雷震在本質上是「憲政論者」，力主維護中華民國憲法，反對一九四八年國大集會所提出的修憲動議，認為國民大會若以修憲而擴權，並加入孫文《建國大綱》中對國民大會職權的規定，很可能導致行政院權力相對萎縮以及政局的不穩定。

孫文在「建國大綱」第二十四條明定，「憲法頒佈之後，中央統治權歸於國民大會行使之。即國民大會對中央政府官員有選舉權、有罷免權，對於中央法律有創制權、複決權」，即主張由國民大會代表人民，行使選舉、罷免、創制、複決之直接民權。雷震對此分析道：誠然，直接民權之政治制度，若從民主政治的純理論來看，當為一種最進步的政治制度，外國政治學者讚揚的也很多，瑞士和美國也有一些州在實行。惟有一點需要注意的，就是直接民權這個東西，要由人民「直接」來行使，再也不能由人民的代表來行使，否則，在理論上是講不通的，也失去所謂「直接」的意義。因此，若由國民大會行使這些民權，就是間接民權，決不能稱之為直接民權。雷震又指出：若憲法規定國民大會可以創制和複決法律，同時又規定立法院為國家最高立法機關，則在此憲法體制下，不但中央民意機關有上下兩級之存在，而且所制定的法律也可能隨之分上下兩級，必然演至使行政和立法兩院，無所適從。

雷震對孫文「憲法」的各種論述，基本上持不贊成態度，「中山先生對於憲法問題之講演甚多，前後不無若干矛盾之處；如制憲者不能認清民主政治的基本原則，而徒知枝枝節節、七拼八湊地只求符合遺教之所示，則無法製成一部有系統的民主憲法……其實，中山先生對於政治制度是採用民主政治的。惟他所提示的方法，如權能分治、國民大會行使直接民權等等，是不甚高明，而且大大有問題的」。

孫文將國家統治權之行政、立法、司法、考試與監察等五權，同列為「治權」而由總統總攬其事；將選舉與罷免總統、副總統及立法、司法、考試、監察院院長、副院長與立委、監委之權，以及創制法律、複決法律之創制權、複決權，同列為「政權」而賦予國民大會。由國民大會為「政權」機關，來監督總統及其所統率之五院等「治權」機關。在國民黨長年執政、教育與宣傳下，國人一向視「此論」為天經地義，而未有存疑。雷震從比較憲法學的立場指出：政權和治權的區分，在觀念上或者可以為之，在實際政治運用上不僅行不通，也不適於民主政治的要求。

正如今天的學者所指出的那樣，「一九四六年憲法實際上是保留了孫中山五權憲法的形式，而包含了責任政府之實質。其表現是『五五憲草』與一九四六年憲法（草）的一個基本不同是政府體制的不同。『五五憲草』規定的是總統制（實際上它不是總統制，而是類似於德日憲法的極端元首制），而一九四六年憲法規定的是總統內閣結合制（半總統制）。憲法基本建立了責任內閣制政府體制，當時稱為『行政院是有條件向立法院負責』」[27]。

一九四六年民國憲法較之一九三六年五五憲草，總統權力確實受到許多制約，以至於在選舉總統時，蔣介石不想當總統，而只願做行政院長。直至第一屆國民大會第一次會議通過關於憲法的附屬條款《動員戡亂時期臨時條款》，蔣才同意參選。雷震當年在教育部時，是國民黨內部審議「五五憲章」委員會成員之一，蔣廷黻在南京主持召開首屆「中國憲政學會」，雷震是受邀參會的重要政府官員之一。關於政權與治權的劃分，雷震與其他黨派人士的看法基本一致，寄希望於行政院能夠擁有較大的權力而有所作為，立法院在行使權力監督行政時當自律，不應濫用權力。他之所以對立法院要求甚高，「或許反映他期望以立法院的議事運作，帶動議會政治的順利運作，並能使國民黨當局在這一套憲政秩序的運作中，落實民主政治」[28]。

雷震在強調民主政治的同時，沒有放棄對「訓政」的認同，反映出他在黨內的特殊地位以及政治思想起點不同，這種局限性一直到了《自由中國》時期才有所突破。堅持「從訓政到憲政」，不僅可視為雷震個人思想的漸進軌跡，也是當時許多中國知識份子在考量現實政治時的某種局限，而像胡適那樣具有敏銳的判斷力，反對「訓政」以及國民黨「一黨專政」，往往需要游離於自身黨派立場和對現實利益的揚棄方可實現，雷震在當時無法做到這一點。

不過，也應當看到，雷震在擁蔣的同時，不斷力勸蔣介石儘快實行政治上的改革。尤其在一九四九年初，當朝野內外紛紛要求蔣介石下野，更加堅定了雷震「國民黨需要改革」這一信念。一九四九年四月十四日，他在日記中這樣

---

27 陳峰著《中國憲政史研究綱要》，頁二四二。
28 任育德著《雷震與臺灣民主憲政的發展》，頁一三一。

寫道：「總裁此二十年各方敷衍，結果仍不免遭怨，倒不如徹底用新人，也許二十年間，一切改革有一新的作法，不至於泄泄遝遝而誤了大好光陰也。今後總裁如不能再脫離舊環境，其前途仍是黯淡的。」

十幾天之後，雷震被湯恩伯[29]聘為京滬杭警備總司令部顧問，與谷正綱[30]、方治[31]一道協助防守上海和廈門，具體負責金融與物資管制疏散等事宜，被時人稱為「滬上三劍客」。

29 湯恩伯（一九〇〇至一九五四），名克勤，字恩伯。浙江武義人。一九二五年入日本陸軍士官學校。一九二八年任中央陸軍軍官學校軍事教官，繼任學生總隊大隊長，博得蔣介石賞識。一九四五年三月任陸軍第三方面軍司令官；一一九四九年一月任京滬杭警備總司令，奉蔣介石之命憑藉長江天險固守甯滬杭地區。人民解放軍發動渡江戰役後，湯部在滬戰中大部被殲，餘部潰退廈門。十月由金門去臺灣，任戰略顧問委員會戰略顧問等職。病逝後被追晉陸軍上將。

30 谷正綱，貴州安順人，生於一九〇二年。時為國民黨中央社會部部長，國民黨中央執行委員。

31 方治，字希孔，安徽桐城人，生於一八九七年。曾任國民黨中央宣傳部代部長，時為上海市黨部主任委員。

第十五章　滬上「三劍客」

一九四九年四月二十三日深夜，中共軍隊橫渡長江攻克首都南京，這一天，雷震正從杭州乘坐專車前往上海。在車上，雷震抱怨國民黨軍隊守江不到三日即崩潰，實在令人抬不起頭來。蕭毅肅[1]時為國防部參謀次長，聲稱「這是撤退，並非崩潰」，雷震覺得可笑之至，「這是自己欺騙自己」。

第二年十月，雷震奉命香港撫慰「第三勢力」，在港的原農林部長左舜生告訴他：中共軍隊之所以這麼快渡過長江天險，是因為用金條買通了顧祝同的老部下、時任江陰要塞少將司令戴戎光。周恩來揚言：和國民黨軍隊打仗不必光靠槍枝，要有條子（指金條）就夠了！中共軍隊渡江之後，不僅未付事先談妥的二百根條子，戴戎光也被俘[2]。

四月二十八日，雷震、谷正綱、陳良等人前往復興島晉見蔣介石。蔣在海軍的一艘兵艦上，正停泊於復興島附近的黃浦江上。雷震對蔣說，當前上海金融界一片混亂，應當加以管制。蔣對此表示同意。四月二十九日，雷震赴湯恩伯處開會。湯恩伯說今日見到了蔣介石，「總統詢其是否準備在滬戰至最後，恩伯肯定地答覆，並謂假定工事全毀，亦當利用滬上之大建築作巷戰而予共黨以打擊。總統云：『我當陪你在上海，共黨曉得我在上海，他必先攻上海，可解廣州之危』」[3]。

1　蕭毅肅（一八九九至一九七五），四川蓬安人。國民黨陸軍中將。一九二七年後，歷任國民黨陸軍第四十三軍參謀長、副軍長、遠征軍司令長官部參謀長、中國戰區陸軍總司令部參謀長、國防部次長等。一九四九年來臺灣後，任國家計劃委員會委員等職。一九七五年七月在台北病逝。

2　雷震著《雷震回憶錄——〈我的母親〉續篇》，頁五十九至六十。

3　雷震一九四九年四月二十九日日記，《雷震全集》第三十一冊，頁一九三。

從這一段記述中可以知道，此間戰局已十分吃緊，雷震、谷正綱、方治（字希孔）等人協助湯恩伯防守大上海，由於形勢急轉直下，已無成功之可能，但雷震等人挺身而出之舉，得到當時上海輿論界的一致讚許，稱之為「滬上三劍客」，陳誠甚至在一些公開場合表揚雷震。雷震負責金融和疏散方面的具體工作，他不懂軍事，只能做些力所能及的事情。

四月三十日，天氣驟冷，霏霏細雨。這天上午十一時，雷震至央行討論本月工人生活指數及工廠發放工資急需現鈔等事宜；中午再召集工商界人士開會，討論滬上的金融問題。幾天之後，與方治等人去復旦、同濟及交大等校視察疏散情況。據工友反映，「有若干軍人進來時，禮貌不佳，甚至將教師行李扔出，亦有將教師存留而擬遷之食物吃掉，如油鹽等，亦有秩序絕對良好」，雷震、方治出席上海各大學校長座談會，方治代表國民黨上海黨部向各大學校長對軍隊執行任務時存在不善之舉表示歉意。儘管雷震在上海忙得不可開交，先期抵台的王世杰打來一封電報，催他儘快回台籌辦《自由中國》雜誌，王世杰的這種態度多少傳遞出對上海守衛無望的悲觀心情。

五月六日，戰事至嘉興，雷震想「大概已陷落」。

雷震名義上是湯恩伯的顧問，蔣介石卻讓他以警總政委名義召開有關上海中央機關物資疏散會議。這一天下午，雷震在市政府與眾人商討具體事項。湯恩伯不願警總來過問此事，而是想交給市府單獨處理，雷震只好表示，以後不再過問此事。未料，就在這時，谷正綱突然告訴雷震與方治，說湯恩伯匯了五十萬美金到美國，此事雖未能最後確定，仍在調查之中，卻一直讓雷震內心悵然不已，他在五月八日日記中寫道：「我此次在滬協助恩伯守滬工作，未有公職，未接受分文公俸，完全以黨員資格在此吃苦，食宿仰賴於人，心中萬分難過。而恩伯果真有此事，不獨他對不起國家，抑且對不起我與正綱二人。希孔（方治）他究竟是上海市黨部主任，正綱亦為政務委員，我則僅一顧問，如此在滬辛苦工作，真是一個大愚人，愈想愈覺無聊……」[4]

---

4 雷震一九四九年五月八日日記，《雷震全集》第三十一冊，頁二〇二。

上海警備司令陳大慶根據一份黑名單，在兩周之前逮捕了四百多名學生，雷震知道後，大發雷霆，認為如果這些學生真是共產黨，無話可說，若是無辜被捕，就太不應該了。在有關會議上，雷震板著臉對湯恩伯說：「尤以青年學生，我們要愛護他，孰無子女，我們要以父母之心待他，要憑良心辦此事」，主張早日結案。

雷震「顏色甚重」（雷自語），未料，老友湯恩伯竟亦「辭色俱厲」，雙方對峙一時頗為緊張。事後，湯恩伯坦承，雷震這個人「太老實了」，開始還以為雷震之對逮捕學生不滿，是為了保什麼人，如果是那樣的話，盡可交給他去辦好了，何必如此大發雷霆？雷震聞之，深感這位老友完全是誤會了，「我沒有非保不可之人，我以為此事應公平處理，且宜公開討論，豈可鬼鬼祟祟以人命為兒戲也。其實，開名單者太不負責，恩伯事前並不知，僅代人受過，惟事既已錯誤，而又不願糾正，則軍人作風，我殊不贊成，實難與之合作也。我在政府工作二十年，不與軍人共事者以此，因軍人目中既無文人，一切作風公私不分而任意作為，非有氣節之文人能受也」[5]。

雷夫人宋英回憶，上海警備司令陳大慶主張將滯留上海的自由派人士羅隆基等人抓起來，套入麻袋，扔進黃浦江中去。此事遭到雷震的堅決反對，「才保住羅隆基等幾個人的性命」[6]。

五月十六日，在湯恩伯總司令部指揮所，雷震見到一封蔣介石給湯的親筆信，囑其「支持到底，戰到最後一人」；五月二十日上午，雷震與湯恩伯、周至柔[7]、谷正綱等人前赴十六鋪視察戰事，炮火正激，湯恩伯見江中船隻無一人守衛，便質問防守江邊某營長。該營長稱已向上級請示，可以不守。湯聞之大怒，說這本是你的職責，都到了這種生死關頭，何來請示？站在一旁的雷震，深感國民黨軍隊「無機動能力，事事仰賴長官的指示」，缺乏戰鬥力，豈有不敗之理？周至柔說，這都是蔣公多年問政的結果[8]。

5 雷震一九四九年五月十一日日記，《雷震全集》第三十一冊，頁二〇六。
6 《雷震全集》第一冊，頁六十九。
7 周至柔（一八九九至一九八六），浙江臨海人。時為國民黨中央執行委員、空軍總司令。
8 雷震一九四九年五月二十日日記，《雷震全集》第三十一冊，頁二一四。

未幾日，浦東戰事已不妙，川沙淪陷，中共軍隊步步逼近，一二日之內必會發生問題。周至柔請雷震赴穗「遊說」以增加兵力，雷震開始沒有同意，後迫於形勢的十二分壓力，方才同意前往，但同時表示「必須地方上有人去，始可有效」。周至柔等人決定請上海商人王曉籟[9]、劉鴻生[10]一同前往，王、劉二人欣然應允，表示願與國民黨同命運，共進退。

五月二十三日上午十一時許，雷震一行飛抵廣州，入住事先安排好的東亞飯店。下午，雷震走訪黃少谷[11]、何應欽[12]等人，報告上海戰況，請求從青島調二軍進滬，卻未得明確答覆。第二天清晨，雷震又去見李宗仁，李當場表示「政府已決定抵抗，對滬上援助儘量設法」。李宗仁問蔣介石何時離滬的，雷震對他說，早已離開，「確係如此，並無虛言」。

雷震等人去何應欽那裡，由王曉籟、劉鴻生二人再次說明請調援軍的用意，何答應可以全部調過去，但必須逐步實施才行。離開何應欽處，雷震即去立法院做彙報。從上午十一點開始，雷震講了一個多小時，「余將滬戰十二日之經過逐一報告，並謂一，此次滬戰無一人叛變，如軍隊來源有辦法，上海可永久為我們所有。上海防禦工事堅強，數目有六千之眾……二，守滬可牽制許多兵力，守滬亦即守閩與守粵也；三，上海物資豐富，如以資敵，則我與敵之前途將不可想像；四，國際關係甚重，如上海守得住，則敵人在國際關係中，總不能將我們壓下去也……」[13]彙報結束時，雷震籲請立法院諸公予以多多支持。正當雷震在立法院請求援兵時，湯恩伯突然發來一封電報，電文稱上海戰局

9　王曉籟（一八八六至一九六七），浙江嵊縣人。曾任國民黨南京政府江蘇兼上海財政委員會常務委員、財政部特稅處副處長、全國捲煙稅局局長等職，時為全國商會聯合會理事長及中國銀行、中央信託公司理事。
10　劉鴻生（一八八八至一九五六），浙江定海人。一九〇五年考入上海聖約翰大學，後因不服從校長培養他當牧師的安排，而被開除；十年間成為實業家，被稱為「煤炭大王」、「火柴大王」、「水泥大王」。一九四九年初，上海被攻佔前夕，至廣州後轉往香港。不久，從香港回到上海。
11　黃少谷，湖南南縣人，生於一九〇一年。時為國民黨中央宣傳部部長、蔣介石辦公室秘書主任。
12　何應欽，（一八九〇至一九八七），貴州興義人。一九四九年一月蔣介石下野時，曾任行政院長，五月三十日辭職。
13　雷震一九四九年五月二十四日日記，《雷震全集》第三十一冊，頁二一八。

已經惡化，「交警總隊及青年軍節節敗退，改守浦西岸和中山路」。

五月二十五日中午，來自上海方面的消息，中共軍隊從虹橋方向進入上海市區，國民黨軍隊撤至蘇州河一帶，雷震驚愕不止，昨天還在立法院稱「滬軍作戰經過甚好，且可支持下去，不料轉變之速，有如此也」。是晚，雷震買了一瓶白蘭地與友人相酌解愁，至深夜方睡。

第二天，雷震本應出席中改會及中常委聯席會議，由他作滬戰報告。此時戰局出現大逆轉，他一下子感到精神萎頓，「幾乎不願見人」，在五月二十六日日記中寫道：「原定今日上午出席中改會及中常會之聯席會議，作滬戰報告。今滬戰突變，余實無報告之勇氣，且自昨日以來，精神十分痛苦，幾乎不願見人。蓋我過去所云上海打得很好，如有補給，則上海永遠是我們所有的，不料言猶在耳，而上海淪陷，真令人內心苦痛萬分。上海一失，則今後如何進行，可云方寸已亂。見到廣州情形如此，仍是醉生夢死一樣，尤令人灰心萬分。上午十時許，至顧祝同處，問滬上情形，據說仍在上海抵抗，援軍如需要，仍再來上海。聞此言，我內心又稍安也。」

這天晚上，雷震去訪海南最高行政長官陳濟棠，他告訴陳說，想去海南島視察，此島與臺灣遙相呼應，今後將成為一個重要的軍事重地。陳濟棠勸雷震不要去，說那裡食住無全，條件極差；而且，陳濟棠對「中央」大為不滿，牢騷尤甚，對雷震說：「練兵無款，修碼頭無款，一切不能進行，中央太不注意。」

五月二十七日，上海失守。湯恩伯等退至浙江定海空軍司令部。

五月二十八日，雷震從廣州給湯恩伯一電，「弟數日來精神苦痛萬分，進退失據，今後如何力圖恢復，尤感彷徨。此間對於兄撤出軍隊多少，甚為懸念。今後須以練兵，尤其重新訓練幹部為第一，要徹底檢討過去之失敗，重新確定今後訓練方法，且須隨時檢討補救，務使練成一兵即可作一兵之用，如能練成十萬二十萬之精兵，恢復失地，必不困難……」[14]當然，這只是雷震的一個想法，局勢至此，莫可奈何，他甚至建議湯氏恩伯往西南練兵為最好，「定海太小，兵源困難」。

五月三十日，這一天特別熱，雷震與陳立夫[15]等人在廣州市區內「三六九」餐廳早茶。席間，洪蘭友出言批評雷震不該反對居正出任行政院長，卻又不反對陳誠出任臺灣省主席。因為在前一天，何應欽突然辭去行政院長一職，李宗仁正式提名由居正[16]接任，雷震與許多人表示反對。雷震認為居正「以其年已七十餘，多年念佛，今於危難之際，出任行政院長，真誤國誤人也」。雷震與陳立夫等人交談時，陳氏竭力為ＣＣ辯護，雷震則大不謂然。雷震與陳立夫是湖州老鄉，但一直覺得陳氏兄弟為人不夠真誠，難以相處。

六月一日，立法院否決了李宗仁的提名，有一半以上的人不同意居正出任行政院長。這天中午，教育部長杭立武宴請雷震，席間有人為居正其人辯護，認為其中九票為廢票不應計算在內，如此就可達到半數以上。雷震力駁之，「此次居正不通過，倒可表現立法院尚有幾分正義也。當此危難之際，棺材裡的人想出來做行政院長，可說荒天下之大唐，而李代總統之作風，真為國人鄙視也」。[17]雷震反對居正出任行政院長，並非個人原因，完全是因為居氏本人的身體無法勝任。果然，兩年之後，居正就在台北病逝了。

就在立法院否決李宗仁提名當天下午，雷震從廣州飛回台北。這一段時間裡，雷震除參加各種會議之外，為創辦《自由中國》半月刊多次與諸同仁進行商議。兩個月後，雷震與方治從台北趕赴廈門，再次協助湯恩伯軍事防守。到達廈門當天，雷震與方治視察了廈門的防禦工事。以他個人的看法，廈門島「四周築有公路，年久失修，應予加築，

14　一九四九年五月二十八日雷震致湯恩伯函，參見《雷震秘藏書信選》，《雷震全集》第三十冊，頁四十至四十一。
15　陳立夫，浙江湖州人。生於一八九九年。歷任國民黨中央組織部長、軍統局局長、立法院副院長等職。
16　居正（一八七六至一九五一），湖北廣濟人。早年留學日本，加入中國同盟會。一九一一年參加武昌起義。後為西山會議派主要代表人物。後任國民黨中央執行委員、立法院副院長、院長等職。
17　雷震一九四九年六月一日日記，《雷震全集》第三十一冊，頁二二五。

以防萬一之用。此島只守據點，配備相當機動部隊，如某處發生問題，可用汽車動兵堵截，如此可節省兵力。本島四周環海，最狹處僅五百公尺，故守此島，須守對江之橋頭堡，需要相當海軍力量，控制海中活動之漁船。」[18]這不過是雷震的書生之見，軍人湯恩伯大概不會這樣想。此時中共軍隊已逼近金、廈，台北方面的援兵遲遲未到，「兵力單薄，無錢無兵，等於空城之計」，湯恩伯「夜眠不安」。

八月二十七日，湯恩伯親自返台與陳誠面談，請求臺灣增兵，卻又無兵可增，湯建議改調劉汝明[19]部前來廈門協防。劉部軍紀一直有所不佳，所到之處，騷擾不堪，廈門人不獨聞而畏之，且逃避一空。雷震再三提醒湯恩伯要考慮這一點，然出於無兵之奈，湯不得不出此下策。九月一日，雷震因受寒而渾身無力，在寓所休息一天。警備司令部逮捕廈門大學一教授，還有學生六人、工友四人。該校校長汪德耀及訓育長、總務長等人直接找上門來，請求雷震出面過問此事，「若無證據迅予釋放」。雷震答應幫忙，第二天與毛森司令聯繫，請他按照法律程序辦事，不可亂來。廈門大學校長之所以找到雷震，是因為時任教育部長杭立武曾電請雷震協助廈大疏散。

九月十五日，平潭告急，湯恩伯率艦前往救援。誰知湯等到後，發現軍隊早已潰逃，至為惱火。陳誠答應的援救物資如糧、餉、彈藥遲遲未到，湯認為如此下去，於己固然是一個失敗，於國家則更無利。湯恩伯委請雷震去見蔣介石，以求得蔣對自己的諒解。

九月十九日，雷震一行到達廣州，訂下前往重慶的機票。有消息傳來，蔣介石將於不日抵穗。雷震向重慶方面求證，得到的答覆是：九月二十一日若能抵渝則可去，之後就不必去了。九月二十一日晚，雷震在重慶「林園」見到了蔣介石，向他報告金廈軍政現狀及湯恩伯求去的想法，「大致謂如糧與餉有辦法，兩島可久守，過去軍紀不佳，現已逐漸變好。恩伯與辭修不易合作，約有三點：（一）過去宿怨；（二）二人作風不合；（三）彼此之間尚有誤會。但

18 《雷震全集》第三十一冊，頁二九一。

19 劉汝明（一八九五至一九七五），河北人。時為閩粵邊區「剿匪」總司令。

予並未勸總裁讓恩伯去，蓋恐此時易統帥而有誤軍事也。並希總裁至廈門去視察。總裁謂恩伯不可辭職，渠即來，是否即來廈門亦未明言」（雷震一九四九年九月二十一日日記）。

九月二十四日，雷震回廈門。湯恩伯對他說：九十六軍和六十八軍均不能戰而退至島上，保安團潰退至小金門一帶，目前只有五十五軍在抵抗。湯恩伯想派人再次返台與陳誠商量援救方案，雷震與方治二人中去一人，究竟誰去由他們自己決定。方治未與雷震商量，自行決定前往台北，對湯則說是與雷震商量好的。此事讓雷震頗有不悅，在日記中寫道：方治「公然造假話，我見其如此作為，做人的條件還不夠，遑論作事。我與恩伯友誼數十年，他願去當然讓他去，但應當明言，天下事都可以商量，尤其這類小事，我絕不會與之爭也」[20]。

湯恩伯遭到了內訌，此間《中央日報》刊有總統府發言人的一個談話，指責湯「在戡亂諸役，軍紀廢弛，失土喪師，應予懲罰，故對福州綏靖主任（一職）不能同意，請行政院另提」。湯恩伯閱之大怒，「李德公如此作法，似有與介公破裂亦所不惜之意……大敵當前，內訌不已，前途之危險，殊難逆料也。」湯恩伯一氣之下，擬離開廈門，囑雷震、方治代其維持幾天。雷震認為不妥，「先到台北與總裁說明，不可偷偷離去」。

十月十七日，蔣介石一行乘商船「華聯號」至廈門附近海面，湯恩伯、雷震、方治三人登船面見。下午四時，蔣眾人復登岸，分別召見團以上幹部及廈門市市長、商會會長、黨部人員。上岸前，蔣單獨召見雷震，雷震為湯恩伯說了不少好話。中華人民共和國已宣告成立，蔣介石謂「今後革命一切聽命於黨，黨有主義與領導，由黨指揮政治與軍事」，似乎要回到行憲前的訓政年代，雷震深感前景不妙。

20　雷震一九四九年九月二十四日日記，《雷震全集》第三十一冊，頁三二二。

一九四九年十月十六日，廈門失守。

十月十九日，雷震、方治離開金門經高雄返台，湯恩伯親自送行。湯寫有二封信，一封交蔣介石，另一封交給陳誠，請雷、方二人代為轉交。湯在給蔣介石的信中詳述十月十五日之戰經過，以及劉汝明、曹福林[21]等人如何不肯反攻諸事實，建議二十九師保留其番號，其餘均予撤銷，送至火燒島管訓。至於他本人未能完成任務，請求加倍處罰，還有「雷震、方治二人任務已告一段落，現為軍事休整，二人可返台休息」云云。雷震總算結束了協助湯恩伯的軍事防衛工作，上海、廈門先後失守，雷震本人已盡全力，蔣介石並無責備之意。抵台當天，蔣介石單獨召見雷震，讓他轉告湯恩伯不可在船上指揮，尤其不可住在船上。雷震出於對老友的保護，以人格擔保湯恩伯在十六日之前絕無住在船上之說。蔣不信，說「根本就不應當上船的，不可老是逃跑，名譽要緊，將部下丟下，太不成話」，說完，獨自走進內屋，雷震見狀只好退出。

雷震當即給湯恩伯一急信，此時湯正在守金門，雷震提醒他說，「總裁對金門主堅守到底，囑告兄金門不可再失，必須與之共存亡，尤不能住在船上指揮。……弟意兄應晝夜佈置大小金門防務，加強官澳（地名）完備，務將三十三團加入，蓋二〇一師防地太闊，戰意不堅。小金門靠廈門之一面，尤須晝夜嚴防，務使金門堅守，以挽回兄之厄運」[22]。廈門要塞失守，國民黨內部對湯恩伯微詞頗多，包括王世杰等人在內。直至十月二十六日，金門一戰取得大捷（即古寧頭大捷），雷震在當天日記中寫道：「……來犯敵人近二萬，除俘獲四千餘外，全部就殲，人心振奮。俘獲槍枝可裝兩師之用。不獨可使大家安心，恩伯及予等亦可稍為抬頭也。」

四天之後，湯恩伯返台，雷震、方治、陳大慶、宋英等人去機場迎接。此時《自由中國》正在積極籌辦之中，最初定在十一月十五日出版第一期；因排印不及，延至十一月二十日才出「創刊號」，胡適任發行人，雷震為社長。

21　曹福林（一八九一至一九六四），河北景縣人。時為廈門防衛司令官。
22　一九四九年十月二十三日雷震致湯恩伯函，《雷震秘藏書信選》，《雷震全集》第三十冊，頁五十一至五十二。

第四部分

1950—1960

骨鯁
之士

第十六章 《自由中國》半月刊

一、緣起與創辦

上海、廈門之戰後，雷震的心情十分低落。

一九四九年十月二十二日，雷震回到台北第二天，即與時任教育部長的杭立武商談籌辦《自由中國》具體事宜。杭立武是最早在上海發起創辦此刊的主要人物之一。由於資金尚未完全落實，杭立武允諾將分擔其部分經費，每月支付二百美金。十月二十三日，杭立武從台北前往香港，轉機再往重慶，雷震等人到機場送行。雷震覺得辦刊經費仍不夠，要求再追加至三百美金，杭立武一口答應，囑咐辦公室人員胡秉正按月付給。直至這時，雷震才真正介入《自由中國》的創辦工作。在此之前，這一年春天，雷震在上海與胡適、王世杰、杭立武等人商議此事之後，就一直忙於協防上海、廈門軍務，以及應付黨內各種大小會議和瑣事，無暇推動創辦的實際進程。這一期間，主要是由前華北大學教授王聿修負責此事。書生辦刊往往意見不合，又因一時無法籌到應有的經費，這件事在雷震正式接手之前實際上已告擱淺。

籌辦《自由中國》半月刊經歷了三個階段。

一九四九年三月底，雷震與許孝炎、傅斯年、俞大維、王世杰、杭立武等人在上海聚會，設想成立一個自由中國大同盟。之後，與胡適、王世杰、杭立武等人動議創辦《自由中國》雜誌或日報事項，這是《自由中國》創辦的第一階段，雷震回憶道：

胡適之先生看到南京住不下去，亦於一月二十二日晨到滬，住八仙橋上海銀行裡，他和上海銀行董事長陳光甫是老朋友故也。我和王世杰住在上海貝當路十四號章劍慧先生家裡，時杭立武先生亦在滬，不久由胡先生推薦就任教育部長了。我們經常見面，對於時局應該如何來盡國民一分子之力量來圖挽救，因為中國還有半壁江山存在也。我們集談結果，主張辦個刊物，宣傳自由與民主……以之挽救人心……以《自由中國》為報刊的名字，亦係胡適命名，蓋仿照當年法國戴高樂之《自由法國》也。我主張辦日報，因為在影響淪陷區人心上，定期刊物已經時間來不及了。胡適倒是主張辦定期刊物，為週刊之類，他說：「凡是宣傳一種主張者，以定期刊物為佳，讀者可以保存，不似報紙一看過就丟了。」結果，由我決定如何進行，我決定籌措十萬美金在上海辦日報。[1]

雷震與杭立武、胡適談話之前，曾擬過八個刊物的名字，如《自由論壇》、《北辰》等，「胡適一概不予採用，謂這些名字，在今天毫無影響北方人心的作用，為要表示辦理刊物的目的，故用《自由中國》這個名字……」[2]以雷震的當時的身份和地位，確實可以籌措到辦刊的部分資金。一方面，他與銀行界關係素來不錯，兼任中央銀行監事一職；另一方面，相信蔣介石會給予一定支援。自雷震從溪口回到上海之後，開始措創刊籌資金，第一位籌款對象就是老友湯恩伯。一九四九年四月十一日，宋英陪雷震去湯恩伯處，對湯說明來意，希望立即予以支持，「俾可即時工作」。未料，湯卻一反常態，稱警備司令總部根本沒有什麼錢，即使向外籌措也不是那麼容易的事，並責怪雷震向他來籌款，是「以其有錢，似以軍閥待之」。雷震「聞此語至為憤慨」。實際上，在這之前，他早已對湯恩伯說過此事，並非突然「襲擊」。而根據當時眾人擬定的籌款方案，由王世杰向陳誠籌款，由杭立武向胡宗南籌款，由雷震向

1　雷震著《雷震回憶錄——我的母親續篇》，頁五十九。
2　雷震著《雷震回憶錄之新黨運動黑皮書》，台北遠流出版公司，二〇〇三年九月第一版，頁八十二。

湯恩伯籌款。雷震對湯說：「我們認為你們是我們的至友，而此工作又為救中國，救中華民族之工作，故請你籌款，絕非認為你們有錢，不應有此誤會。」雷震堅持讓湯恩伯籌措五千美金，並於三日內交款。宋英很不客氣地教訓了湯恩伯一頓，「恩伯連連認錯，當即下條撥吉普車一輛予『自由中國』社」[3]。

第二階段從一九四九年四月至八月止。大陸局勢吃緊之後，不少知識份子先後流亡港澳，也有不少人來到了臺灣。這些人莫不以「國家興亡，匹夫有責」而自詡，接過了胡適等人在上海倡議辦刊的號召。這一階段《自由中國》籌辦工作就由這些人在操作。主要人物大都與胡適有密切關係，如他的學生毛子水[4]，張佛泉[5]、崔書琴[6]等人，都是北京大學教授，王聿修是華北大學教授兼政治系主任，屬於胡適民主理念中的「自由學人」。王聿修等人對這份刊物究竟在哪裡辦（原定於上海，後又想在香港）以及參與者資格問題意見不一，再加上經費毫無著落而陷入了僵局。

六月十八日晚，臺灣省政府教育廳長陳雪屏約餐，參加者有雷震、毛子水、張佛泉、崔書琴、王聿修等人，再次討論了《自由中國》半月刊「是否接受省府津貼」問題。崔書琴表示不贊成，「認為省府可自辦，我們的刊物應在香港舉辦，張佛泉之意見亦大致相同；毛子水贊成，只要我們獨立舉辦，不受省府之干涉，因籌款不易，接受省府輔助，可使刊物早日問世……」[7]雷震從內心是贊成接受臺灣省府資助的，以他此時的身份、辦刊出發點以及個人周邊關係，沒有拒絕的理由。兩個月後，雷震即赴廈門協助湯恩伯軍事防衛，無力過問此事。第二階段籌備工作無果而

3 參見雷震一九四九年四月十一日日記，《雷震全集》第三十一冊，頁一七七。
4 毛子水（一八九三至一九八八），浙江江山人。曾留學德國。歷任北大、西南聯大教授。來台後，任教臺灣大學中文系，著有《論語今注今譯》等書。
5 張佛泉（一九〇八至一九九四），河北寶坻人。曾留學美國，歷任《大公報》編輯、北大教授、西南聯大政治系主任等，來台後任東海大學政治系主任兼文學院長一職。著有《自由與人權》等。一九九四年一月十六日在加拿大去世。
6 崔書琴（一九〇六至一九五七），河北故城人。美國哈佛大學政治學博士。歷任中央政治學校、北大、西南聯大教授。來台後，為政治大學、台大教授，國民黨中央改造委員會設計委員會主任委員、中央委員會設計考核委員會主任委員。著有《國際法》、《孫中山與共產主義》等書。
7 雷震一九四九年六月十八日日記，《雷震全集》第三十一冊，頁二四三。

終，王聿修等人雖有一番民主事業的改革之心，卻因沒錢而「心餘力絀」，這是「自由中國社」發行部經理馬之驌的一個評語。

十月十九日，雷震從廈門返回台北，再次接手這項工作，《自由中國》半月刊進入名副其實的第三籌辦階段。十月二十六日，雷震、傅斯年、陳雪屏、毛子水、王聿修、張佛泉等人聚餐時商議，預定先出兩期，預算為五千新臺幣，教育部三千、空軍總司令部一千，剩餘一千由雷震負責籌措[8]。十一月十四日上午，雷震拜訪陳紀瀅、梁實秋二人，請他們為《自由中國》半月刊撰稿；十一月二十日，《自由中國》創刊號正式出版，從策劃、組稿、清樣、印刷乃至出版，前後只用了一個月時間，可見雷震的辦事效率。「下午竟有人上門定購或購買，聞有一家書店，十本立刻銷售，可見對外聲譽之隆。其原因當歸發行人（指胡適，作者注）之大名也。」[9]

《創刊號》上刊有胡適、傅斯年、雷震、殷海光等人的文章。對於出版「自由中國叢書」等事宜，〈給讀者的報告〉這樣說：

> 本刊已籌備有五六個月了，本打算出日報，但因種種困難，未能實現，後來改變計畫，一方面刊行「自由中國叢書」，一方面在各地報紙同時刊登時論、專論。已出版的叢書有五種：（一）胡適先生的《我們應選擇我們的方向》，（二）陳獨秀先生的遺著《陳獨秀的最後見解》，（三）崔書琴先生的《民主主義與共產主義》，（四）章丙炎先生的《共產黨如何治理平津》，（五）王靜遠先生的《南奔記》，以後當續有出版，以饗讀者；在各地報紙所刊出的專論亦已有〈失望與鼓勵——評美國國務院白皮

8　雷震一九四九年十月二十六日日記，《雷震全集》第三十一冊，頁三四九。
9　雷震一九四九年十一月二十日日記，《雷震全集》第三十一冊，頁三六六。

書〉，〈美國如何準備擊敗蘇聯〉，〈蘇聯怎樣統治鐵幕後的國家〉等若干篇。最近的計畫是出版一種定期刊物——《自由中國》，現在已與讀者見面了。[10]

從這一天起，至一九六〇年九月一日發行最後一期，《自由中國》共出刊二百六十期，前後存活了十年九個月又十天，橫跨上世紀整整一個五十年代，最後一期，由於雷震等人遭致拘捕，未能發行。

《自由中國》半月刊創辦初期，一切從簡。分設編輯、發行兩個部門，另有一個編輯委員會。按當時法律規定，發行人負責向有關主管部門申請登記，並作為法定代表人，負有相關法律責任。「自由中國社」第一任發行人為胡適，此時仍在美國，有關發行人責任問題，均由雷震一人代表。雷震身為社長，係雜誌社的權力主體。編輯委員會有若干人，定期開會討論內外時局問題，督促國民黨政府進行全面改革，並確定其言論方針。編輯部設總編輯一人，第一任總編輯為毛子水，副總編輯為王聿修，李中直為執行編輯，聶華苓任行政編輯（稍後任文藝編輯），發行部經理承社長之命辦理總務、發行等業務，經理為馬之驌。

不過，在毛子水、王聿修、張佛泉、崔書琴等人看來，「雷震是國民黨裡的強人，也是政治核心人物，所以對雷震存有戒心，惟恐受政治人物的利用，要劃清界限，於是私下計議確定一原則，就是《自由中國》刊物，如果能辦成功，一定請胡適先生做發行人。……否則就不參加。」[11]實際上，這也是雷震本人的意思。在這之前，王世杰、雷震等人去奉化找蔣介石，說好就是「請胡適先生出面領導」，不知為什麼，這些人對雷震仍存有戒心？

10 〈給讀者的報告〉原文誤作：（四）王靜遠先生的「共產黨如何治理平津」（五）章丙炎先生的「南奔記」。今據「自由中國叢書」更正兩書作者。

11 馬之驌著《雷震與蔣介石》，頁一〇一。

《自由中國》創刊初期，編委會共有十六人[12]，也是人數最多的一個時期。在大方向上基本一致，但還是呈現出多元的態勢。編委許冠三回憶，「事實上，我們的顧慮並非多餘。不管大家如何爭辯，若干批評政府的文稿，不是給改成溫吞水，就是整篇見不了天。當爭到無詞以對時，他（指雷震）總是與毛子水勸我們年輕人莫動火氣，須以大局為重。他從不大聲說話，只是慢慢地跟大家磨，更不發脾氣，幾個月下來，我們終於明白，他那『各黨各派之友』的綽號得來絕非偶然……」[13]聶華苓也說，「編輯委員會上，毛子水和殷海光總是對立的，毛子水主平和、克制；殷海光要批評，要抗議。我們『少壯派』是站在殷海光一邊的。雷震起初是他們之間的協調人，有時殷海光講到國民黨某些腐敗現象，雷震還有些忐忑不安的樣子，彷彿是兄弟不爭氣，他是恨鐵不成鋼！」[14]

以馬之驌的觀察，當時編委們大致可分成三種思想路線，「第一是由胡適為首的『自由主義』的思路；第二是以雷震為首的『三民主義』的思路；第三是所謂少壯派的『唯我主義』的思路。」其中以「少壯派」最為壯懷激烈，他們認定國民黨之所以淪落到今天這個樣子，完全是因為貪污、腐化、獨裁的結果。夏道平、戴杜衡冷靜明智，常在「穩健派」與「少壯派」之間充當調和人，編委之間確實存在過一些矛盾，再加上雷震一度對編輯職權和制度考慮不周，也引起過一些不快。

雜誌社借用雷震私宅的「外客廳」作為編務場所，有讀者投稿，雷震順手就拿到自己的書房裡拆開看了。副總編王聿修對此不以為然，當面提出過異議。王聿修是編委中最先一位辭職的人，他在向雷震和編委會提出請辭時，再三說明完全是應香港方面朋友之邀前去主編《前途》雜誌，盛情難卻，才提出辭呈的。馬之驌卻認為「這看起來是因緣巧合，其實並非完全如此，也有一些情緒上的問題」。

12 「自由中國社」早期編委人員名單：毛子水、王聿修、申思聰、李中直、杭立武、金承藝、胡適、夏道平、殷海光、許冠三、崔書琴、黃中、雷震、戴杜衡、瞿荊洲、羅鴻詔。此以筆劃排序。
13 許冠三〈儆寰先生辭世十一年祭〉一文，收錄於《雷震全集》第二冊，頁二五二。
14 聶華苓〈憶雷震——附雷震夫婦來信十封〉，收錄於《雷震全集》第二冊，頁三一二。

在《自由中國》出刊近十一年中，編委的進出與離合，並沒有影響刊物的正常出版。《自由中國》創刊一年後，編委張佛泉應台中東海大學之聘出任文學院院長，就任前請馬之驌在他的泰順街寓所便餐，他對馬經理這樣說：「在籌備期間，我們對雷先生都有戒心，現在證明他是一心一意地要把《自由中國》辦好，我去台中後就不能來開會了，你外邊兒的事，可否少兼一點兒，儘量把《自由中國》辦好，這樣發展下去，正好是推廣咱們在北平所提倡的『自由民主』的理念，假如胡先生能回來，那就更好了……」

學者錢永祥審視當年「自由中國社」編委會那一批人的政治傾向，認為他們是體制內的自由主義者，「如果說他們是由胡適思想的脈絡下來的話，我覺得，他們與中國其他的自由主義者，比如張東蓀、《觀察》的儲安平等，多少是有些距離的。他們不屬於中國四十年代國民黨和共產黨之外的那批『民主人士』的那條路線，而是與國民黨比較貼近、甚至是國民黨黨內的人。然後，他們又接受了一些胡適的影響和關係。在一九五〇年代，是由他們奠定了臺灣以後談論自由主義的基礎。他們當時的主要訴求，是憲政民主」[15]。

《自由中國》在創辦期間，確實得到過國民黨高層鼓勵和資助。儘管早期有關人士表示拒絕臺灣省政府的資助，依靠教育部每月提供的三百美金，最終還是運轉了起來。《自由中國》創刊不久，在贈送軍隊的同時[16]，開始擁有軍方的訂戶，孫立人時任臺灣省防衛司令，在回覆雷震的信中說，「《自由中國》刊物內容豐富，立論精闢，在今日宣傳鬥爭中，為有力之利器，重承雅囑，自應力為推薦，刻正統籌通飭所屬單位認訂，以便官兵閱讀……」[17]此時正是

15 張文中〈「我是誰」：臺灣自由主義的身份危機——錢永祥訪談〉，香港「世紀中國」網站資料庫。
16 一九五二年八月二十二日黃杰致雷震函：「承寄《自由中國》半月刊，已自第七卷第一期開始收到，海外孤軍獲此精神食糧逾於珍饈，不獨慰其飢渴，抑將壯其身心，今後仍請續寄。」黃杰為前國民黨第一兵團司令，時率部在越南。返台後任警備總司令部司令。參見《雷震秘藏書信選》，《雷震全集》第三十冊，頁二一三。
17 一九四九年十二月十四日孫立人致雷震函，《雷震秘藏書信選》，《雷震全集》第三十冊，頁五十九。

雷震及《自由中國》與當局的「蜜月期」，一九五一年，陶希聖[18]任國民黨改造會第四組組長，每月撥出一千五百元新臺幣以作為郵寄費，後因《自由中國》與當局發生言論衝突，接任者自一九五二年即停止了接濟。而來自教育部的經費，自陳誠一九五〇年擔任行政院長，由程天放接替杭立武為教育部長，陳誠以「軍事優先」為由決定停止了補助，經雷震多次交涉，僅一次性提供補助新臺幣一萬元；而且，陳誠對杭立武還頗有意見，認為「不應以五萬元之經費辦幾個刊物」[19]，主要指《自由中國》和《反攻》雜誌的經費，雷震在給王世杰之子王紀五（時在美國）一封信中說「當道之小氣，於此更可見了」[20]。從一九四九年十一月至一九五〇年底，教育部補助經費總共在新臺幣三萬元左右。

一九八七年八月十一日，馬之驌與杭立武有過一次錄音談話，杭立武回憶說，「那個時候由教育部補助的有兩個雜誌，一個是《自由中國》，一個是《反攻》。按月由教育部補助他們三百美金，為什麼給美金呢？因為那個時候的幣制常常波動，而且變動得太快，恰好教育部當時存有相當數目的美金，所以我就指定每個雜誌一個月，給三百美金的補助費。不少了！一年就是三千六百美金嘛。」[21]一九四九年，美金與新臺幣兌換率為一比五，三百美金折合一千五百元。吳國楨作為雷震的好友，自接任臺灣省政府主席之後，從一九五一年三月至一九五三年春，由省財政廳每年資助新臺幣二萬元，這是無條件的支持，沒有絲毫介入辦雜誌的意圖。其時，王聿修已離開「自由中國社」去了香港，崔書琴自擔任國民黨改造委員會設計委員會主任委員也離開了雜誌社，沒有人對此再提出什麼異議。

18 陶希聖（一八九九至一九八八），湖北黃岡人。北京大學畢業。一九三七年七七事變後從政，歷任蔣介石侍從室第二處第五組少將組長、《中央日報》總主筆、國民黨中央宣傳部副部長。到台後，為國民黨中央改造委員會設計委員會主任委員、國民黨中央常務委員、《中央日報》社董事長等。

19 參見雷震一九五〇年三月一日日記，《雷震全集》第三十二冊，頁八十五至八十七。

20 一九五二年二月二十六日雷震致王紀五函，收錄於中研院近史所藏，雷震、傅正信函文件，H.17。

21 馬之驌著《雷震與蔣介石》，頁一一〇。

來自國民黨各方資助至一九五三年春天已完全結束。自《自由中國》發表〈政府不可誘民入罪〉的社論，第一次與情治部門發生言論衝突，《自由中國》與執政當局的關係由「蜜月期」進入「摩擦期」，及至「破裂」，進而為彼此間的「對抗」，官方輿論大肆攻訐，軍方也立即停止對《自由中國》的訂閱，不再列入「勞軍刊物」，至此，《自由中國》與官方已沒有任何關係，完全成了一本自主經營的民間政論刊物。失去了官方的資助，主要依靠雷震利用私人關係四處尋求贊助，以維持雜誌正常運轉，其中以旅日華僑張子良開辦的民營僑豐實業公司支持最多，每月贊助新臺幣三千元（從一九五三年十二月起減為二千元）；其他熱心者，如吳鐵城、柯俊智等人負責向菲律賓華僑進行募捐；陸根泉、劉梧桐、吳開先等人負責向香港工商界進行募捐；楊管北等人負責向臺灣工商界進行募捐，這些人都是雷震的舊雨新知，「他們對於《自由中國》的成長，都是功德無量的」。[22]雷震本人則為《自由中國》，「賣掉了台北市區金山街的房子，賣掉原來用的吉普車，然後遷居木柵鄉下每天從公車進出」[23]，這些只有他的老朋友才知道。

美國半官方性質的「自由亞洲協會」[24]於一九五二年底與《自由中國》簽訂長期訂閱合同，每月一千本，一九五四年起增為一千五百本，至一九五九年六月合同期滿止。這個組織總部在美國三藩市，分會遍設亞洲各國。開始時，王世杰、胡適等人聽聞「亞洲協會」欲在香港培植「第三勢力」，擔心引起當局之不滿，建議雷震不要輕易接觸。後經王世杰之子王紀五在美國協助調查，加上雷震本人向左舜生直接諮詢，證實並無此事，「所以才大膽的正面與之接觸」，雷震為此事特致函胡適，「『自由亞洲協會』幫忙第三勢力之說，雪艇先生（王世杰）以為尚有疑問。查《自由陣線》的經費，乃美國中央情報局所撥，每月在一萬美金以上，其取得已在該會成立之前，《中國之聲》並未領到

22 馬之驌著《雷震與蔣介石》，頁一一五。
23 張忠棟著《胡適・雷震・殷海光——自由主義人物畫像》，台北：自由晚報社文化出版部，一九九〇年第一版，頁九十七。
24 「自由亞洲協會」是冷戰時代的產物，是美國民間人士為協助亞洲各國反共活動而組成的團體，其中有一部分中央情報局提供的資金和影響。這個組織在台四十年，資助對象不止《自由中國》半月刊，還包括其他刊物、學校、學術機構等。因而有人指責雷震和《自由中國》半月刊接受美國中央情報局的補貼，但也有人不同意這種說法，指出國民黨政府在上世紀五十年代大量接受美援，又當作何解釋？

什麼經費，故謂該協會為援助第三勢力，並沒有什麼根據。董時進[25]只是發表他個人的意見罷了。因此，『自由亞洲協會』方面仍可進行，雪艇先生亦同此意……」[26]「自由亞洲協會」贊助《自由中國》並非直接給錢，而是按期購買雜誌，並以「自由中國社」名義寄贈亞洲各地華僑閱讀，惟一附帶條件是簽約前必須提供贈送各地華僑雜誌的名冊，「以備隨時查證」[27]。

馬之驌作為《自由中國》發行部經理，對整個發行之況握有第一手資料，包括上述與「自由亞洲協會」簽訂的合同原件。據馬之驌回憶：大約從一九五二年下半年起，《自由中國》就可以自給自足了，「這是因為經過〈政府不可誘民入罪〉這篇文章引起風波之後，接著又有胡適辭《自由中國》發行人風波、國民黨中央黨部公審雷震風波、雷震被開除黨籍風波等等，各種有刺激性的文章越來越多，相對的雜誌的銷路就越來越好，約從一九五四年起，就開始賺錢了」，至一九六〇年九月出版最後一期，此時的印數每期已達到一萬二千本[28]，這樣一本以「政論」為主的刊物，在臺灣來說，已是相當可觀的發行量。

二、政治上的抉擇

一九四九年十二月七日，「中華民國政府」播遷台北；十一日，國民黨中央黨部遷至臺灣，標示在大陸執政時代的已終結。國民黨政權此時前途不甚樂觀，失去大陸的陰影抹之不去，與美國的關係也跌入最低谷。十二月二十九日，美國總統杜魯門在白宮召開國家安全會議，研討臺灣問題。會上分為兩派：一派以參謀長聯席會議主席布萊德雷為代表，堅決主張派軍事顧問團來台，幫助蔣介石防守臺灣，否則菲律賓、日本等國將受到威脅；國務卿艾奇遜表示

25 董時進（一九〇〇至一九八四），著名農業經濟學專家，曾獲美國康乃爾大學博士學位，中國農民黨主席，時在美國。
26 一九五二年二月二十一日雷震致胡適函，轉引自馬之驌著《雷震與蔣介石》，頁一一六，萬麗娟編注的《胡適雷震來往書信選集》未收錄此信。
27 年刊馬之驌著《雷震與蔣介石》，頁一一七。
28 參見馬之驌著《雷震與蔣介石》，頁一二六至一二八。

反對，他認為共產黨事實上已控制了全中國，完全因為是國民黨自身的崩潰，美國必須正視這一現實。美國中央情報局甚至作出這樣的估計，只要美國政府不給予臺灣軍事援助，臺灣這個小島不久將被中共軍隊所接管。杜魯門最後採納了艾奇遜的意見，決定放棄蔣介石政權和臺灣。

一九五〇年一月五日，美國總統杜魯門召開記者招待會，代表美國政府發表《關於臺灣的聲明》。再次確認《開羅宣言》、《波茨坦公告》中有關臺灣歸還中國的條款，由此宣告美國政府無條件地認為臺灣是中國領土的一部分。及至一月十二日，美國國務卿艾奇遜稱美國遠東防衛線為阿留申群島、日本、琉球群島等，臺灣不在這條防衛線之內。[29]蔣介石政府決定以低調回應，雷震參加了這次在台北草山由蔣本人親自主持的有關會議。會上決議對美國的這份聲明「蔣介石本人暫不說話，於十日內或兩週內由政府發表一篇扼要之答辯，政府人員不可隨便發言」等策略。

一九四九年十月三日，美國政府聲明暫不承認中華人民共和國，仍未給蔣介石政府亟需的軍事援助。美國政府發表「不介入臺灣的政策」[30]，反映出對國民黨政權的某種失望，美國不願浪費有限資源，預測中蘇之間將會發生一場利益衝突。「從已解密的美方檔案顯示：美方曾謀劃更換國府領導人，以建立親美政府，唯因韓戰爆發而停止進行。」[31]在這種國際背景壓力下，國民黨政府為營造一個民主改革的形象，爭取美國的好感，並以此獲得軍援而作出相應的姿態。

一九四九年十二月五日，臺灣省政府改組，由前上海市長、美國普林斯頓大學博士吳國楨出任省主席兼保安司令官。據顧維鈞[32]在回憶錄中透露：當時係美方主動提出，任用吳國楨並授其充分權力，全力與美國顧問進行合作，這

29 參見李永熾監修，薛化元主編《臺灣歷史年表：終戰篇I》，國家政策研究資料中心，一九九〇年，頁一二三。
30 其大意為：美國此時無意在臺灣獲取特權或建立軍事基地，美國也無意在此時使用武力介入中國內部衝突，同樣美國也不會對臺灣提供軍援或顧問。
31 任育德著《雷震與臺灣民主憲政的發展》，頁五十七。
32 顧維鈞（一八八八至一九八五），浙江人。早年留美，獲博士學位。出席巴黎和會中國代表團成員，駐英公使，北京政府外交總長、財政總長、代理國務總理。國民政府成立後，歷任駐法、英、美公使、大使。一九四九年後，歷任海牙國際法庭法官、國際法院副院長、總統府資政。退休後定居美國。一九八五年十一月十四日在紐約病逝。

是美國恢復其軍援的先決條件之一[33]。雷震在日記中也有這方面的內容，十一月三日，美國駐台總領事館指出若臺灣政府能改革政治、經濟，美國可以考慮進行援助[34]。在此之前，蔣介石任命在台養病的陳誠代替文人魏道明[35]出任臺灣省主席。「蔣介石對吳國楨任命案，曾考慮良久始同意。同時國民黨預備進行改造，進行土地革命、地方自治，以加深美方改革與民主印象。蔣介石於一九五〇年復行視事後，孫立人（畢業於美國維吉利亞軍校）升為陸軍總司令，國民黨內部自由派人士王世杰、雷震等人也分獲任命為總統府秘書長、國策顧問」[36]。儘管如此，並不意味國民黨政權在「階段性開明」之後，自由派人士便擁有了更大的政治空間，也不表明臺灣的政治體制開始朝著民主自由的方向發展。

一九五〇年六月二十五日，朝鮮戰爭爆發，杜魯門總統為避免戰事擴大到臺灣海峽，從而引起全面戰爭，下令美國第七艦隊進入臺灣海峽，以維持台海的穩定。然在「水闊浪高」之間，並未改變對台放棄政策。隨著中共參戰形勢發生根本變化，美國與中共走到互相對立的位置，中共成為被圍堵的一員，臺灣戰略地位因此而提高，其政權與安全得以維持和紓解。對於這一歷史性的意外轉變，雷震在六月二十八日日記中稱「大家聞之非常興奮」，慶幸美國與臺灣的合作將進入一個新的階段。

國民黨退守臺灣後，為了站穩腳跟，以全盤建立強大的黨國體制為迫切的政治任務，一九五〇年七月二十二日，國民黨中常委通過「國民黨改造方案」，決定停止六屆中委職權，新組建「改造委員會」為最高指導機構，「以主義

33 美國聯邦儲備委員會主席湯瑪斯．麥凱布對吳國楨印象極好，對時任「駐美大使」顧維鈞說：在上海見過吳，生氣勃勃，頗有膽識，像他這樣有能力、有氣魄、誠實而正直的人最為美國人所欣賞。參見《顧維鈞回憶錄》，中華書局一九八九年三月第一版，第八分冊，頁二一二。

34 雷震一九四九年十二月二十四日日記，《雷震全集》第三十一冊，頁三九一至三九二。

35 魏道明（一九〇一至一九七八），江西九江人。早年留學法國，獲博士學位。一九四七年任國民黨臺灣省首任主席。後任外交部長、總統府資政、國民黨中央評議委員等職。

36 任育德著《雷震與臺灣民主憲政的發展》，頁五十九。

決定政策，以政策決定人事」。從一九五〇年起至一九五二年止，全島進行「黨員歸隊」登記，對黨、政、軍組織進行大規模的改造。主持改造計畫的不是別人，正是在史達林時期留蘇十二年、曾為蘇共預備黨員的蔣經國。蔣經國把整套蘇聯的組織方式引入臺灣，採用純粹的軍事手段管理社會，將孫文的「三民主義」奉為拯救國民黨和社會的宗教信條，蔣介石不僅作為政治領袖，也被加以高度個人崇拜。蔣經國的這一做法，就是試圖肅清內部，凝聚人心，重建國民黨的組織力量。

對國民黨如何重整旗鼓，從一開始，就存在兩種截然不同的路線和選擇：「其一是以胡適、雷震為首，認為國民黨在大陸的失利就是因為沒有貫徹民主政治，導致政府腐化，人心盡失，因此國民黨必須徹底反省，在臺灣實施充分的民主憲政，如此才能對大陸百姓產生號召力；其二則是以蔣經國、陳誠為首，他們認為國民黨在大陸的失敗正在於提供了過多的民主自由，給予共產黨滲進內部和煽風點火的機會，國民黨本身卻綁手綁腳，無法施予有效的反擊。為了記取教訓，國民黨在臺灣應將內部不穩定因素徹底清除，廣設政工制度，鞏固領導中心，以確保政策的順利推動。」[37]

以國民黨的說法，此次改造的精神為：其一，明確本黨屬性為「革命民主政黨」；其二，裁撤中央監察委員會，採用評議員制，領導更趨一元化；其三，注重基層組織與民眾團體；其四，建立幹部訓練制度；其五，確立新的黨政關係。創刊不久的《自由中國》針對此次「改造」表明了自己的態度，一方面承認反共抗俄是頭等大事，另一方面提醒國民黨此次改造以及政府圖謀改革，不能選擇錯誤的方案，第一卷第二期刊發署名圓照的一篇文章〈自由人的難題〉認為：

37 徐宗懋〈胡適在臺灣的日子〉一文，原載《鳳凰週刊》二〇〇二年第九期。

而我們今天的問題，便是如何抵住這一股野蠻的力量。但是我們用什麼方法，能用什麼方法呢？這是個難題。

譬如就政黨的改造與政治改革而論，我們立即碰到難題。英美式的政治與政黨是民主的。最近幾年來，陳獨秀，胡適之，還有許多學者，都曾指出民主的政黨本身應是民主的，還應有勢均力敵的反對黨互相競賽。但在今天，這類的方案，很明顯的，是不適用的了。因為時間已不允許。在二年前，這類的方案，未始不可一試。但在今天，這個方案實不足以濟燃眉之急。

近來我們得以讀到《國民黨改造案》，它已經是苦心孤詣之作。但是我們仍看不出改造後的國民黨是否會成功為胡適之先生所說的「乙式」政黨，是否要用「以毒攻毒」的方法，是否要「以其人之道，還治其人之身」。我覺得我們當前的問題，不是善惡問題，因為時至今日，客觀的情勢已經不允許我們專從道德的立場去思考……我們所要顧慮的是，「以毒攻毒，以辟止辟」的方法在我們能行不能行，能貫徹不能貫徹，能生效不能生效的問題……東施效顰，畫虎類犬，惹人譏笑事小，再一次失敗的代價，卻更是我們支付不起了。[38]

同一期《自由中國》半月刊還發表題為〈二十世紀後半期開始時我們應有的決定〉的社論，籲請當局保持清醒頭腦，認清現實，洗心革面，此次改組「實為成敗得失之樞紐」，不容停留在形式或表面，「設使在過去二十年間，我們的政治不太腐敗，共產黨在中國豈能就這樣容易的得到優勢？……到了現在，我們自由國土內操政權的人，若再不革面洗心，力改前非，在政治和軍事上，都嚴格依著正大光明的道路而行，則非特進不能收復河山，退亦不能保持現狀。我們希望從今天起，全國上下，都認清亡國的慘痛，合力協謀，為本身的自由而發憤，為世界的和平而拼命，以

38　圓照〈自由人的難題〉，原載《自由中國》第一卷二期，頁九。

冀收到亡羊補牢的效果」；另刊有蔣君章[39]〈中國政治改革的癥結〉一文，寄希望於國民黨能夠痛改前非，「推翻歷史失敗的陳案，創造成功的新頁」，李石曾也主張黨的改造應走自由主義的路線[40]。

一九五〇年一月十三日上午，雷震在國民黨改造方案討論會議上，以政治改革為考量，出語驚人，堅決主張「軍隊必須國家化」，他這樣指出：

> 再也不能在軍隊有黨部，軍人不必入黨，過去已入黨者，應暫准其為黨員，既講民主，既認今後要行多黨政治，國民黨可參加軍隊，其他黨派滲入軍隊又將如何，必須使軍隊脫離黨部。今後軍隊政治教育應以政治機構主持，惟政工工作必須改善。過去方法既失敗，尤其所派人選，必須徹底刷新，應請有資格、有能力、對國忠貞之文人擔任政工工作，方可使軍事首長不懷疑，而可合作，一矯今日之弊。[41]

贊成「軍隊國家化」還有張其昀[42]、蕭自誠等人。這次會議一連開了好幾天，以雷震的政治敏銳，「有兩種思想與見解在流露著，一者是自由與民主之思想，一者就是統制思想，前者為英美式，後者為蘇俄式」。雷震選擇的是前者，他主張採取英美式的民生政黨型態，黨只管組織和宣傳，平日不應過問政府決策；有關黨的名稱問題，雷震同意維持其原名，但「六屆中委」必須全體辭職，以示對大陸失敗負全責；有關政策政綱等問題，雷震提出制訂一個最低

39 蔣君章（一九〇五至一九八六），上海崇明中興鎮人。畢業於中央大學地理系，曾任陳布雷秘書。一九四八年任行政院新聞處秘書。來台後，任《新生報》總編，兼任總裁辦公室第五組副組長，總統府秘書、改造委員會秘書，中央黨部第四組副主任等職。

40 薛化元著《《自由中國》與民主憲政——一九五〇年代臺灣思想史的一個考察》，頁三十一。

41 雷震一九五〇年一月十三日日記，《雷震全集》第三十二冊，頁十五。

42 張其昀（一九〇一至一九八五），浙江鄞縣人。曾任南京中央大學教授、浙江大學史地系主任、文學院院長。時為國民黨中央改造委員會委員兼秘書長。

限度的政策，不要專喊「三民主義」，要做到政治民主與經濟平等……[43]這些主張，均與最高當局的政治設計背道而馳，成為日後與蔣介石及國民黨關係破裂的一個前兆。

國民黨準備公佈改造委員會名單前夕，一九五〇年七月二十三日，雷震打電話給谷正綱，「建議總裁注意人選」，這次內部改造關乎國民黨未來的前途，「不能以CC為基礎，亦不可以青年團為基礎，大部分要超越派系，而有號召新分子之能力者充任」[44]。後來公佈的中央改造委員會委員名單卻讓雷震大失所望。從這十六人的背景加以分析，固然包括各派系人馬，但十六人大都與蔣介石有師生或部屬關係[45]，仍未擺脫一種親疏之分。在當天日記中，雷震以一種複雜的心情寫道：

> 國民黨改造名單發表後，大家洩了氣。像這樣一批名單要人來重視，則是很困難的；即個別分析，亦不發現有苦幹之人。用新人之難，難在於此。總裁何嘗不想找好人，但進言之幹部則仍憑個人之所好，真誤了改造工作……而「不入於楊，則入於墨」的辦法，不能解決派系問題，而促進本黨團結。昨夜思想浮沉，竟一夜不能入眠……[46]

43　一九五〇年一月，雷震日記中多有國民黨內部改造會議上討論情況的記錄。
44　雷震一九五〇年七月二十三日日記，《雷震全集》第三十二冊，頁一五〇。
45　國民黨中央改造委員會委員成員為：陳誠、張其昀、張道藩、谷正綱、鄭彥芬、陳雪屏、胡健中、袁守謙、崔書琴、谷鳳翔、曾虛白、蔣經國、蕭自誠、沈昌煥、郭澄、連震東。
46　雷震一九五〇年七月二十七日日記，《雷震全集》第三十二冊，頁一五四。

雷震擔任改造委員會所屬的設計委員會委員，仍表示支持這次內部改造，反映出他本人對「改造運動」寄予某種期待。此時國民黨正處於「死裡求生」的關鍵時刻[47]，在雷震看來，如果國民黨改造成功，反攻大陸才有望實現，「兩者前途為一體兩面，雷震存有改革之念，因此選擇來台，投入改造，參與機務，與當局維繫良好關係，是為臺灣與國民黨存續而盡力……在反思時局變化後，他主張國民黨實行民主化路線。投入改造，除以上因素外，亦因雷震為資深黨員，對黨有感情；復因個人的使命感，期望經由其投入而挽救國民黨」[48]。事實上，這次「改造」第一個步驟，就是組織改造，陳果夫、陳立夫等原先控制中央黨部CC派人物被排除在改造委員會外，並對外宣稱「大陸的失敗」應由CC派主導的第六屆中央委員會負責[49]，而非蔣介石本人，正因為如此，強硬派人物蔣經國被任命為改造委員會幹部訓練委員會主任委員。

這種權力重新分配的設計，不難看出「改造運動」的方向和目的，不過是以黨的新組織取代舊式派系的一個運作而已，不僅加強了蔣介石本人對國民黨的實際控制，還進一步鞏固其個人至高無上的地位。「這個新陣容是蔣委員長親自精心策劃的，以便使國民黨成為更有效的工具，能夠指導和監督政府的工作。在改組的過程中，他又修訂了國民黨黨章，使總裁即黨領袖的權力比以往大得多。實際上，有關黨的人事和制定黨的政策，由他一手包辦」[50]。這次「改造運動」最終結果，一方面越過向其效忠的各派系勢力，蔣氏父子直接掌管黨組織，改變長期以來「蔣天下，陳家黨」[51]的被動局面（雷震在日記中特別提及此事，一九五〇年八月四日，陳立夫以所謂出席世界道德重整會議名義

47 一九五〇年三月一日蔣介石在臺灣宣佈復職，三月六日，蔣在中山堂有過一次催人淚下的演講，人稱「中山堂之哭」。蔣在演講中提醒黨人，今日大家處於死裏求生的狀態，退此一地，即無死所，他也沒有流亡國外的臉面。雷震當天日記中有「總裁演講甚悲憤」之記載。

48 任育德著《雷震與臺灣民主憲政的發展》，頁七十三。

49 參見雷震一九五〇年一月十日日記：「上午九時至草山開會，討論國民黨改造辦法，贊成停止六屆中委，停止行使職權，並進一步贊成取消。國民黨對國民既負失敗之責任，則六屆中委應對黨負失敗責任，方可昭告於天下。對總裁個人則認其無責任，庶可由重組新黨。」《雷震全集》第三十二冊，頁十三。

50 《顧維鈞回憶錄》，第八分冊，頁八十三。

51 指CC派陳果夫、陳立夫等人長期所控制的國民黨中央黨部。

赴瑞士，實際上為放逐；陳果夫在其弟離開臺灣一年後即病逝，臨死前，囑咐陳家子弟千萬不要加入國民黨），另一方面，建立起一個「以黨領政」、「以黨領軍」的政制模式：在政府各機關建立黨團組織，重大政策和人事都經過黨組織決定；在軍隊中建立「政工」制度，在地方上建立黨部；在組織之外建立「青年救國團」。「在此情勢下，國民黨幾乎壟斷所有的政治資源與權力制高點，透過學校教育、大眾媒體和成年人的兵役訓練，進行大量的政治宣傳，散佈『反共復國』的意識形態。政治成為禁區，一般人只要跨進這個範圍，就進入危險地帶」[52]。臺灣本來就是一個面積不大的封閉型海島，威權體制一旦形成，國民黨得以將權力密佈在臺灣的各個角落。

國民黨的這種強權政治，與自由派人士的民主理念必然產生不可避免的價值衝突，雷震等人原本期待的「改造運動」並未能朝著「民主憲政」方向發展，最終演變成一種「黨國威權體制」。國民黨公佈改造委員會名單第二天，在台民主黨領導人、行政院政務委員蔣勻田前來詢問「此次改造委員會產生經過及政治傾向」，其今後的重心何在？雷震直言相告：今後的重心在蔣經國。雷震之出此憤言，身為國民黨老人，對這種「轉變」既痛且恨，「自由中國社」編委們原本期待的「改造委員」必須具備以下三個條件：「（一）能吸收新的分子，在國民面前有負聲譽者，（二）公正無私，有才能有學識而能苦幹者，（三）超越現在系統者」並沒有一一實現，雷震對此十分失望。當晚，湯恩伯來到雷震家，同樣對改造委員會人選感到莫名其妙，「好似雜湊班子」。在這種情況下，雷震在杭立武等人的建議下，意欲加大《自由中國》半月刊言論力度。

八月十三日，雷震與杭立武同往羅家倫[53]處，商談《自由中國》擬改為週刊的計畫。三人又同往王世杰處，討論甚久。雷震在當天的日記中說，「決定籌到一萬元後改為週刊，設立一社論委員會，決定言論政策，由適之任主委。……設主編三人，有志希（即羅家倫，作者注）、實秋，由予主持其事。另設常務編纂十餘人，為胡適之、蔣廷黻、

52　廖宜方著《圖解臺灣史》，台北：易博士出版社，二〇〇四年十二月初版，頁二〇四。

53　羅家倫（一八九七至一九六九），浙江江山人，字志希。曾留學美、英、德等國。歷任清華大學、南京中央大學校長、駐印度大使。來台後，歷任考試院副院長、黨史委員會主任委員、國史館館長等職。

傅斯年、羅志希、王雲五、淩鴻勛、毛子水、梁實秋、杭立武、陳紀瀅及予。」

雷震等人之所以想改半月刊為週刊，在給胡適的一封信中有所說明：「《自由中國》自發行以來，為時雖僅九月，因有先生之領導，以及時賢之贊助，為國內外人士所重視。目前內外基礎已臻鞏固，社內同人莫不興奮。此間諸友認為次列兩事如能辦到，其力量當更大……」[54]所謂兩事，即改週刊和成立一個社論委員會。此信由「自由中國社」同仁共同草擬，經雷震修改後於八月十四日交王世杰審定，次日寄出。王時為總統府秘書長，他本人另有一函由顧維鈞帶到美國面交胡適。從目前的史料看，在美國的胡適對此沒有作出直接回應，默認此事亦未可知。

《自由中國》半月刊最終未能改成週刊。從這一時期的雷震日記中可以知道，他曾經四處奔走向各界朋友籌款，還找到了杜月笙[55]，由於募集款額不夠理想，大概是《自由中國》半月刊未能改成週刊的主要原因之一。

一九五〇年十二月十六日上午，雷震參加改造委員會設計委員會會議，討論蔣介石交議的「三民主義理論體系」討論稿。雷震想起一九三九年五月七日，蔣介石在重慶中央訓練團黨政班上也有過一次這樣的講話，題目為〈三民主義之體系及其實行程序〉。雷震從內心不贊成孫文的「三民主義」，蔣介石的這篇文字「完全是一篇如過去黨八股式的文章」，其論調「不偏於極權，亦不偏於民主，批評現在社會，不左傾即右傾，不腐化即惡化，還是過去的濫調，令人閱之作嘔」[56]。

雷震明確表示反對以「三民主義理論體系」統一黨內思想，「凡不合於現代思潮之理論則應棄而不用」。在會上只有少數人支持雷震的意見，大多數人還是認為應當有一套「這樣的」理論體系。下午再議時，雷震堅持己見，明知

54 萬麗娟編注《胡適雷震來往書信選集》，中研院近代史研究所，二〇〇一年十二月出版，頁十八。
55 杜月笙（一八八八至一九五一），上海青幫頭目。曾任國民黨政府海陸空總司令部顧問、上海地方協會會長、上海市參議會副議長、中彙銀行董事長、國民政府行政院參議等。一九五一年病故於香港。
56 雷震一九五〇年十二月十六日日記，《雷震全集》第三十二冊，頁二三四。

會得罪蔣介石，亦不為所動，可見在對待蔣的態度上已發生微妙變化，否則，不至於對這一「議題」特別反感。從後來雷震獄中手稿中可以知道，他一直認為「三民主義是雜亂無章的東西」，「孫先生思想不細密，又在忙於革命，只是為了給革命作號召，東抄一點西抄一點而已，哪裡談得上是什麼主義？」胡適對雷震也說過類似的話，「如果三民主義可以當得『主義』的話，當然包括在內。不過，三民主義算不上是什麼主義，只是一個『大雜燴』罷了」[57]。由此可見，雷震之反對蔣介石所提的「三民主義理論體系」，並非一時衝動，而是完全基於他本人對孫文的一種認識和理解。

不過，此時雷震已十分清楚地意識到，一旦國民黨在臺灣的權力基礎逐漸趨於穩固，與黨內自由派的關係再也不會像先前那般融洽，當局不再需要以「改革的象徵」團結各方力量去向美國政府示好。後來的事實正是這樣，當吳國楨、王世杰、孫立人等人相繼與蔣介石、蔣經國發生矛盾和衝突，遭到當局懲治或打壓，雷震與蔣介石的關係也開始出現惡化，他所主持的《自由中國》半月刊對國民黨的各項施政提出犀利批評，並檢討各項制度的根本癥結，引起執政者不滿，註定要在一場風暴來襲時遭致犧牲的命運。

一九五四年十二月，雷震被註銷黨籍，迫使他不得不遠離權力中心，從此走上反對國民黨威權政治的不歸之路。應當說，這也是雷震本人在政治上的一個「自我抉擇」。國民黨所推行的政治路線與他的「民主憲政觀」存在相當一段距離，對這個政權就不再抱什麼幻想，《自由中國》因此成為與威權體制相抗爭的一個輿論重鎮，「這些勢單力孤的知識份子仍然勇於獨立思考，堅持自由與人權的基本價值，他們的批評逐漸觸及到國民黨壟斷政權的根本問題」[58]。雷震這樣說過，「我們若不為文批評，有失辦刊物之立場，一味的歌功頌德，不僅於事無補，亦失去了獨立之人格」，從這個角度看，雷震被臺灣社會視為「自由之道的指引者」，並非過譽之詞。

57 均參見《雷震案史料彙編——雷震獄中手稿》，台北：國史館二〇〇二年印行，頁三八四。
58 廖宜方著《圖解臺灣史》，頁二一〇。

第十七章　國策顧問・香港歸來後

一九五〇年三月一日，蔣介石在臺灣宣佈恢復其總統職位。上午十時，在介壽館舉行宣讀復職文告儀式，政府機關所有人員出席。雷震在當天日記中寫道：「雖云儀式，並未行禮，只由總統於十時進入會議後登壇宣讀文告而畢其事，不過十分鐘。」第二天，在美國養病的代總統李宗仁發表聲明反對蔣介石復職，聲稱：蔣既已退休，即為一介平民，何能復職？

三月十六日下午二時，「自由中國社」舉行座談會，討論「在維護人民自由與政治民主之原則下，對經濟措施應採取何種途徑，以實現經濟社會化或經濟平等」等一系列問題，其視野從最初的一味「反共」開始轉向對國民黨政治、經濟等政策的反思與檢討。三月三十一日，蔣介石下達總統聘書，聘任雷震等人為總統府國策顧問，這是雷震在國民黨政權中最後一次被任職。

對於臺灣來說，當時香港政治環境比較複雜。英國政府已正式承認中華人民共和國，中共向港方提出過一份「黑名單」，像左舜生這樣的從政文人也包括在內[1]。香港當局對中共表示一種友好姿態，大批流亡到香港具有明顯政治傾向的一些人士，包括軍人、政客、知識份子、各級民意代表、工商界領袖、資本家等，只要從事政治性的活動，「即遭港警取締，甚至逮捕詰問，尤其國府要員赴港，入境之後多被警方暗中監視」[2]。

1　一九四九年十二月二十二日左舜生致雷震函：「聽說中共向港方提出的黑名單也有我，萬一實現，再向臺灣逃嗎？『陳長官』也許不許我入境吧？他開我的玩笑太大，我也不能不開他的玩笑。」「陳長官」即指陳誠，時為臺灣省主席。參見《雷震秘藏書信選》，《雷震全集》第三十冊，頁六十一。

2　馬之驌著《雷震與蔣介石》，頁三十七。

國民黨流亡於香港的高級幹部中，許崇智、張發奎、顧孟餘等人與美國已拉上了關係，正在積極籌組在國共兩黨之外的「第三勢力」，國民黨當局對這些人心存顧忌，表示「只能慰問，來台則不歡迎」。這股勢力雲集香江一隅，標榜反共、反蔣，堅持民主自由的第三勢力主張，盛極一時，喧騰不已。

上世紀五十年代香港第三勢力運動，是美蘇冷戰結構下的一環，背後有美國援助，也有反蔣勢力李宗仁等人的奧援，有錯綜複雜的國內外背景因素存在。此時「第三勢力」約可分為四類：一，國民黨軍政人物：如張發奎、顧孟餘[3]、許崇智等；二，民、青兩黨領袖：如左舜生、李璜、張君勱、伍憲子等；三，民意代表或失意政客：如童冠賢、黃宇人、王孟鄰、張國燾等；四，知識份子與桂系人物：丁文淵（前上海同濟大學校長）、黃今如（前東北大學校長）、張純明（前清華大學教授）、王季高（前北平市教育局局長）、黃旭初、程思遠（為桂系）等[4]。

這些人先後成立「自由民主大同盟」、「自由民主戰鬥同盟」等組織。顧孟餘當選主席，童冠賢、程思遠、黃宇人等七人為幹事。第三勢力藉辦報刊宣揚自己的政治理念，成為表達訴求和推動運動的惟一方式。十餘年間，先後創辦雜誌十多種，有謝澄平主導的《自由陣線》，顧孟餘為總編輯的《大道》，丁家淵為社長的《前途》，甘家馨編輯的《獨立論壇》，王厚生主編的《再生》，張發奎、張國燾等人的《中國之聲》，張丕介、徐復觀等人的《民主評論》、黃宇人、左仲平（即左舜生）主持的《聯合評論》等。

《聯合評論》誕生之背景與國內政治形勢有關，也是針對中共統戰攻勢所採取的一個應對之策。在這些人看來，當初一些高喊反共、反蔣的第三勢力人士，如程思遠、李微塵、羅夢冊等人，紛紛響應號召而回歸大陸，不過是「投機政客」而已。無論是顛峰時期的《自由陣線》，或走向調整時期的《聯合評論》，都反映出第三勢力運動，在不同

3　顧孟餘（一八八八至一九七二），河北宛平（今屬北京）人。早年赴德國留學，先後入柏林大學和萊比錫大學。一九二二年回國，任北京大學教授兼德文系主任。後加入國民黨。一九二六年後，歷任國民黨中央執行委員、中央宣傳部長等職；後因追隨汪精衛，一九二九年曾被開除出黨；九一八事變後，復當選中央常委並任中央政治委員會秘書長、鐵道部長等職。一九四一年任中央大學校長，兩年後辭職。一九四九年去香港，後赴美國定居。一九六九年移居臺灣，一九七二年在台北病故。

4　參見陳正茂編著《五〇年代香港第三勢力運動史蒐秘》，臺北：秀威資訊，二〇一一年五月初版，頁四十七。

時空環境下，倡導者的理念訴求。這一運動不久歸於沉寂，原因當然很多，「海外所謂民主人士，散居各地，集議甚難，……用意未嘗不善，然而互信未立，內哄頻起，以致曇花一現，無補時艱，轉增國人之厭惡耳」[5]。

民、青兩黨領袖人物公開表示支持蔣介石，以馬之驌個人看法，這些人「在政治上總是想分一杯羹，所以只能敷衍，不能對彼等有所承諾」，可見蔣介石在心理上極為矛盾，其中最大困惑之一，就是在政治上究竟應當是「獨裁」還是「民主」？若以蔣的個性及一貫作風，當然是想「獨裁」到底，最好能退回到北伐身任「總司令」大權獨攬的那個時代[6]。然而，世界潮流自由民主大勢所趨，蔣介石若想得到美國的軍援，首要條件就是要實行「民主政治」。在這種情況下，蔣介石指名讓雷震出任自己的慰問使者前往香港，目的只是想「安撫人心」，做一點表面文章，並非真正要「團結」或建立什麼「聯合陣線」。

一九五一年一月十一日，這一天早晨雷震未吃早飯，去醫院檢查身體。這是一次例行的檢查。雷震感到自己近來有點發胖，在驗血時找不到靜脈，左手連插三次也未見血。之後又去檢查眼睛，並無多大問題。下午二點，王世杰讓雷震去自己的寓所，告知蔣介石準備讓他前往香港慰問。雷震問：這是你個人的建議，還是蔣本人的意思？若是你個人的建議，則不想去，因為此事難辦；蔣身邊說話的人又太多，若不能給予信任，恐一事無成。王世杰說，這件事蔣本人已提出過兩次，是點名讓你去的，當時也有人推薦端木愷[7]，蔣沒有表態，洪蘭友則是自告奮勇，但黃少谷（時為蔣介石辦公室秘書主任，作者注）不贊成，恐陳誠也不願意，對於民主人士，洪未必有辦法。所以，蔣想讓你去[8]。王世杰

5 一九五六年十一月二十六日邵鏡人致雷震函，《雷震秘藏書信選》，《雷震全集》第三十冊，頁三三〇。
6 馬之驌著《雷震與蔣介石》，頁三十七。
7 端木愷（一九〇二至一九八七）安徽省當塗人。時為總統府國策顧問。
8 雷震一九五一年一月十一日日記，《雷震全集》第三十三冊，頁七。

囑咐雷震事先擬一計畫，「俟召見時面呈，俾有所確定，今後可照此進行」。有關雷震赴香港慰問這件事，馬之驌有如下評述：

可見蔣對此事早已胸有成竹，非雷震莫屬了。一方面對雷震信任有加，一方面也是「知人善用」，因蔣深知雷無論對民、青兩黨領袖人物及素倡自由民主的知識份子均有舊交，認為此行必能達成任務，至於端木愷辦事能力有餘，但其係屬孫科，恐怕「靠不住」，所以不採納。洪蘭友係屬「CC」，心思也很稠密，但其對黨外人士關係不夠，亦難成事，不過他既然自動請命，將好做個人情，所以囑王世杰謂「去香港可多派一人，即洪蘭友」，在蔣介石的心術來說，加派洪蘭友也有監視雷震的作用，以防其「出軌」。[9]

一月十六日上午十點半，蔣介石約見雷震。「予將所擬意見呈閱，逐條解釋後，並謂必須政府將方針確定後始能進行，總統謂可先去慰問，對予之書面意見謂可交改造會第五、六兩組討論，觀渠之意思不欲由行政院來主持」[10]。雷震這次見蔣可說是乘興而去，敗興而歸。他本人的意見並未能受到蔣的重視。一月十八日，在關於營救香港反共人士座談會上，雷震發現此次赴港慰問的重點和方式，高層人士意見並不統一，「蘭友與端木之意，似僅慰問在港極少與黨有關係之人物，如許崇智等。不贊成在港設立一委員會辦理所有反共人士之調查與組織工作，認為太繁、太危險」，雷震極力反對這種意見，認為僅僅慰問少數過去在政治上有地位的人士，或預備來台的一些人，「對目前反共工作無大作用」，爭論的結果，決定以行政院辦法為藍本。行政院的意見，與雷震對蔣所提建議「大同小異」，即亦在籌設

9 馬之驌原注：蔣之性格疑心太重，所謂「用必疑」，所以在黨政軍各機構多製造「小派系」，互相監視牽制，以防「出軌」。

10 雷震一九五一年一月十六日日記，《雷震全集》第三十三冊，頁十一。

相關組織或機構，只是在雷震看來，慰問人數仍少了一點[11]。

一月二十八日，王世杰來電話，稱陳誠約見，雷震在日記中這樣記載：「……雪公（即王世杰）來電話，謂辭修（即陳誠）約定五時見面，到時少谷、雪公已在座，談一小時許，對赴港任務交換意見。大意均以救護為目的，而不云團結，我真不知大家的用意所在。如僅云救護，則失去意義甚大，予因辭修意見不明，予亦不便強調團結之意義」[12]。

一月二十九日，雷震對王世杰說，「因一再聽到總統、行政院長對香港之行，只云救護，不云團結，予深不解。予主張目前即不倡導聯合陣線，最少亦應先鋪下向此方向進行之道路。……應召開聯合陣線會議，猶如總理北上之善後會議，汪精衛上臺之國難會議及盧山會議，但在目前應先預備，到反攻時即開會，發表共同宣言……惟此事在黨內意見應先統一，以免蹈過去政協會議之失敗」[13]。

王世杰個人能理解雷震的這番苦心，但作為總統府秘書長，只有按照蔣的旨意行事，無法對雷震再說什麼，只囑其此行「應絕對保密」。此間香港新聞界已有人傳言，稱國民黨政府將派員來港組織大撤退，在輿論上對國民黨十分不利。

一月三十一日，雷震與洪蘭友動身前往香港。

出發前幾天，行政院秘書長黃少谷交雷震一份需要慰問的各方人士名單，還特別囑咐雷震，「在港儘量物色長於文書和繕寫工作的人，蓋政府各機關現正需要此項人才」，「由於本省人在這方面的學養不夠，而由大陸來台的人

11　雷震一九五一年一月十八日日記，《雷震全集》第三十三冊，頁十二至十三。
12　雷震一九五一年一月二十八日日記，《雷震全集》第三十三冊，頁二十。
13　雷震一九五一年一月二十九日日記，《雷震全集》第三十三冊，頁二十一。

在這一方面的人才不多」[14]。實際上，雷震早已先後保過二百多名由大陸逃港人士來台，在當時，需要承擔很大的政治風險，其子雷德甯後來回憶父親當年這一段經歷時說：「我父親這個人非常相信人，在撤退以後，很多人沒有到臺灣，而是到香港去，結果總統派我父親去遊說這些人回臺灣。我父親說，你們要來，我統統跟你們保，我父親至少保了幾百人到臺灣來，一個人出事，我父親就完蛋了。」[15]

此次香港之行，前後三十天。雷、洪二人至三月四日返台，雷震在香港東奔西走，可用「馬不停蹄」來形容。至少完成了三個主要任務：一，對流亡人士進行慰問。以總統府和行政院所開列名單為主，另有雷震自己決定所需要拜訪的人士，共有三百人之多；二，調查「第三勢力」具體情況。這是國民黨高層最為關切的一件事，其重點在於「第三勢力」經費是否來自於美國？究竟有哪些人參加？國民黨原高級幹部中又是哪些人？三，營救一般的擁蔣人士，成立相應的組織機構。應當說，雷震基本上按照既定計劃在執行，當然也有一些題外之議。

在港期間，雷震給行政院秘書長黃少谷去函，詢所開香港慰問名單可否加列。黃少谷心裡明白雷震一直嫌其慰問範圍過小，甚至可能認為此次香港之行以「行政院為藍本」，慰問名單想必由他本人所開，實在是一個誤會，遂向雷震做出了解釋：「迭函均奉悉，正分別研究處理中。惟兄本月十八日來函，以為名單係弟所開，鈴係弟所繫，乃有解鈴還需繫鈴人之語，弟必須鄭重為兄陳明，名單絕非弟所開。我們做幕僚的自須任怨任謗，乃至代人受過，對此類事弟從不置辯，惟吾兄亦作如是想，令弟驚異不已，不能不加以陳訴也……」黃少谷在信中同意「將必要之人士隨時加列」[16]。

14　雷震《雷震回憶錄——〈我的母親〉續篇》，頁十八。
15　參見〈可貴者膽，所要者魂：雷震〉一文，收錄於《臺灣百年人物2》，台北：玉山社出版事業股份有限公司，二〇〇五年三月初版，頁七。
16　一九五一年二月二十二日黃少谷致雷震函，參見《雷震秘藏書信選》，《雷震全集》第三十冊，頁一一八。

從香港歸來後，改造委員會中人士請雷、洪二人吃飯，參加者有胡健中、張其昀、崔書琴、蕭自誠、唐縱等人，詳細詢問了香港各方人士對國民黨的意見。雷震直言相告，稱在港人士最不滿意的有幾點，一是在軍隊中設立國民黨分部，二是不思建設「民主政治」，三是「個人獨裁」問題；也談及其他一些「私人性質」問題，如「第三勢力」某些人物個人品質與行為方式，似不足以信任之。許崇智在香港組織第三勢力，曾組一俱樂部，以方便聯絡各方人士。但許的俱樂部「在妓女寓中，許請客一面大談政見，一面懷抱女人」，因此「大家都看不起他的為人」[17]。這些人要雷震寫一個書面報告，因自由中國社雜事太多，雷震讓他們去看黨部的速記，「不料改造委員堅持要我寫，尤其是胡健中」。

在眾人建議之下，雷震將香港之行寫成一份詳盡的工作報告，除上述幾點外，還有青年黨領袖左舜生等人所提意見，他們願意到臺灣來，前提是國民黨必須革新圖變，「廢除學校三民主義課程和軍隊黨部」，並建言軍隊應屬「國家」。雷震將「在港工作報告」分呈總統及行政院，作為施政之參考。未料，蔣介石看到這份報告後，「當即震怒，認為雷震等不該接受黨外人士的『濫言』，如此報告，認為這是一件大逆不道的事。於是懷疑雷震『已中黨外之毒』，靠不住了！所以就在心坎兒裡先把雷震從『忠榜』上除名，但仍留在門檻兒裡以觀後效。內心雖恨之入骨，但表面上仍若無其事，不為『外人』所知。」[18]

從馬之驌這一段近乎小說描寫手法的敘述中，可知此次香港之行，雷震與蔣介石的關係意外降溫，黨內的朋友，誰都沒有想到，因為大家都知道，雷震一直是堅定的「擁蔣派」，蔣對他長期信任，每每委以重任，未料，這一次麻煩竟如此嚴重！在港時，雷震與左舜生交談很深，兩人對許多問題的看法不謀而合，包括對蔣氏和國民黨的認識。三月十五日，左舜生給雷震一信，對在台政府仍抱以良好願望，「為臺灣計，我覺得最好多聽逆耳之言，『有則改之，無則加勉』，如果只願聽恭維的話，則今日國家情況如此，大家的心情都異常惡劣，要找出理由去恭維任何一個有責

17 參見雷震一九五一年二月六日、二月二十三日日記，《雷震全集》第三十三冊，頁三十一、四十八。
18 馬之驌著《雷震與蔣介石》，頁五十一。

任的人，措辭實在是很不容易」[19]。左氏是一個黨見不深的人，為人正派，書生意氣，早在參政會時期，即與雷震熟識，後又同在張群內閣共事，左是農林部長，雷是政務委員。

雷震歸後，將左舜生的意見列為重點之一，並不令人意外。在雷震看來，自己的這份報告十分重要，尤其是關於「聯合陣線」問題，實為國民黨日後「東山再起」的一個先決條件。更何況，這些內容「明明是香港各黨派和民主人士的意見，我為使者應照實報告，總不能『報喜不報憂』吧」？[20]

蔣介石將雷震的報告交「改造委員會」討論，之所以這樣做，以馬之驌的推測，「一方面表示重視黨內幹部的意見，另一方面要查看尚有『誰』染有這種『反動毒素』，以便隨時整肅」[21]。當這個報告在改造委員會上討論時，反對者之多，讓雷震大惑不解，在日記中寫道：

> 下午三時在改造會討論港澳問題，係根據我們的報告進行討論，主席為陳雪屏，予與蘭友被邀參加，對我們的報告宣讀一遍後，分項討論。對靠攏而悔悟之分子予以自新之路一點，交小組研究及提出；對宣傳事交有關機關辦理。對聯合陣線一事，先由唐縱說明，措詞閃爍，莫得要領，道藩略發表意見，予遂將予對此問題之見解提出討論，聞者甚感驚奇。可見一般改造委員，對外間要求簡直未予考慮，終日閉門造車，情形殊為可怕。今日在臺灣究有幾人，如不能放手做去，登陸後之問題更多也。最後討論本黨改造路線，報告中提出廢除學校之三民主義及軍隊黨部二事，大家均不甚重視。予遂強調軍隊黨部，姑無論外間所謂一黨專政之言，不去管他，即內部一國三公之摩擦，將來隨時有發生之可能，其前途一定

19 一九五一年三月十五日左舜生致雷震函，《雷震秘藏書信選》，《雷震全集》第三十冊，頁一二二。
20 雷震《雷震回憶錄——〈我的母親〉續篇》，頁三七九。
21 馬之驌著《雷震與蔣介石》，頁五十二。

可怕得很[22]。

其實，這些「改造委員」豈止是終日閉門造車，他們十分清楚在學校中開授三民主義課程以及軍隊中設立黨部，均為蔣介石本人的意思，有誰敢反對呢？如「聯合陣線」問題，唐縱[23]私下十分贊成雷震的意見，在會上則「措詞閃爍」，莫衷一是。

三月二十九日上午十時，雷震赴忠烈祠公祭，遇到蔣經國。蔣經國當即邀請雷震出去談話。雷震在這一天日記中詳細記述了這次談話的主要內容，有十分重要的史料價值，特錄於茲：

上午十時至忠烈祠公祭，為節省汽油，坐蔣匀田車去。到後不久，遇到蔣經國，彼即邀予出去談話，彼即開口說：「你們有個提案，要撤銷軍隊黨部是不是？」予答以不錯，並云今日軍隊有政工人員，何必再來另一組織之黨部。彼云：「你們是受了共產黨的唆使，這是最反動的思想。」予正擬申辯，彼又謂：「這是最反動的思想，你們這批人，本黨不知吃了多少虧，今日你們仍不覺悟，想來危害本黨……」又在談話中間對學校之三民主義亦曾提出，但未強調。予云，軍隊有政工，盡可將本黨一切由其灌輸，彼云，就是要黨部，並未提出理由。其態度如此無禮，出言如此不擇詞句，令人非常難過。回思予在港時，不知替他們辯了多少，如有人謂總理傳子、總裁傳子；又謂政治部寫信請張強談話，用奉主任諭字眼，張強未去，而同時召喚二人，另一人去後，被蔣經國大罵；又謂陳辭公受盡蔣經國之氣。予不辭舌勞，多方為之辯護。不料彼今日以同一方法來對付我了，豈應以怨報德歟？[24]

22 《雷震全集》第三十三冊，頁六十六至六十七。
23 唐縱（一九〇五至一九八一），湖南人。時為內政部政務次長、總統府國策顧問。
24 雷震一九五一年三月二十九日日記，《雷震全集》第三十三冊，頁七十。

蔣經國在忠烈祠門外的「無禮之舉」，讓雷震十分震驚。若論地位，蔣經國當時是國防部總政治部主任，雷震在中央政府數度為特任官，中央監察委員，國大代表，國策顧問；若論年齡，雷震與蔣介石是同輩，「其態度如此無禮」，憑什麼呢？難道就憑他是「蔣介石的兒子」[25]？若干年後，雷夫人宋英對馬之驌說：「那年雷先生在圓山忠烈祠，被蔣經國辱罵的事，雖然過了這麼多年了，但我還記得很清楚。他當時實在是非常難過。他在深夜和我講經過時，已經是淚盈滿眶！我記得他氣呼呼地說：『蔣經國這個小子真可惡，去年他還叫我雷伯伯的，今天他居然敢用這種態度對我，他看了我們的報告，說我是受共產黨的唆使，還說我要造反，你說氣人不氣人？』我當時安慰他說：算了吧！把他當成畜生好了。國家到了這個地步，他們還不覺悟，還在胡作非為，簡直不是人嘛！俗話說：秀才遇到兵，有理講不清，何況你今天遇到畜生呢？……」[26]蔣經國之所以對雷震出言不遜，是因為此時蔣介石對雷震已有所不滿。而此次「改造運動」的真正目的，就是想要走一條更為專權的政治路線，蔣氏父子對黨內自由派人士的態度已有了一個根本轉變。

四月十六日，在改造委員會圓山就職會議上，蔣介石當眾對雷震等人「痛切申斥」，雷震的這份「香港工作報告」[27]確實刺激了當局脆弱的政治神經：

25 參見馬之驌著《雷震與蔣介石》，頁五十四。
26 馬之驌著《雷震與蔣介石》，頁五十五。
27 雷震的「香港工作報告」有六點，其中第六點「本黨改造路線部分」明白建議：「吾人既站在民主陣容中，政府且已實施憲政，本黨為領導政府實施憲政之黨，則黨的改造應根據此項原則以領導政府推行各種政策，因此，凡是含一黨專政意味之措施，務須避免，目前學校之三民主義課程及軍隊設黨部兩項應予廢止。」雷先生的主張，顯然是走民主路線，而蔣家父子想走的顯然是反民主的路線，乃至由反民主路線轉化為個人獨裁與父死子繼的家天下路線。兩者背道而馳，難怪發生激烈衝突。——此為《雷震全集》第三十三冊第八十一頁中注釋，為傅正所寫。

總裁致詞時，對予及蘭友轉述港方人士之建議，請廢止軍隊黨部，而以政工人員代行軍隊政治教育及宣傳三民主義之機構，予以痛切中斥，並責罵謂我等此等行動與匪諜及漢奸無異，為一種寡廉鮮恥之行為。一再責罵，最嚴厲者有以上數語，內容大都係責罵之辭。軍隊設黨部一事，在行民主政治之國家，實不應有，究竟應否設立，見解可有不同，但予等自港返台，自應將港方意見反映出來，黨部可不採用，但不必如此咒罵。總裁過去昭示黨員，有話要向黨部講，不能對外發表，今對黨部提出意見，又遭責罵，以後有意見亦不敢講了，且對許多人提出此事，實無異將此事公開了。[28]

第二天，雷震去洪蘭友處，將蔣介石講話內容大致面告。這一年六月，國民黨在台北圓山空軍總司令部正式成立了軍中國民黨黨部，蔣介石親臨主持，時任「空軍總司令」周至柔為軍中黨部主任委員。蔣介石發表談話時，還大罵雷震、洪蘭友不識大體。在這一段時間，雷震苦悶之情常見諸筆端，他在日記中這樣寫道，「國家至此，個人又復何言？終日心緒不寧，所憂者今後如何回大陸，回大陸如何使政治走上軌道，而且施行民主政治？個人之榮辱事小，國家前途事大。」[29]雷、蔣二人原先良好的關係，至此公開破裂，特別是蔣經國作為權力核心中的重要人物浮出水面，「這位留學蘇聯十八年、深諳其鬥爭哲學的少公子「無論文鬥、武鬥、快鬥、慢鬥、輕鬥、重鬥，樣樣精通」[30]，與黨內自由派人士在政治上不相謀，預示今後雙方的分歧和矛盾將更加激烈。

28 雷震一九五一年四月十六日日記，《雷震全集》第三十三冊，頁八十一。
29 雷震一九五一年四月十七日日記，《雷震全集》第三十三冊，頁八十二。
30 馬之驌著《雷震與蔣介石》，頁五十八。

第十八章　與威權體制漸行漸遠

以著名學者薛化元的專著研究，從一九四九年十一月起至一九六〇年九月止，近十一年時間，《自由中國》半月刊與執政的國民黨之間的關係，先後經歷了「由密切交融而磨擦，進而形成彼此關係的緊張，由緊張而破裂，最後導致彼此對抗」的五個時期，以《自由中國》創刊宗旨來看，「建立自由民主的社會」，「抵抗共產極權政治」，就是反共和擁蔣，從這一立場出發，與當局的互動，本不應當出現如此大的反差和變化，但事實上，在那個動盪不安的歲月裡，由國民黨內自由派人士主持的這份刊物，最終因其現實環境變化和理念上的分歧，「不但頻被圍剿，甚至隱隱成為臺灣民間對抗國民黨政府的精神象徵」，歷史的抉擇，就是這樣無情和弔詭，反映出在那個特殊的時空之下，《自由中國》辦刊方向發生了根本變化[1]，雷震作為《自由中國》半月刊的「火車頭」（夏道平語），無疑是最具影響力的一個關鍵人物。

《自由中國》創辦初期，胡適只是形式上的發行人，從未實際參與《自由中國》半月刊的編務工作。根據當時法律條文規定「發行人不得離開當地六個月」，在美國的胡適，尚未有返台的打算。在「省政府新聞處的註冊上」一直註明由雷震代行發行人職責。直至一九五三年十二月七日，由於胡適力辭「發行人」之職，在內政部審核雜誌的登記中，以及「內警台志字第三八一號」批件，《自由中國》半月刊發行人才正式改為雷震，儘管如此，胡適與雷震及《自由中國》半月刊仍保持十分密切的關係。

1　一九六〇年九月四日，雷震等人遭國民黨當局逮捕，官方的《中華日報》當日即發表社論指責雷震和《自由中國》半月刊，認為已違背當年的創刊宗旨，「十年以來，凡是經常閱讀該刊的人，不難感覺到，他們的論點和主張，顯得與所標揭的宗旨，一年比一年相差很遠，他們的偏見和成見，顯得一期比一期加深，而他們的用心，更顯得一步一步走上了『親痛仇快』的道路」。

一、〈政府不可誘民入罪〉

當雷震與威權體制的潛在矛盾初顯之時，在主觀上，他並沒有想到要與當局發生言論衝突，只是在堅守「民主政治」這一大前提下，作為一個辦刊之人，雷震一再強調「言論監督」的重要性，「予今日絕不管他人如何看法，只要對目前有利，而於國家於民族均有益之意見，無論遭何方忌諱，絕不顧一切也」，這是一九五〇年四月十三日他在日記中寫下的一段話[2]。正是基於這一堅定立場，「縱然是在與執政者互動關係良好的時期，統治者的利害或是其左右的意見都是次要的選擇」[3]，抑或臺灣社會進入「戒嚴」這一特殊時期，言論自由、民主政治、憲政秩序、國民黨前途等，仍是最優先的一種考量；相對地，蔣介石在政治上選擇強人體制以控制整個臺灣社會，兩者之間的距離，無不表明雷震和《自由中國》與執政當局的關係，充滿諸多不確定的因素，隨著日後衝突進一步加深，均造成雷震在政治上與威權體制漸行漸遠的主要原因。

《自由中國》半月刊與臺灣當局發生第一次嚴重衝突是在一九五一年六月，第四卷第十一期刊發由夏道平[4]執筆撰寫的一篇社論〈政府不可誘民入罪〉（六月一日出版），針對臺灣保安司令部情治人員涉嫌貪污以及金融管制措施予以嚴厲抨擊[5]：

---

2 雷震一九五〇年四月十三日日記，《雷震全集》第三十二冊，頁八十三。

3 薛化元著《《自由中國》與民主憲政——一九五〇年代臺灣思想史的一個考察》，台北稻鄉出版社，一九九六年七月初版，頁八十。

4 夏道平，湖北大冶人，生於一九〇六年。畢業於武漢大學經濟系。抗戰末期，曾在國民參政會附屬機構工作。一九四九年到台後，與殷海光一起被人稱作《自由中國》兩支健筆。著有《自由經濟的思路》等。

5 係指有人先在土地銀行開戶，取得本票後用作抵押，而到處以高利率向人借款，等借貸成交時即由保安司令部出面逮捕，而控以金融罪，交由該部軍法機關審判。由於《自由中國》首次公開情治單位無法無天的行為，與情治機關發生了一場衝突。參見《雷震全集》第三十三冊，頁一〇九。

我們對於這件事，固不必為被害人喊冤。被害人這一次雖屬被誘人犯罪，但他們當中總有少數人曾經擾亂過金融市場的；其餘的人也未免利令智昏，有點咎由自取之處。但我們不得不認為嚴重的，就是「以信立民」的政治原則，到今天，政府中人還有未能嚴格遵守者；相反地，他們竟利用其權勢鬧出以詐使民的花樣來！這種事體的影響，其惡劣和深遠，遠非民間少數投機者擾亂金融所可比擬。現在，這件事已鬧得無可掩飾了，我們為著愛護政府，為著政府今後的威信，特在這裡呼籲政府有關當局勇於檢討，勇於認過，勇於把這件事的真相明白公告出來，並給這次案件的設計者以嚴重的行政處分。這樣才可以表示這次誘民入罪的案件，只是某些不肖官吏做出的，而不是政府的策略。同時我們還要向中央的及省級的監察機關呼籲，請他們徹底調查這次事件的詳細內幕和責任，並督促政府適當處理。「自古皆有死，民無信不立」，為政者，監政者，以及我們論政者，都應該時時刻刻牢記斯言。6

國民黨政府來台後，採用嚴厲的經濟管制法令試圖穩定社會，嚴禁買賣金鈔、套匯和地下錢莊，若有違反者，將沒收其財物，嚴重者可援用《妨害國家總動員懲罰暫行條例》，進行軍法審判。為了鼓勵舉報、偵辦這一類案件，舉報人和偵辦單位可分獲百分之三十和百分之三十五的高額獎金。如此大的利益誘惑，使得一些公職人員經常假冒買賣人向公眾私下兜售金銀外匯，使其上鉤，再公開身份；更有甚者，政府某些機關如保安司令部竟有計劃、有預謀地「誘民入罪」，其手段十分惡劣，《自由中國》這篇社論就是因此而來。

6 社論〈政府不可誘民入罪〉，原載一九五一年六月一日《自由中國》半月刊第四卷，第十一期，頁四。

應當說，這是一篇有勇氣、有膽識、言之有物的社論，對於《自由中國》半月刊來說，出發點無疑是好的，正如該刊編者在〈給讀者的報告〉中所說：「從這個簡明有力的標題，讀者們就會知道這是一篇勇於建議的政論，我們作此社論時，便想到這篇文章或許會激起某些人士的不滿與憤怒，但我們又覺得進忠言是輿論界的神聖使命，因此我們又無所懼的言其欲言。假使我們的意見不是無的放矢，或有失允正的話，我們希望政府當局能有不以忠言為逆耳的雅量。」[7]

殷海光來台之前曾在「中央日報社」任職，撰寫社論，他對這篇社論擊中當局經濟管制政策之要害擊節稱歎。最初，他與夏道平交往並不多，僅在「自由中國社」例行聚會上見過面。夏道平寫的這篇社論見刊後，他在社裡見到夏道平的第一句話，「就是一本正經而語氣凝重地說：『我向你致敬。』我呆住了。他停頓一下接著又一字一字丁丁地講：『我為你寫的這期社論致敬』……」[8]殷、夏二人自始至終是《自由中國》半月刊撰稿人，殷負責寫政論文章，夏負責寫經濟評論，他們之間的情感「很自然地一天一天縮短」。

〈政府不可誘民入罪〉這篇社論，在各方面立即引起強烈的反應，不僅是讀者，也包括情治部門中的某些人。「雷震家人首先得到彭孟緝[9]電話警告，表示《自由中國》的文章侮辱了保安司令部，他要與雷震算賬，決不放鬆，法律解決也可以」[10]。彭孟緝甚至準備採取行動，逮捕《自由中國》雜誌社編輯。因公文被兼任臺灣保安司令部司令的省主席吳國楨憤然退回，才未發生捉人事件。據雷震回憶，吳國楨當時對他說，「我是保安司令部司令，彭孟緝不過是副司令，他成天捉人殺人，從未問過我。這一次要逮捕《自由中國》編輯人員，他倒要我做劊子手了。我由家中

7 〈給讀者的報告〉，原載一九五一年六月一日《自由中國》半月刊第四卷，第十一期，頁三十二。
8 夏道平〈紀念殷海光〉，參見賀照田編選《殷海光學記》，上海三聯書店，二〇〇四年七月第一版，頁七十七至七十八。
9 彭孟緝，湖北武昌人，生於一九〇七年。一九四六年被調往臺灣後，歷任高雄要塞中將司令官、臺灣警備總司令、參謀總長、陸軍總司令等職。
10 張忠棟著：《胡適・雷震・殷海光——自由主義人物畫像》，頁七十九。

去省政府時，看到保安司令部送公文的人，手中拿了一個紅色公文簿，這不是要件，必是急件，我打開一看，是要逮捕「自由中國社」的編輯人員，我一看十分光火，上面彭孟緝已經親筆簽了字，我看過，用筆在公文上打個大叉子，叫送公文的人拿回去。我到省政府後就打了一個電話給三哥，說人是不捉了，其他我就不管了。」[11]

六月八日，雷震去王世杰處，黃少谷已先在，黃時為行政院秘書長，王為總統府秘書長，可見黨、政兩方對此事的關切。黃少谷告訴王世杰說，《自由中國》這篇文章已與保安司令部開火了，該部決定要與雷震對抗到底。「王世杰也認為這篇文章雖是事實，今日為打倒共產黨才用這些人，故有時不能不遷就」。雷震對他們說，「〈政府不能誘民入罪〉的文章是十分審慎的，惟經濟檢查執行人員辦法太壞，我如知而不言，又何必辦此刊呢？」王世杰問雷震「如何了結此事」，雷震答：「原定有二個辦法，一為對方如果聲明，則我方置之不理，二為他有聲明，我有答辯，我打算採取第一途徑的。」王世杰認為《自由中國》應再作一篇文章，下期登出，並非違心之論，而是「並不反對經濟管理與對辦理人員之勞績及操守廉潔」[12]。

王世杰做過武漢大學校長，著名憲法學者，在從政多年之後，十分熟悉中國官場以及政治的「奧秘」，他之所以提出要「再作一篇文章」，主要是想緩和一下《自由中國》與情治部門的衝突，從策略上講，是很現實的，也算是比較周全的一種考慮，畢竟此次衝突還牽涉到政府的金融管制政策。雷震與王世杰有著深厚的公私之誼，他接受了這一建議。六月九日，這一天是端午節，雷震去訪省教育廳長陳雪屏，陳告訴他說，「彭孟緝在外揚言，平定二二八之役，他得罪了不少臺灣人，由於這篇文章，使他今後臺灣不能居」；又說雷震是「總統府國策顧問」，他說的話，很容易使人相信，保安司令部的「威信」，這次全被雷震和《自由中國》給毀掉了，絕不會就此甘休！王世杰本人顯然站在雷震這一邊，當彭孟緝給他打電話，要求雷震及《自由中國》雜誌社向保安司令部道歉，王當場表示「不可」。

11　詳見雷震著《雷震回憶錄——〈我的母親〉續篇》，頁八十二。
12　雷震著《雷震回憶錄——〈我的母親〉續篇》，頁一七二。同時見雷震一九五一年六月八日日記，《雷震全集》第三十三冊，頁一〇八至一〇九。

同一天，國民黨中央改造委員會第四組代電致雷震：《中國自由》社論〈政府不可誘民入罪〉，對於治安機關執行政府經濟措施損害其信譽，並激動社會之反感，事態甚為嚴重，刻已盡力使其不至訴諸法律，務望特為注意，今後不再有同類事件發生，是為至要[13]。中央改造委員會此次對雷震只是警告，並未要求《自由中國》道歉。中央改造委員會第四組主管宣傳事務，其負責人是陶希聖，他對雷震表示「第二篇文章還是要做」，並稱彭孟緝要召開記者招待會，說明金融管制之措施，希望能夠避免正面衝突。

雷震囑夏道平再寫一篇社論，題為〈再論經濟管制的措施〉，王世杰看過之後，不太滿意，囑其重寫。未料，總編輯毛子水的態度卻十分強硬，「毛子水平時最和平，總勸青年人不要動輒發火，此次卻特別生氣，前晚聽到我的報告後，認為自尊心損失太重，軍事機關還要這樣胡來，竟一晚睡不著」。王世杰囑雷震將此文送陶希聖一閱，「此時陶希聖住新生南路靠近中正路（現似改成八德路），陶希聖一看文章就說：『這篇文章用不得，這是在強辯，全無表示歉意的意思。如果這樣登出來，豈不是火上澆油嗎？』我說：『請陶先生修改吧！』他說：『今日有事，你明早來拿好了』」[14]。

六月十一日，雷震發現金山街「自由中國社」門口有特務三人在盯梢，《公論報》總經理蔣偉之先生正好來訪，「而該特務則立在牆外觀看，毫不避人」。雷震憤怒至極，立即打電話給黃少谷、吳國楨二人，說「請轉告彭孟緝不必如此」。雷震去找行政院內務部長余井塘，請他出面干預此事，余井塘不在；雷震又找來民社黨在行政院任政務委員的蔣勻田當場予以確認，蔣勻田眼見為實，在行政院開會時說了此事。陶希聖知道後，認為雷震不該找黨外人士，有點「家醜不可外揚」之意。對於這一次言論事件，美國駐台使館人員也很關心，特意透過管道（楊浚明，民社黨籍國大代表、總統府參事）囑咐雷震「勿停刊」。

13 一九五一年六月九日，國民黨中央改造委員會致雷震電文，參見《雷震秘藏書信選》，《雷震全集》第三十冊，頁一三九。
14 以上均參見雷震著《雷震回憶錄——〈我的母親〉續篇》，頁八十四。

此事在國民黨內部議論紛紛。六月十六日上午九時，改造委員會設計委員會開會，主席蕭自誠提及此事，強調「不准保安司令部自由抓人」；委員端木鑄秋認為「保安司令部這次行動本違法，而《自由中國》予以批評，該部又不依法辦理，如直接行動，又是違法；大家在民主制度下而不能依法工作，這個國家焉有進步」[15]？雷震在發言時，希望改造會對於法律範圍內之言論自由要切實主張，要造成健全之輿論，減少內幕新聞之作風，含沙射影的辦法是不能形成健全輿論的，民主政治不是要大家天天獻旗、發致敬電報，而是要人民監促政府、監督政府，且須鼓勵人民向上，增加人民奮鬥情緒，不要使人民走上消極悲觀之路。

雷震在發言中，並沒有提及此次《自由中國》與保安司令部的衝突，只是鑒於國民黨高層對於「言論自由」的輕視態度，他的上述意見就顯得十分必要。儘管改造委員會已正式發函警告雷震，本意是想息事寧人，不願事態擴大，有損政府的形象，但彭孟緝把持下的保安司令部派出特務進行盯梢，讓許多人反感，在吳國楨、黃少谷等人的干預下，才迫使這些「特務狼狽而去」[16]。出於舊誼之故，在當時，國民黨內部為雷震說話的人不在少數，也是在朋友們善意地勸說之下，雷震與雜誌社採取了一定的妥協和讓步，才致使此次衝突沒有進一步升級。

從整個平息過程來看，多少反映出雷震及《自由中國》半月刊在推動臺灣社會朝著健康方向發展過程中的兩個基本事實：一，《自由中國》不會因其有一定官方背景而放棄對當局某些部門違反相關政策、進而侵犯人權的忽視和批評；二，國民黨內部「改造運動」意見尚未整合完畢，黨內自由派人士暫未受到打壓或排擠，一些朋友敢於公開站出來講話，對雷震援之以手，助其渡過難關，至少在當時還不存在更多的政治風險。

客觀地講，〈政府不可誘民入罪〉一文本身並未造成《自由中國》與最高當局的正面衝突，不過是與政府機關之下保安司令部的一次言論對抗而已，至於此事在今後與官方一系列的互動中是否帶來其他不可預料的影響，並未顯露

15　雷震一九五一年六月十九日日記，《雷震全集》第三十三冊，頁一一五。
16　馬之驌著《雷震與蔣介石》，頁一七一。

出來，「無論是中華民國政府的行政部門，或是國民黨的黨機器都沒有表現出壓制雷震及《自由中國》的意圖」[17]。只是接下來的一件事，大大出乎人們的預料，導致雷震和《自由中國》半月刊與官方的激烈衝突正式爆發。

《自由中國》半月刊每一期都要寄給遠在美國的「發行人」胡適，通常要兩三個月時間。當胡適讀到〈政府不可誘民入罪〉這篇文章及後一期再寫的社論時，已是兩個多月之後。一九五一年八月十五日，胡適致函雷震，對軍事機關干涉臺灣言論自由表示不滿，他在信中說，「我今天正式提議你們取消『發行人胡適』的一行字。這是有感而發的一個很誠懇的提議，請各位老朋友千萬原諒。何所『感』呢？……論〈政府不可誘民入罪〉，我看了此文，十分佩服，十分高興。這篇文字有事實、有膽氣，態度很嚴肅負責，用證據的方法也很細密，可以說是《自由中國》出版以來數一數二的好文字，夠得上《自由中國》招牌。我正高興……忽然來了四卷十二期的〈再論經濟管制的措施〉，這必是你們受了外界壓迫之後被逼寫出的賠罪道歉文字！……我因此細想，《自由中國》不能有言論自由，不能有用負責態度批評實際政治，這是臺灣政治的最大恥辱！」[18]胡適因此提出要辭去《自由中國》發行人之銜，以表示自己的抗議。在此函的空白之處，他又附言道：「此信（除去最後括弧內的小注）可以發表在《自由中國》上嗎？《自由中國》若不能發表『發行人胡適』的抗議，還夠得上稱《自由中國》嗎？」[19]

《自由中國》創刊宗旨出自胡適之手，共有四條，其中最重要的一條就是：「我們要向國民宣傳自由與民主的真實價值，並要督促政府（各級的政府），切實改革經濟，努力建立自由民主的社會……」從「創刊號」第一天起，這四條宗旨都要登在每期的雜誌上，以示《自由中國》辦刊方針。

17 薛化元著《《自由中國》與民主憲政——一九五〇年代臺灣思想史的一個考察》，頁九十三。
18 萬麗娟編注《胡適雷震來往書信選集》，頁二十三至二十四。
19 萬麗娟編注《胡適雷震來往書信選集》，頁二十三。

〈政府不可誘民入罪〉這篇社論致使與保安司令部發生衝突，以重寫社論表示「道歉」而暫時得以平息，「彭孟緝感到面子十足，到處吹噓」，雷震對此卻一直耿耿於懷，他所憂慮的不僅是與「本黨同志」的分歧或矛盾，而是在意「言論自由」受到了干涉和侵害，而此時胡適發出的「質問」，正好切中他的心思，於是決定公開發表胡適的這封「抗議信」，以表明自己的真實態度，經編輯委員會討論表示同意。

未料到，此事引來一場更為複雜的矛盾和衝突，甚至是一片指責聲。先是老上司王世杰「對此甚為傷心」，認為《自由中國》發表胡適的「抗議信」，實在有欠考慮，「臺灣經不起這樣的風波」，這樣一來，等於「弄成胡適之與政府對立」了，王世杰讓羅家倫向雷震轉達了自己的三點意見。雷震感到王世杰對此有很深的誤會，兩次寫信作出申辯：

因為《自由中國》發表適之先生那封信，先生請志希（羅家倫）兄所轉致尊意三點，敬悉。假定志希兄所轉致者，與先生之原意無出入，我不得不再向先生有所陳述：

一、先生對此事甚為「傷心」—我聽到「傷心」二字，深感惶恐不安。此信之發表，事先承先生同意，我之苦心，已於昨日函陳，原冀可得先生之諒解也。如先生之「傷心」係就此而言，則我之傷心更有甚於先生者。

二、把胡先生「弄成」與政府對立—如果「弄成」二字，志希兄轉達無誤的話，我不得不有所申辯：

第一、我們發表胡先生這封信，是基於胡先生的意旨，胡先生要本刊發表這封信，他未始不多方考慮他的立場。他的立場是不是與政府對立，有他過去的言論和今後的言論來證明。不是別人可以把他「弄成」與政府對立的。

第二、胡先生這封信，誠然是很顯然地對「這種軍事機關」抗議。但對一個「軍事機關」抗議，並不等於與整個政府「對立」，這一點，我在先生之前申辯，似乎是多餘的。

第三、今日臺灣政府經不起這樣的風波——我們的看法有異於此，我們認為：這封信的本身，不應構成什麼風波。如果政府對於這封信的發表不能寬容，因而起了什麼風波，則這種風波是由政府造成的。因而，經不經得起這種風波，政府應該自己考慮，而不是我們的責任了。

以上所陳，或不免於唐突。惟多年來感於先生謀國之忠，思辨之明，心所欲言者，不敢稍有阿曲。惶恐陳詞，仍所以就教也。[20]

其次，國民黨改造委員會中很多人對此事亦深感不滿，陶希聖打電話給雷震，抱怨未與他和黃少谷商量一下「便逕發胡信」，認為「不夠朋友」。在此前與彭孟緝的衝突中，陶希聖一直有偏於雷震，雷震和《自由中國》刊發胡適的「抗議信」，作為主管國民黨宣傳事務負責人，陶不能接受，下令第四組通知香港方面停上發行這一期的《自由中國》，以免造成更大的影響。在這種情況下，雷震一度想到《自由中國》停止此期的發行。

保安副司令彭孟緝伺機四處散佈流言，稱雷震兩次赴港，套購外匯和大量走私，甚至發來一張傳票，要雷震隔日下午三時去保安司令部軍法處接受「質詢」，澄清「套匯」嫌疑。九月四日，改造委員會秘書長張其昀來雷震家，談及黃少谷、王世杰以及他本人都不贊成《自由中國》停止發行，「黨部也已決定放行，又說整個事件也不必報告蔣總裁」。至於保安司令部的「傳票」，雷震對張其昀說，他一定去軍法處，「然後給胡適寫信，說胡的信已經刊出，結果是一張傳票」，「張當即把傳票要去，然後去找彭孟緝，並在唐縱家打電話請雷不必去軍法處」[21]。

20 此信函，未注時間，僅在信前注有「致王世杰函底稿」字樣。收錄於《雷震秘藏書信選》，《雷震全集》第三十冊，頁一六二至一六三。九月四日王世杰覆信雷震，表示如果胡適因此事與政府發生裂痕，或使國際及一般中國社會發生誤解，其責任不能由胡適來負。而論政，當見其大，軍警當局在手段上及方法上有不當之處，言論界在執筆之時，應以善導為是，而不必以盛氣凌之。同上，頁一六四。

21 張忠棟著《胡適・雷震・殷海光——自由主義人物畫像》，頁八十三；雷震著《雷震回憶錄——〈我的母親〉續篇》，頁九十八。

九月七日，國民黨中央紀律委員會發來一紙公文，「《自由中國》為本黨黨員雷震同志所主編，而胡適為其發行人。胡致雷之私函，竟公開刊出，事先既未報告本組，亦未與原案調解人黃少谷、陶希聖同志等商酌，今貿然予以發表，其於我國在國際上宣傳之影響殊鉅」，根據黨員違反黨紀處分規程第二十條之規定，希於「文到十日內提出答辯書」[22]，可見事態嚴重。這一輪新的衝突表明，當時臺灣社會「言論自由」是很有限度的。像彭孟緝這樣的情治部門頭目，在某些時候，其權力和影響，甚至超過保安司令部總司令吳國楨，完全是因其直接受命於蔣經國所主管的情治系統之緣故，至後來，連陳誠對保安司令部都有種「莫可奈何之感」，這是洪蘭友對雷震說的。

胡適這封信在《自由中國》半月刊發表不久，雷震被召至改造委員會，黨內大腕要角集中對他進行了一次「公審」，雷震回憶說：

> 我打算不出席公審大會，由蕭自誠去搞吧。不料蕭自誠因我不出席而大感氣憤，認為抗命，接二連三的打電話至我家中，我請他「缺席判決」好了。此時我住在金山街，距離中央黨部甚近，蕭遂派員來傳訊，我只有帶病前往了。我一到「公審室」看到會場佈置是匚形，主席坐在匚形的正中，其前面右側擺有一張椅子，蕭自誠命我坐下，顯然把我視作被告了。匚形左邊頭兩位，是彭孟緝和經濟檢查處長陳仙舟，似為原告的樣子。接著為唐縱、蔣君章、李士英、谷鳳翔、曾虛白、陶希聖、沈昌煥、胡健中、張其昀、周宏濤等……蕭自誠任主席，謂胡適此信發表後，對自由中國（中國之意）損失甚大，責我不該發表，竟說我在搗亂。不料陶希聖竟說出：如胡適主編此刊物，則不會發表此信，並舉出《獨立評論》為證。我立告陶希聖說，此信係胡適親筆所寫，請陶不要搞錯。陶又謂：「為什麼要弄到胡適之和政府對

22 國民黨中央改造委員會紀律委員會一九五一年九月七日致雷震電函，參見《雷震秘藏書信選》，《雷震全集》第三十冊，頁一六五至一六六。

立。」周宏濤態度惡劣，責我不識大體。

此時彭孟緝拿出一張照片傳觀，獨不給我看，我知道其中必有鬼。經我一再要求，始給我一看，係省政府建設廳副廳長宋（字海涵）的名片，介紹我曾在中央軍校教過的學生許超（字達侯），至某貿易行帶一百美金至港交給我轉交香港調景嶺他的同學某君作來台旅費，餘款給他買點東西……這一年保安司令部藉實行金融管制之名，將全台所有貿易行搜查了一遍，宋這張片子，此時被搜去了，未作任何用途。現在彭孟緝要報復我，說我涉嫌「套匯」，就拿出來作證了。彭孟緝及部下也不想想，如果真正套匯，至少要一千或八百，誰人又去套匯一百美金呢？[23]

這些人不談是否應當尊重「言論自由」，只是一味顧及本黨的自身利益和名聲。在他們看來，雷震公開胡適的「抗議信」，是一種「大逆不道」，在政治上給執政當局帶來種種被動，因此，欲借所謂涉嫌「套匯」大做文章，藉此想來「壓制」一下雷震。事實上，所謂「套匯」子虛烏有，雷震那年與洪蘭友奉命赴港，中央黨部唐縱、總統府第一局副局長曹聖芬，托雷震帶一些美金接濟逃到香港的親人[24]，洪蘭友受人之托，也帶去不少，為何只「傳訊」雷震，而不「傳訊」洪蘭友呢？況且，唐縱當時就在現場，深知實情，為什麼不站出來說明一下？王世杰出來打圓場，「於是這來勢洶洶的『嚴重情勢』，又一變而為『不了了之』」（胡虛一語）。

此事雖然不了了之，卻讓雷震意識到《自由中國》在今後的處境將會變得更加被動和艱難，與第一次衝突有所不同，這次是「胡適之先生」被牽扯了進來，許多人不願樂見，原先支持雷震的一些人之態度開始發生變化，包括老上司王世杰在內。王世杰站在政府的立場上，認為應當對胡適先生有一個交代，「不可置之不理」，建議行政院長陳誠

23 雷震著《雷震回憶錄——〈我的母親〉續篇》，頁九十七至九十八。

24 一九五一年一月雷震、洪蘭友奉命赴港慰問，曹聖芬即致雷震函，「做公賜鑒：一函，外美金九十元，請公於抵港後，即日專員送往輔人書院周異斌清溢先生收，俾轉交舍弟也。千萬拜託，不另煩孝炎兄矣」。參見《雷震秘藏書信選》，《雷震全集》第三十冊，頁一一二。

親自給胡適寫一封信，以緩和一下彼此之間的關係。九月十四日，陳誠在信中對胡適說，「先生八月十一日致自由中國雜誌社一函，關懷祖國之情，藹然如見，深為感佩……至設穽誘民之舉，遑論計不出此，亦為情理法之所不許，更非政府之所忍聞。惟經濟生活，牽涉紛繁，任何法令，在執行時要難免毫無疏失之處。先生遠道錚言，心意何切，當本『有則改之無則加勉』之衷忱，欣然接受。至自由中國之言論自由，當可由先生此函在《自由中國》刊載而獲得明證，無待贅言。」[25]

設若站在國民黨政府的角度來看待此事，《自由中國》半月刊發表胡適的「抗議信」，確實會帶來許多負面影響，不僅對於臺灣社會，在國際上必然也會引來對蔣介石政權的某些看法，尤其是美國政府對蔣介石本人不予信任。九月六日，美國《世界日報》就此事刊出〈胡適對蔣抗議〉一文，認為「幾年以來胡先生袒蔣，故信胡先生者多亦信蔣，而蔣竟得借重胡先生以講民主，以欺天下。今蔣不自珍愛，居然管制胡先生的刊物，不許其有言論自由，則何怪胡先生毅然抗議，使天下皆知臺灣之所謂民主究作何解也……蔣之為蔣，在執政初期利用汪精衛輩為之文過飾非，更收買無恥學者為之宣揚德意，故能造成其勢。即在末期，亦出其大力以羅致胡先生輩為之點綴民主。然老馬何能安習於新技，故始終『露其馬腳』也。嗚呼，作偽者心勞日拙，美國朋友若問臺灣是否民主，我今請其一問胡先生可矣」[26]。此係胡適在「抗議信」中所附的剪報，不難看出胡適本人的態度。

以後來的研究者分析，《自由中國》當時是否刊發胡適的信對雷震來說，是一個兩難：這本來胡適自己提出來的，國民黨中央紀律委員會卻認為這是胡與雷之間的「私函」，不應當公之於眾；而如果雷震不將此信發表，那麼，胡適就會認為這是國民黨政府對「言論自由」的迫害。可一旦發表，實質是引起了對《自由中國》的壓制和批評，

25　一九五一年九月十四日陳誠致胡適函，原載一九五一年九月十六日《自由中國》半月刊第五卷六期，頁四。
26　李大明〈胡適對蔣抗議〉一文，原載一九五一年九月六日美國《世界日報》，參見《雷震秘藏書信選》，《雷震全集》第三十冊，頁一六九至一七〇。

則又更加證明當時臺灣言論自由的限度。所以當胡適來信詢問《自由中國》第五卷第五期是否遭至查扣時，雷震覺得「真是一件難事」[27]。但還是有不少朋友（國民黨前中央財政部副部長、交通銀行董事周佩箴及友人張明等人）打電話給雷震，稱「這封信很好，應該發表」；改造會秘書長張其昀前往雷府予以寬慰，表示給予理解。

九月七日，曾是陳布雷秘書的蕭自誠來「自由中國社」拜訪雷震，兩人談了兩個小時。在場的《自由中國》編委羅鴻詔對蕭說，「胡先生函如不能發表，自由中國尚有言論自由乎？我們特為試驗一下，現已試驗完畢，即自由中國沒有言論自由」，蕭自誠一時無語。這天下午，雷震去拜訪老友吳國楨。吳告訴他說，老蔣這次真的生氣了，認為刊發胡適的抗議信，是想「以停刊要脅」。吳國楨希望雷震能「為自己辯解一次」。雷震當場表示，絕無停刊之意，至於老蔣那裡，「則不求諒解」。雷震又去沈昌煥[28]家，得遇胡健中[29]等人。胡健中將黨內有關會議情況通報給雷震，讓他哭笑不得。雷震在當天日記中有記載，「老總認為我已捲入金融風潮[30]，前次文章是報復。因調解後之文章慪了氣，刊登胡先生來函，認為我不配做黨員，要開除黨籍，經渠等（係指胡健中、陳誠等人，作者注）反對，改為警告」[31]。

由於受到黨內警告，雷震心情較為低落，不願出席改造委員會任何會議，黨證也未去領，甚至在日記中失望地寫道：「今日局面之下，言之無益，而且有害，還是為前途著想，少談實際問題」[32]。夏道平來勸，說還是應當去見一見王世杰，黨部會議應當照常出席。雷震不予理會，「黨部方面既已決議我違反紀律，那我在改造會有何權威可以發

27 雷震一九五一年九月二十一日日記，《雷震全集》第三十三冊，頁一六五。
28 沈昌煥（一九一三至一九九八），江蘇吳縣人。曾先後留學美國、韓國，任蔣介石的英文秘書、外交部禮賓司司長、行政院新聞局長。一九四九年到台後，任國民黨中央宣傳部副部長、政府發言人、外交部部長等職。
29 胡健中，浙江杭州人，生於一九〇一年。曾任《東南日報》社社長、立法院立法委員、國民黨中央執行委員，時為改造委員會委員。
30 指彭孟緝散佈流言，稱雷震「套匯」，並傳給雷震一張傳票，要其到保安司令部軍法處出庭應訊。國民黨內部鬥爭手段之惡劣由此可見一斑。
31 雷震一九五一年九月七日日記，《雷震全集》第三十三冊，頁一五五。
32 雷震一九五一年九月十四日日記，《雷震全集》第三十三冊，頁一五九。

言，除非改造會撤銷，我將不出席也。這是關係人格問題，不可隨便勉強……」[33]曾任《自由中國》編委的崔書琴此時為中央改造委員會委員，特意來信請雷震出席設計委員會會議，「兄未出席設委會，例會已數週，弟每次命人用電話催請，均因兄有事未來，至以為念。本週六例會，務請撥冗參加為幸」[34]，雷震未應。

一九五二年元旦，雷震沒有參加改造會及總統府團拜，又一次主動疏遠蔣介石。學者張忠棟在《胡適、雷震、殷海光》一書中披露，蔣經國約見「自由中國社」發行部經理馬之驌時，大罵雷震「不是反共而是反動」，《自由中國》是「騎牆、投機、違背國家、背叛民族」，「今日只有擁護蔣總統，擁護政府，別無其他路子可走了」，說這些話時，蔣經國「聲音粗大，語氣激昂」[35]。蔣氏父子與雷震的關係出現如此緊張，從香港歸來之後，就已彼此埋下很深的芥蒂，而以雷震的個性，在重大問題上絕不會妥協，尤其當「言論自由」與「本黨利益」發生不可調和的衝突時，雷震只能選擇前者，這是他的理念和認知所決定的。

儘管雷震採取低調應對此時對他的種種批評或指責，但在他內心深處，感到最不安的還是王世杰的態度。自從政以來，無論是早期的教育部，還是中期的國民參政會，以及大陸失守前彼此間的肝膽相照，王世杰一直都是雷震所敬佩的人。王世杰不僅為他的頂頭上司，並對他一路關照和提攜，可以說，在國民黨高層中無出其右者。兩家的私人關係亦非同尋常，從在美國的王世杰之子王紀五與雷震頻繁通信，就可知道這一點。王世杰也是《自由中國》主要發起人之一，此次公開胡適「抗議信」後，王世杰在雷、蔣二人之間選擇了相當謹慎的態度。對王世杰個人來講，一邊是老部下，一邊是頂頭上司，只能這樣做了。有這樣一件小事：一九五二年二月前後，北婆羅洲一青年致函雷震要求訂閱《自由中國》半月刊，並表示願意幫助推銷刊物，同時寄來蔣介石照片一張，託雷震讓蔣氏給簽個名。雷震此時不與蔣接觸，無法辦理此事，遂將照片送交王世杰，請其轉呈。不日，接到王世杰覆函，出乎雷震之所料，王世杰竟沒

33 雷震一九五一年十月十五日日記，《雷震全集》第三十三冊，頁一七七。
34 一九五一年十月崔書琴致雷震函，《雷震秘藏書信選》，《雷震全集》第三十冊，頁一八四。
35 張忠棟著《胡適·雷震·殷海光——自由主義人物畫像》，頁一〇五。

給這個面子，雷震在當天日記中寫道，「今日接王來函，內附有如下一句，即：『張君請題照片事，擬煩轉告，逕函本府辦理，原件附還』……」一副公事公辦的態度，「真拒人於千里之外」[36]。

雷震接信後，「一日心中皆不舒服」。之後，數度登門拜訪，王世杰均「以病避而不見」。無奈之下，雷震只好給這位老上司寫了一信，以示心中的不安。王世杰這樣回覆，「杰所不安者，《自由中國》期刊，實際上係兄及編輯諸公負責，胡先生久不願負責（海外來人屢傳此訊），遠居海外，於當地情形，自亦不盡了然，倘使胡先生因此刊糾紛而與政府發生裂痕，或使國際及一般中國社會發生誤解，其責任不能由胡先生負之也……」[37]言下之意，既然遠在美國的胡適不可能來負這個責任，此事只能由雷震一人來承擔了。像王世杰這樣的黨內開明派對待這件事的態度亦復如此，在國民黨內部，更遑論他人。

一九五一年十月一日第二十五卷第七期《自由中國》社論鼓吹言論自由是天賦人權，並討論輿論與民主政治的關係，提出「輿論政治」就是「民主政治」，再一次引起蔣介石的不滿；王新衡告訴雷震，胡健中對說他，蔣打電話到台北，又要開除雷震的黨籍。《自由中國》發起人之一杭立武來到雷震家中，不無擔心地說，不能再這樣刊登下去了，「以免再引起麻煩，而有嚴重後果」，他們不好幫忙，乃至聲淚俱下[38]。王世杰因有病，這一次未出面來協調此事，而是由王夫人來告，說陳誠認為這是雷震第三次向他們挑釁了，「王夫人勸雷看在多年老友的關係，接受勸告，立即把事情作一結束」[39]。從王世杰的態度，到杭立武的擔心，雷震不得不開始面對「今後刊物將如何辦」這一現實問題，而社裡的每一個人，當時都十分緊張，「終日提心吊膽，認為『雷公』鬥不過他們，後果不堪設想，但亦無可奈何」[40]。

36 雷震一九五二年二月一日日記，《雷震全集》第三十四冊，頁二十。
37 《雷震秘藏書信選》，《雷震全集》第三十冊，頁一六四。
38 雷震一九五一年十月六日日記，《雷震全集》第三十三冊。頁一七一。
39 張忠棟著《胡適·雷震·殷海光——自由主義人物畫像》，頁八十六。
40 馬之驌著《雷震與蔣介石》，頁一八五。

雷震做出一些策略性的妥協與讓步，畢竟國民黨中這些人，大多數還是自己的老朋友。「在憂讒畏忌之環境中」，雷震一度「力持與外界隔離，以免麻煩」——這是一九五二年元旦這一天，在日記中寫下的頗為傷感的字句。在這之前，一九五一年十月六日，《自由中國》編輯會做出決議「今後多寫國際文章」[41]，對於這一個決定，夏道平當時一言不發。

二、被註銷國民黨黨籍

一九五二年五月，《自由中國》第六卷第九期發表徐復觀[42]〈「計畫教育」質疑〉一文，針對計畫教育提出了嚴厲批評，引來《自由中國》半月刊與教育主管部門之間的一次潛在磨擦。徐文說：

就教育來說，只要教育是合乎兒童、青年身心的正常發展，以養成他正常的選擇力與擔當力，則此一政府在教育上的責任便算盡到。至於下一代根據他的選擇力與擔當力去做些什麼，這是應由下一代人的環境與意志去決定的。任何有能力的統治者，他不能完全掌握到下一代的環境，他不應徹底干涉到下一代的意志。因而僅僅根據這一代的眼前要求，以規定下一代人們的任務，這在民主政治的立場來看，確是值得加以考慮的。所以言論自由、學術思想自由，是人類自由的最後堡壘。只有靠著此一堡壘，才可以為人類留下無限生機，才可以使人性保持無限的可能性。現代的政治家，多半根據教育原理去談教育方

41 雷震一九五一年十月六日日記，《雷震全集》第三十三冊。頁一七一。

42 徐復觀（一九〇三至一九八二），湖北浠水人。畢業於日本陸軍士官學校。曾在蔣介石侍從室工作，跟隨陳布雷。一九四九年棄政從文，在香港創辦《民主評論》，來台後，任教於省立台中農學院、東海大學，後再去香港。著有《學術與政治之間》、《中國思想史論集》、《兩漢思想史》等。

針，而不輕於根據一時的政府要求去規定一種所謂「計畫教育」。這其中，實有現代政治家的不敢和不忍的良心在發生作用。[43]

針對徐復觀這篇文章，省政府教育廳秘書朱匯森投書「自由中國社」，稱「計畫教育係據國父遺訓、總統訓示及陳院長任主席時之訓示」，官腔十足，唯上是從。是否刊發朱匯森的這份投書，[44]雷震先後與夏道平、毛子水、羅鴻詔等人商量過。夏道平的看法是「本文……多屬官話，官話如由官方負責提出，本刊似有照登之義務，但此文係私人投稿，私人投寄的官樣文章，似應退還」，羅鴻詔、黃中等人贊成夏的意見；毛子水則認為「朱匯森一文，有許多地方，很多徐先生文章的毛病，我以為如果我們自己能『民主』的話，這篇文章並不是絕對不能登的」。正當雷震在猶豫之中，朱匯森突然來函索回原稿，雷震認為應尊重作者的意見，在奉還時附上一函，說明該稿件的不足之處，「第一，宣傳口氣太濃厚；第二，今日世界除極權國家外，沒有一個國家不許私人辦學校的，中國過去白鹿洞書院及岳麓書院都是私人辦的。」[45]

實際上，朱匯森這篇文章是在臺灣省教育廳長陳雪屏[46]授意下發過來的，陳雪屏本人又是受命於「某巨公」的指示，據說「某巨公看了之後大怒」。最初收到稿件時，雷震曾去過電話，表示擬不刊登此文。陳手下的人聽後大為不悅，透露出此文不過是由朱匯森出面署名而已，其實是省教育廳的意思。不知為什麼，陳雪屏後來改變了主意，朱匯

43 徐復觀〈「計畫教育」質疑〉，原載一九五二年五月一日《自由中國》半月刊第六卷九期，頁八。
44 投書即讀者來信，為舊時用語。
45 雷震一九五二年五月十二日日記，《雷震全集》第三十四冊，頁六十七。
46 陳雪屏（一九〇一至一九九九）江蘇宜興人。美國哥倫比亞大學心理學碩士。歷任東北大學、北京大學、西南聯大教授、教育部政務次長等；來台後，任臺灣省政府委員兼教育廳長、國民黨中央改造委員會委員、考選部部長、行政院秘書長、總統府資政等職。

森這才要求索還原稿。儘管此事未釀成大的矛盾，但陳雪屏與雷震的關係卻頗有疏遠，「不久之後，雷震接到徐復觀的來信，告訴他大怒的『某巨公』就是陳誠」[47]。

一九五二年九月十六日，《自由中國》第七卷第六期發表〈對於我們教育的展望〉一文，對正在籌備中的「青年反共救國團」發出建言，指出辦教育的人不能是「偏激的黨員」，這一建議與「青年救國團」籌備宗旨相抵觸。刊物出版之後，軍中政治部下令禁止閱讀《自由中國》半月刊，並派人將所有舊刊物撕去。「這是官方第一次以明顯的行動查禁《自由中國》。雖然，採取行動的是軍方，不過，這也標示了以往官方與《自由中國》的衝突都是在枱面下的衝突，自此以後，官方才開始公開的限制《自由中國》流通，而官方與《自由中國》的磨擦自此正式浮上枱面。」[48]雷震認為，軍方政治部這種愚蠢的做法，「將會自毀軍隊的」。

國民黨七大即將召開，雷震請毛子水寫一篇社論，即〈對國民黨七全大會的期望〉一文。九月二十六日，毛先生將稿子送來，雷震、羅鴻詔、夏道平三人做了一些修改，對「黨內民主」與「法治」這兩點，做了特別補充。這篇社論的要點是：期望國民黨能在政治上加強民主，而且能夠守法，保護人民的基本人權，「我們的政府，近數年來，也常常強調『守法』，可是我們仔細觀察，政府所強調的守法，責之於人民者多，責之於自己者少。我們並不是說，政府要守法，人民可以不守法，我們也不是說，我們的政府一定是一個完全不守法的政府。但是，我們從國家行政的程序看，從基本人權保護看，如繩以法治國的標準，尚有很大的距離。」[49]雷震在當天日記中寫道，「所論或厲害一點，但是為了黨前途著想，辭嚴而義正，我們覺得到了今天，應該不避斧鉞了」[50]，雷震甚至知道「老頭子看了必不高興」[51]，老頭子指蔣介石。

47 張忠棟著《胡適・雷震・殷海光——自由主義人物畫像》，頁一〇二至一〇三。
48 薛化元著《《自由中國》與民主憲政——一九五〇年代臺灣思想史的一個考察》，頁一〇五。
49 《自由中國》半月刊社論〈對國民黨七全大會的期望〉，原載一九五二年十月一日第七卷七期，頁三至四。
50 雷震一九五二年九月二十六日日記，《雷震全集》第三十四冊。頁一二九。
51 雷震一九五二年十月二日日記，《雷震全集》第三十四冊。頁一三二。

〈政府不能誘民入罪〉事件發生後，雷震有過一段時間的「自我克制」，此時漸漸「故態復萌」。這一年「雙十節」，蔣介石在一份文告中宣稱「中正以待罪之身……任何責難都是箴規」[52]，雷震認為蔣氏既出此言，就應當遵守這一承諾，於是抓住這一機會，針對「青年反共救國團」合法性問題，決定再刊發一篇徐復觀撰寫的〈青年反共救國團的健全發展的商榷〉一文，這篇文章說：

> 一個機構應該只在一個主管領導之下，才可以有秩序的進行工作。學校有校長，其下有教務、訓導、總務以及級任專任各教職員，有其完備的一套，任何反共抗俄的教育，都可以在這一套之下去實施。現在學校之內，另外有一領導系統，其領導的範圍，從擔任教育以至國家的整個工作，無不包括在內；其領導的依靠的不是國家的教育的法令，而是國家教育系統以外的組織；在一學校之內，有在團與不在團的兩種青年，有教育規章以內與教育規章以外的兩種訓練，有校內校外兩種工作，有在組織與不在組織的兩種教員……現在由青年反共救國團的團章看，它與各方都發生交叉，然則今後將只聽一個縱隊前進，而令其他縱隊停止不前呢，抑使各縱隊都擠在交叉路口上，彼此都進退維谷呢？[53]

這篇文章措詞平實溫和，雖然並未主張撤銷青年救國團，但建議要釐清它的法律地位，「不可以又像政府機關，又像人民團體，好像可以『天馬行空，百無禁忌』實際將來會像『駕駛失靈的汽車，闖壞了道旁的汽車，結果也闖壞了自己的機器』」；救國團主任「不妨由教育部長兼任」，救國團可以進學校，但不能妨害正常教育為度。「青年救國團」是在這一年十月成立的，這是一個「在三民主義的最高原則指導之下」以「擁護元首」為宗旨、以具體實施「黨化教育」為使命的政治組織。此文發表後，青年救國團主任蔣經國勃然大怒，當著立委王新衡的面說：這是雷震、徐

52 一九五二年十月十日《中央日報》。
53 徐復觀〈青年反共救國團的健全發展的商榷〉，原載一九五二年十月十六日《自由中國》第七卷八期，頁十一。

復觀有意與他過不去，為何在此之前不批評，而是待公佈他本人擔任團主任之後才發表，何以說程天放（接替杭立武為教育部長，作者注）可作團主任，他就不配作麼？[54]

王新衡打電話告訴雷震，「文章所言是對的，但此時不宜講」，勸雷震今後少刊登這類文章。蔣經國對此一直耿耿於懷，在政治部會議上，公開指責徐復觀與雷震「有幫助共產黨之嫌」[55]。數日後，蔣介石跟著放言，稱「『自由中國社』內部有共產黨」[56]。這些跡象都表明蔣氏父子對雷震已有相當大的戒心。有人出於好意[57]，建議雷震將《自由中國》自動停刊，雷震沒有接受，在日記中說：「如果《自由中國》之言論，有人認為不利於政府，或逕認為反動，則此政府真不知往何處去」，「我於良心甚安，我行我素，只有不顧這些讕言了。」[58]

一九五二年年底，胡適回臺灣講學，在「《自由中國》創刊三周年暨歡迎胡適先生茶會」上發表演講，他對《自由中國》半月刊表示讚許和支持，認為這幾年來《自由中國》各位同人盡了很大的努力，讓他本人多有感佩；接著，又說「自由民主的國家，最重要的就是言論自由。我個人的看法，言論自由，只在憲法上有那一條提到是不夠的，言論自由同別的自由一樣，還是要靠我們自己去爭取的，法律的賦予與憲法的保障是不夠的，人人應該把言論自由看作最寶貴的東西，隨時隨地的努力爭取，隨時隨地的努力維持，用個人的言論去維持它，爭取自由是一種習慣，要大家去努力爭取。」[59]有人據此認為：由於胡適的到來，對於當時壓力日趨加重的《自由中國》將產生一種保護作用，雷

54 參見張忠棟著《胡適・雷震・殷海光——自由主義人物畫像》，頁一〇五；雷震一九五二年十月二十七日日記，《雷震全集》第三十四冊。頁一四六。
55 雷震一九五二年十一月五日日記，《雷震全集》第三十四冊。頁一五一。
56 雷震一九五二年十一月九日日記，《雷震全集》第三十四冊。第一五三頁。
57 此人為黃覺，黃覺的先生馮斌丞與蔣經國過從甚密。此時向雷震進言，應當出於一種善意。參見薛化元著《《自由中國》與民主憲政——一九五〇年代臺灣思想史的一個考察》，頁九十九。
58 雷震一九五二年三月七日日記，《雷震全集》第三十四冊。頁三十六。
59 雷震著《雷震回憶錄——〈我的母親〉續篇》，頁六十二至六十三。

公由此可以輕鬆一下了，雷震卻說，「聽到適之先生之言，當然愉快，不過我個人是會獨立奮鬥的，不必有什麼靠山，過去之用適之先生為發行人，並非以他為招牌。」[60]

一九五四年上半年，國民黨內傳出有人正在運作讓胡適回台競選副總統的消息[61]，雷震頗感失望。在美國的董時進給雷震來信，他是支持胡適競選副總統的，認為胡適是一個正派人，沒有什麼污點，「這樣一塊響亮的招牌，為什麼不扛出來？在平時我也不愛管這些閒事，這是什麼時候！所以我們顧不得別人誤會，我也明知道這對於胡本人並不一定是福，也許是犧牲了他，但是現在也顧不得了，為幾萬萬人而犧牲一個人也應該。」[62]這一年十一月十二日，雷震在社裡與友人聊起此事，他對好友羅鴻詔說，「如果胡任了副總統，則渠歷史地位一定減低，因為他無鬥爭性格，非政治人物，而政治則是一種鬥爭性的東西」。在場的民社黨負責人蔣匀田同意雷震的看法，「我們對適之估價太高……他的妥協性最大」；雷震又說「對讀書人講民主，我也悲觀，他們太無自信」。羅鴻詔究其原因，認為「這些東西不是中國固有的道德，他們信之不堅，所以不會殉道的」。以上對話見諸雷震當天（一九五四年十一月十二日）日記，這一番對話，將中國知識份子在現實政治中的「知與行」關係，剖析得較為透徹，應當說，就推進臺灣民主憲政而言，雷震日後在臺灣社會的廣泛影響力遠遠超過了他所尊敬的胡適先生。

60 雷震一九五二年十一月二十九日日記，《雷震全集》第三十四冊。頁一六四。

61 一九五四年推舉胡適一事，除是自由派人士的運作之外，也有人希望藉此來保護陳誠的意味。陳誠曾對同仁表示感受到了強人威權體制建立的壓力，實際上，透露出他本人與蔣氏父子的某些矛盾。參見蔣匀田《中國近代史轉捩點》，香港友聯出版社，一九七六年版，頁二六〇；又：儘管黨內有部分人支援胡適競選，但事實上，蔣介石相對於一九四八年前後對自由派和在野黨人士之拉攏，早已不可同日而語，蔣表示若提名胡適任副總統，他會覺得「芒刺在背」，參見雷震一九五四年三月二十一日日記，《雷震全集》第三十五冊。第二四七頁。

62 一九五四年二月九日董時進致雷震函，《雷震秘藏書信選》，《雷震全集》第三十冊，頁二七八。

這一期間，《自由中國》半月刊麻煩總是不斷。一九五三年三月十三日，國民黨中央委員會第四組[63]致函雷震，對《自由中國》半月刊第七卷第九期上〈再期望於國民黨者〉、〈監察院之將來（一）〉兩文提出嚴重警告。對於前文，第四組審認為有「故意歪曲題解，武斷本黨無意實行七全大會宣言」之嫌。而後文，「監察院之職權，不過歐美上議院職權之擴大而已……未發現如作者所說『利則兩爭，害則互諉』或『有時無人問，有時都來問』的現象。」至於「國歌中『吾黨所宗』一語，其中『黨』字本應作『人』字……而作者偏說『明明國民黨，偏偏要他黨他人在唱國歌的時候換黨籍……以此挑撥性的詞句，來破壞本黨與民、青兩友黨的感情，其用意何在，實難揣測。」[64]〈監察院之將來〉是雷震寫的一篇長文，準備分為六部分用三個時間在《自由中國》刊出，其中第一部分談及民主社會要尊重少數人的意見，舉例提到了「國歌」，在雷震看來，所謂「國歌」實際上就是「黨歌」，「吾黨吾宗」的「吾黨」指的就是國民黨，為何要非國民黨的人也跟著唱，這就是不尊重少數人的「不智之舉」。

以研究者的看法：對雷震和《自由中國》來說，「這兩篇文章可以被理解為希望執政黨能夠放棄自我本位，結合其他在野人士，並落實政治上的主張。但情治單位及執政者卻未必認為這是善意的建議，甚至還認定它多少已逾越了可以接受的程度。」[65]三月十九日一大早，雷震接到友人（熊魯聲）打來的電話，稱老蔣看到黨部送交的審查意見後「至為震怒」，下令免去雷震的「國策顧問」。此事雷震早已知道，三月初，洪蘭友得知國民黨可能要處分雷震，勸他接受警告了事，雷堅決不肯，表示至少應有一個答辯的機會[66]；王世杰知道後，提出讓雷震主動辭職，「以免外面不好看」。雷還是沒有答應，「認為兩文無錯誤，由他免職可也」[67]。三月二十四日，雷震接到總統府人事室

63 第四組係當時國民黨中央改造委員會專門分管新聞與論的機構，負責人為陶希聖。
64 萬麗娟編注《胡適雷震來往書信選集》，頁四十六至四十七。
65 薛化元著《《自由中國》與民主憲政——一九五〇年代臺灣思想史的一個考察》，頁一〇九。
66 雷震一九五三年三月四日日記，《雷震全集》第三十五冊，頁三十七。
67 雷震一九五三年三月十九日日記，《雷震全集》第三十五冊，頁四十六。

公函，「奉總統諭：解除先生所任之本府國策顧問職務……」[68]對於被免去「國策顧問」，雷震本人並不特別在意，《自由中國》編委會開會時，不少人主張對黨部的這一決定作公開答辯，雷震沒有接受。在當天日記的中，只說了一句「蔣無容人之量」[69]；就在前一天，雷震就第四組的警告公函給沈昌煥（時為中央黨部第四組組長）一信，表明辦刊立場絕不動搖：

> 《自由中國》年來刊載文章，極其小心謹慎，凡於國事無補或事實不正確者，從不登載。我們的批評也是可憐得很，我們不辦刊物則已，如辦刊物，對自由中國政治上一件重要大事，如七全大會之召集，而不為文置評，則失去辦刊物之立場，如批評而拿不出良心主張，一味歌功頌德，不僅對國事無補，亦有失獨立之人格。[70]

三月二十五日，雷震給胡適一信，稱當局打壓黨內自由派人士早有跡象，「可見過去大家之所顧慮者，自非杞人憂天之舉」；「此事只報告，先生知道就算了，不希先生有任何表示，惟本刊發行已有八十一期，先生迄未給本刊專寫過一篇文章，我特向先生提出控訴的」[71]。從當時的政治環境來看，應當說，並非僅僅這兩篇文章觸怒了蔣介石，而是可以理解為執政當局在政治上與自由派分子之間的分歧越來越大，乃至發生一系列的衝突。

這一年四月，一直醞釀要辭職的臺灣省主席吳國楨，因與行政院長陳誠不和，與蔣經國一再發生衝突，稱病赴美不歸；同月，《自立晚報》因刊載有關孔祥熙的報導被處罰停刊七天，言論與新聞自由遭到嚴重打擊。國民黨中央甚

68 參見萬麗娟編注《胡適雷震來往書信選集》，附錄三：總統府人事室函，頁五十一。
69 雷震一九五三年三月二十四日日記，《雷震全集》第三十五冊，頁五十。
70 一九五三年三月二十三日雷震致沈昌煥函，《雷震秘藏書信選》，《雷震全集》第三十冊，頁二五二。
71 萬麗娟編注《胡適雷震來往書信選集》，頁四十五。

至決定，立法院之立委提案須先經過黨部通過，「立法院已由國民黨的組織來主導」；時任臺灣省主席的俞鴻鈞「將民社黨謝漢儒顧問等等一律免職」[72]；蔣經國在陽明山一次演講中公開指責「大陸是自由丟掉的，現在又來臺灣自由」[73]。在一片自由緊縮聲中，老友王世杰還是想到了性格倔強的雷震，託洪蘭友帶信勸其「小心謹慎」。未料，到了十一月十七日，王世杰本人因「陳納德民航隊欠款事件」被蔣介石免去總統府秘書長一職。王特別囑咐友人勿探望他，「以免惹上麻煩」。當時傳出「王世杰貪污」之流言，王面對不實之詞，提出由自己主動「辭職」，蔣介石「不欲在辭呈上簽字，而必欲免職」，而且將王世杰軟禁在北投外交部的「佳山招待所」裡，雷震對蔣介石處理王世杰一事感到「令人灰心」[74]。王世杰一直被視為國民黨自由派中的重要人物，由於他的去職，黨內自由派人士與高層的互動失去最直接的管道，雷震與蔣介石的關係，也就更加難以癒合了。

一九五四年初，設計委員端木愷遭至開除黨籍的處分；在美國的吳國楨公開發表談話，嚴詞抨擊蔣介石政府[75]；這一年底，雷震被註銷了黨籍，同時被免去中央銀行監事、國民大會籌備委員等職；一九五五年八月，孫立人因所謂郭廷亮「匪諜案」憤然辭職，從此遭到長期軟禁。在這種高壓氣氛之下，使黨內不少人擔驚受怕，程滄波就表示過「近來不敢寫日記」，也不敢到自由中國社吃飯[76]，雷震在日記中歎道「飛鳥盡，良弓藏，自古已然，不過，於今尤烈耳」[77]。短短兩年內，一系列內部衝突與整肅並非孤立事件，「而是兩種思維模式與治台路線的衝突」，從中也可看出國民黨以威權政治控制其局面的態勢明顯加強，並以逐漸放棄重用黨內自由派人物這一策略為代價，從而將臺灣

72 雷震一九五三年十月二十六日日記，《雷震全集》第三十五冊，頁一五八。
73 雷震一九五三年四月十四日日記，《雷震全集》第三十五冊，頁六十一。
74 雷震一九五三年十一月二十一日日記，《雷震全集》第三十五冊，頁一七五。
75 吳國楨在美國提及當時臺灣的政治現狀：一，一黨專政；二，軍政之內有黨組織及政治部；三，特務橫行；四，人權之無保障；五，言論之不自由；六，思想控制。並建議：國民大會調查國民黨經費來源、撤銷軍中之黨組織及政治部、調查言論何以不自由等。
76 雷震一九五五年十月十八日日記，《雷震全集》第三十五冊，頁一六三。
77 雷震一九五四年一月二十七日日記，《雷震全集》第三十五冊，頁二一五。

社會帶入「白色恐怖」時期。

「白色恐怖」一詞之由來，一般認為源於法國大革命。學者指出：由於反抗雅克賓恐怖統治也包括支持波旁（Bourbons）王室的保皇黨，波旁王室又以白色為代表色，故將當時對雅克賓採取報復的恐怖活動，稱之為「白色恐怖」。而對於臺灣社會，是指由執政當局的憲警和情治單位對異見分子的政治迫害，逮捕、訊問和監禁，往往不遵守法律和法規，即便有也是按嚴厲的軍法處置，「人民不能享受自由空氣，徒有實施憲政法治之名，卻是在政治干預、威權統治之下，國民黨長期一黨獨大，掌控全臺灣的實況，被稱為戒嚴體制或威權體制」[78]。

上世紀五十年代，在臺灣至少有兩千人被處決，八千人遭至逮捕判刑。「白色恐怖」不但危害了基本人權，更使整個社會陷入自我壓抑的狀態，造成心理上的扭曲[79]。臺灣民眾對「島上無所不在的恐慌（bugaboo）都有一種近乎非本能的反應」[80]，「這種恐怖感統治了所有正常生活，已達到食不知味，睡不知覺的地步」[81]。或許除了蔣介石父子之外，沒有一個人可以保證自己的生命安全，前臺灣總統嚴家淦一度竟也被懷疑有「匪諜」之嫌[82]，更遑論他人。

雷震被註銷黨籍的具體原因，與《自由中國》刊發一封有關臺灣教育問題的「讀者來信」有關。國民黨大陸失敗後，在臺灣進一步加強了對教育的全面控制。不僅在校園內散發反共宣傳讀物，還要求每一位學生都背誦「三民主義讀本」、「總理遺訓」、「總統訓詞」，這種強制性的違悖教育真義的做法，激起了強烈的反彈，學生、家長們無不怨聲載道，這是繼上世紀二三十年代以來「黨化教育」在臺灣社會的一種延續。

78 薛月順、曾品滄、許瑞浩編注《從戒嚴到解戒——戰後臺灣民主運動史料彙編》，台北：國史館，二〇〇二年七月，頁四。
79 參見廖宜方著《圖解臺灣史》，台北：易博士出版社，二〇〇四年十二月初版，頁二〇五。
80 殷海光〈剖析國民黨〉一文，收錄於林弘正主編《殷海光全集（12）——政治與社會》，臺北：桂冠圖書出版公司，一九九〇版，頁一一五三。
81 葉石濤著《一個臺灣老朽作家的五十年代》，台北：前衛出版社，一九九一年版，頁六十四。
82 前臺灣調查局副局長高明輝自述：一九七七年時任總統的嚴家淦，其政治偵防檔案的「類別欄」竟是「匪諜」。高明輝口述、范立達整理《情治檔案：一個老調查員的自述》，台北：商周文化事業公司，一九九五年版，頁二九一至二九二。

一九五四年五月底，余燕人、黃松風、廣長白三位家長連署投書《自由中國》半月刊，對「黨化教育」嚴重干擾校內正常教育，提出了言辭激烈的批評：

> 夙仰貴刊立論公正，故願借一角之地，以表達我們這幾個做家長的人眼看自己的子女所受教育感到沉痛與憂慮……今天的中學生負擔的繁重則又確是事實，這種繁重不是課業的繁重，而是規定學生來唸的課外東西太多了，三民主義、總理遺教、總統訓辭、青年救國團發下來的必讀小冊子……等等，連篇累牘，念之不盡，讀之不竭。教育當局、救國團並經常舉行考試，以察看學生們是否念得如家譜一樣的爛熟。所以很多的時間都被這些「政治大學」占去了。每到政治測驗的前兩天，我們眼看著我們的子女「戴月披星」、「三更眠、五更起」的愁眉苦臉的抱著這些書來啃，真正的課業，反而不得不丟在一旁……更令人奇怪的是國民黨六十周年紀念，竟也發動學生去郊區做宣傳，要恭讀黨部發下來的國民黨六十周年專刊，要作「我對國民黨的認識」等類的論文。試問國民黨黨慶和學生有什麼關係？……我們的教育應該是自由的教育，而不是任何一黨包辦的黨化教育……全省的公立學校，都是用納稅人的錢來辦的。教育當局和救國團不可借教育之名而行黨化之實[83]。

家長之一余燕人當年係北大畢業，此時在台北某中學教書，深知學校「黨化教育」之嚴重。對於是否刊發這封讀者來信，「自由中國社」內部有過不小的爭執。鑒於當時刊物與當局的關係已然惡化，社中有不少人反對刊發此信。雷震、殷海光[84]、夏道平等人卻認為：這封來信不僅反映了臺灣教育界的真實現狀，還指出了諸如「青年救國團」這

83 原載一九五四年十二月十六日《自由中國》半月刊第十一卷十二期。

84 殷海光（一九一九至一九六九），湖北黃岡人。本名福生。西南聯大哲學系畢業。抗戰勝利後，曾任國民黨中央宣傳部編輯、金陵大學副教授、《中央日報》主筆。來台後，執教臺灣大學哲學系，為《自由中國》雜誌社編委及政論主筆。後有《殷海光全集》問世。

類組織屬「非法」的這一事實，由此可以深入檢討一下國民黨的「黨紀問題」。

《自由中國》是站在這一角度和立場來刊發此信的，關鍵點在於「青年救國團」的正當性，將矛頭直指向蔣經國。當局對此十分震怒。一九五四年十二月，「宣傳會報」主席蔣介石以「不守黨紀，影響國民黨名譽」為由，下令開除雷震的黨籍。雷震說，「唐縱則代表黨部出席，說我沒有歸隊，等於沒有黨籍。不料蔣介石一向胡說八道搞慣了，就說『沒有黨籍也要開除』，結果則用『註銷黨籍』了事。黨部並沒有通知我，係時任總統府秘書長張群告訴王世杰的」[85]。

中央黨部在《中央日報》刊發一則消息，殷海光從報上看到後，一九五五年一月四日給雷震寫了一封很短的信：「欣聞老前輩斷尾（指被註銷黨籍，作者注），誠新春之一喜訊也，可祝可賀。從此先生更可本平民立場，為民主事業奮進不休也。」[86]洪蘭友也上門拜訪，向雷震道賀，稱「今日之局勢太危險了」，對雷震及《自由中國》的勇敢作為表示「十分欽佩」。雷震還收到作者劉書傳寫來的信，「從做官言之，先生或許失敗了，從政治言之，卻在成功的途中。當年先生大名日日見於報紙時，社會並不以為重，今日辦雜誌寫文章既窮且惱，社會並不以為輕。社會自有公論，絕不因權勢關係而有所變更，當局對先生之誤解，隨形勢之推移，終有刮目相看之一日。凡此事實，區區如弟，曾獲見不少，《自由中國》一刊的貢獻，隔一時期，自然全明白」[87]。

關於「青年救國團」合法性問題，到了一九五八年當局還在為之辯護，《中央日報》以社論〈反共救國，團結奮鬥〉予以聲援，聲稱「青年救國團」工作主要在於「加強愛國教育」，指責「有些心存歪曲的分子，往往會用『泛政

85 雷震《雷震回憶錄——〈我的母親〉續篇》，頁三六〇。

86 一九五五年一月四日殷海光致雷震函，《雷震秘藏書信選》，《雷震全集》第三十冊，頁二八七。

87 轉引自張忠棟著《胡適・雷震・殷海光——自由主義人物畫像》，頁一一五。劉書傳〈大陸上中學教育的惡變〉一長文，分別刊於一九五三年七月一日《自由中國》半月刊第九卷一期、七月十六日第九卷二期，作者情況不詳。

治』的眼光去分析事物，將一件極其純潔的舉措，硬要挖空心思，另做砌造，以達其破壞的目的」。第十八卷第十一期《自由中國》再刊社論，以〈再論青年反共救國團撤銷問題〉為題，針對「青年救國團」稱其成立之依據是根據《軍訓實施法令》有關條文，社論指出：「青年救國團」於一九五二年十月成立，《軍訓實施法令》頒佈是在一九五三年七月，「青年救國團」怎能在此法規頒佈之前就成立呢，除了在蔣介石文告中可找到某些說法外，救國團的成立並無任何法律上的依據，進而問道：

> 青年救國團成立以來，經費究竟如何列入預算？又如何送交審核？是否都經過了合法的手續？所說由內政部及教育行政當局撥款，又究竟是以什麼做根據？是根據有效的法律抑或是政治上的特殊關係？現在賬據是否全部存在？是否經得住監察院的徹底調查？
>
> ……如果像青年救國團這樣一個機構還不撤銷，而且還要聽任其在各個學校加強控制，以完成其特殊使命，則我們還有什麼青年前途可說！又有什麼學術前途可說！更有什麼法治前途可說！[88]

《自由中國》這篇社論見刊後，有許多讀者投書，其中路狄君〈青年團破壞法制與浪費國帑〉一文說：總之在國家正常教育系統之外，另設於法無據的、黑市的、私人控制的（成立以來始終由一個人主持）青年救國團組織，浪費青年的時間精力，做無聊的事，開無聊的會，是千不該萬不該的。青年救國團的權力基礎非常堅固，實力非常雄厚，雖在一片撤銷聲中，但絕不會被撤銷的，真為那些受訓青年的前途一哭[89]！

儘管受到輿論紛紛指責，青年救國團仍向行政院建議，將「軍訓」劃歸教育主管部門，行政院在一九六〇年七月做出有關規定：高中以上學校軍訓工作，劃歸教育部軍訓處辦理，原在救國團工作的有關軍訓人員，全部併入教育

88 原載一九五八年六月一日《自由中國》半月刊第十八卷十一期，頁四至六。
89 原載一九五八年一月十六日《自由中國》半月刊第十八卷二期，頁三十一。

部。雖然某些歸屬有所改變，實質上是換湯不換藥。郭衣洞（柏楊）曾就職於青年救國團，這樣說，「很多人認為這是一個特務組織，其實，當然不是，它只不過是蔣經國培植私人勢力的迷你王國。總團部設有若干組，最初以數字為順序，以後取消數字，直接標出工作的內容，像青年活動組、青年服務組、文教組、婦女組……具有政黨組織的雛形。蔣經國是主任，胡軌是副主任，李煥是主任秘書。這是一個單調的團體，被外人稱為太子門下，但絕對不是特務，因為特務是一種專業，他們不夠資格當特務，況且蔣經國另有特務系統，不需要他們介入。」[90]

蔣經國晚年對推動臺灣社會政治轉型作出不可磨滅的貢獻，但在上世紀五六十年代，他所扮演的政治角色，對當時許多自由派人士來說，則多有不堪。臺灣前監察院長王作榮在「自傳」中說，「在一九五〇年至一九六〇年代，可說是政府的高壓威權時代，而主控這一段時期權力的便是經國先生，這可說是人盡皆知的事……遷台早期，簡直是恐怖統治，以後雖稍有放鬆，仍是絕對威權統治，毫無民主氣息。而且為求將來能繼承大位，不著痕跡地、但無情地、不擇手段地整肅對自己有妨礙者，甚至一再用冤獄羅織入罪，所以我對他的印象不佳。」[91]

傅正曾經是蔣經國的追隨者，對他相當欽佩，並寄予莫大的希望，「希望他能好好地為這個國家做一番事」，可到臺灣後不到一年，「當我在去年秋天在淡水親自聽到他的高論後，我驚奇他的思想之落伍，同時在這一年多來，我更是痛恨而又惋惜他被一些肖小包圍而遠賢人而親小人，漸漸地走上自我毀滅的道路。如今我對他已由熱望而變成絕望，以目前的情形看來，他是再也不會重新喚起我對他那已經毀滅的希望。相反地，他只有一天天的加深我對他的惡感。」[92]傅正後來脫離「蔣經國之路」，轉而走上了「雷震之路」，《自由中國》「今日的問題」系列社論之十二〈青年反共救國團〉一文，即為他所撰，在社論中指出：救國團這個無法無天的組織，解決的辦法，只有一個，「就是撤銷青年救國團」。

90 柏楊（口述）、周碧華（執筆）《柏楊回憶錄》，台北：遠流出版公司，一九九六年第一版，頁二一六。
91 王作榮著《壯志未酬——王作榮自傳》，臺北：天下遠見出版公司，一九九九年第一版，頁三六二至三六三。
92 傅正一九五二年五月二十六日日記，參見蘇瑞鏘著《超越黨籍、省籍與國籍——傅正與戰後臺灣民主運動》，頁一〇一。

一九五四年三月十四日，「自由中國社」編委聶華苓[93]告訴雷震，美國政府新聞處推薦他赴美考察三個月，如果一切順利，大約可在半年後動身。雷震並未想到當局會禁止他出島，做了許多赴美前的準備。可幾個月過去，護照遲遲批不下來。八月三十一日，雷震去王世杰處，王對他說赴美之事「蔣先生可能不批准」。雷震問其理由，王世杰說，他們怕你（指雷震）與美國有實質往來。時任總統府秘書長張群[94]對雷震應邀訪美「未事先請准」表示不滿。九月十日，雷震去青年救國團總部去找蔣經國，「將美國邀請之事」作詳細說明，「盼他報告總統准我去」，蔣經國未作任何允諾，只說了一個「好」字[95]。

九月二十八日，雷震去張群處，先談中日文化經濟協會事，繼談赴美之事。張群勸雷震暫時不必作赴美訪問的打算，而是續任中日文化經濟協會總幹事長一職，過些時候再說。雷震說赴美考察一事本屬正當，外界早已傳開，硬攔著不讓去對「政府」不利，張群未語。

據雷震之女雷德全回憶，「大學畢業那一年的春天，接獲父親的來信，他應美國國務院邀請，會來美國作為期三個月的考察。他若暑期能抵達美國，我可以陪他三個月。我十分興奮地等待父親來美，但是在父親還來不及通知我他拿不到護照時，我已間接從友人處得知父親訪美之行已成泡影。我朋友的父親（雷德全所說的這位朋友，是王世杰之子王紀

93　聶華苓，一九二五年生於湖北應山縣。一九四九年到臺灣，後任《自由中國》半月刊編委，負責其文學作品欄目。一九六四年赴美定居，後與丈夫安格爾共同創辦愛荷華大學「國際寫作計畫IWP」，出版短篇小說集《翡翠貓》、《一朵小白花》、《臺灣軼事》及長篇小說《失去的金鈴子》、《桑青與桃紅》、《千山外，水長流》等。一九七四年春天，與其夫專程從美國來台北看望已出獄四年的雷震。

94　張群（一八八九至一九九〇），四川華陽人，字岳軍。日本士官學校畢業。歷任上海特別市市長、湖北省主席、外交部長、四川省主席、行政院長等職。來台後，任總統府秘書長等職。

95　雷震一九五四年九月十日日記，《雷震全集》第三十五冊。頁三三〇。

五，時在美國。作者注）是蔣介石的親信，他們早已知道蔣介石絕對不會准許父親出國，但是張群卻一直瞞著父親，要父親耐心慢慢地等待。」[96]

雷震悶悶不樂，在當天的日記中這樣寫道：「黨部對我不好，認為我比胡先生（指胡適）對政府更壞……謂胡先生原與黨不相干，他可以批評，如果他說兩句好話，他們很高興。我是自己人，批評他們，他們就不高興……今日聽說這一段話，我心中非常氣悶。胡先生所說臺灣年來有自由，《自由中國》之言論自由是我爭得來的，可是我今日被人邀而不能出國，自由之謂何？真令人欲哭無淚也。」[97]

雷震當時還與張群爭辯了幾句，表示「沈昌煥（當時的外長，作者注）云，凡屬中國人依照護照條例，無不准之理，何以不批准我？」張群手一攤：「今日不合理太多，我何能糾正？」雷震深感這位老友「完全離開是非」，感歎「生為今日中國之人，誠不幸之至」。雷震的許多朋友問其何時赴美時，雷震「竟無法回答」，甚至感到了厭煩，「只好敷衍答覆」。

胡適在美國多次寫信給蔣介石、張群等人，從中說項並願出面予以作保，仍無濟於事。當局之所以不批准雷震赴美考察，顯然是擔心他到美國後出言批評「政府」。在此之前，前臺灣省主席吳國楨在美國嚴詞抨擊臺灣政府，使當局十分被動，而雷震的性格，較之吳國楨更加率直，難免不會出什麼問題。幾個月後，雷震就被註銷了黨籍。

一九五五年二月十六日，雷震去機場送王世憲（民社黨籍立委）赴美考察，遇到美駐台使館新聞處文化專員Whipple小姐，她問雷震何時動身，並說要到機場送行。雷震覺得美國人並未放棄邀請，回到家即給張群寫信，請他再次說服蔣介石批准赴美，「我在國民黨有三十多年之歷史，無功可言，但亦沒有對黨不起的事情。過去在派系鬥爭激烈之際，我未參加任何小組織，今日亦復如此。大陸在危急的時候，我也東奔西走，為國效勞。我當時沒有任何名義，完全出於愛國熱誠。我懇求吾公在日內請總統批准，我去時只用普通護照，尚要檢查身體、簽證、預備講稿，

96 雷德全著《我的母親——宋英》，台北：桂冠圖書股份有限公司，一九九六年十一月初版，頁一六八至一六九。
97 雷震一九五四年九月二十八日日記，《雷震全集》第三十五冊。頁三三八。

本年三月十日以前必須動身，在本月底必須答覆美國，將計畫書送去」[98]，話都說到了這個份上，最終還是未能得批准，雷震憤激不已，當張群的面不客氣地說：總統無權拒我應邀訪美，他之信任與否，毫無關係，我是一個老百姓，我有權出國！[99]

三、孫元錦自殺事件

雷震被註銷了黨籍，蔣介石沒有因此而息怒。

一九五五年一月三日晚，雷震等人在王新衡家中聚餐。席間，王告訴雷震，說老蔣在最近「宣傳會報」會上公開罵他是「混賬王八蛋」，稱雷震是美國武官處的間諜、是漢奸。不特如此，陳誠在一月十一日「司法節十周年紀念會」上指稱雷震等人為「文化流氓，文化敗類，製造矛盾，為匪張目，假借民主自由之名，投機政客，惡意攻擊政府」[100]。據陶百川回憶，會議開始之前，陳誠向人（謝冠生、王亮疇）詢問「在法律上有什麼方法可對付文化敗類」，眾人「笑而未答」。陳誠這一問話，顯見國民黨高層對雷震及《自由中國》已有採取法律行動的意向。

這一年六月，「自由中國社」收到一封教師來信，稱台南農業職校校長滕詠延以臺灣省教育廳命令審查書籍為由，將《自由中國》半月刊列為「言論不正確」的雜誌，並要求交教務處保管，不准放在閱覽室中。「自由中國社」針對此事發表社論，以〈抗議與申訴〉為題，表明自己的態度與立場。社論指出：所謂言論不正確，應該衡量一個正確標準，這標準是誰制定的？它如何取得「標準」的地位？《自由中國》「言論不正確」之處在哪裡？《自由中國》作為合法發行的刊物，不知滕校長何以如此認定？[101]

98 一九五五年二月十六日雷震致張群函，《雷震秘藏書信選》，《雷震全集》第三十冊，頁二九〇。
99 雷震一九五五年三月十八日日記，《雷震全集》第三十八冊，頁五十四至五十五。
100 雷震一九五五年一月十二日日記，《雷震全集》第三十八冊，頁十二。
101 參見一九五五年六月十六日《自由中國》半月刊第十二卷十二期，頁六。

此事因省教育廳長劉先雲道歉而有所緩和，但仍發現其他一些學校也有類似做法。這些事件或可表明當局對《自由中國》的壓制，已開始從軍方蔓延至校園內，雷震為避免事態擴大，有限度地進行過一些交涉。未料，就在此時，「孫元錦自殺事件」再一次引起「自由中國社」與保安司令部的直接衝突，保安司令部下令警察機關通知台北市所有書攤不准發售即將出刊的第十三卷第六期《自由中國》，這是多年來情治機關第一次公開查處《自由中國》半月刊，發行部經理馬之驌對此事有一段回憶：

> 一九五五年九月十六日，也就是《自由中國》例行出版的日子，早晨筆者剛上班，就接到台北市警察局的電話說：「你們《自由中國》這期內容有問題。希望暫緩發行，如已發出時，請儘快收回來，再商補救辦法。」我們當然知道，一定是〈關於孫元錦之死〉這篇文章惹來的麻煩……稍後，警察局長劉國憲來社裡拜訪雷社長。當時雷社長尚未上班，由筆者招待他入座，並遞上名片說：「雷社長今天上午不一定來，因為這期雜誌剛出版，事情較少，他可能在家裡休息一下，您若有什麼事情交代，我也可以為您轉為報告。」他順手拿起一本雜誌，一邊翻一邊說：「沒關係、沒關係！我是奉命來的，聽說貴刊這一期的內容有些不妥，上級指示我一定要親自來看看，千萬不要發出去賣，有什麼問題，都會解決的嘛！」我說：「我們接到貴局的電話之後，就決定外縣市的先不發了，但台北市的是在昨天已經發到各書攤上去賣了，我們剛才已派人去收，不過多少總會賣出一些，不可能收回全數的，尚請劉局長見諒。」他說：「不客氣、不客氣！你們已經很合作了！」[102]

102 馬之驌著《雷震與蔣介石》，頁一九五至一九六。

「自由中國社」得知孫元錦自殺內幕來自王新衡。王新衡在蔣經國（蔣當年留蘇同學，作者注）手下負責情報工作，與雷震私交一直很好。孫元錦是台北毛絨廠經理，自殺時只有四十三歲。台北毛絨廠是當年上海章華毛絨紡織廠大股東程年彭意圖遷廠未果而轉換成的私人財產，交由孫元錦代管。一九四九年，章華毛絨紡織廠董事長劉鴻生滯留大陸未來臺灣，被當局視為「投靠中共」，保安司令部保安處經濟組組長李基光據此迫使孫元錦承認這份投資為章華「逆產」，以便執行沒收，領取巨額獎金。孫元錦不堪忍受李基光的淫威相逼，於一九五五年六月二十二日在台北濟南路三段一〇三巷五十四號宅內自殺，以其「生命之毀」來表達對保安司令部無法無天的抗議，死後留有四封遺書，一對社會，二對母親，三對妻子，四對兒子：

> 想不到我一生正直，於國於家兩無愧慰，然今日所得報應，竟如是之慘，豈皇天眼瞎耶！劉鴻生附匪與我何尤？為了財產問題強將無故之人納入犯罪行為，以達到充公分配獎金的目的。自本月五日將同事張、嚴二人傳去，至今扣押不放。在上星期李基光竟囑張仲良出來迫我承認將程華之財產作為章華之財產並唆使兩位太太每日每時迫我要人，我久病之軀如何忍受此種威脅，不得不放棄生命，聽憑如何魚肉我亦不見了。[103]

從實際情況看，此事「最多只牽涉到本為章華大股東程年彭處理公司在台資產的爭議而已，而竟演變成孫元錦案，且保安司令部壓制案情的傳播又如此堅持，正反映出當年臺灣政治、經濟的部分不合理現象」[104]。王新衡握有孫元錦遺書及照片，但並不希望《自由中國》刊發這些原始材料，此時《自由中國》半月刊處境已十分險惡，他不想讓雷震捲入此事，以免引起更多麻煩。

103　轉引馬之驌著《雷震與蔣介石》，頁二〇三。
104　薛化元著《《自由中國》與民主憲政——一九五〇年代臺灣思想史的一個考察》，頁一三二。

此事在「自由中國社」編委中引起憤憤不平，一致主張以社論加以抨擊。夏道平執筆寫出的社論〈從孫元錦之死想到的幾個問題〉，嚴厲批評當局沒收「逆產」政策有傷臺灣經濟發展，治安機關的職權已超越法定範圍，治安機關的不良獎金制度正是導致孫元錦自殺的主要原因之一，建議當局「凡是大陸或海外來台的私人基金，只要現在不為附逆者所有，不為附逆者所運用，過去的關係，一律不予追究」[105]。

同期還刊出署名王大鈞的通訊〈關於孫元錦之死〉及孫氏的親筆遺書（包括圖片三張），這篇通訊從《華報》一則消息標題〈不堪敲詐苦，一死求解脫——孫元錦服毒自殺〉說起：該報刊有孫妻孫朱秀芳的一個訃告，但孫氏究竟被何人敲詐致死，致死原因未作說明。而且，台北更多的報紙對此事隻字不登，工商界大都知曉內情，卻敢怒不敢言。保安司令部李基光不僅串通台北毛絨廠職工王德員對孫氏進行恐嚇敲詐，還對臺灣申一紡織公司負責人有過同類性質的敲詐行為，蔣介石聽到此事後，都頗為震驚……這篇長達二千多字的通訊，將「孫元錦之死」前因後果敘述得十分詳實，很顯然，倘若沒有王新衡提供的第一手材料，一般人根本不可能瞭解到情治部門的黑幕，這篇通訊的分量自然不會太輕了。

保安司令部事先得知《自由中國》刊發有關「孫元錦之死」的文章，下令台北所有書攤不准發售這一期《自由中國》，已發出的刊物大部分被追回，這件事在雷震等人看來，是妨礙輿論監督的嚴重事件，決定進行抗爭。其間，有關人士紛紛出面說項，既因此事牽涉到某些個朋友，同時也為雷震與雜誌著想。洪蘭友派車將雷震接到家中，雷震到後，見立法委員周兆棠、楊管北二人也在場。一見面，洪友蘭就說「三哥[106]，你好大膽啊，你想坐牢了嗎？居然敢在太歲頭上動土，真是膽大包天，你們的文章寫得真好，有事實，有證據，正是胡適之先生所說的作法，不過，老兄也太膽大了一點，今天保安司令部的事情，連副總統（陳誠）和行政院長（俞鴻鈞）都不敢來過問，也不願去指揮，你老兄倒要出來打抱不平，這不是不自量力、自找麻煩嗎？老百姓受冤遭屈的事情太多了，你們能管得了嗎？國民黨宣

105 夏道平撰寫的這篇社論後因被迫抽換之故，未收入《自由中國》半月刊合訂本中。
106 「三哥」為雷震的綽號，因頭髮稀少「三毛」之變稱。

傳的自由民主和言論自由，僅只是一塊對外的招牌，你們也不察明其真相，我看你們實在是太糊塗了。你們如果這樣搞下去，終有一天他們會來收拾你的，會把你關起來的。我們都是老朋友了，請老兄看在我們三個人的面子，把這一期改版，將有關孫元錦的文章去掉了，再來發行吧！」[107]

雷震當場表示不同意，稱此類事情「都是由編委會會議來決定的，從不獨斷專行，何況改版這樣大事，又不是我一個人能辦得通的。因為改版必須換幾篇文章，由於時間關係，自非我一人之力所可及」。洪友蘭有點不悅，一邊說不要「打官腔」來敷衍他們，一邊又認為「雷震是老闆」，又是大家的好朋友，一定會「賣這個人情」的。

雷震返回社裡，召集編委會緊急會議，以商討改版換稿之事。保安司令部政治部主任王超凡來到和平東路二段十八巷一號「自由中國社」，懇求雷震不要再發行這一期刊物，稱事關保安司令部之名聲，批評李基光其人糊塗，保安司令部一定會嚴辦的。若再發行，請在改版之後，並抽去有關孫元錦自殺文章。

王超凡之請求，與洪蘭友等人有所不同，洪等乃是受人之託，也是為「自由中國社」長遠利益著想，王超凡則完全代表保安司令部的意見，雷震應當會反感，他對王超凡說：絕不能改版，「有關言論自由的問題，《自由中國》的宗旨是，『要向全國國民宣傳自由與民主的真實價值，並要督促政府（各級的政府），切實改革政治經濟，努力建立自由民主的社會……。』今因揭發政府壓迫人民的事，如不能直言無諱，那不僅違反了我們的宗旨，也就違反了我們的良心。」王超凡表示願承擔改版所有費用，還是遭到了拒絕。雷震甚至說，即便改版，也不會接受你們的錢。王見雷震態度如此堅決，屈膝下跪求情，「蓋恐『自由中國社』不能改版，他可能要受處分，而且飯碗砸破。我看到他那副可憐相，心中實在有些不忍，始允予考慮。於此亦可見國民黨特務之能屈能伸也」[108]。

王超凡走後，情報局科長劉瑞符又前來請求改版發行。情治部門雖一向有恃無恐，但畢竟做了傷天害理之事，惟恐千夫所指，又擔心因此會影響到某些人的丟職或升遷，才派人跑到雷震這裡低三下四地求情。為改版換稿一事，雷

107 雷震著《雷震回憶錄——〈我的母親〉續篇》，頁二八〇至二八一。

108 參見馬之驌著《雷震與蔣介石》，頁二〇九。

震打電話給黃少谷，想徵求他的意見。黃時為改造委員會宣傳指導小組召集人，中央常委、行政院副院長，可未能找到。雷震又去張群那裡，想聽聽他的看法。張群對雷震說，孫元錦之妻將此事告到了總統府秘書處，有關部門已下令將保安司令部保安處經濟組組長李基光拘捕法辦，此事可以暫緩報導。

鑒於以上種種因素，政治的與人情的交織在一起，雷震及編委會才決定改版換稿。而事實上，已印好的雜誌也發不出去了，惟有改版換稿一途，「孫元錦自殺事件」沒有後續動作，當局對此採取了一種較為審慎的低調態度，「一方面消極的用法（戒嚴法、出版法），不准發行；一方面積極的用情，由高階層政治人物出面遊說」[109]，雷震作出讓步，是不得已而為之，「綜觀此事件的發生，仍然標示著一個國民黨當局與《自由中國》互動關係的轉折。在此之前，政府不曾干預《自由中國》的出刊，雖有停刊、法辦等威脅，但畢竟對刊物的編輯內容尚無實際干涉的行動，在此之後對《自由中國》的干預已呈現為檯面上的實際行動」[110]。

此事傳到行政院副院長王雲五[111]耳中。九月十七日下午二時，雷震去王雲五家時，這位前上海商務印書館老闆「對《自由中國》遭遇亦憤慨」[112]；與此同時，也引起青年黨立法委員李公權的關注，撰文質問當局「這是不是損害言論自由？」九月十八日，《自由中國》在報上發佈廣告，「茲因故延期兩日，改於今日（十八日）發行，敬請讀者鑒諒」，讀者自然不會知道這兩天裡「自由中國社」發生了什麼事情，但就此案來說，可見當時臺灣的經濟環境較為惡劣，政府的某些法令規章，如獎勵制度，一體兩面，在客觀上容易造成執法人員操守和道德品質出現問題，從而頻發「法外干擾」之現象，孫元錦的悲劇也就不可避免了。

109 馬之驌著《雷震與蔣介石》，頁二〇九。
110 薛化元著《《自由中國》與民主憲政——一九五〇年代臺灣思想史的一個考察》，頁一三〇。
111 王雲五（一八八八至一九七九），廣東香山人。民國成立前，曾任中國新公學英文教員，胡適即為其學生。歷任上海商務印書館編譯所所長、總經理等職；後任政治協商會議代表、經濟部部長、行政院副院長、財政部部長等職。來台後，歷任考試院副院長、行政院副院長等職。一九六四年出任臺灣商務印書館董事長一職。
112 雷震一九五五年九月十七日日記，《雷震全集》第三十八冊，頁一五〇。

四、「祝壽專號」

一九五六年十月三十一日，蔣介石七十大壽。臺灣各界擬舉辦各種「祝壽活動」，蔣本人婉謝祝壽，認為壽人不如壽國，十月十七日發出公告，以六事諮詢於國人，均盼海內外同胞「直率抒陳所見，俾政府洞察輿情，集納眾議，虛心研討，分別緩急，採擇實施。」所謂六事：一，建立臺灣為實現三民主義模範省的各種應興應革的要政急務；二，增進臺灣四大建設（經濟、政治、社會、文化）；三，推行戰時生活，革除奢侈浪費等不良風習；四，團結海內外反共救國意志，增強反攻復國戰力，不尚空談，務求實效的具體辦法；五，貫徹反共抗俄之具體實施計畫與行動的準則；六，對中正個人平日言行與生活，以及個性等各種缺點，作具體的指點與規正[113]。

這份「婉辭」透過行政院新聞局轉告臺灣各報刊雜誌，新聞界隨之而動，以應蔣氏「直率抒陳所見」之號召。雷震與主張自由民主的人士共同策劃了一組系列文章，對「國是」提出自己的看法，就是轟動一時的《自由中國》半月刊第十五卷第九期「祝壽專號」。

這一期刊物共發表十六篇文章，除一篇社論外，其餘十五篇均出自於專家、學者或在野黨領袖之手，包括胡適、徐復觀、毛子水、夏道平、陳啟天、陶百川、王世杰、雷震等人。《自由中國》社論係雷震所寫，審視了總統的任期問題，根據憲法第四十七條之規定，「總統、副總統之任期為六年，連選得連任一次」[114]，其時，蔣介石做第二任總統已近三年，第二個任期即將屆滿，之後該怎麼辦？人們揣測紛紛，亦不無憂慮，雷震這樣寫道：

113　此公告一九五六年十月十七日刊於臺灣各大日報，轉引馬之驌著《雷震與蔣介石》，頁二一一。

114　《中華民國憲法》，一九四六年十二月二十五日國民大會制定，一九四七年元旦國民政府公佈，同年十二月二十五日正式實施，參見繆全吉編著《中國制憲史料彙編——憲法篇》，台北：國史館，一九八九年六月初版，頁六二二。

我們於此，不單單想到第三任總統之誰屬，同時還想到第四任、第五任，以至無窮。我們誠知，憲法已規定得有總統選舉的程序，當然無需另立制度。但憲法所規定者，只是民主憲政的格架，而非為其實質。我們一直到現在，對總統候選人之選拔，似乎誰都不知道究竟應遵照怎麼樣的一種方式。第一，政黨政治沒有確立；第二，今日之執政黨及其它黨派的內部民主，也都沒有確立。這樣，我們可說根本上就缺乏一個新的「國家領袖」得以產生的機體……行憲垂十年，責任內閣，事實上還是徒有其名。其所以致此，一方面可能是由於一黨執政，為時過久，民主政治各方面的制衡作用，無從發揮；另一方面也可能是由於歷屆的行政首長，類都為蔣公一手提拔的後輩，就難免要多受一點蔣公個人的影響，以致對施政的得失成敗，都未能負起積極的責任來，國家成了一個由蔣公獨柱擎天的局面。這種情形，也是不能行諸永久的……[115]

這篇社論再次提及軍隊國家化問題。自民國成立以後，「幾乎從來就是把長官個人視為軍隊效忠的對象，士卒知有長官而不知有國家，這已成了不容易打破的傳統」。雷震在文中問道，「除了蔣公以外，是否還有人能夠僅憑個人的威望來統率三軍？即令能得其人，這種辦法又是否能與我們所希望建立的民主政治相符合」？

胡適寫了一篇題為〈述艾森豪總統的兩個故事給蔣總統祝壽〉的短文。以故事而時論，曲徑通幽，巧發奇中，第一個故事是講艾森豪將軍就任哥倫比亞大學校長時，副校長來對他說，學校各部門首長都想見校長，談談他們的工作，可否讓我替你安排一個日程，約他們分日來見你？艾氏同意了，接見了十來位人之後，他問副校長照這個日程，還要見多少位？副校長算了一下，說一共有六十三位，艾氏把雙手舉向頭頂，喊道：

115 社論〈壽總統蔣公〉，原載一九五六年十月三十一日《自由中國》半月刊第十五卷九期，頁三至四。

天啦，太多了，太多了！副校長先生，你知道，我過去做同盟各國聯軍的統帥，那是人類有歷史以來空前最大的軍隊，在那個時期，我只須接見三位受我直接指示的將領，——我完全信任這三個人。他們手下的將領，我從來不用過問，也從來不須我自己接見。想不到，我做一個大學校長，竟要接見六十三位主要首長！他們談的，我大部分不很懂得，又不能不細心聽他們說下去。我問的話，大概也不是中肯的話，他們對我客氣，也不好意思不答我。我看這是糟蹋了他們的寶貴時間，於學校實在沒有多大好處！副校長先生，你定的那張日程，可不可以完全豁免了呢？

第二個故事是胡適的朋友蒲立德先生對他說的，是講艾森豪當選總統後，有一天，他正在高爾夫球場上打球，白宮送來一份急件，有一個問題需要總統批示，助手亞丹士替他擬好兩個稿子，一個稿子是備總統批示同意的，另一個稿子是供他否決的：

艾森豪總統在球場上拆開公函，看了兩件擬稿，他一時不能決斷，就在兩個擬批上都簽了名，另加一句話，說：「請狄克替我挑一個罷。」他封好了，交來人帶回白宮，他仍繼續打他的高爾夫球。

（狄克，Dick是副總統尼克森）蒲立德先生說，這是華盛頓傳出來的一個譏笑總統的故事。

胡適在「故事的後記」中，回憶最初與蔣介石的交往，「我在二十五年前第一次寫信給他，我勸他不可多管細事，不可躬親庶務。民國二十二年，我在武漢第一次見到他時，就留下我的一冊《淮南王書》，託人送給他，做一個國家元首最好參考參考淮南王的思想」，「二十多年的光陰輕輕地飛過去了。蔣先生今年七十歲了，我也六十六歲了。我在今天要貢獻給蔣先生的話，還只是《淮南王書》裡說的『積力之所舉，則無不勝也。眾智之所為，則無不成也』。要救今日的國家，必須要努力做到『乘眾勢以為車，御眾智以為馬』」，「我們憲法裡的總統制本來是一種沒有行政實權的總統制，蔣先生還有近四年的任期，何不從現在起，試試古代哲人說的『無智、無能、無為』的六字訣，努力做一個無智而能『御眾智』，無能無為而能『乘眾勢』的元首呢」[116]。

徐復觀的文章〈我所瞭解的蔣總統的一面〉，從心理學的視角切入，剖析了蔣介石的「堅強意志」，成於此，敗亦於此，「蔣公的機會和才能，本可以當中國的華盛頓或林肯，但他到現在為止，還不能說是成功的華盛頓或林肯，這是什麼緣故？因為華盛頓和林肯，心裡不滿意國會，但非常忠實於國會；心裡不滿意憲法，但非常忠實於憲法；心裡非常討厭那些異己的人，尤其是華盛頓，但對於異己的人在公務的接觸上，是非常誠懇而親切有禮；遇到兩方有爭執的時候，總是克制自己的情感，拋棄自己的成見，站在超然的立場，作誠懇底（不是偽裝底）折衷調處」：

> 今日國家的根基便是一部憲法；我懇切希望蔣公自今以後把畢生克服各種困難的毅力，一貫徹於憲法之中，把學校中教授三民主義的時間，分一半出來教授憲法。根據憲法來重新訓誡自己的幹部，重新安排政治的設施，使每一人都在這一常軌上運行，相扶相安而不相悖，使國家在風雨飄搖之中，奠定精神和法理的基礎，這將是蔣公的旋乾轉坤的一大轉機，也是我們國家旋乾轉坤的一大起點[117]。

夏道平的文章〈請從今天起有效地保障言論自由〉，「在今天以前，臺灣有沒有言論自由呢？我們想，最公允的說法應該是這樣：就常識講，臺灣並不是絕對沒有言論自由。但就現代民主政治的理論來講，我們不得不說，臺灣沒有言論自由。……言論自由是諸項基本人權中之一項，人權而冠以『基本』二字，是表示這幾項人權是人之所以為人的要件。基本人權不是邦國或政府所賦予的，而是先於邦國或政府而存在。人們為保障這些權利，才讓出點其他權利（例如在美國憲法中財產權就不是絕對的），以便形成邦國，組織政府，將那些可讓出的權利信託政府去運用，以保障不可讓出的基本人權」。

116 胡適〈述艾森豪總統的兩個故事給蔣總統祝壽〉，原載一九五六年十月三十一日《自由中國》第十五卷九期，頁八。
117 徐復觀〈我所瞭解的蔣總統的一面〉，原載一九五六年十月三十一日《自由中國》第十五卷九期，頁十。

陳啟天作為青年黨領袖之一，站在民主黨派的立場上，在〈改革政治，團結人心〉一文中強調：「一黨在朝執政，他黨在朝監督」的重要作用，「據我看來，依據民主政治原則，講求改革政治的具體方法，當以培養和平的健全的有力的反對黨為第一要務，沒有這樣的一個反對黨，便很難促進實際政治的不斷改革。因為任何政府黨，如果缺少反對黨在野的監督，便必然釀成專權專利的流弊，並養成不負責任的官僚習氣」。

陶百川在〈貫徹法治壽世慰親〉一文中，針對此次蔣介石「求言」，對臺灣社會法紀廢弛之嚴重提出批評，他呼籲「第一要司法獨立，法官要有獨立審判權；第二要縮小軍權範圍……；第三要守法，老百姓守法，執政的人更要守法。因為『法之不行，自上犯之』，一定要做到『法律之前，人人平等』，『法律之內，人人自由』，不可有『例外』的事和『特殊』的人」。

蔣勻田係民社常委之一，其觀點代表本黨意見，他在〈忠誠的反應〉一文中強調兩點，第一，自由與權力，屬於個人者為「自由」，屬於政府者為「權力」，並以英國為例，「政府自身羈勒權力，使不侵犯人民的自由，不如以人民的自由，限制政府的權力，永閉權力侵犯自由之門」；第二，軍隊國家化問題，又以美國為例，「美國現在處兩黨爭奪政權劇戰之際，而能全國宴〔焉〕然無事者，即由於美國的軍隊、警察、特務皆能嚴格地超然於黨爭之外，拒受任何政黨的影響。……今日國民黨黨化軍隊的設計，還是黃埔練兵時，受蘇俄顧問的影響，所生的觀念的回顧，也可以說是歷史的惰性，沒有什麼新的內涵，發生不了新的奇蹟。打破歷史的惰性，如同斷絕嗜好一樣，需要痛下決心」[118]。

這一期「祝壽專號」在臺灣社會引起巨大反響，很快被搶購一空，前後再版十三次。雖是應蔣介石本人「求言」而有所發，雷震坦言「名為響應，實際上都是諍言」（一九五六年十月二十九日致王紀五函）。「祝壽專號」次期，

118 以上均參見《自由中國》半月刊，一九五六年十月三十一日第十五卷九期。

即第十五卷第十期，《自由中國》刊發社論，籲請政府當局重視各方人士的進言：

> 蔣總統現在既已誠懇地表示要聽取各方人士對國事的意見，則政府對於各方人士所已經提供出來的意見，決不能只停頓在「聽取」的階段，只讓大家能夠說出來便算完事，而必須就這些意見，作周詳的考慮，於審慎抉擇後付諸實行。這許多的意見，固然我們不能說都是非為政府採納不可，但是其中有不少的是針對時弊，且為大眾一致的要求，政府決不應予以忽視，必須真實不虛，毫不折扣的做幾件出來給大家看看。如果大家說了很多，而只是變成彙積的檔案，束之高閣，則不特有違蔣總統「求言」的原意，我們深恐從此會再沒有人願意說話了[119]。

事實上，對各方人士的積極主張和建言，最高當局並未能「察納雅言」或「有過改之」，反而引起更加強烈的不滿，甚至將某些「建言」視為對政府當局的一次嚴重挑戰。官方控制的《中央日報》從此不再刊登《自由中國》廣告；軍方的《軍友報》、《青年戰士報》、救國團的《幼獅》、黨方的《中華日報》先後對《自由中國》發起了圍剿，聲稱批評《自由中國》，就是「要揭穿為統戰工作鋪路的個人自由的陰謀」[120]。《國魂》以全冊篇幅繼續圍剿《自由中國》半月刊，甚至揚言「毒素思想的淵源」就是「五四運動」所提倡的「科學與民主」[121]。

一九五六年十一月十六日，雷震撰寫〈我們的態度〉一文，表明《自由中國》半月刊一向持「對人無成見，對事有是非」的立場，強調應以社會利益為最終評估標準，不應作人身攻擊。如此公正的態度，並未能阻止以上刊物對《自由中國》的大肆圍剿和討伐，相反不斷給《自由中國》扣大帽子，「開始進入誣衊的階段」，指責《自由中

119 社論〈政府和輿論都應重視這一次的反映〉，原載一九五六年十一月十六日《自由中國》第十五卷十期。
120 雷震一九五七年一月三日日記，《雷震全集》第三十九冊，頁五。
121 國民黨內刊《工作通訊》中的一段話，雷震作為剪報貼於一九五七年四月十四日日記中，參見《雷震全集》第三十九冊，頁六十九。

國》「扛著自由民主的招牌」，「經常發表反動言論，散佈毒素思想」，臺灣社會要「防止思想走私」[122]。雷震的反應開始變得強烈起來，「這不僅是加帽子，而有謀害之意」，「以言論對言論，本是可喜的現象，不過他們的方式錯了」[123]。

一九五七年一月十六日，《自由中國》發表〈我們的答辯〉一文，再次說明《自由中國》從未認為自己的主張與言論「是惟一的、終極的真理」，「歡迎批評與討論，但刊物發現其面臨陷構與誣衊，卻無法沈默」，答辯指出：

> 一個半月以來，我們在《國魂》、《幼獅》、《革命思想》、《軍友報》、《政論週刊》這些刊物與報紙上面，看到許多文章，對我們作惡意攻擊，說我們是「思想走私」，說我們是為「共匪的統戰工作鋪路」，其立論與態度，都超越了自由討論應守的範圍，而成為一種誣衊與構陷。最近期間，執政黨的機關報《中央日報》已開始拒絕刊登本刊的廣告（另一個被拒絕刊登廣告的雜誌為《民主潮》）。另一家黨報《中華日報》，則甚至鼓吹暴動，要拿棒頭來給本刊以「教訓」。[124]

同期還刊發成舍我[125]先生以筆名范度才（諧音反奴才）撰寫的〈《中華日報》鼓吹暴動〉一文，回應去年十二月二十四日《中華日報》所刊的短評〈蛇口裡的玫瑰〉。這篇短評係《中華日報》曹聖芬所寫，對立法委員劉博昆所寫〈清議與干戈〉一文大肆歪曲和攻訐，認定這是「祝壽專號」有問題的文章中用意最為惡毒的一篇，「以慈禧太后來

---

122 薛化元著《《自由中國》與民主憲政——一九五〇年代臺灣思想史的一個考察》，頁一三八。
123 雷震一九五七年一月三日日記，《雷震全集》第三十九冊，頁五。
124 原載一九五七年一月十六日《自由中國》半月刊，第十六卷四期，頁四。
125 成舍我（一八九六至一九九一），祖籍湖南湘鄉，出生於南京祖父家。著名報業家。十五歲起開始當記者，後畢業於北京大學。一九二四年起先後創辦《世界晚報》、《世界日報》、《民生報》、《立報》等。一九五二年從香港至臺灣，擔任大學教授，創辦世界新聞專科學校及《臺灣立報》，時為立法委員。

影射我們總統，以滿清即將亡國的政權來影射我們自由中國政府，從詛咒總統到詛咒我們的國家，這真是毒蛇口裡流出來的東西，無比的腥臭，也無比的惡毒。」[126]劉博昆沒有辦法，只好又寫一篇〈文債與文責〉來說明〈清議與干戈〉一文之原委，「我只是就庚子事變這件大事，對歷史上已有定評的慈禧作了一篇炒冷飯的文章，而其原始目的，仍不過是對貴刊（指《自由中國》）編者交卷，以清文債，一切的一切，不過如此而已……『詩書無達詁』，若在文字背面橫作推敲，則一切評述史實的文字，恐怕沒有人肯再落筆了」[127]。儘管如此，劉博昆還是被開除了黨籍。

一月十八日，成舍我在立法院見到陶希聖。談話時，陶對成舍我說：《自由中國》言論太過激烈了。成舍我坦言：雷震過去與「老先生」（指蔣介石）有相當的關係，且為政府做過許多事情，你們現在逼人太甚，開除其黨籍、國策顧問，最後連吃力不討好的中日文化經濟總幹事長也不讓做了，何怪乎人家要反對你們。[128]

雷震知道後，並不贊同老友的這個說法，認為未免太私人化了。他在日記中記述自己曾給黃宇人去信，勸其「不可消極，自由是爭取來的」，「吾人立於社會，只問良心安不安，不能畏懼權威，不然民主自由真無前途了」[129]。二月五日，「自由中國社」召開編輯會議，決定再寫一篇社論〈個人自由與國家自由〉以作出回應。王世杰則提醒雷震，「謹慎，在不失掉自己立場之下要謹慎，以免自己被毀，目前是我們最困難時期」[130]，甚至擔心有人謀害雷震。

「祝壽專號」之後，國民黨當局一直在私下與雷震保持某些接觸，他們希望雷震能放棄這樣的言論立場，或可做一定程度上的「另外」安排，有一種說法是，雷震若能放棄這份雜誌，安排出任駐日「大使」，因為雷震對日本的歷史和現狀也很瞭解。然而，此時的雷震對仕途早已淡然，「《自由中國》雜誌對於雷震來講，可能是人生一個很重要

126 〈蛇口裏的玫瑰〉，原載一九五六年十二月二十四日《中華日報》，轉引自雷震著《雷震回憶錄之新黨運動黑皮書》，頁一一四。
127 劉博昆〈文債與文責〉，收錄於《雷震秘藏書信選》，《雷震全集》第三十冊，頁三三六至三三七。
128 參見雷震一九五七年一月十八日日記，《雷震全集》第三十九冊，頁十五。
129 雷震一九五七年一月二十八日日記，《雷震全集》第三十九冊，頁二十一。
130 雷震一九五七年三月七日日記，《雷震全集》第三十九冊，頁四十五。

的志業，所以他沒有選擇放棄，當他最後不放棄的時候，那國民黨跟他當然就沒有復合的可能性」，聶華苓說雷震「他還是這個《自由中國》社論的表現，就表示說他還是沒有讓步」[131]。

二月十八日，雷震應約赴許孝炎[132]處，許作為老朋友，對他提出三點意見：一，不批評蔣介石個人；二，不批評國民黨；三，態度溫和。雷震當場表示，第一、第三兩點均可同意，惟第二點不能接受。雷震說，「國民黨必須取消優越感，國民黨員再不能有做皇帝觀念」。許孝炎又提出不「隨便批評」，雷震認為「《自由中國》從未隨便批評」，「對方可以批評，但不能加帽子，如對方說我們是匪，我則一齊取銷」，許孝炎表示同意這個說法[133]。

軍中政治部門對《自由中國》的圍剿一直沒有停止，蔣經國一手主持的「國防部總政治部」以「周國光」[134]之名發出「極機密」特字第九十九號「特種指示」——〈向毒素思想總攻擊〉；未隔幾天，又印行長達六十一頁更為詳盡的同名小冊子，「對『祝壽專號』的文字則痛加駁斥，特別是對胡適〈述艾森豪總統的兩個故事給蔣總統祝壽〉，駁斥得特別厲害」（雷震語）。其中，第三章標題為「對毒素思想的批判」，內分「對所謂『言論自由』的批判」、「對所謂『軍隊國家化』的批判」、「對所謂『自由教育』的批判」、「對批評總裁個人的批判」等四節，從這四個方面對《自由中國》和胡適等人的言論進行猛烈抨擊，特別指出「有一知名學者發表所謂『向政府爭取自由』的言論」，「目的在於製造人民與政府對立，破壞團結，減損力量，執行分化政策，為共匪特務打前鋒」，要「總裁」做一個「『無智、無能、無為』的元首」，更是一種「荒謬絕倫的言論」。第四章標題為「向毒素思想總攻擊」，有「我們的認識」、「我們的防禦」、「我們的進攻」；其結論部分，「總之，最近某兩個刊物，打著民主自由的招牌，到處散播毒素思想，我們認為這是他們的一種陰謀，直接間接受了匪諜的嗾使，他們的目的，想以所散播的毒素思想，來

131　參見〈可貴者膽，所要者魂〉一文，收錄於蔡明雲主編《臺灣百年人物2》，頁十一至十二。
132　許孝炎（一九〇〇至一九八〇），湖南沅陵人。國民黨政要。北京大學畢業。一九二七年後，歷任國民黨上海督導委員、河北省國民黨黨務訓練所教務主任、國民參政會參政員、國大代表、立法委員等。
133　雷震一九五七年二月十八日日記，《雷震全集》第三十九冊，頁三十二。
134　雷震著《雷震回憶錄——〈我的母親〉續篇》：有人說「周國光」係蔣經國做總政治部主作時所用代名。

瓦解我們的民心士氣，以及組織和紀律……我們要用種種方法予以思想進攻，不論何時何地都要戰鬥，特別是黨內同志，更要進行大規模地徹底地思想動員，共同來撲滅這種毒素思想」[135]。

「有一知名學者」指的就是胡適。實際上，在早些時候，軍方就對胡適有所不滿。一九五二年底，胡適從美國來台，十一月三十日，假台北「三軍球場」作過一次題為〈國際形勢與中國前途〉的演講，其中說：「我們中國國家的前途，當然是連繫在自由世界前途上，整個自由世界有前途，我們有前途，整個自由世界有力量，我們也有力量」。這一次演講，引來軍方的回擊，總政治部所辦《青年戰士報》刊發文章，對胡適大加駁斥，「胡適的話完全說錯了，應該顛倒過來說，中國有前途，世界才有前途，現在蔣總統復職了，那就表明中國已有了前途，那麼，世界就會有前途的」。

胡適當時寄居福州街二十號臺灣大學校長錢思亮家中，《青年戰士報》一般人是不看的，胡適也不可能看到。報社特將駁斥胡適演講的這一期報紙，「用信封好派人送到錢公館，上寫『胡適先生親啟』，蓋恐胡適不能看到也」。這一天，雷震正好去看望胡適，「他正和在客廳的友人談到報紙上的胡說八道，順手就將那張報紙遞給我，並說：『這張報紙是蔣經國特給青年和軍人看的，我看編輯人員太無常識，完全自誇自大，不知世界大勢，讓這班人搞下去，其前途則不堪設想，大陸搞丟了，還不曉得時時反省』，胡適說此話時很生氣……」[136]

「祝壽專號」胡適等人的文章，不僅引起軍中政治部門的強烈反彈，國民黨內部出版的《工作通訊》，也先後刊出〈從毒素思想談到黨的思想教育〉等文章。一九五七年二月七日，黨報《中央日報》發聲攻擊《自由中國》，誣其類為當年之「七君子」，「在我們中國社會之內，也有同樣七日七夜變成名流者之活動。『民主』與『不民主』，『自由』與『不自由』，『獨裁』與『反獨裁』，這一套陳舊的東西，又貼上自由主義的商標而出現於市場之上。我們中國反共鬥爭的歷史不為不長。我們今日國破家亡的慘痛不為不深。我們總不該再讓共產主義於其本身破產之後，

135 雷震著《雷震回憶錄——〈我的母親〉續篇》，頁一四四至一四五。
136 雷震著《雷震回憶錄——〈我的母親〉續篇》，頁一四六至一四七。

又利用「民主鬥爭」來復活……」[137]從軍中到黨內，「二者均以自由主義者為假想敵，後者認為《自由中國》係危害反共復國與國家民族的思想敵人。諸現象反映黨方、軍方已有以權威心態對抗自由主義的態勢，而公開對胡適、雷震與《自由中國》抨擊，則顯示當局預備對自由主義進行思想壓制」[138]。

「自由中國社」同仁認為，這些官方報刊對《自由中國》的指責和攻擊，不過是國民黨「垂死的哀鳴」而已，「國民黨一發動圍剿《自由中國》言論，一些靠津貼生存的報刊，莫不搖旗吶喊，不分青紅皂白，亂箭齊發，假想造成一種『強勢輿論』，誤導民眾錯覺『民主就是少數服從多數，各報刊都說《自由中國》的言論錯誤，他們就應該俯首認罪』，其實不然，恰好弄巧成拙，因為『民眾的眼睛是雪亮的』，尤其是臺灣民眾」[139]。第十六卷第四期《自由中國》以社論〈對構陷與誣衊的抗議〉為題作出回應：

> 本刊創刊至今，曾經表現了相當一貫的立場與態度；本刊同人在思想型式方面，也大致相同，其要點表現於隨時在本刊發表的創刊宗旨，早為世人所共見。但本刊從未標揭，說這一種立場與態度，是屬於什麼主義的，本刊同人也未嘗以什麼主義者自居。現在一般論者，都說本刊代表自由主義。我們並不感覺自由主義是一個惡劣的名詞。如果人們判斷我們那些立場與態度，就是自由主義，我們感覺也沒有否認的必要。現在我們所要辯明的是這樣子的自由主義的思想，是否足以導致共產主義的思想，如一般惡意攻擊者所說的，在為共黨匪徒的統戰工作鋪路。[140]

137 社論〈共產主義破產以後〉，原載一九五七年二月七日《中央日報》。
138 任育德著《雷震與臺灣民主憲政的發展》，頁一六三。
139 馬之驌著《雷震與蔣介石》，頁二三六。
140 社論〈對構陷與誣衊的抗議〉，原載一九五七年二月十六日《自由中國》第十六卷四期，頁三。

自出版「祝壽專號」後，《自由中國》「在編輯作業方面，只要一發稿，就有特務們到印刷廠要求看稿，必要時還要拿出去照相，再將原稿送回；出版後，只要有一篇文章是批評政府或是批評國民黨的，就要受到數家國民黨辦的報刊的『圍攻』，不過久而久之，大家自然的就養成接受檢查的習慣了，否則又將奈何呢」？《自由中國》因此也豁出去了，「俗話說『武大郎服毒，吃也是死，不吃也是死』，我和你拼了」[141]，即埋下不久的將來雷震等人遭至政治構陷鋃鐺入獄的嚴重後果。一九五七年四月四日，蔣介石在國民黨七屆八中全會上公開說，「最近有個刊物，不斷散佈毒素思想，對反共抗俄及國家民族有著嚴重的危害。黨為了消滅這股思想的流毒，曾嚴正指示各級黨組織要正視思想上的敵人，勿上其當」[142]。

若干年後，時任台北市文化局長的龍應台女士在評價這一期「祝壽專號」時說，「這正是雷震十年牢獄之災的關鍵點」，「今日知識界仍然尊敬雷震，就是因為知道當年發出良知之聲是一件多麼不容易的事」[143]。

五、《自由中國》印刷受阻

《自由中國》半月刊在受到當局公開壓制後，印刷問題顯得更加突出。

從一九四九年十一月二十日創刊起，至一九六〇年九月四日被迫停刊，近十一年的時間裡，《自由中國》半月刊先後換過七家印刷廠，此事一直讓雷震「大傷腦筋」，「《自由中國》為了印刷所問題，我是吃盡了苦頭；因而換了幾個印刷所，不曉得國民黨為何豢養這些特務。《自由中國》半月刊的稿子一旦送到印刷所時，各方面的特務就川流不息的跑到印刷所索取已經排好的稿子，拿回去查審後而來找麻煩，他們就可以大邀其功。這些特務本是不學無術，

141 馬之驌著《雷震與蔣介石》，頁二三八。
142 國民黨中央黨部《工作通訊》，一九五七年第九十八期。
143 二〇〇二年五月二十三日《中國時報》記者陳盈珊〈「雷震故居難保」，改以公共藝術留事蹟〉的報導。

而又帶著有色眼鏡——成見——來看稿子，據說有警備總部的特務，有憲兵司令部和台北警察局的特務，印刷所不勝其煩……」[144]

《自由中國》最初印刷是在「上海印刷廠」和「台北印刷廠」，這只是對外的名稱，實際上，前者係情報局所經營，後者為國防部所開設。這兩家印刷廠原則上以機關業務為主，常常耽誤《自由中國》半月刊的出版。後來改換到「新生印刷廠」去印刷，這是《臺灣新生報》自己開辦的一所印刷機構。當時，雷震在政治上仍屬有影響的人物，且朋友很多，《臺灣新生報》副社長趙君豪是江蘇興化人，為雷震之舊識，表示願意承印《自由中國》半月刊。

《自由中國》與當局發生言論衝突之後，該廠受到了巨大壓力，便以「業務繁忙」為由不再繼續承印。真正的原因，是因為情治人員常去印刷廠檢查，他們不願惹來什麼不必要的麻煩，只好找了個藉口推掉了。之後，雷震將《自由中國》印刷業務轉向某些民營企業，第一家是「精華印書館」。就設備和排版技術而言，「精華印書館」並不亞於以上公營印刷廠，只是有一點，印刷費相對要貴許多。「老闆的名字叫陳太山，中等身材，胖胖的，方面大耳，看上去頗有福相，忠厚老實，處事穩重」[145]，雷震是經立法委員陳紀瀅介紹與之相識的。

從一九五二年十二月至一九五七年三月止，前後近五年多時間，《自由中國》一直是在這裡印刷，在第三年時，陳老闆突然提出不能印了，因為特務來得過於頻繁，隨時要檢查《自由中國》的稿件，並對稿件進行拍照，「情治機構同時對精華印書館展開調查」[146]，「真是不勝其擾」。雷震特意去了一趟「精華」拜訪陳太山，給他打氣，再三拜託繼續印下去，這才又堅持了兩年。馬之驌作為發行部經理，與陳老闆打交道最多，後來兩人成了好朋友，因有一個共同的嗜好——喜歡京劇。每當馬之驌去印刷廠，陳老闆就會對他大發牢騷，一次說：

---

144 雷震著《雷震回憶錄——〈我的母親〉續篇》，頁一〇一。
145 馬之驌著《雷震與蔣介石》，頁二四二。
146 參見雷震一九五七年二月十五日日記，《雷震全集》第三十九冊，頁三十。

「……馬先生，我實在不能給你們印了，前天有一個特務來，一來就是坐半天，他還給我看相，說我好做生意會發財，千萬不要跟著雷先生搞政治，搞政治會倒楣的喲！」又有一次他說：「馬先生你來了很好，我要和你講，昨天有一個警備總部的特務來，硬要看稿子，我不給他看不行，他拿出警備總部的服務證給我看，就闖進排字房，還把一篇稿子拿走了，他說照個相馬上送回來，不准我告訴你們……」我說，「不要緊，稿子送回來沒有？」「有送來！」「那就好，雷先生已給行政院黃少谷秘書長打了電話，他們以後就不會再來找麻煩了。」他將信將疑地說：「我的血壓太高，他們一來我就緊張！心跳！這樣下去實在受不了。我知道，我不印別人家也不敢印，我看惟一的辦法，就是你們自己辦一個印刷廠。」[147]

對陳老闆這個建議，雷震仔細研究過，最終還是不敢下決心開辦一所印刷廠，資金固然是一個問題，在印刷管理上更是一竅不通，又惟恐特務買通工人，弄不好帶來的麻煩會更大。尤其「祝壽專號」之後，當局打壓《自由中國》無所不用其極，刊物的處境更加艱難。連介紹人陳紀瀅也感到有點害怕，託人帶信給陳太山，說「精華」不能再印《自由中國》了，以免被情治部門盯上。陳老闆果然表示，說這次寧可關門，也不能再印了。雷震十分生氣，「這件事陳紀瀅不夠朋友，不僅不出來幫忙，反來扯腿。」陳紀瀅是一文人，於政治無更多理想，只能如此。

雷震又聯繫「尚德印刷廠」，只印了一期，「尚德」老闆李文顯同樣以書面形式通知「自由中國社」，聲明今後絕不敢再印了。無奈之下，雷震只好打破情面，給行政院新聞局局長沈錡寫信，「精華印書館因受外界壓迫，拒絕繼續承印，業將經過詳情，肅函奉聞。嗣本社即於二月二十一日與長安西路八十號之尚德印刷廠商訂承印合約，該廠並

147 馬之驌著《雷震與蔣介石》，第二四三頁。

已接受本社之訂金三千元，但該廠在訂約數日後，忽提出：『如廠方受到外力干擾，即不便代印』之口頭聲明，隨復通知本社，竟欲即時取消合同，當經本社再三與其交涉，始允只代印一期，以後不再承印，並以書面送達本社」[148]，所謂「外力干擾」顯然是指情治部門的不斷干擾。沈錡派該局龔弘前往「精華」和「尚德」調查此事，陳太山不敢講實情，只說《自由中國》印數從原來七千份增至一萬餘份，時間急迫，毫無寬緩餘地，而以合同規定，遲半日出版，罰印刷費百分之二十，長此以往，難於配合，只好向該刊提出書面解除合同之要求，並無受到外力之壓迫；李文顯也不敢說實話，稱從未提出過「如廠方受到外力干擾，即不便代印」之口頭聲明，該刊發行數超過合同基本數甚巨，本廠不能繼續承印，完全是印刷上難以配合之故，全無受外力干擾之事項[149]。沈錡當然知道調查會是這個結果，又不能不派人去，否則無法給雷震一個交代。

雷震又致函行政院秘書長黃少谷，「因黃亦辦過報紙（一九四二年曾任《掃蕩報》總社長，作者注），懂得言論自由之可貴，而且他亦同情《自由中國》，所以請他出面設法解決印刷問題，應當不成問題」[150]。從黃少谷給雷震的回信看，是願意幫助協調解決《自由中國》印刷問題的[151]，只是情治部門受命令於蔣經國，黃少谷能做的大概也有限。印刷問題一直困擾著雷震，茲事體大，若不能解決，將直接影響刊物的出版發行，乃至最後的生存。

由於心情不好，雷震的失眠症越來越嚴重。過去吃的是一種叫做Seunul的安眠藥，一兩顆就行，後來吃三顆也不見收效。他在給王世杰之子王紀五[152]的一封信中說：「他們如再這樣，我只有公開其事，一面決心停辦，不然天天為

148 一九五七年三月十四日雷震致沈錡函，《雷震秘藏書信選》，《雷震全集》第三十冊，頁三四一。
149 一九五七年三月十九日〈精華印書館對拒印《自由中國》之所謂書面「答覆記錄」〉、一九五七年三月十八日〈尚德印刷廠對拒印《自由中國》之所謂書面「答覆記錄」〉，收錄於《雷震秘藏書信選》，《雷震全集》第三十冊，頁三四三至三四五。
150 馬之驌著《雷震與蔣介石》，頁二四五。
151 一九五七年十月三日，黃少谷致函雷震，「請蒞臨寓所指教」，並約好了時間。參見《雷震秘藏書信選》，《雷震全集》第三十冊，頁三六五。
152 王紀五（一九二七至一九九一），為王世杰之長公子，時留學美國，係哥倫比亞大學國際法碩士。從雷震日記中可知當時雷震在美國的女兒似與他在談戀愛。此信寫於一九五七年四月二十八日，刊登在《新新聞週刊》第一百、一〇一期合刊。

印刷苦惱也不是辦法……依照目前看法，他們表面上鬆懈下去，刊物上不再罵我們是共匪同路人，但是暗地裡並未放鬆，因此有許多地方不賣本刊。」

雷震託人又與「榮泰印刷廠」簽約。未料「榮泰」在印了三期之後。同樣以書面通知予以解約。在這種情況下，雷震又想到「精華印書館」的陳老闆，認為只有這一條路可走了。馬之驌回憶：

「榮泰」既然不續印了，當然就要再找其他印刷廠。惟在此期間雷先生一直都在透過私人管道與官方、黨方高層人士談判、抗爭，儘管被從四面八方來的圍攻壓得喘不過氣來，但他仍然拼著老命也要把《自由中國》辦下去。談來談去，結果經由行政院新聞局出面協助，加之《自由中國》同仁與「精華」陳太山老闆的感情關係，認為還是由「精華」承印較為妥當。因為大家都知道「尚德」、「榮泰」兩家廠不願意繼續承印的原因，主要是特務們每次來廠檢查稿子時，全廠員工都很緊張，惟恐稍一不慎就被「抓起來」，再找一家新廠，恐怕仍有這種心態；而「精華」因承印《自由中國》久了，特務們時常來廠查稿已成習慣，在排字工人的心理上認為「你要看，就給你看，你要拿走，就給你拿走，反正有老闆負責嘛！」因此他們看到特務來時，並沒有什麼「恐懼感」，只是耽誤一些排版時間而已。基於這個前提，各方面均希望由「精華」繼續承印。[153]

在黃少谷的協調下，陳老闆終於同意再次承印《自由中國》半月刊（一九五七年五月十六日第十六卷第十期），直至《自由中國》停刊（一九六〇年九月一日第二十三卷第五期），他當時提出兩個條件，一，情治單位來查稿時均可隨便，將原稿拿去照相也行，若因此而耽誤出版時間，「精華」概不負全責，更不能因此而罰款；二，印刷費按一

153 馬之驌著《雷震與蔣介石》，頁二四七。

般較高的標準計算，以結付現金為結算，印一次付一次。為了能夠確保《自由中國》的印刷，雷震只有接受這兩個苛刻的條件，別無選擇。《自由中國》從創刊到停刊，前後十年又十個月，「精華印書館」前後承印七年又七個月。應當說，這是相當一段不短的時間，「而且正在政治敏感度的尖端時刻，若從促進民主政治發展的過程看，『精華』老闆陳太山也扮演了一個重要角色，可惜他活了六十多歲就過世了」[154]。

一九五八年，胡適從美返台出任中研院院長一職，為《自由中國》半月刊印刷問題，多次給黃少谷寫信和打電話，「一再請他出來幫忙」。黃少谷時已調任外交部長，胡適在一封信中說，「《自由中國》半月刊為了印刷所問題，曾屢次承吾兄幫忙，我們關心此事的人都很感激。倘得吾兄大力成全此事，實為大幸。自從所謂『陳懷琪事件』發生以來，至今數月，我始終沒向政府中任何人說過一句話。我幾次寫信給雷儆寰兄，總是對社中朋友自己檢討。但印刷所的麻煩，似是很不幸的事，也是不應該有的事，所以我很盼望吾兄能替這個刊物幫忙，解決此種不幸的麻煩，似乎也是一個自由國家裡的一件大好事罷」[155]？

當事人馬之驌說，「所述事實，證明『印刷問題』，實在是一個嚴重問題，當然若單從商業行為來看，就不成為『問題』，因為買賣成交與否，是兩相情願的事；若從政治的角度來看——從獨裁政治走向民主政治的過程看——印刷問題就是一個最嚴重的問題」[156]。

六、「今日的問題」前後

一九五七年三月二十日，發生「劉自然案」，引發大規模的群眾反美浪潮。

三月二十日晚上十一時，「革命實踐研究院」職員劉自然在駐台美軍上士雷諾住宅門前遭雷諾開槍致死。據雷諾

154 馬之驌著《雷震與蔣介石》，頁二四八。
155 一九五九年五月二十九日胡適致黃少谷函，《雷震秘藏書信選》，《雷震全集》第三十冊，頁四〇六。
156 馬之驌著《雷震與蔣介石》，頁二五〇。

供稱，劉自然躲在浴室外偷窺其妻洗澡，雷諾持槍出門巡視，發現劉手持鐵棍向他走近，雷諾為了「自衛」才向劉開的槍。可是據當時報刊揭露，劉與雷諾原本有交情，劉曾為雷諾賣過毒品並黑過雷諾，雷諾對此一直懷恨在心。當晚警方以雷諾是現行犯欲以扣押，遭到美方憲兵的阻止，其理由是駐台美軍按一九五一年台美雙方協議享有外交豁免權。

五月二十三日，美國軍事法庭陪審團作出表決，以殺人「證據不足」，宣告無罪，雷諾當日被遣送回美國。五月二十四日，臺灣媒體紛紛指責這一項判決不公，劉妻奧特華在報上發表〈我向社會哭訴〉一文；台北地方法院也認為雷諾並不具備所謂「正當防衛」條件。當日上午，悲傷的劉妻手持抗議牌在美國大使館門前抗議，圍觀的民眾越來越多，至下午二時半左右，已有近六千人。人群中有人高喊「殺人償命」、「美國人滾出臺灣」等口號，並向使館投擲石塊、木棍；有人翻牆進入大使館院內，搗毀汽車、門窗、傢俱；更有年輕人把美國星條旗扯了下來。在場警員無法控制場面，擬用消防車驅散群眾，民眾激憤，毆打消防員，破壞消防車，並向警車縱火。最後台北市衛戍部隊開入鎮壓，衛戍司令部下達了戒嚴令。當時台北政壇盛傳，幕後發動者是蔣經國，他試圖以此來打擊政府內部親美的自由派人士[157]。

「劉自然案件」演變的結果，令人意想不到。外交部長葉公超出面向美方公開道歉，行政院長俞鴻鈞辭職，蔣介石本人也發表文告，「斥搗毀使館為義和團行為，國民黨政府的領導地位，至此全面動搖」。雷震去看望王世杰和余井塘，「兩人都表示對大局的悲觀，認為蔣總統已經老了，沒有辦法改」[158]。雷震撰寫的社論〈怎樣挽救當前的危局〉，評述蔣介石的文告，批評國民黨歷來反民主自由之所為，斥責青年救國團不合法，要求改組政府，起用蔣廷黻

157 雷震一九五五年二月十一日日記中述：「一九五五年二月五日由軍友社總幹事江海東率領青年救國團學生及反共義士約一千五百人，曾前往華美協進會主辦之服裝展覽會搗亂。」《雷震全集》第三十八冊，頁三十二。

158 參見張忠棟著《胡適・雷震・殷海光——自由主義人物畫像》，頁一三一。

這樣的人做有實權的行政院長，要求國民黨退居普通政黨地位，黨務和政務，要截然分開[159]。在「自由中國社」某次聚會上，成舍我、齊世英、蔣勻田、王世憲、夏濤聲、黃中等人與雷震商量，準備結合海內外反對人士就臺灣政局上書或發表集體意見，「政府應開放胸襟」，希望召開一次「救國會議」，雷震也談到「今日局勢有成立反對黨的必要」[160]。

這個事件同樣令「自由中國社」諸同仁深感不安，編委殷海光建議寫一社論，以表明《自由中國》對此事件的態度。雷震表示同意，卻又十分謹慎，一面向有關部門搜集材料，一面給老友、著名律師端木愷（孫科組閣時的行政院秘書長）打電話，諮詢美國方面的法律問題。端木愷則提醒說，若寫社論「要一部分責備自己，即軍警當時太不得力」，「平時軍警走私漏稅案子非常起勁，因可得好處，對這些事情太無勇氣，太怕犧牲，因為阻止民眾搗亂可能要犧牲性命的」[161]。

五月二十七日，雷震約殷海光、戴杜衡等人來社裡，商討這篇社論如何寫，未料，意見分歧很大。殷海光認為「美國太傲慢，美國軍事法庭之判決，完全看不起中國人」，責任全在美國人方面；雷震、毛子水不贊成這樣寫，強調臺灣當局也有可檢討之處。未定之時，台大學生傅正恰好送來一份有關此案的稿件，雷震覺得內容不太理想，編委戴杜衡說寫得不錯。傅正後來回憶，「有關『五二四』自然案或雷諾案引發的搗毀美國大使館事件，雷先生的看法，與社內大多數人的看法不同，因而引發激烈爭辯。我當時還在台大讀書，尚未擔任《自由中國》半月刊的編輯，而我的那篇〈劉自然案帶來的血的教訓〉，雷先生雖不以為然，但大多數人都支持，尤其戴杜衡先生贊許，所以依舊發表。」[162]

159 社論〈怎樣挽救當前的危局〉，原載一九五七年六月十六日《自由中國》半月刊第十六卷十二期。
160 參見一九五七年七月二十八日雷震致許冠三函，《雷震秘藏書信選》，《雷震全集》第三十冊，頁三五二至三五三。
161 雷震一九五七年五月二十五日日記，《雷震全集》第三十九冊，頁一〇〇。
162 雷震一九五七年五月二十九日日記傅正注釋，《雷震全集》第三十九冊，頁一〇三。

傅正是到「自由中國社」領取稿費時（一九五六年十月一日）第一次見到雷震的，「沒想到，竟然一見如故，註定我正式開始走雷先生的路」[163]。一九五七年六月，傅正台大畢業，赴新竹短暫任教即進入「自由中國社」充任編輯，直至幾年後與雷震一起遭到逮捕。

《自由中國》社論題為〈雷諾判決無罪與台北騷動事件之檢討〉，其立意和論點，與傅正那篇熱血文章有所不同，從「美國」和「當局」兩個方面折衷地對這一事件進行評述，深得讀者好評。在這個事件之後，《自由中國》更加積極面對當下現實問題作進一步審視，全面揭露和抨擊國民黨各方面的施政之弊，推出轟動一時的以「今日的問題」為總題的系列社論，包括對這些問題的全民大討論，「範圍遍及反攻大陸、政府施政、反對黨等，代表社內編委共同之意見，也反映信仰自由主義知識份子對於現實政治的批評與民主政治的期望」[164]。

這場大討論由《自由中國》編委戴杜衡率先提出。若根據有關資料，《自由中國》應全面審視臺灣社會各種現實問題，最早應當是胡秋原對雷震提出的，時間是在一九五六年五月。當時胡秋原給雷震寫信，認為「民主信心與勇氣應予鼓勵，自由種子與空氣應予培養」，建議雷震在《自由中國》擬一個總題目——〈如何促進中國民治〉，子題目列有六個：一，如何樹立憲法尊嚴；二，如何增強立監二院；三，今日司法問題；四，國民黨以及在野黨問題；五，教育上的自由問題；六，言論界責任問題[165]。雷震在當時是否接受了這一建議，從《自由中國》半月刊並未能直接反映出來，但胡秋原的這一建議在形式上與「今日的問題」系列社論十分接近，議題庶幾相同。很顯然，雷震受到一定啟發，次年就寫出〈今日的司法〉一文，這篇文章引起當時「司法行政部」部長谷鳳翔對雷震的抗議[166]，〈今日的司

163 傅正〈從蔣經國到雷震之路——叫我如何不想他〉一文，收錄於《雷震全集》第二冊，頁三五六至三五七。
164 任育德著《雷震與臺灣民主憲政的發展》，頁一六五。
165 一九五六年五月十二日胡秋原致雷震函，《雷震秘藏書信選》，《雷震全集》第三十冊，頁三二五至三二六。
166 參見雷震一九五七年七月四日日記，《雷震全集》第三十九冊，頁一二四。

法〉一文刊出後，「《自由中國》編委便決定撰寫一系列社論，定總題為『今日的問題』來對當前大問題作更進一步的檢討」[167]。

根據當時《自由中國》對臺灣社會的全面瞭解和看法，發現國民黨執政當局所推行的各種政策與措施，無論對內還是對外，都存在許多嚴重問題。這些問題中，有的應該立刻解決，有的則應設法防範發生。從這一點可以知道，此時「《自由中國》的重點已開始轉往更為實際的問題，對於國家自由與個人自由之論戰，已無暇顧及」[168]。從一九五七年八月至一九五八年二月，《自由中國》先後推出十五篇系列社論，全面反思上世紀五十年代臺灣政治、經濟、教育、社會風氣諸多問題，「如此一系列對既有政治體制及實際政治的討論與批評，並且以社論的形式來表達，是《自由中國》前所未見的」[169]。

這十五篇社論篇目依次為：一，〈是什麼，就說什麼〉（殷海光執筆），表示今日大多數人都在說假話，尤其國民黨當局，以「反攻大陸、國家利益、非常時期……」為政治之口實，掩蓋其專制的實質；二，〈反攻大問題〉，提出必須從公算和透過現實來加以考慮，不能藉此來推延臺灣政治和經濟的改革；三，軍隊國家化、軍隊中的黨務等問題；四，財政問題；五，經濟問題；六，美國經濟援助的運用和浪費問題；七，小地盤大機構，呼籲壓縮並裁減政府機構；八，建立中央政治制度，發揮政治責任；九，地方政制問題，主張實行地方自治；十，立法問題；十一，要求廢除出版法，保障新聞自由；十二，青年反共救國團係非法體制，破壞教育正常運作；十三，黨化教育應立即停止；

167　薛化元著《《自由中國》與民主憲政——一九五〇年代臺灣思想史的一個考察》，頁一四三至一四四。
168　在這之前，面對國民黨所宣揚的「國家自由」優於「個人自由」這一論點時，「自由中國社」中也有人主張類似的觀點，惟有不同的是，在強調「國家自由」同時，不得侵犯言論自由。隨著其後不斷認識，《自由中國》自由主義氣息越來越濃，尤其當局對個人自由的尺度收縮得更加緊迫時，對於「國家自由」的批評，一度成為《自由中國》的主要內容。參見薛化元著《《自由中國》與民主憲政——一九五〇年代臺灣思想史的一個考察》，頁二一五。
169　薛化元著《《自由中國》與民主憲政——一九五〇年代臺灣思想史的一個考察》，頁一四五。

十四，〈近年的政治心理與作風〉，對臺灣島的政風敗壞提出嚴肅批評；十五，〈反對黨問題〉，以此制衡國民黨在臺灣的「一黨統治」。

「今日的問題」系列社論，清晰表達了《自由中國》的政論視野與立場。「代序論」〈是什麼，就說什麼〉闡述了系列社論之出發點：

> 我們所處的時代，正是需要說真話的時代，然而今日我們偏偏最不能說真話。今日中國人之不能說真話，至少是中華民國開國以來所僅見的。我們目前所處的情勢，正是亟需中國知識份子積極發揮創導能力的關頭，然而，目前剛好是知識份子情智最低落的時期。目前中國知識份子情智之低落，是五四運動以來所未有的。
>
> 自從大陸淪陷，撤退臺灣以來，臺灣在一個大的藉口之下，有計劃地置於一個單一的意志和單一的勢力嚴格支配之下……凡屬合於這個標準的思想言論，便被看作是「正確的」，否則是「歪曲的」，或「有問題的」。這類思想言論就會受到封鎖、打擊……我們中國由於傳統的愛面子的心理，錯用了「隱惡揚善」的觀念，政治上的壞事不讓大家說穿。大家在積威之下，也不敢說穿。社會的病症也不去揭露，讓它蒙在被褥裡腐潰。一味的歌功頌德，粉飾太平。等到腐潰至極，被褥蒙不住了，便腫毒迸發，不可收拾。歷代的治亂循環都是循著這一個方式發展下去的。
>
> 這幾年來，臺灣的新聞，官方的言論，在這一傳統上可說達到新的高峰。然而稍有眼光的人都可知道，隱蔽在這些自我恭維和自我陶醉言論背後的病症，確實不小哩！然而現在，我們所有的本錢太少了，哪裡再能這樣浪費下去？有病總是要治的。我們與其諱疾忌醫，讓病這樣拖下去，到頭來不可收拾，不如趁早診斷明白，及時醫治。任何人總不能說：談病、治病，是有罪的吧！[170]

---

170 系列社論（一）〈是什麼，就說什麼〉，原載一九五六年十一月十六日《自由中國》半月刊，第十七卷三期，頁四。

在當時一片噤聲中，《自由中國》敢於直面臺灣社會現實，言他人之未敢言，本著「是什麼，就說什麼」的原則，絕不「諱疾忌醫」或「隱惡而揚善」，再次顯現「自由中國社」同仁的膽識和責任心，十五篇社論中有四篇出自殷海光手筆。儘管某些內容或提法，與雷震倡導的「漸進改革」思路有一定落差，但《自由中國》從來就是「百分百的言論自由」（李敖語）。「『今日的問題』系列，說實在，是在一九五〇年代臺灣在野派力量，無論是政治人物，或者是刊物，或是報紙，對整個『國家』整體發展提出最具體的藍圖，從政府的體制，包括我們現在常常討論的臺灣省跟『中央政府』重疊問題要怎麼處理，包括言論自由，包括新聞自由，包括蔣的救國團問題，在裡面統統是屬於討論的主題，當然這中間一定會包括反對黨的問題，每一個問題都直接指向當時國民黨統治臺灣體制的核心」[171]。雷震將「今日的問題」系列文章彙編成冊，胡適讀到後問雷震：這是新黨的政綱吧。雷震認為確有此意，但只是「政綱的原則」。

八月十二日，在黨部宣傳會議上，國民黨中央黨部秘書長張厲生[172]提出「今日的問題」系列社論這一問題，認為對於臺灣社會及民眾影響頗大，應予以「停刊處分，必要時還可捉人」。與會者中也有不少人反應強烈，同意張的這一建議。經黃少谷耐心疏解，說《自由中國》言論，是以反對黨姿態出現的，自然不會說政府的好話，如果現在就對《自由中國》採取行動，輕則增加他們的銷路，重則增加他們的地位，將得不償失，因此會議對這個問題未加討論。

雷震得知此事，大罵「張厲生這些人，不學無術，成天只想著討好，可恥之至」[173]。一九五八年十一月十五日，許孝炎再次約談雷震，稱這些文章「對國民黨及蔣先生不利，尤其第三文傷害了蔣先生，使蔣先生不能混，全盤揭

171　〈可貴者膽，所要者魂〉一文，收錄於蔡明雲主編《臺灣百年人物2》，頁十二。

172　張厲生（一九〇一至一九七一），河北樂亭人。早年留學法國，一九二四年後歷任國民黨中央組織部長、國民黨軍委會政治部秘書長、行政院秘書長、行政院副院長等職。來台後，任國民黨中央黨部秘書長、行政院副院長等職。

173　雷震一九五七年八月十三日日記，《雷震全集》第三十九冊，頁一四六。

穿……」關於這次談話，國民黨高層下達了四點指示，並讓轉達給雷震，即「不評蔣介石，不評既定國策，不評憲法，不評國民黨」。許孝炎深知雷震個性，他是不可能接受的，就未當面提出，只是希望《自由中國》在今後能否能「緩和些」？雷震回答說：「國民黨如不改革，縱把《自由中國》停刊和槍斃雷震，於國事無補。他們要能改革，我們可緩和，否則無法緩和。我們一切批評是為國家……」[174]

十一月十七日，雷震赴南港胡適寓所，將此次談話內容通報給胡適，再次強調在「政治上如無反對力量，政治不易進步」這個觀點。胡適聽完之後，坦言自己的想法與此「有一點距離」，他本人只是「想改善」，說許多人是「反對他參加政治的」[175]。胡適的這一態度，不免使雷震有點失望，令他想起香港方面為什麼有不少人不贊成胡適的原因。在那些人眼中，張君勱才是「真正的領袖」。傅正對雷震說過，「張君勱與胡適，兩人性格不同，作法也不同，所以張先生敢於跳火坑，而胡先生『不肯下水』。張先生在老蔣無行動證明改革誠意時，絕不來臺灣……而胡總是寄希望於老蔣改革，不惜由美來台就任中央研究院院長」[176]。

傅正甚至在十一月十八日日記中這樣寫道：「今天雷公和我說，胡先生仍舊表示對政治無興趣。其實，這完全在我意料之內。老實說，人各有志，我們也不必勉強，事實上也無法勉強。在我看來，今天一切有志於以反對黨救國的朋友，應該不必老是把希望寄託在胡先生身上了。假使每一個有志於以反對黨救國的自由反共人士，真有決心和信心的話，便該離開胡先生而另做新的打算，否則，恐怕將永無希望。」[177]「自由中國社」殷海光、傅正、聶華苓等人一

174 雷震一九五八年十一月十五日日記，《雷震全集》第三十九冊，頁三九八。
175 雷震一九五八年十一月十七日日記，《雷震全集》第三十九冊，頁四〇一。
176 參見雷震一九五八年十一月十八日日記傅正注釋，《雷震全集》第三十九冊，頁四〇二。
177 傅正一九五八年十一月十八日日記，引自潘光哲編《傅正《自由中國》時期日記選編》，臺北：中央研究院近代史研究所，二〇一一年五月初版，頁一一六。

直對胡適持保留態度，認為胡先生在某些重大問題（主要指後來組建反對黨，作者注）的處理上，未免過於愛惜羽毛、瞻前顧後，或過於優柔寡斷[178]。

臺灣社會在所謂「反共」藉口之下，各方面都受到嚴密控制。尤其在言論自由方面，當局利用《出版法》制定母法之下的所謂「施行細則」，以禁止民間辦報或鉗制言論自由。[179]及至一九五八年前後，國民黨對臺灣島內的控制幾乎更加完整、嚴密而成熟，在政、軍、文教及地方上，威權式一元控制體系正在逐漸成形，嚴密程度為大陸時期所未見。主張自由民主的《自由中國》與官方無論在言論尺度上或實際互動中，都面臨一種更為直接緊張的理念衝突，「近代中國的自由主義，文化運動的成分猶重於政治運動。胡適固然是很好的例子，即使在《自由中國》編委之間，張佛泉、殷海光等人也不脫此。他們雖然關心政治，不過對他們來說，自由主義主要是一樁在理知、道德與文化層面上進行的事業。他們的關懷所在，是培育具有自由心靈的個人，作為自由社會的基礎。因此他們皆以思想上的啟蒙作為志業。雷震卻在無意中突破了中國自由主義的這個舊轍，他出身政界，有本能的政治傾向。在他而言，自由主義主要是制度和權力的問題。」[180]

雷震以曾經在黨內的身份對高層進行諍言的方式宣告失敗之後，「諍諫角色已至極限」，他越來越清楚地意識到，臺灣社會如果想走上民主政治的道路，「必須有一個強有力的反對黨」。一九五七年八月二日，雷震赴東海大學

178 學者陳儀深教授也認為：「殷海光、雷震他們對政治改革的思維方式，就是太仰賴一二人的權威影響力。或許由於時代的限制，他們都還沒有建立『民間社會』的自覺，也還沒有想到去動員群眾的壓力，宜乎一旦國民黨逮捕二三人之後，這一波改革的浪潮就煙消雲散。」參見陳儀深〈自由主義的兩種類型——《獨立評論》與《自由中國》的比較〉，原載一九九○年十月十日，《中國論壇》第三十一卷一期，頁十七。

179 一九五八年四月，行政院秘密提請立法院修改出版法，當時內政部研擬的《出版法修正案》共修正了十八條條文，除一九五四年拋出而被反對掉了的九項新聞禁例的內容以外，新增兩條，其中賦予行政機關不經司法程序，即可予報刊警告、罰款、停刊及撤銷登記等處分的權力，對臺灣言論空間與新聞自由造成嚴重的威脅。

180 錢永祥〈我和我的時代：雷震日記〉一文，原載一九八九年三月一日《聯合報》。

去看望正在患胃病的前《自由中國》編委張佛泉，將這一想法告訴了他。雷震說，組建反對黨「為今之計，最好在國民黨以外，聯合在野人士（無黨派人士、民青兩黨人士）及國民黨一部分開明分子組成，目前絕對不能執政，只要有監督力量，批評政治，使其實行民主政治，實行法治。」[181]

「自由中國社」內部對如何組建一個反對黨，存在相當大的分歧意見。尤其是當雷震與民、青兩黨走得比較近時，編委中有人認為這樣做對《自由中國》十分不利，「如果組成反對黨，也不能以兩黨為基礎，因兩黨聲譽太壞，過去參加政府，只想分一杯羹。」[182]雷震極力向他們說明「不會為他們所利用」。東海大學教授杜蘅之也認為，在今日臺灣無法成立一個反對黨，儘管人們對當局早有不滿，但「為著飯碗和安全，無人敢動」[183]。不過，雷震始終心存謀求改革、刷新政治之念，在《自由中國》對臺灣社會各種問題進行反思之後，對成立反對黨一事越發顯得積極。不久發生「陳懷琪事件」，雷震被告上法庭，分散了他的不少精力。

七、陳懷琪事件

由於限制言論自由、違反新聞自由原則的《出版法》修正案在立法院秘密會議通過後，臺灣當局對於島內的言論控制更加嚴密。人們噤若寒蟬，有時也會有人冷不丁地跳出來慷慨陳詞一番。一九五九年一月十六日《自由中國》半月刊第二十卷第二期刊登由陳懷琪具名的讀者來信〈革命軍人為何要以「狗」自居？〉，內容是敘述自己在「三民主義講習班」受訓時課堂親身感受：

181 雷震一九五七年八月二日日記，《雷震全集》第三十九冊。頁一四一。
182 雷震一九五七年八月二十日日記，《雷震全集》第三十九冊。頁一五一。
183 雷震一九五八年八月五日日記，《雷震全集》第三十九冊。頁三四九。

編輯先生：

我是一名幹了二十幾年「革命」的軍人，但是，我自承愚昧，一直到現在還不大瞭解「革命」的意義以及革命軍人的身份究竟是什麼！今年十一月初，我以優秀幹部的資格奉令參加國軍三民主義講習班第××分班受訓。這個每年照例都要在軍國「勞民傷財」的國民黨軍隊黨部舉辦的講習班，究竟能否收到他們預期的效果，這裡且不管它；現在，我且把我這次在班上受訓所發生的幾個問題寫出，以就教於先生及所有的親愛的讀者……

今年國軍三民主義講習班的主要宗旨是：「堅定反攻復國信念，鞏固革命領導中心」。一個是反攻大陸問題，一個是革命領導問題，要弄清這兩個問題，於是貴刊去年八月一日所發「反攻無望」（這當然是他們給貴刊戴的帽子）的論調以及貴刊「破壞領袖」的「荒謬言論」就一一痛加駁斥，好像今年三民主義講習班就是專門為了要駁斥《自由中國》的「毒素思想」而才開辦的。第一位教官不管上什麼課程，總要先把《自由中國》痛罵一頓，才好像盡了責任，而且腔調一致，罵來罵去都脫不了上級原來給他們寫好了的那些根本自相矛盾、無法自圓其說的口號和教條，使我們這些受訓的同學下課後，都搖頭歎息這些教官們的可憐和幼稚。

貴刊那篇〈反攻大陸問題〉的社論，我曾拜讀過，在我的記憶中，那篇社論的內容與現在政府「對反攻大陸不以武力為主要途徑」的政策沒有什麼不同的地方，然而不料此論一出，各方大加攻擊；尤其是政府機關報竟將「反攻無望論」的帽子加在你們的頭上，並且斷章取義的亂加解釋，有意地想使一般人民由於他們所造成的錯覺而對貴刊發生不好的印象，其用意之可惡，其手段之狡詐，真為識者所不齒。更可怪者，現在政府竟又實行與所謂「反攻無望論」者同一的政策，那它不也成了「反攻無望論」者了嗎？

……更使我莫名其妙的，有一天我們班裡訓導主任給我們講話，他說以前有人罵戴笠是領袖的走狗，戴笠不但不怒，反而很榮幸的以狗自居；現在我們革命軍人也要以領袖的「走狗」自居。如果有人攻擊我們的領袖，我們就毫不客氣的咬他一口。天呀！「革命的聖人」（原文如此，疑「軍人」之筆誤，作者注）居然變成了咬人的「狗」！無怪乎當貴刊前年「祝壽專號」出來以後，各方面向你們亂咬一氣，原來他們自認是「狗」啊！[184]

但凡讀過這篇「諸者來信」的人，「覺得很有一種真實感，非親自參與者，寫不出這種『報導翔實』的好文章。但沒想到竟因刊登這篇『投書』的短文，而招來一場大災禍」[185]。一九五九年一月三十日，「自由中國社」收到「陳懷琪」的來信，聲稱《自由中國》刊登的「讀者來信」並非他本人所寫，而是有人假冒他的名義之所為，要求《自由中國》予以更正，並附上一份「更正函」，要求下一期予以刊發。「更正函」只有六七百字，卻充滿火藥味，根本不像受了「委曲」的一封「更正函」：「……假設該投書，確有同姓同名之陳懷琪其人，即請同時將原稿之真實姓名、詳細地址示知，以明是非，否則本人為人格名譽計，追究文責，勢必訴諸法院，以為嫁禍刁玩者戒。諒想貴刊一向標榜民主自由，至於冒用姓名，揑造投書之自由，決不致為貴刊所爭取，但願以誠摯之態度，不要袒護此種嫁禍刁玩之不法分子」[186]。雷震等人仔細「對過筆跡」，發現兩者幾乎一樣，因此判斷作者「可能受到迫害」而出於無奈，才寫來這樣的「更正函」。雜誌社決定邀約陳懷琪在一二日之內到社裡來談一次，十多天過去，陳懷琪始終未來。

二月十六日，《自由中國》第二十卷第四期刊發一則「自由中國社」「更正聲明」，沒有採用「陳懷琪」附來的「更正函」。「更正聲明」原文為：「現職陸軍工兵基地勤務處製造廠中校行政課長陳懷琪來函，以本刊第二十卷第二期所刊〈革命軍人為何要以「狗」自居？〉之陳懷琪，雖與其同姓同名，但並非一人，特此聲明。」

184 陳懷琪〈革命軍人為何要以「狗」自居？〉，原載一九五九年一月十六日《自由中國》半月刊第二十卷二期，頁三十。
185 馬之驌著《雷震與蔣介石》，頁二八七。
186 馬之驌著《雷震與蔣介石》，頁二八八。

出刊當天，一直不露面的陳懷琪就來到了「自由中國社」，表示對「更正聲明」不滿，要求繼續刊發他的那份「更正函」。編輯傅正對他解釋說，雜誌社只能做到這種程度，並將理由告訴了他。據傅正回憶：陳懷琪聽了之後有點失望，但彼此之間的態度還比較客氣，送他出門時，還問他府上在哪裡，陳懷琪說是「義烏」，我們還說義烏過去屬於金華府。分手的時候，陳懷琪並沒有表示想「警告」我們。[187]

沒想到，兩天之後，陳懷琪在《中央日報》、《臺灣新生報》、《聯合報》及《青年戰士報》上大登廣告，題為〈陳懷琪警告自由中國雜誌啟事〉，指責《自由中國》半月刊捏造事實、偽造文書，損害其名譽。二月十九日復登一次，以傅正等人的計算，刊登費用算起來至少在新臺幣三千元以上。官方報刊、電臺對此大肆渲染，國民黨《中央日報》以「本報訊」方式，變相地刊發陳懷琪「更正函」原文，其意不言自明。

二月下旬，陳懷琪向台北地方法院正式提出訴訟，控告《自由中國》法人代表雷震涉嫌「偽造文書罪」。成舍我來雷震處，勸趕快發表一「聲明」，恐其背後有人支持。「自由中國社」這才感到事態有所嚴重，隨即在各報刊出一「啟事」，說明此事經過，並聘請律師準備應訴。雷震懷疑此事乃警備總司令部（原保安司令部）所為，「陳君於十八日、十九日兩日登了《中央》等四個大報，十九日又有長篇記載，以一個中校之收入可以做到麼？這顯然有人背後操縱」[188]。

三月一日，《自由中國》半月刊針對此事專發一社論〈關於陳懷琪投書事件的簡報〉，向讀者報告此事經過，並提出質疑：

> ……當我們看到陳君這封來信以後，想到個中情形或不簡單，於是當天晚上，我們寫了一封信。請他在次日（三十一日，星期六）或隔日（二月二日）星期一來本社一談。我們的信是照他來函所寫的地

187 傅正《雷案回憶》補注，《雷震全集》第十一冊，頁二〇七。
188 雷震一九五九年二月二十一日日記，《雷震全集》第四十冊，頁三十二。

址——陸軍服務社三〇一號房間，著人在三十一日上午九時左右送去的。信送去的時候，他不在。送信人照服務社人員的吩咐，把信放在陳君的床上。奇怪的是這封信送去以後，一直到本刊第二十卷第四期付排清稿的時候，其間有十多天，陳君始終沒有來。他的來信曾說到「本人為貴刊無端誣賴，特別請假來台北，現投宿陸軍服務社三〇一號房間，希於三日內賜予函覆」。陳君既把這件事看得這麼嚴重，特別請假來台北，而我們又在他所指定的時限以內函請他來本社一談，他為什麼久久不來呢？[189]

三月二日上午，雷震接到法院傳票，要他第二天下午一時半到台北地方法院檢察處應訊。陳懷琪控雷震案，成為臺灣媒體報導的一個熱點，社會各方人士都十分關注此事，某些人甚至以為這「可能是抓住『整垮雷震』的機會」。檢察法庭秘密進行，不准任何人旁聽，許多人主動聚集在法院門口，等待消息。雷震這樣回憶：

三月三日下午一時二十五分，我到台北地方法院檢察庭應訊，殊不料有一百多位學生已在法院檢察庭門口等候。因為檢察庭不能旁聽，他們等我出來後始散去。還有一位青年人，一定要送我一百元台幣，幫助訟費，青年人之有正義感，由此可見一斑。此外，除「自由中國社」的職員外，還有《自立晚報》社長李玉階和青年黨領袖夏濤聲，詩人周棄子諸先生；李、夏兩人還攜帶機關圖章來，必要時給我作保之用，但檢察庭未要交保……胡適先生很焦急，曾打幾個電話來。是日下午六時模樣，我去南港中央研究院，胡適倒杯酒給我，說給我壓驚。他盛稱我之出席法庭受訊，是最文明的。[190]

189 社論〈關於陳懷琪投書事件的簡報〉，原載一九五九年三月一日《自由中國》半月刊第二十卷五期。
190 《雷震全集》第十一冊，頁六十八。

胡適、王世杰、成舍我、胡秋原等人覺得這場官司打下去實在沒有意義，認為有人在背後操縱此事，當局無論如何「都要適可而止，儘管雷震可以敗訴，甚至坐牢，都不重要，但政府一定因此而名聲掃地，為世界民主國家所不恥」[191]。胡適等人甚至透過私人管道，謀求解決辦法。蔣介石對胡適等人有心化解此事，多有不悅，在一次宣傳會議上說：王世杰和胡適叫人家不要干涉司法，他們也不要干涉司法才好。話傳到雷震那裡，他的第一個反應就是：果真都不干涉司法的話，陳懷琪事件就不會發生了。[192]

在二月二十七日，日本《讀賣新聞》駐台北特派記者若菜正義曾採訪陳懷琪，發現「陳懷琪一切講話，完全是依照寫好的稿子照念，不敢多講一字，由於要控告《自由中國》半月刊，故暫遷來台北居住。」[193]若以一般推理，一個普通軍官為此事糾纏不清，不惜時間與成本，甚至對簿公堂，背後如沒有特殊原因，可能不會這樣。

三月五日，胡適給雷震寫來一封「致自由中國編輯委員會」的信，其中認為《自由中國》不應發表未具真實姓名和真實地址的「讀者來信」，說「這是我們的大錯誤」，並對今後編輯方針提出了幾點意見：「一，本刊以後最好能不發表不署真姓名的文字；二，以後最好能不用不記名的『社論』……三，以後停止『短評』。因為『短評』最容易作俏皮的諷刺語，又不署名，最容易使人看作尖刻或輕薄……」[194]胡適的這一態度，令雷震等人大為不解，「自由中國社」編委會討論決定暫不發表胡適的這封信，對於信中某些建議，雷震並不能完全接受，他堅持認為「社論」代表編委會意見，以不署具體作者名字為好。

雷震後來才知道，胡適之所以寫這樣一封信，是想用某種「政治的方法」來加以解決。[195]胡適擔心雷震不能理解其「苦心」，以至於《自由中國》不公開發表此信，特意把雷震、夏道平請到南港家中，反覆對他們說明自己的真實

191 馬之驌著《雷震與蔣介石》，頁二九六。
192 雷震一九五九年三月十六日記，《雷震全集》四十冊，頁五十。
193 《雷震全集》第十一冊，頁六十七。
194 萬麗娟編注《胡適雷震來往書信選集》，頁一六五至一六六。
195 馬之驌著《雷震與蔣介石》，頁二九九。

想法：個人榮辱事小，國家前途事大，要多多忍耐，不要把在聯合國的席次搞垮了。回到社裡，雷震即抽出一篇文章，換上胡適的這封信，發表在《自由中國》半月刊第二十卷第七期上，馬之驌回憶說，「胡適為了替雷震解決訴訟問題，一方面設計寫信批評《自由中國》的編輯，刊登『陳懷琪投書』之不當；一方面又請他早年『安徽公學』[196]的老師王雲五向蔣介石求情，這雖然等於俯首認罪，但也不失為惟一解決問題之方法，而且很有效，從此法院即不傳訊雷震了。」[197]

雷震稍後掌握到一些有利證據，這封「讀者來信」確係陳懷琪本人所寫，只是在軍中政治部的壓力之下，出於無奈，才出面否認此事，並以此控告雷震。[198]一九五九年三月十四日，雷震在「陳懷琪案」之刑事辯訴狀中說，「告訴人於偽造文書外提出誹謗，於法已有不合。乃又提叛亂條例第七條為有利於叛徒之宣傳一點，其以根據臺灣省戒嚴時期軍法機關自行審判及交法院審判案件劃分辦法懲治叛亂條例所定之罪得由軍法機關審判，圖假法院之手，置辯訴人於軍法機關控制之下，而後以不公開之審判羅致之於罪乎？果如是，用心不可謂不深。但懲治叛亂條例第七條之義理明顯，司法機關當不會容人曲解。」[199]

由於胡適、王雲五等人私下緩頰和努力，也是在最高當局的旨意下[200]，軍方總算再也沒有什麼新的動作。「自由中國社」發行部經理馬之驌認為，「所謂『陳懷琪事件』，本來很單純。也許是陳懷琪本人，在受訓期間聽到教官講，把革命軍人比作『狗』的故事，覺得很有刺激性，也很有趣味性，於是就寫了這篇文章，投到《自由中國》，後

196 馬之驌在這裏有誤，應為上海「中國公學」，而不是「安徽公學」。胡適自一九〇四年至一九一〇年在上海住了六年，換過四所學校，即梅溪學堂、澄衷學堂、中國公學、中國新公學。胡適在《四十自述》說，「我在中國公學兩年，受姚康侯和王雲五兩先生影響最大……」參見曹伯言選編《胡適自傳》，黃山書社出版社，一九八六年十一月第一版，頁七十。

197 馬之驌著《雷震與蔣介石》，頁三百。

198 雷震一九五九年四月十四日日記中有記載：「陳懷琪的朋友吳福兮問過陳氏最早的那封讀者來信是否為他本人所寫，陳懷琪予以承認，並說是政治部要他告雷震的。」《雷震全集》四十冊，頁六十八。

199 萬麗娟編注《胡適雷震來往書信選集》，頁二六六。

200 史學家沈雲龍告訴雷震，蔣介石已決定對陳懷琪案罷手。參見雷震一九五九年十一月六日日記，《雷震全集》四十冊，頁一八八。

來發現事態嚴重，就不敢承認了。也許是和陳懷琪一塊兒受訓的人，故意冒用陳懷琪之名寫的。總之，這件事是陳懷琪周圍的人做的，絕對沒有錯，但如《自由中國》的編輯，對此類文稿，事前、事後處理得當，就不會發生問題了」[201]。

此事驚動了在港的各方民主人士，三月十八日，旅港作家李岳華給雷震發來一信，表示關切：我公提倡民主、爭取自由，功勳卓著，萬人同欽。此次發生「陳懷琪事件」，港方各民主人士對我公均極關心，謹此奉告，敬祈珍重[202]。雷震在日記中說，「我心中儘管有若干不痛快，但一切聽天由命，絕不找人說話，因我們這幾年的工作問心無愧。」[203]

八、〈大江東流擋不住〉

依據「憲法」第四十七條規定「總統、副總統之任期為六年，連選得連任一次」，此時正臨近蔣介石第二任總統任期之末，公開或私下議論蔣是否「三連任」成為一個敏感話題。胡適、雷震等人主張蔣介石不要連任，這是一種最明智的做法，否則將有違憲之嫌。蔣被選為第一任總統，一九四八年五月二十日就職；一九五四年五月，做滿第一任，第二次又當選。以六年一任為期，應在一九六〇年五月二十日第二任屆滿，按憲法規定，已不能再連任，除非修改憲法有關條文。

一九五八年十二月二十三日，蔣介石在國大代表組成的「光復大陸設計委員會」第五次全體會議上表示：自去年以來，國民大會有好些代表曾提出修改憲法的問題，自然，這是各位代表的職權，個人不便有所干預，但我可以代表

201 馬之驌著《雷震與蔣介石》，頁三〇一。
202 一九五九年三月十八日李岳華致雷震函，《雷震秘藏書信選》，《雷震全集》第三十冊，頁四〇一。
203 雷震一九五九年三月十六日日記，《雷震全集》四十冊，頁五十一。

中國國民黨、代表政府來說，我們不僅是沒有修改憲法的意思，並且反對修改憲法[204]。然時隔不久，一九五九年五月十八日，蔣介石在國民黨八屆二中全會「總理紀念周」上發表談話，雖然再次承認憲法是國家的根本大法，不宜輕言修改，「但目前有三項顧慮，即：一，不要使敵人感到稱心；二，不要使大陸億萬同胞感到失望；三，不要使海內外軍民感到惶惑」，只要這三個顧慮不發生，他絕不為個人的出處考慮[205]。此言不無深意，甚至有點曖昧，就是說，他本人雖然表示反對修憲，但不排除「三連任」的可能性。

自去年蔣介石表示「不修憲」，《自由中國》就發表社論，「對蔣總統維護憲法的熱忱，表示最高的敬意」，但對部分國大代表「仍然積極主張修憲」不無憂慮，極力主張修憲的國大代表都是國民黨員，「由此種種，顯得連任問題，並沒有因蔣總統的不修憲聲明而完全成為過去」，「如果國民黨的修憲論者仍然要轉彎抹角地在進行其修憲運動，人們就會懷疑到蔣總統不修憲的表示只是一種姿態，一種做作……再則，如果不經由修憲也居然可以達到連任，那更是成了明明白白的違憲」[206]。事實上，國民黨內部「勸進者」大有人在。一九五九年七月初，中常委陶希聖在高雄《臺灣新生報》社茶話會上發表談話，認為「修改臨時條款並不是修改憲法本身，明年的國民大會第三次大會有權這樣辦」，此言既出，被視為是「勸進者」正在嘗試在不修憲的前提下為蔣尋求「三連任」法律依據。[207]陳布雷死後，陶希聖即為蔣介石身邊重要文膽之一，他是著名「從政學人」，社會經濟學、法律學者，他所提到的「臨時條

---

204 參見左舜生〈我們有兩點為臺灣擔心〉，收錄於陳正茂主編《左舜生先生晚期言論集》，中研院近史所史料叢刊（二十八），一九九六年五月初版，上集，頁二八六。

205 參見《自由中國》半月刊社論〈蔣總統不會做錯了決定吧？〉，一九五九年六月十六日《自由中國》第二十卷十二期，頁三；同時參見一九五九年五月二十六日《工商時報》台北通訊。

206 社論〈欣幸中的疑慮——關於蔣總統反對修憲的聲明〉，原載一九五九年一月一日《自由中國》第二十卷一期，頁七。

207 陶希聖講話刊於一九五九年七月四日《中央日報》，他的這種提法，被認為是國民黨高層的意見，不過是由他這位法學專家說出來而已。陶希聖之三公子陶恒生先生對筆者說，父親當時之所以這樣說，作為「中央日報」董事長實屬無奈。這一期間，父親返回家中總是悶悶不樂。

款」，全稱「動員戡亂時期臨時條款」，專用於國共內戰時期，其效力等同於憲法，於一九四八年四月十八日國民大會一次會議通過，來台之後，國民黨繼續沿用，並以此為法律依據對臺灣實施長達三十八年的「戒嚴」。

《自由中國》七月十六日發表社論〈好一個舞文弄法的謬論——所謂「修改臨時條款不是修改憲法本身」〉，以駁斥陶希聖的這一說法，指出「臨時條款的制定，就是憲法的修改」，「臨時條款實構成憲法的一部分」，「增加臨時條款，或修改臨時條款，也即是修改憲法」[208]；同一期還刊發學者宋功仁〈論臨時條款與修憲〉一文，該文透過推理辨析，得出四點結論：其一，國民大會無權於憲法條文之外，另設憲法單行條文；其二，臨時條款之設亦為修憲；其三，國家處此環境之下不宜修憲；其四，臨時條款之設對憲法的莊嚴有嚴重的傷害。[209]

這篇社論和宋功仁一文立即產生很大的影響，從法律的嚴肅性來看，「臨時條款」實已構成《中華民國憲法》的一部分，修改「臨時條款」就等於是「修改憲法」，這一點，再清楚不過。這樣一來，致使輿情喧騰，迫使「勸進者」不得不考慮從其他方面來為「三連任」尋找合法依據。隨著蔣介石可能「三連任」消息頻出，《自由中國》半月刊沒有停止對三連任行動的批評，八月一日出版的第二十一卷第三期，刊發署名「看雲樓主」〈曹丕怎樣在群臣勸進下稱帝的？〉一文，該文引述歷史上的經驗教訓，直指當下，曹丕雖然聲稱不願做皇帝，但弄臣們「洞悉了『主上』的意願，於是紛紛上表勸進」，曹丕才裝腔作勢「勉為其難」當上了皇帝；到了共和以後，袁世凱稱帝，亦曾運用此種手段，袁氏曾表示不主張「變更國體」，「一向惟袁氏馬首是瞻的一群奴臣鼠輩們，這時卻一反常態，竟置袁氏已發表的意見於不顧，仍然建議『召集國民會議解決國體問題』，復議決『國民代表大會組織法』，成立什麼『籌安會』，什麼『憲政協進會』，什麼『變更國體請願團』等等，遝行上表勸進，寧非怪事也哉……最後是袁世凱只好

208 社論〈好一個舞文弄法的謬論——所謂「修改臨時條款不是修改憲法本身」〉，原載一九五九年七月十六日《自由中國》半月刊，第二十一卷二期，頁五。

209 宋功仁〈論臨時條款與修憲〉，原載一九五九年七月十六日《自由中國》第二十一卷二期，頁十二。

『應天心而順民意』了。」[210]

這篇文章曲筆藏鋒，對蔣介石意欲謀求「三連任」並未作出直接批評，而是對一班以蔣氏為馬首是瞻的人置「不修憲」於不顧，不斷發起「勸進」這一事實，「用以古諷今的方式提出相當大的諷刺，這是用歷史上聲名狼藉的曹丕與袁世凱來暗喻蔣介石總統，而對於這樣子的暗喻，擁蔣的國民黨人又不能公開還手，這是他們所難以忍受的」[211]。在這一段時間內，《自由中國》發表評說「三連任」的文章有二十多篇，其火力之猛，使與當局對恃的局勢更為嚴峻。夏道平跑來勸雷震「不必再登此類文章，恐他們要暗殺」，並稱「這話是雪公（王世杰）傳來的，他知他們的作法，故有此勸告，且以楊杏佛為戒」[212]。王新衡也提醒雷震，惟恐蔣經國不擇手段。

一九五九年十月二十六日，有人告訴雷震「警備總司令部某高級人員講過，臺灣要不把雷某去掉——他們——指當局——不能抬頭」；雷震之女雷美琳的同學也聽到某海軍中尉說過，「他們過去想用吉普車把雷震撞死」。雷震在日記中寫道：「他們擬叫已經決定處決而執行的犯人咬我一口，又恐搞得不好，又想設法把我搞掉。不管怎樣，搞了再說，橫直我的敵人太多」[213]；又說：「下午六時見到王世憲（張君勱內弟，作者注），他聽說五月二十日總統就職後就要殺人，第一個殺雷震，最少把雷震送到火燒島[214]。我聽之坦然，我沒做錯事，生死早已置之度外。」[215]

這一年年底，蔣介石欲謀求「三連任」的態勢越發明顯，連胡適也感到「看樣子，蔣先生是準備做定了」。王厚生從香港給雷震寫信，說胡健中已到香港為蔣介石三連任遊說國大代表來台，「蔣先生個人對外雖無表示，對黨內似

210 看雲樓主〈曹丕怎樣在群臣勸進下稱帝的？〉，原載一九五九年八月一日《自由中國》半月刊，第二十一卷三期，頁二十。
211 薛化元著《《自由中國》與民主憲政——一九五〇年代臺灣思想史的一個考察》，頁一六三。
212 雷震一九五九年八月十二日日記，《雷震全集》第四十冊，頁一四三。
213 雷震一九五九年十月二十六日日記，《雷震全集》第四十冊，頁一八一。
214 火燒島，即綠島，國民黨政府來台後羈押政治犯的地方。位於臺灣東部海面，距離台東九公里。
215 參見〈可貴者膽，所有者魂：雷震〉一文，蔡明雲主編《臺灣百年人物2》，頁十四。

已公開表示願意連任。舜生、向華等先生決定不來，但舜生私下對健中表示，萬一蔣先生非幹不可，則應於當選後一月內召開反共救國會議，此為健中之惟一收穫，且可能辦得到」[216]。英文《中國日報》發行人杜蘅之不但反對修憲連任，甚至根本反對國民黨把持政權，他對雷震說，「最近蔣先生公開表示願競選連任，此時說此話，甚不當，因為憲法（或臨時條款）均未修改，而總統任期仍以二次為限，則身居其位似無表示連任之根據。此點盼貴刊於社論中一述，當能引起人注意」[217]。

黃宇人是被臺灣當局限制入境的在港立法委員，他對蔣氏父子的批評從不留情面，當年在南京時，雷震為蔣辯護還批評過他「不夠恕道」，這次也為「三連任」從香港寫信給雷震，「一，蔣既反對修憲於先，至今仍認為應維護憲法之完整尊嚴，即不應違憲連任。否則不但吾輩誓不承認，且將在憲政史上開一惡例而自居於袁世凱第二。但如蔣不任總統，而執政黨領袖之身份號召民主改革與團結反共，則吾人仍將竭誠擁護。二，經國為違憲連任之首要人物，年來他的權力日益擴大，除黨務外，舉凡內政、司法、教育、外交以及軍警無所不管，而其政治立場則始終不明。他當年在俄國受訓十年，習染既深，而在臺灣的種種表現，又復向共黨亦步亦趨……」[218]

隨時各方批評「三連任」的言論越發密急，當局的態度開始變得強硬起來，對反對「三連任」的重要人士不斷施加壓力，指控他們「不是和共產黨有勾結，就是他們的同路人」。不過，當局試圖以修訂「臨時條款」使蔣介石獲得「三連任」，同樣面臨許多難以克服的法律障礙。根據憲法規定，修憲屬於國民大會，修憲代表人數必須有「三分之二出席，及出席代表四分之三之決議」方可進行，亦即須有二〇三〇人出席、一五二三人決議通過方可修憲。「臨時條款」作為憲法附屬條款，其修訂也必須遵循修憲程序來進行。

216 一九六〇年一月三十日王厚生致雷震函，《雷震秘藏書信選》，《雷震全集》第三十冊，頁四一九至四二〇。
217 一九六〇年三月四日杜蘅之致雷震函，《雷震秘藏書信選》，《雷震全集》第三十冊，頁四二六。
218 一九六〇年五月二日黃宇人致雷震函，《雷震秘藏書信選》，《雷震全集》第三十冊，頁四二九。

早在一九五四年二月十九日召開第一屆國民大會第二次會議時，經過所謂「遞補」以及東拖西拉的拼湊，出席會議者不過一五七八人。當局若想以足夠人數來進行修憲，或修改臨時條款幾乎是不可能的事情。在這種情況下，陶希聖於一九五九年十二月又提出民法上所謂「死亡宣告」的辦法，認為或可適用於修訂臨時條款，即以此降低國大代表人數總額。作為法學專家的雷震，對這一問題有相當瞭解。《自由中國》即以〈「死亡宣告」可以適用於國大代表嗎？〉為題，認為陶希聖這一主張，無論從法律範疇加以分析，還是從法定要件上推論，都是不能成立的。社論指出：「國民黨如果硬想利用那種似是而非、強詞奪理的說法，來打破國民大會修改憲法或臨時條款人數的困難，自當首先負起『毀憲』和『破壞法統』的責任」[219]。

對於「死亡宣告」這一方式，國民黨決策機構也感到有諸多「缺陷」，復改以行政院及國民大會秘書處向大法官會議提出對「國民大會代表總額」作出解釋申請。大法官會議於一九六〇年二月十二日通過第八十五號解釋：「憲法所稱國民代表大會代表總額，在當前情形，應以依法選出，而能應召集會之國民大會代表人數，為計算標準」[220]，竟以此辦法解決了所謂國大代表人數不足以修憲的問題，從而為蔣介石「三連任」掃清法律上的障礙。

對此，《自由中國》再次發表社論，對大法官會議淪為國民黨「御用工具」表示不滿，「對於一項沒有『疑義』的憲法條文，大法官會議依法是沒有權力加以解釋的」，「行政院和國民大會秘書處既均無權提出此項聲請，大法官會議依法自應不予受理」，「解釋法令，應根據法理，不應根據事實。……大法官會議的解釋，非但沒有根據法理，而且所根據的事實，也不成為其理由」，「大法官已放棄自己的超然立場，做了『御用』的工具，實行所謂『司法配合國策』！……大法官原來是仰承『黨』的『御旨』，以黨的『理由』為『理由』了。」[221]立法委員、臺灣大學法學院院長薩孟武也指出：此號釋憲文只是解釋了事實，並未說明法理。

219 社論〈「死亡宣告」可以適用於國大代表嗎？〉，一九六〇年一月一日《自由中國》半月刊，第二十二卷第一期，頁七至八。
220 參見陶百川等編纂《最新綜合六法全書》，台北：三民書局，一九九四年版，頁一八八九。
221 社論〈豈容「御用」大法官濫用解釋權？〉，原載一九六〇年三月一日《自由中國》半月刊，第二十二卷五期，頁四至六。以上亦可參見薛化

一九六〇年二月二十日，臺灣召開「國民代表大會」，雷震發表〈敬向國大同仁說幾句話〉一文，「我們大家想想，所謂臨時條款不等於憲法，修改臨時條款不等於修憲，這是何等欺騙世人的說法！修改臨時條款既不等於修憲，為何要經由修訂臨時條款的途徑，使憲法第四十七條總統只得連任『一次』之限制失效？又為何在三十七（一九四八）年制定臨時條款時，要根據憲法第一百七十四條規定的修憲程序？又臨時條款既不等於憲法，則依憲法第二十七條規定，國民大會就無權制定或修改了。」[222]事實上，自大法官會議為「三連任」掃清障礙後，任何輿論和批評已無法阻擋國民黨的肆意所為。莫德惠[223]領銜連署提出關於修改臨時條款之提案，雷震憤激不已，在當天日記中寫道，「莫之為人連狗彘之不如也」。莫氏因領銜連署，為同鄉國大代表所鄙視，主席團主席落選，「因而大哭一場」（雷震語），卻又「因禍得福」，當局讓他連任一屆考試院院長。三月三日，蔣介石召集國大代表允諾其待遇調至與立法委員、監察委員一個水準，雷震作為國大代表，對這種「拉攏」嗤之以鼻，「有錢能使鬼推磨，信不誣也」[224]。

《自由中國》以社論〈怎樣才使國大的紛爭平息了的！〉發出質問：「國大代表的待遇，即令可比照立法委員的待遇來調整，但是為什麼要在這個時候給以諾言呢？……國民黨領導權的維持，究竟靠的是什麼？主義嗎、政策嗎、威望嗎，還是國庫裡面的金錢？」[225]三月十一日，國民大會完成修改臨時條款，確認戡亂時期總統任期不受憲法約束；三月十二日，國民黨正式提名蔣介石為總統候選人；十天之後，蔣介石再次當選總統，《自由中國》反修憲、反連任至此宣告失敗。《自由中國》刊發夏道平撰寫的社論〈蔣總統如何向歷史交代？〉，再次表明立場與態度，「蔣總統這一次的當選連任，大家都知道，是付了很大代價的，包括有形的和無形的，精神的和物質的。這一份重大的代

元著《《自由中國》與民主憲政——一九五〇年代臺灣思想史的一個考察》，頁一六六至一六七。

222 雷震〈敬向國大同仁說句話〉，原載一九六〇年三月一日《自由中國》半月刊，第二十二卷五期。

223 莫德惠（一八八一至一九六八），原籍吉林，生於新疆，滿族。時為國民黨考試院院長、總統府資政。

224 雷震一九六〇年三月四日日記，《雷震全集》第四十冊，頁二六三。

225 社論〈怎樣才使國大的紛爭平息了的！〉，原載一九六〇年三月十六日《自由中國》半月刊，第二十二卷六期，頁三至四。

價，究竟可以換來一些什麼，歷史家的天秤將會絲毫不爽地秤出來。秤出的結果，是雙方平衡，還是一個差額，如果有差額的話，差額是個正數，還是一個更大的負數，這都要看蔣總統在今後這一任期當中的作為了。」[226]

雷震作為國大代表，僅出席大會二次，未參與修改臨時條款及正副總統投票，以實際行動表達了反修憲的堅定立場；王世杰亦未參加上述投票，他原本希望是蔣介石以黨的主席來領導政治，而不是以連任來領導[227]；胡適說，這是無記名制度，我要出席，但不投蔣介石為總統一票[228]。有學者認為：雷震等人與《自由中國》雖然關切蔣介石三連任的「形式」與「法律」問題，但在這些問題之外，則未能將「在實質方面三連任對憲政體制可能造成的影響與衝擊」納入應有之議，未免有點遺憾。就憲政體制而言，這是一個攸關臺灣政權在今後如何轉換的根本性問題，比照當年美國羅斯福總統打破慣例四連任後、美國國會即修憲明文禁止三連任這一歷史事實，從中便可看出某些差異來[229]。

有讀者對《自由中國》表示有點失望，「你們怎麼說，不過是像搔癢而已，能發生什麼作用？」「自由中國社」這樣回答：政治局面弄到今天這種地步，我們非但深知說了未必有用，而且還可能惹來麻煩，甚至闖下言禍；但我們身為言論界的一分子，卻有根據事實、真理、良知而坦坦白白說話的責任，故不忍不說，也不得不說[230]。言下的無奈，躍然紙上，「自此，《自由中國》將希望寄託在地方選舉上，而當地方選舉亦被國民黨當局百般操縱舞弊時，雷震也愈來愈往尋求實質的政治實力——建構反對黨——的方向走」[231]。

226 社論〈蔣總統如何向歷史交代〉，原載一九六〇年四月一日《自由中國》半月刊，第二十二卷七期，頁四。
227 社論〈蔣總統如何向歷史交代〉，原載一九六〇年四月一日《自由中國》半月刊，第二十二卷七期，頁四。
228 參見雷震著《雷震回憶錄——〈我的母親〉續篇》，頁七十六。
229 薛化元著《自由中國》與民主憲政——一九五〇年代臺灣思想史的一個考察》，頁三一八。
230 〈給讀者的報告〉，原載一九六九年四月一日《自由中國》半月刊第二十二卷七期，頁三十二。
231 薛化元著《自由中國》與民主憲政——一九五〇年代臺灣思想史的一個考察》，頁三一七。

國民黨初到臺灣時，為緩和政治上的各種矛盾，以爭取人心，在地方選舉制度上推出「輔選提名制」、「預選提名制」、「候選人登記、中央核准確定制」等形式，對地方公職人員包括省議員、縣議員、縣市長、鄉鎮縣轄村里長，實行「人民直接選舉產生」。然而，在事實上，這些選舉均假借「人民」之名義，由其一黨從中操縱，當選者大都為國民黨人士。一九六〇年四月二十四日，臺灣舉行第二屆省議員及第四屆縣、市長選舉，雷震與《自由中國》將目光轉向這一政治焦點。對於這一次新選舉，《自由中國》所抱持的態度是：「國民黨如有誠意把選舉做到公平合法，首先便該同意由各黨及無黨派候選人共派管理員」，「在共同辦理管理工作之外，進而同意由各黨及無黨派候選人共同聘請監察員」。這兩點最起碼的要求，在實際選舉中一直未能夠落實。

四月二十四日選舉甫畢，國民黨在兩項選舉中獲得「絕大多數勝利」，臺灣省黨部主任委員上官業佑當天發表談話，宣稱此次地方選舉「完全在公平的基礎上作公開合法的競爭」，引起民眾的冷嘲。五月一日，《自由中國》以社論〈這樣的地方選舉能算「公平合法」嗎〉作出評價：國民黨在完全把持管理和監察工作前提之下，很容易將投票時的違法舞弊做得沒有漏洞，加上國民黨在此次地方選舉中採用違法的助選方式，控制了投開票的全過程，無論怎麼說，國民黨「哪有不獲得『絕大多數勝利』的道理」。《自由中國》社論又說：「民主自由是要靠大家努力爭取來的，今後惟一有效的補救方法，就是要靠這些篤信民主政治的人士，大家聯合起來組織一個強有力的反對黨，以與國民黨抗爭。」[232]

此間密擬的《中國民主黨創立宣言草案（稿）》指出：「每一次選舉結果，國民黨當權派無不高奏凱歌，自鳴得意，但依我們的觀察，每經一次選舉，國民黨即喪失一次人心，以致人民與政府的距離日益加大，這是我們不得不引為深憂的。」[233]無黨無派及在野黨派本地候選人在此次選舉中，面對國民黨不公違法而多有失利，「終與批評國民黨

232 社論〈這樣的地方選舉能算「公平合法」嗎？〉，原載一九六〇年五月一日《自由中國》半月刊，第二十二卷九期，頁七至八。
233 《中國民主黨創立宣言草案（稿）》，雷震、李萬居、吳三連等，於一九六〇年秘密擬稿，轉引自曾逸昌編著《悲情島國四百年》，出版者曾逸昌，一九九七年十一月十一日初版，頁四三〇。

不顧海內外反對意見而違法修憲的自由派人士結合了起來」[234]，在此之前，自由派人士一直醞釀的反對黨，因此進入一個實質性籌備階段。

五月十八日，雷震參加由在野黨及無黨無派人士發起的本屆選舉檢討會，有六十二位臺灣籍與大陸籍人士到場，雷震、高玉樹、李萬居、楊金虎等七人被推選為主席團主席，這是雷震首次參加本省籍政治人物召集的選後會議。在會上「大家一致抨擊國民黨選舉舞弊違法，如唱票張冠李戴，黨外人士廢票增多，管理員替未到之選民代捺指紋投票」等亂相。本來是討論選舉不公問題，在楊金虎提議下，則轉到對「組織新黨」這一問題的討論。當時出現三種意見，一種意見主張解散民、青兩黨，結合其他無黨派人士共同組黨；另一種意見應以民、青兩黨為主體，容納其他民主人士共同組黨；還有一種意見以新黨為主體，再使民、青兩黨人士參加。最後達成四項協議，前三項有關選舉改革問題，第四項與組黨有關，並由主席團推出三十人擔任促進選舉的改進工作。

雷震發表〈我們為什麼迫切需要一個強有力的反對黨〉一文，指出：「臺灣地方選舉，今後省議員和縣市議員是三年一次，縣市首長是四年一次。下一次地方選舉，當在民國五十二年和五十三年四五月之間。光陰如箭，三、四年的時間，轉眼即到，我們要想把臺灣的地方自治辦好，辦成名副其實的地方自治，則我們今日必須為下一屆地方選舉而著手準備。因此，我們在第四屆選舉之後，應該趕快的組織一個強有力的反對黨，負起推動民主政治的艱巨責任。……這個黨的組成分子，除了包括無黨無派的人士之外，也可以包括國民黨籍及民青兩黨篤信民主自由之人士。」[235]

雷震等人欲籌建新黨，美國人表示出極大的興趣。美國駐台大使莊萊德稱讚新黨使「臺灣可以步入民主社會的軌道，不使美國再受到扶持國民黨的一黨獨裁的諷刺」。對於這次組黨，雷震本人一直感到有所不安，在日記中這樣寫

234 參見薛化元著《《自由中國》與民主憲政——一九五〇年代臺灣思想史的一個考察》，頁一七〇。
235 雷震〈我們為什麼迫切需要一個強有力的反對黨〉，原載一九六〇年五月十六日《自由中國》第二十二卷十期，頁九。

道，「關於組黨問題，戴先生（指戴杜衡）意見認為把臺灣人搞起來了，大陸人將來要受其欺壓的，大陸來的人，百分之九十不贊成這種作法。我說明這次會議，我非主動者，但是贊成人，我們不參加，他們也要自動的出來組織，因選舉舞弊太甚，而南韓事件[236]又鼓勵了他們，我們參加之後，還可以防止惡化。大家（夏、殷）不贊成我去領導」[237]這篇日記顯示，此次組黨以臺灣本土政治精英為主體，大陸籍人士非積極參與者，只是贊同或支持，雷震雖然對此持謹慎態度，不過，他又強調「不可有地方主義」，「必須由內地人和臺灣人合起來搞，以免有誤差」，「今後工作，第一，要力避臺灣人與大陸人分開，要做到大陸來的人不生恐懼」[238]，很顯然，此時雷震已成為新黨運動中的核心人物[239]。

六月十一日，「檢討會」第二次主席團會議在高玉樹宅召開；六月十五日發表會議聲明：選改會宣告成立，以縣市議員選舉為目標，將督促政府辦好選舉；決定團結海內外民主人士，並與民青兩黨協商，立即籌組一個新的政黨，結束一黨專政之局面；六月二十五日選改會第一次委員會議召開，推舉雷震等十六人為召集委員。次日召集人會議，推雷震、李萬居、高玉樹為發言人，此即為將成立的新黨高層班底。七月十二日，雷震、夏濤聲、傅正等人赴彰化進行演講，同一天，又在台中召開中部四縣市座談會，出席者近百人，雷震發表演講，正式宣佈新黨將於十月前成立[240]。關於新黨名稱，雷震等人主張仍用「中國自由黨」（當年蔣廷黻在美國組黨時所用），胡適卻說「那個倒了黴的名字不必再用，我們今日組黨是為改善選舉，是爭民主，就叫『中國民主黨』好了」[241]。

---

236 一九六〇年三月十五日前後，當時南韓主要城市不斷發生反政府的示威遊行，四月二十六日，南韓發生政變，總統李承晚被迫下臺。
237 雷震一九六〇年五月十九日日記，《雷震全集》第四十冊，頁三一〇至三一一。
238 參見蘇瑞鏘著《戰後臺灣組黨的濫觴——「中國民主黨」組黨運動》，台北：稻鄉出版社，二〇〇五年初版，頁一二六。
239 此次選舉改進會召集人，其中臺灣籍十一人，外省籍五人，均為非國民黨員。其中九人留學日本。
240 任育德《雷震與臺灣民主憲政的發展》，頁三五八。
241 雷震著《雷震回憶錄——〈我的母親〉續篇》，頁三二九。

值得注意的是，此次雷震等人籌組新黨的第一個目標，並非想「取而代之」，只是為下一屆地方選舉作準備。在密擬的新黨創立宣言草案中，雷震等人強調「公平選舉是我們目前急於爭取的兩大目標之一」，「歷年來臺灣地方選舉，在國民黨當權派一手包辦之下，違法舞弊，花樣繁多，輿論早有指責……」他們將本諸「救國不敢後人，成功不必在我」之義，合法競爭，使臺灣政治獲得新機。針對此間反對黨運動逐漸走高，當局加緊對自由派人士的監視。蔣介石素來堅持「黨外無黨」的一黨專政理論，更鑒於大陸失敗的慘痛教訓，對追隨來台的兩個「友黨」——青年黨、民社黨大施手腕，使其內部分裂，實際陷於癱瘓。如今，面對一個新的反對黨平地而起，當局絕對是不允許的，一開始就要將其扼殺在搖籃之中。

七月二十九日，國民黨《中央日報》發表社論〈論政黨的承認問題〉，其意「不承認新黨」；此時，雷震接到過一個神秘電話，被告知「國民黨已決定打擊反對黨的策略：一為軟化吳三連[242]，二為困擾高玉樹[243]，三為打擊雷震」。電話還提醒雷震「儘量不要步行，以防止製造假車禍，到公共場所飲食應特別小心，以防下毒」[244]。

《新生報》南部版刊出新黨之背後有所謂共產黨支持的「大字新聞」，無疑成為國民黨當局對籌組中的新黨「抹黑與戴帽子」以便打擊的一個信號。在這種情況下，八月底，選改會發表緊急聲明，宣佈「由於組織新黨的運動已經是海內外民主反共人士一致的願望，而在國內是由下起來的潮流。我們現在對於新黨的政綱、政策、黨名及黨章等都已有了初步的定案，預定在九月底以前即可宣告成立，我們敢斷定這不是任何干擾所能阻止的……」[245]

與此同時，《自由中國》沒有停止發聲，仍在不斷刊發支援組織新黨的文字，雷震以耳順之齡全力投入到這次組黨工作中，「關於新黨，我當盡畢生餘力以助成之，這是我們時代的使命」，「責任艱巨，不可失著」[246]。這種勇往直

242 吳三連（一八九九至一九八八），臺灣台南人，第一屆國大代表、台北市首任市長、《自立晚報》發行人。
243 高玉樹，台北市人，生於一九一三年，日本早稻田大學畢業，曾任台北市市長、交通部長等職。
244 參見雷震一九六〇年八月九日日記傳正注釋，《雷震全集》第四十冊，頁三六六。
245 雷震、李萬居、高玉樹〈選舉改進座談會緊急聲明〉，原載一九六〇年九月一日《自由中國》第二十三卷五期，頁十六。
246 雷震一九六〇年七月十二日日記，《雷震全集》第四十冊，頁三四八。

前、為民主政治獻身的精神與毅力，顯示出雷震的人格力量，而作為一個獨立的「知識份子對理想之堅持與使命感，是無法以『失意政客』或『尋求個人政治復出』等個人利害思考方式概括認定的」[247]。

殷海光執筆的那篇著名社論〈大江東流擋不住〉，表示此時民主潮流就像大江東流一樣，誰也阻擋不住：

……近十幾年來，國民黨權勢核心人物，使出渾身的力量，實行「加緊控制」，他們是否收到什麼效果呢？從一方面看，他們的確收到了一時的效果。在這個小島上，他們確曾收買了一些無思想、無原則、唯利是圖之徒。他們正同在大陸掌握政權時代一樣，在臺灣把有人格、有節氣、有抱負的人很有效的消滅殆盡了。他們控制了一群以說謊造謠為專業者。他們控制著一群藉著幫同作惡以自肥的人。他們控制著藉唱萬歲而飛黃騰達的「聰明人」。他們製造了成千成萬當面喊擁護叫口號的政治演員。他們控制著臺灣一千萬人的身體。然而，除此而外，他們還控制著什麼呢？

……大江總是向海奔流的。我們深信，凡屬於大多數人合理的共同願望遲早總有實現的一天。自由、民主、人權保障這些要求，決不是霸佔國家權力的少數私人所能永遠阻遏的。在不久的將來……同樣的，少數人拿種種藉口來阻撓和打擊這一願望的行動，也將在公意之前停止。自由、民主、人權一定會在大家的醒覺和努力之中真正實現。[248]

這篇社論刊登於《自由中國》一九六〇年九月一日第二十三卷第五期。這篇社論竟成為《自由中國》近十一年來生命中的絕響。幾天後，雷震、傅正、馬之驌、劉子英等人以「涉嫌叛亂」遭到當局逮捕，從而爆發一九六〇年九月四日震驚海內外的「雷震案」，《自由中國》在萬人痛惜中與自己的歷

247 任育德著《雷震與臺灣民主憲政的發展》，頁二七三。
248 社論〈大江東流擋不住〉，原載一九六〇年九月一日《自由中國》半月刊第二十三卷五期。

史使命戛然永訣，成為「臺灣民主運動史中的一座燈塔」（柏楊語）。十個月之前，就在《自由中國》創刊十周年紀念大會上，臺灣《民主潮》雜誌發行人夏濤聲一進門就對胡適說：恭喜恭喜，這個年頭能活到十年，是不容易的。胡適聽了之後大發感慨，「覺得夏先生這話，很值得作為《自由中國》半月刊創刊十周年的頌詞」[249]。在對抗國民黨威權體制整整十年中，《自由中國》半月刊不期然地扮演了一個傳播民主思想無可替代的重要角色，與上世紀二十年代的《努力週報》、《新月》雜誌，三十年代的《獨立評論》，以及四十年代的《觀察》等政論刊物，在推進中國民主政治過程中，構成一代自由主義知識份子的價值譜系，並為臺灣社會在日後實現政治轉型提供強大的精神資源，雷震是其中最為關鍵的人物。

一九六〇年九月四日上午九點二十分，臺灣警備總司令部上校軍事檢察官桑振業、保安大隊中校副大隊長施建良、上尉副中隊長郭振斌率大批軍警，將雷震之宅暨《自由中國》雜誌編務場所突然圍住，強行將雷震帶走，並對其寓所進行大搜索。在同一時間被捕的還有《自由中國》編輯傅正、經理部經理馬之驌、前會計劉子英（在國史館任職）。警備總司令部發言人王超凡（當年向雷震下跪的那個人。作者注）在記者招待會上聲稱：「《自由中國》半月刊發行人雷震等涉嫌叛亂，已由本部根據懲治叛亂條例第十條的規定於九月四日依法拘捕，現正在偵訊中。」[250]

國民黨中常委陶希聖、中央黨部第四組主任曹聖芬、行政院新聞局長沈錡宴請臺灣各媒體負責人，通報雷震被捕的原委及經過，並散發了一份所謂《《自由中國》半月刊違法言論摘要》白皮書。在這份《白皮書》中，當局給雷震

249 胡適〈容忍與自由——在《自由中國》十周年紀念會上講詞〉，收入《胡適日記全編》，安徽教育出版社，二〇〇一年十月第一版，第八冊，頁五九九至六〇〇。

250 一九六〇年九月五日，《徵信新聞報》。

等人羅織的罪名有六大項：「（一）倡導反攻無望；（二）主張美國干涉內政；（三）煽動軍人憤恨政府；（四）為共產黨作統戰宣傳；（五）挑撥本省人與大陸來台同胞間感情；（六）鼓動人民反抗政府流血革命。」[251]

兩天後，王超凡再次召開新聞發佈會，稱劉子英已供認是「匪諜」，有「坦白書」為證。九月七日，《聯合報》以〈王超凡宣稱劉子英為「匪諜」〉為題，對此事作了報導，「劉子英為『匪諜』，警總已獲有具體證據，彼係於三十九年（一九五〇年）奉匪方使命來台，其入境時之保人為雷震。劉在雷震任國民黨參政會副秘書長時擔任秘書之職，雷氏甚多私人函件均由其處理……治安人員曾在其寓所搜獲『匪』文件及雷震寄存之文件甚多……」

九月十三日下午，蔣介石在陽明山接見美國西海岸報界記者十四人時，第一次對「雷震案」公開發話，「相信已有『匪諜』在該刊（指《自由中國》半月刊）的幕後作活動，逮捕雷震當然有法律的依據……這件事與雷震籌組反對黨的事無關。任何人可以自由地在臺灣從事政治活動，但是絕對不許參與顛覆的活動。」[252]蔣介石又說：「知道雷震的逮捕，已在美國和自由亞洲引起反應，但是每個國家都有他自己的實際情況，而且雷震的逮捕是根據中華民國的法律而辦理的，我不願作進一步評論的，因為這件案子尚在偵查中……」[253]

九月二十四日，警備總司令部軍事檢察官殷敬文就「雷震案」正式向軍事法庭提出公訴，起訴書認定雷震的主要罪狀有二條：一，明知為「匪諜」（劉子英）而不告密檢舉；二，連續以文字有利於叛徒之宣傳，散佈悲觀無望論調，以圖鼓動暴動，以達顛覆政府之目的。[254]十月三日「雷震案」開庭，「只開了八個半鐘頭的庭，就宣告終結了」（胡適語）。十月八日，軍事法庭以「知匪不報」、「涉嫌叛亂」等罪名判處雷震有期徒刑十年，剝奪政治權利七年；十一月二十三日複判，維持原判。服刑地點在軍人監獄（今新店監獄）。這一年，雷震六十三歲。

251 一九六〇年九月五日，《聯合報》。
252 一九六〇年九月十五日，《中央日報》。
253 參見雷震《雷震回憶錄——〈我的母親〉續篇》，頁九至十。
254 一九六〇年九月二十四日，《聯合報》。

第十九章　超越「清議」

雷震被捕，《自由中國》停刊，以及新黨胎死腹中，意味自大陸來台自由主義知識份子在那個非常年代，鼓吹民主、自由、人權的同時，以自我犧牲的精神投身於社會改造時所遭遇的一場大悲劇，這種敢為民主憲政理想而獻身的人格特質，以及「飛蛾撲火」的勇氣，雖不能見容於執政當局，「但由於雷震對選舉與反對黨所提出之主張，深深地啟發與影響日後臺灣民主運動的發展，所以雷震與《自由中國》被稱為反對黨論述啟蒙者之一，乃是實至名歸的。」[1]

《自由中國》發行近十一年之久，為苦悶的臺灣社會開啟了一扇透光的窗子，「這份刊物是大陸籍知識份子的自由主義堡壘，已殆無疑義」[2]；而以思想史角度，這是五四時代培育出來的自由主義者，流散到臺灣的最後一個據點[3]。大陸學者何卓恩認為：二十世紀下半葉臺灣自由主義的起點，既非來自臺灣本土，又非完全來自當時的西方世界，更不是若干書生白手起家，它的基本源頭來自二十世紀上半葉的中國大陸的自由主義思潮[4]。學者錢永祥也認為，「臺灣第一批的自由主義者，就是《自由中國》半月刊這批人，開始跟國民黨發生衝突……如果說臺灣有所謂自由主義的論述、自由主義的思潮、自由主義的言論的話，那麼，那是從《自由中國》半月刊開始的。《自由中國》半

1 周琇環、陳世宏編注《組黨運動——戰後臺灣民主運動史料彙編（二）》，台北：國史館，二〇〇二年七月版，頁七。
2 陳芳明著《殖民地摩登：現代性與臺灣史觀》，台北：麥田出版，二〇〇四年六月一日初版，頁三四九至三五〇。
3 魏誠著《〈自由中國〉半月刊內容演變及其政治主張》，台北：政治大學新聞研究所碩士論文，一九八四年。頁一至二。
4 參見何卓恩《自由理念的轉變與傳承：《自由中國》政治哲學研究》，此書在臺灣出版。二〇一一年一月筆者在武漢參加共識網舉辦的「辛亥百年：變與不變」研討會時，與友人一同前往華中師範大學拜訪何卓恩教授，何教授給了我此書的電子文本。特此說明。

月刊基本上是受到胡適思想影響的，胡適是《自由中國》半月刊的創辦人、名譽發行人，又是他們的精神導師，《自由中國》繼承了胡適思想的脈絡。」

當雷震等人將理念付諸實踐，從原本的「清議」轉而要求「權力重新分配」，逾越了執政當局所能容忍的極限，「雷震對國民黨的批評將近十年時間，國民黨很不滿，發動了很多次的輿論的攻擊，但是沒有動手抓人。這裡有很多原因，包括美國人的因素，都有一定的關係。還有胡適之是《自由中國》的支柱，國民黨對胡適之總要留一點面子。可是到最後，雷震跟台籍的政治人物結合，要組黨，國民黨馬上就動手了……」[5]

一、「自由中國運動」

一九四九年前後，中國大陸局勢發生根本逆轉，國民黨政權不斷受挫，其命如絲，危如累卵，處於風雨飄搖之中。而此時，人心之向背，較為集中地體現在這一時期知識份子在政治上作出的選擇。以學者任育德的分析，大致可分成四種，「一，對國民黨、中共均不支持，如張君勱等。二，不支持國民黨，並不反對中共，如梁漱溟、羅隆基、儲安平、陳寅恪、沈從文等（動機不同但行動相近）。三，不支持國民黨，支持中共，如『救國會』諸人。四，支持國民黨，反對中共。如胡適、傅斯年、殷海光、雷震等。」[6]其中，第二、三種人士在中華人民共和國宣告成立後，投身於毛澤東新民主主義革命中，一度成為中共的同路人及親密盟友；而第一種人士，如張君勱、左舜生等，在政治上與胡適、傅斯年、雷震等人有一定距離，但所持反極權的態度則頗為相近，主要分歧反映在對待蔣介石的態度上。

張君勱、黃宇人（國民黨團派人物）等人在「淮海戰役」後力主蔣介石下野，並對由蔣來領導政府改造中國現狀不抱以任何希望。這一派人士在上世紀五十年代初選擇非蔣控制的港澳地區，先後成立「自由民主大同盟」、「中國自由民主戰鬥同盟」等組織，即所謂「第三勢力」，在美國和李宗仁的支持下，首揭反蔣和反共大旗，試圖在國共兩

5　以上均參見張文中〈「我是誰」：臺灣自由主義的身份危機——錢永祥訪談〉，香港「世紀中國」網站資料庫。

6　任育德著《雷震與臺灣民主憲政的發展》，頁七十六。

黨之外在政治上尋求一種新的解決之道，也希望在資本主義和社會主義之間另闢他途（陳正茂語）。這些人包括張發奎、顧孟餘、左舜生、李璜、張君勱、張國燾、許崇智、謝澄平、董時進、許冠三、司馬璐、孫寶剛、孫寶毅等，分屬民、青兩黨，部分為國民黨及桂系政治人物，他們「傾向與落實民主憲政的中華民國政府合作，以召開救國會議，落實民主憲政，為合作對抗中共的前提」[7]。

這一股政治勢力在香港盛極一時，只是在現實政治舞臺上並非再有當年的優勢，又偏於香港一隅，「第三勢力」的政治期待最終落空，其中不少人被國民黨當局列入「不得入台」黑名單。蔣介石對於這一批旅居港澳的異議分子及黨外民主人士，並無合作的興趣，「而是希望藉著慰問、溝通的行動，使他們能支持、擁護在臺灣的中華民國政府」[8]；相對於這一派人士，以胡適、王世杰、雷震為代表的一批自由派知識份子，儘管不少人身在體制之內，但對於民主憲政的理念，抱持肯定的態度，「當時選擇了與日後主張第三勢力的另一派知識份子不同的路徑」（薛化元語），兩者之間的差別，主要在於是否「擁蔣」。

對於胡適個人來說，「一方面，他同樣不滿國民黨；另一方面，站在自由主義立場，他也不希望通過武裝手段顛覆既有制度，何況他堅信暴力革命必然引起來『暴力專制政治』。當時流行在自由派學人中的一句話是：『國民黨可恨，共產黨可怕』；另一句話是，『在國民黨下面自由是多少的問題，在共產黨下面自由是有無的問題』。胡適選擇了『可恨』但『多少』有點自由的國民黨」（何卓恩語）。國共和談破裂之後，胡適奉命出國，雷震協助湯恩伯防守上海、廈門，均可視為他們在以具體的行動支持蔣介石。胡適、雷震等人在政治上支持蔣介石並非毫無條件，「胡適對蔣介石『總統』的親近除了是胡適對他『知遇之恩』的回報之外，還包含著期待蔣介石統治下的『中華民國』能成為自由中國」[9]。

7 任育德著《雷震與臺灣民主憲政的發展》，頁七十七。
8 參見馬之驌著《雷震與蔣介石》，頁四十。
9 薛化元著《《自由中國》與民主憲政——一九五〇年代臺灣思想史的一個考察》，頁五十七。

一九四九年春天，胡適赴美途中，顛簸在太平洋上，寫下兩篇影響深遠的文章，一篇是〈自由中國的宗旨〉，一篇是〈《陳獨秀的最後見解》序言〉，彰顯他本人對自由主義的篤信不移，以及宣揚民主思想的真正內涵，即在反對極權的鬥爭中，一定要站在民主自由這一邊，而言論自由的實行，可以讓我們站在民主自由世界毫無愧色。[10]〈自由中國的宗旨〉包括四點，其中最重要的一點，即「我們要向全國國民宣傳自由與民主的真實價值，並且要督促政府（各級的政府），切實改革政治經濟，努力建立自由民主的社會。」[11]

而雷震，在一九四九年一月蔣介石宣佈引退之時，不斷勸說友人擁蔣，稱即使蔣下野，李宗仁也無能力改造[12]；但同時也明確表示，這種立場以蔣能否尊重自由派人士意見為前提，若不能實現這一點，「否則各行其事」[13]，並抱怨「吾黨執政二十年，從未實行民生主義，此今日之所以遭遇失敗」[14]。在一九四七年七月二十五日日記中有這樣的記述：「午間有羅貢華、鄧子航、范予遂、陳克文、李口、宋宜山、程希孟諸兄午餐，討論選舉問題，及今後對付政治辦法，僉以為民主勢力不擴張，中國今後必無出路。」「擴張民主」這一主張，成為此時雷震對全局考量的一個基點。

這一年一月，雷震離開了和談氣氛瀰漫的南京，與許孝炎、傅斯年、俞大維、王世杰、杭立武等在滬上聚會，草擬方案，號召信仰民主自由的人士團結起來，成立自由中國大同盟（即自由中國運動）。這顯然「是包括胡適在內的一些人，面對當時共黨排山倒海的勢力，要想辦一份報紙或刊物，作為『自由中國運動』的起點，以圖挽救中

10　張忠棟著《胡適．雷震．殷海光——自由主義人物畫像》，頁一一五。
11　《自由中國》創刊宗旨：第一，我們要向全國國民宣傳自由與民主的真實價值，並且要督促政府（各級的政府），切實改革政治經濟，努力建立自由民主的社會；第二，我們要支持並步督促政府用種種力量抵抗共產黨鐵幕之下剝奪一切自由的極權政治，不讓它擴張它的勢力範圍；第三，我們要盡我們的努力，援助淪陷區域的同胞，幫助他們早日恢復自由；第四，我們的最後目標是要使整個中華民國要成為自由的中國。
12　雷震一九四九年一月二十一日日記，《雷震全集》第三十一冊，頁一二五。
13　雷震一九四九年二月二十日日記，《雷震全集》第三十一冊，頁一四〇。
14　《雷震全集》第三十冊，頁二十一。

國」[15]。然而，當時局勢對國民黨極為不利，無論在軍事還是經濟上，都不斷遭受失敗和挫折，胡適、雷震等人最初在上海辦刊或辦報的設想遂成泡影，「但這種在政治、軍事力量之外，以思想言論結合人心，以對共產極權進行長期鬥爭的信念，廣泛存在於一九五〇年代初期的知識份子心中」[16]，除《自由中國》半月刊以外，其他在台創刊者如青年黨的《民主潮》（朱文伯等人）、民社黨的《民主中國》，在香港發行的《民主評論》（徐復觀、錢穆、唐君毅等人）以及第三勢力先後創辦的《自由陣線》（謝澄平）、《聯合評論》（左舜生）都是在此態度之下開辦的。《聯合評論》發刊詞稱：「將不逾越憲法的範圍，所追求的目標第一是民主，第二是民主，第三還是民主！」

大陸知識份子在政治上的分野反映出對時局認知的多元心態。一九四七年春夏之交以來，無論是國際形勢，還是國內政局都發生了重大變化。在國際方面，由於二戰後中、東歐一時間所形成的權力真空，形成「蘇聯之所以能在戰後迅速地在這些地區伸展其勢力的重要因素」[17]。三月十二日，美國總統杜魯門在國會眾、參兩院發表諮文，把世界政治分為自由民主和極權主義兩個對立的營壘，不指名地將蘇聯稱為「極權政體」，並以援助希臘和土耳其為名，宣佈美國將支持和幫助世界上所有抵抗「共產主義威脅」的力量。

一九四七年四月莫斯科外長會議宣告失敗，六月五日，美國國務卿馬歇爾在哈佛大學畢業典禮發表演講，提出一項大規模幫助歐洲恢復戰爭創傷的「歐洲復興計畫」，即所謂的「馬歇爾計畫」。這項計畫原本包括所有歐洲國家，但以蘇聯為首的東歐共產黨國家拒絕接受，「這就是胡適所謂『兩個世界』的形成，也是後來歷史學者所謂『冷戰的開始』，實為戰後國際關係最暗淡的時期」[18]。在國內方面，「急劇惡化的現象也很明顯。黃金美鈔飛漲，外匯存底

15 張忠棟著《胡適五論》，台北：允晨文化實業股份公司，一九九〇年三版，頁二五四。
16 任育德著《雷震與臺灣民主憲政的發展》，頁八十。
17 薛化元著《《自由中國》與民主憲政——一九五〇年代臺灣思想史的一個考察》，頁二十一。
18 張忠棟著《胡適五論》，頁二四〇。

空虛，物價管制政策失敗，顯示財政經濟發生嚴重困難，行政院長宋子文因而在各方責難批評聲中下臺……到了民國三十六年五、六月間，因為物價飛漲，維生困難……全國學生更是展開『反饑餓』的全面罷課示威。同時政治軍事的發展，也是陰霾四合，出現大風暴即將來臨的徵兆……」[19]

一九四七年三月，國民黨三中全會即將召開，《觀察》第二卷第三期刊發署名楊人楩（北大教授）的文章〈國民黨往何處去？〉，對執政當局提出三點意見：第一，先須重整黨紀，健全自身組織，使之成為真能與民眾福利配合的黨；第二，今後一階段中的統治，應以獲得人民的信仰為第一；第三，國民黨既已決定還政於民而實施憲政，便該調整今後的黨政關係，以表示具有領導民主運動的誠意和決心。這篇文章認為此時的中國正處於一個「問題演變得最厲害的時代」，「在這演變中國民黨究竟往何處去」，儘管途徑很多，但目標卻只有一個，「不能離開中國民眾。一個政黨離開了民眾，必將失卻其存在之理由；國民黨如欲施展其解決中國問題的抱負，只有針對著這個目標」，因此，文章呼籲「國民黨的三中全會勿專注目於枝節的議案而忽略了根本」[20]，這個「根本」指的就是各界人士要求國民黨儘早落實憲政，同時也對不可避免的內戰深感憂慮。楊人楩在給《觀察》主編儲安平一封信中表示：「自由主義者是無法贊同內戰的，假使他無法阻止內戰，至少不應助長內戰」[21]。這封〈關於「中共往何處去」〉的公開信刊於一九四七年十一月《觀察》第三卷第十期，由於附帶談及自由主義者在目前對於中共所應採取的態度問題，引起過一些討論。

一九四八年一月《觀察》第三卷第十九期上一篇署名李孝友的文章，承認「十九世紀以前的歷史可以說是人類追求自由的歷史……但到十九世紀的末期及二十世紀以來，共產主義的思想奔騰澎湃，人們除了要求選票以外，又有要

---

19 張忠棟著《胡適五論》，頁二四〇至二四一。

20 楊人楩〈國民黨往何處去？〉，原載一九四七年三月《觀察》第二卷三期，參見張忠棟、李永熾、林正弘主編《現代中國自由主義資料選編》，台北：唐山出版社，一九九九年第一版，第一冊，頁一五五至一五七。

21 一九四七年九月二十八日楊人楩致儲安平函，參見張忠棟、李永熾、林正弘主編《現代中國自由主義資料選編》第一冊，頁一四二。

求足夠的麵包的呼聲，使自由主義者開始處於最尷尬的局面」；因此「目前中國的自由主義者遭遇雙重的苦惱。一方面受全世界的兩大潮流『自由』『平等』的激蕩，一方面中國又有著特殊的國情。歷史所交予中國自由主義者的課題有二，一是摧毀封建社會，二是使每個人的個性得到完美的發展。就自由主義者與共產黨的政治路線來看，這兩個課題中的前一個工作自由主義者與共產黨並非格格不入，但後一個工作則二者見解懸殊，互異其趣。這便是自由主義者苦惱的淵源。楊先生所謂自由主義始終不能接受共產主義是事實，但謂二者無法妥協則似乎未免言之過早」[22]。

胡適是一個具有世界眼光的人，非常瞭解世界大趨勢，一九四七年五月，他發表文章認為「『兩個世界』壁壘的形成有助於增加彼此認識，減少彼此誤會，是『世界和平的新起點』」[23]。在這一時期，胡適有過幾次重要的廣播講話，認為民主自由的趨向是近三四百年來的一個「最大目標」、「一個明白的方向」，他坦承：我並不否認我「偏袒」那個自由民主的潮流，這是我的基本立場，我從來不諱飾，更不否認……第一，我深信思想信仰的自由與言論出版的自由是社會改革與文化進步的基本條件；第二，我深信這幾百年中逐漸發展的民主政治制度是最有包含性，可以推行到社會的一切階層，最可以表達全民利益的，民主政治的意義，千言萬語，只是政府統治須得到人民的同意；第三，我深信這幾百年來（特別是這一百年）演變出來的民主政治，雖然還不能說是完美無缺陷，確曾養成一種愛自由，容忍異己的文明社會[24]。

在胡適看來，以上三點是他之所以「偏袒」自由民主這一大潮流的根本理由，並認定「反自由不容忍的專制運動只是這三十年歷史上的一個小小的逆流，一個小小的反動」，同時希望「我們中國人在今日必須認清世界文化的大趨

22 李孝友〈讀關於〈中共往何處去？〉兼論自由主義的道路〉，原載一九四八年一月《觀察》第三卷第十九期，參見張忠棟、李永熾、林正弘主編《現代中國自由主義資料選編》第一冊，頁一四六至一四九。

23 張忠棟著《胡適五論》，頁二四一。

24 參見《胡適選集．政論》，台北：文星書店一九六六年版，頁一八一。

勢，我們心須選定我們自己應該走的方向。只有自由可以解放我們民族的精神，只有民主政治可以團結全民的力量來解決全民族的困難，只有自由民主可以給我們培養成一個有人味的文明社會」[25]。

胡適對於蘇俄式專制極權採取勢不兩立的態度，「因而要求大家選擇民主自由的大方向」[26]。一九四八年八月，胡適在〈自由主義是什麼？〉一文中強調，「自由主義就是人類歷史上那個提倡自由，崇拜自由，爭取自由，充實並推廣自由的大運動。世間的民族，在這個大運動裡，努力有早有晚，成功有多有少。在這個大運動裡，凡是愛自由的，凡是承認自由是個人發展與社會進步的基本條件的，凡是承認自由難得而易失故必須隨時隨地勤謹護視培養的，都是自由主義者」[27]。

胡適的這一看法與國民黨內部自由派人士不謀而合。一九四九年一月，當蔣介石宣佈下野時，胡適、王世杰、雷震、杭立武等人從南京相繼到了上海，「他們深感時局緊迫，商談『如何挽救國家的危機』，因為當時中國尚有半壁江山存在，若以長江為界，或尚有可為之處」[28]，因此主張辦個刊物，宣傳自由與民主，用以對抗極權政治，以之挽救人心。此時殷海光正任職於《中央日報》，對胡適南下欲發起「自由中國運動」充滿了期待，他在一篇專文中寫道，「我們南方的知識份子當著北方戰事爆發的前夜聽到胡適之先生南來的消息，在沉重的心情中泛出某種希望。胡先生這次南來，應該是國家民族存亡之秋以及歷史與文化絕續之交，自由主義者起而正視事態並且亟謀有以挽救國運的象徵」[29]。

從胡適認定自由主義是人類的一個大運動，到發動一場「自由中國運動」，是當時一批知識份子置身於動亂時局中，在政治上的一次自我抉擇。中共領導人毛澤東一九四九年八月十四日為新華社所寫的〈丟掉幻想，準備鬥爭〉評

25 胡適〈我們必須選擇我們的方向〉一文，參見張忠棟、李永熾、林正弘主編《現代中國自由主義資料選編》第一冊，頁二二〇至二二三。
26 張忠棟著《胡適五論》，頁二五〇。
27 張忠棟、李永熾、林正弘主編《現代中國自由主義資料選編》第一冊，頁二一五。
28 馬之驌著《雷震與蔣介石》，頁七十六。
29 殷海光〈論胡適南來〉，原載一九四八年十二月十九日《中央日報》第二版。

論中，點名唾罵胡適、傅斯年等人，「為了侵略的必要，帝國主義給中國造成了數百萬區別於舊式文人或士大夫的新式的大小知識份子。對於這些人，帝國主義及其走狗中國的反動政府只能控制其中的一部分人，到了後來，只能控制其中的極少數人，例如胡適、傅斯年、錢穆之類……」[30]

當胡適等人決定在上海辦一份報紙，一方面是為了對抗中共，另一方面是大力擁蔣，宣傳自由主義之真諦。還未來得及實施既定方針，國民黨政權很快失去了對整個大陸的控制權。聚集在港澳的一些著名人士左舜生、成舍我、阮毅成、金侯城、徐復觀、陳伯莊、程滄波、張國燾、許孝炎、卜少夫等人，則不計前嫌，相約每週六聚會一次，這就是當時有名的「星期六座談會」。「參加這個座談會的人，都是高級知識份子，而且不分黨派，無所不談，各抒己見。但亦有一原則，就是所談內容，都必須是……如何救國，如何爭取自由民主，此為『星期六座談會』的基本原則」[31]。他們由此想成立一個「自由中國協會」，與胡適、王世杰等人呼籲發起的「自由中國運動」相呼應，並委託雷震向蔣介石及國民黨中央改造委員會彙報此事。

依雷震個人的設想，「自由中國運動」原則上是一個超越任何黨派勢力、以宣揚民主自由為理念的政治文化行動，由胡適出面來領導是最為恰當不過的人選。雷震在給王世杰之子王紀五的一封信中說：「我等意見（包括杭先生及雪公暨傅校長）以為中國自由黨不好組織，就是不易找到有號召力量之黨員，因社會上才智之士多入了國民黨，倒不如由適之先生領導自由中國運動，或名曰自由中國同盟，不論有無黨籍，凡屬志同道合者均可參加，但有信條（即政綱）、有組織，凡過去官聲不好或見解為極權主義者均不允許參加，以此……可匯成一巨大力量，而以適之先生為領袖，在政治上則支持蔣先生……」[32]

30 《毛澤東選集》，北京：人民出版社，一九六八年，第四卷，頁一三七四。
31 馬之驌著《雷震與蔣介石》，頁八十一。
32 轉引自馬之驌著《雷震與蔣介石》，頁三五二至三五三。

雷震多次致函在美的胡適，認為「先生不願組黨，猶有理由可說。而先生不願做這個運動的領導人，實在是說不出道理。前次求徵，先生組閣，我是反對的。因如此必然犧牲了先生個人而於國事毫無補益。請先生領導這個運動，我是極端贊成的，因為只有先生才配領導這個運動」[33]。這封信後來只見殘頁，似未寫完，是否發出亦不得而知。但至少透露出這樣一個資訊：一九四九年抵達美國的胡適，並沒有介入蔣廷黻的組黨之事，也不情願出面來領導這場由自己呼籲發起的「自由中國運動」。這一時期的胡適日記，相對比較簡單，大都是些與美國及在美的國內一些朋友見面、會餐之類的記錄，有時只一句話，如一九四九年十二月二十二日：「5：30 T.F. Comes〔蔣廷黻來〕」。

一九五〇年二月十六日，《自由中國》第二卷第四期刊發一篇題為〈我們需要一個自由中國大運動〉的專欄文章，作者朱啟葆（夏道平筆名），顯然在響應胡適、雷震等人的號召，同時又致函「自由中國社」編輯部：

> 目前中國正迫切地需要一個大規模的自由運動。就國家言，要自由；就個人言，也要自由。所以我想這個運動的名稱，就以貴刊的名稱——《自由中國》為最好。在香港居留的人士，精神上覺得自己是一個遊魂，東張西望找不到一個寄託之所。他們有的是體力、腦力，甚至資力，但目前既存的政治集團，都沒有吸引力來吸引他們。如果長期如此的話，他們是悲哀的，國家的前途也是悲哀的。所以我想藉貴刊篇幅刊登一篇呼籲性（為國家呼籲，為人類自由呼籲）的拙作。如果能藉此引起大家的共鳴，由輿論見諸事實，則幸甚幸甚。[34]

33 萬麗娟編注《萬山不許一溪奔——胡適雷震來往書信選集》，頁八。

34 轉引自馬之驌著《雷震與蔣介石》，頁三五三至三五四。

朱啟葆一文見刊之後，在臺灣社會引起不小的反響，一位署名「寧遠」的讀者，以「讀者來信」表示支持這一場運動。雷震再次透過王世杰之子王紀五勸說胡適能在近期回台一次，以籌畫和領導「自由中國運動」具體事宜。實際上，這也是王世杰本人的意見，在這之前，他給尚在大陸的雷震、杭立武寫信說，「杰意兩兄及適之兄最好趁此時來台北住四五日，因辭修（陳誠）、孟真（傅斯年）均在此，晤商較便也。如為避免外間注意，則分別由海空來台似亦甚便，如何」[35]？不過，最終由於時局瞬息萬變，再加臺灣政權本身自顧不暇等實際因素，胡適、王世杰、傅斯年、杭立武、雷震等人意欲發起的這場「自由中國運動」，並未能真正形成大規模的聲勢，惟以《自由中國》在台北創辦而成為一個象徵性的落實。

關於民主黨派人士配合「自由中國運動」擬成立「自由中國協會」一事，著名法學家阮毅成在〈自由人參加記〉中這樣回憶：「雷儆寰（震）曾報告總統，奉批交中央改造委員會研究。在改造委員會中，有人顧慮統一戰線，是否將會蹈過去政協之覆轍。亦有人以為國民黨改造工作，尚未完成，本身力量不充，宜暫緩談統一戰線」[36]。很顯然，這場廣泛的政治文化運動若不能得到國民黨高層的默許和支持，其影響和範圍還是有限的。

其時胡適正在美國，杭立武就任教育部長，傅斯年出任臺灣大學校長，傅斯年「一向以學術第一，對政治不感興趣」，王世杰不久即為「總統府秘書長」，「這些人已各安其位，再談什麼運動，豈非『心餘力絀』？現在只剩下雷震一人是無官一身輕，但若談發起一個『政治運動』，他就再有本領，也未免是『自不量力』了」[37]。

關於反對黨理念，在上世紀四五十年代就為中國自由主義知識份子所關注。

35　一九四九年三月十四日王世杰致雷震、杭立武函，《雷震秘藏書信選》，《雷震全集》第三十冊，頁二十九。
36　轉引自馬之驌著《雷震與蔣介石》，頁八十二。
37　馬之驌著《雷震與蔣介石》，頁三五六。

晚年陳獨秀在一九四〇年前後發表的〈給西流的信〉、〈我的根本意見〉，較為集中地表達了這位政治人物對「大眾民主」與「反對黨派的自由」的反思和認知。[38]一九四九年四月，胡適在赴美途中為《陳獨秀最後對於民主政治的見解》一書作序，特別強調了陳獨秀「近代民主政治的基本內容是反對黨派的自由」[39]這一觀點，「近代民主政制與獨裁政制的基本區別就在這裡。承認反對黨派之自由，才有近代民主政治。獨裁制度就是不容許反對黨派的自由」。而一九四九年前後的雷震，還不可能參與到任何組黨活動中去。一九五〇年一月，《自由中國》第二卷第一、第二期，連續刊載轟動一時的《中國自由黨組織綱要草案》，背後的真實原因，是由於副總編輯王聿修的堅持，雷震才同意刊發這份由美國寄來的「組黨綱領」。

這件事的背景是：一九四九年底，臺灣駐聯合國代表蔣廷黻在美國舉行了一個記者招待會，宣佈自己要組織一個「中國自由黨」。消息一經傳出，不少自由派知識份子興奮不已，他們認為「蔣廷黻博士，寧願放棄高官而組新黨，實在了不起」[40]。雷震對此並不知情，只在王世杰那裡見過一份同樣的組黨綱領複件，是王世杰之子王紀五從美國寄回來的。雷震還專門寫信問過王紀五「中國自由黨近來情形如何？是否已經組織？適之先生熱心否？如何打算組黨，是否擬返國組織」，王紀五回信說「蔣廷黻先生在美籌組自由黨，主要的目的是製造一個機構支援中國合法的聯大代表團，如果組黨有成，則由胡適之先生出來領導」[41]，雷震信以為真。

38 關於大眾民主，陳獨秀認為：「我認為非大眾政權固然不能實現大眾民主；如果不實現大眾民主，則所謂大眾政權或無級獨裁，必然流為史大林式的極少數人的格柏烏政制，這是事勢所必然」。關於反對黨派的自由，陳認為：「民主主義是自從人類發生政治組織，以及政治消滅之間，各時代（希臘、羅馬，近以至將來）多數階級的人民，反抗少數特權之旗幟。『無產階級民主』不是一個空洞的名詞，其具體內容也和資產階級民主同樣要求一切公民都有集會、結社、言論、出版、罷工之自由。特別重要的是反對黨派之自由，沒有這些，議會和蘇維埃同樣一文不值」。參見《陳獨秀最後對於民主政治的見解》一書，香港：自由中國社出版部，一九四九年，頁十九、二十六。

39 胡適在序中指出：「因為他（陳獨秀）是一個『終身反對派』，所以他不能不反對獨裁政治，所以他從痛苦的經驗中悟得近代民主政治的基本內容，『特別重要的是反對黨派之自由』。」同上，頁八。

40 馬之驌著《雷震與蔣介石》，頁三四九。

41 一九四九年十二月四日王紀五致雷震函，《雷震秘藏書信選》，《雷震全集》第三十冊，頁五十八。

一九四九年十二月八日，雷震給胡適寫了一封信，對蔣廷黻宣佈組黨一事與《自由中國》在台北創刊在同一時間大發慨言，「誰說天下沒有這樣湊巧的事情」，同時又提醒胡適「既名為黨，則不能不講組織，廣納自由人士於一組織中，這是萬分萬分困難的事，希先生特別注意。又負此責者，不但要有組織能力，並須公正、和平與任勞任怨，國民黨失敗之前車可鑒……」[42]

實際上，胡適並沒有介入此事。從有關資料中可以知道，蔣廷黻最終放棄組黨一事，除國民黨當局仍要繼續加強「黨領導」這一事實外，其中還有一個原因，胡適「決定不這樣做」（蔣廷黻語）。蔣廷黻組黨一事，在「美國嚷嚷一陣，就好像一個『影子』一剎那就消失了」[43]。馬之驌大惑不解，跑去問雷震究竟是什麼回事，雷震不耐煩地說，「這都是你的老師王聿修[44]給我惹的麻煩，《中國自由黨組織綱要草案》是他主張登的，現在你看，很多人問我，我也答不出來！」[45]

一九五〇年一月，雷震給蔣廷黻、陳之邁二人寫信，認為「今日中國應先結合志同道合之人士，先來一個反共超黨派的自由中國運動，以文字或其他方式徵求同志，俟此團體有相當力量後，再參加實際政治……中國自由黨章程發表後，有人詢問在臺灣是否有負責機關，以及進行到怎樣程度，足見社會對其注意。總之，今日中國一般人，不信任國民黨，很希望有一新的政治團體出現，則是千真萬確的事實。弟意自由中國運動較組黨易於號召而能形成力量，但也有人相信可以並行而不悖。國民黨在改造進行中，弟仍恐其不能吸收新分子，則改組等於白費了」[46]。

42 雷震一九四九年十二月八日致胡適，萬麗娟編注《胡適雷震來往書信選集》，頁五。
43 馬之驌著《雷震與蔣介石》，頁三五〇。
44 一九四九年馬之驌搭船先去廣州，船再過基隆卸貨時，趁機下船來台北去見了自己的老師王聿修，王願意為其做保入境，並解決食宿問題，就這樣馬之驌留在了臺灣。後來為寫一本小冊子，被保安司令部抓起來，王聿修保釋無效，最後是雷震出面將其保釋出獄，馬之驌一直對雷震感激在心，雷震對他也很信任，讓他在「自由中國社」任發行部經理一職。
45 馬之驌著《雷震與蔣介石》，頁三五一。
46 一九五〇年一月二十四日雷震致蔣廷黻、陳之邁函，《雷震秘藏書信選》，《雷震全集》第三十冊，頁六十六至六十七。

三月三日，蔣廷黻從紐約聯合國總部回覆雷震，談及之前組黨之事，在信中這樣說，「先辦運動，暫不組黨，這也是個法子。組黨的意思，我在三十五年（一九四六年）的冬天提過，並且草了一個簡略大綱，如果當時成立，那局勢就好對付多了。現在你們既然只能運動，弟何敢獨異？不過將來仍要感覺又失良機，良心上難過。我們總是避難就易。」[47]從這一封信中，可見蔣廷黻對組黨流產的遺憾和失望。

二、敦請胡適出面未果

「反對黨問題」進入雷震的政治視野，是在一九五六年十月出版「祝壽專號」遭到當局全面打壓之後。這時的雷震一改往日消極態度，希望能促進在野黨之間的團結，並在這個基礎上組建一個反對黨。一九五七年一月四日，他在給王紀五的一封信中說，「臺灣政治如要有進步，只有成立反對黨一條路。這不是第三勢力。是在臺灣成立反對黨，如胡先生願出來領導，可合民社、青年二黨及一部分國民黨人和無黨派人士，於國民黨外，成立一個大黨，現在可能性甚大。因民社、青年二黨已感到沒有前途，民青過去談過合併問題，之所以不成功者，因領導人問題。若主席為民社，則青年黨認為是被併吞，反之亦然，故談來談去談不妥。今胡先生若出來，一定可以來個大團結……」[48]

以雷震從政多年以及與各黨各派打交道的經驗，他十分清楚，此時只有胡適一人可以來團結各方人士、協調各團體之間錯綜複雜的關係。一九五六年十一月至一九五七年八月近十個月中，雷震多次致函胡適，大都是一個主題——敦請胡適出面來領導一個反對黨，認為只有這樣才能挽救臺灣不斷下沉的局面。雷震在一封信中說，「先生是不願談政治，但是今日局面，勢非逼先生走上這一條路不可。我說這些話，決不是我一個人的意思。」[49]雷震的理由是「僅

47 一九五〇年三月三日蔣廷黻致雷震函，《雷震秘藏書信選》，《雷震全集》第三十冊，頁七十二。
48 雷震一九五七年一月四日致王紀五函。收錄於中研院近代史研究所所藏，雷傳信函文件，H.19與王紀五相關信函（三），轉引任德育著《雷震與臺灣民主憲政的發展》，頁二四九至二五〇。
49 一九五六年十一月五日雷震致胡適函，萬麗娟編注《胡適雷震來往書信選集》，頁一〇三。

僅開放輿論而無反對黨，其監督作用真是微乎其微……必須要有反對黨從旁監督，不然國民黨必腐敗而至崩潰。因此，請先生再考慮一下，能不能擔任反對黨之領袖。且盼你同廷黻商量一下。您二人決定了，再與君勱先生交換意見，反對黨可以組織起來，這不是第三勢力，我們是在臺灣組織，影響臺灣政府的政治。我們不是打倒蔣先生，而是幫助他。先生如可擔任，在救國會議時可提出此意見，請蔣先生允許。」[50]

從這封信中還可以知道，雷震心目中的「反對黨」僅限於原有在野黨和一些國民黨籍、無黨派開明人士所構成，與後來與臺灣本土政治精英相結合還是兩回事。由於胡適一直未回應雷震，雷震這次說得就更加直率了，「先生這樣愛國，還只談學術而不真實負起救國責任嘛？中國之能否渡過難關，在此一舉。希先生仔細考慮，我今年已六十，從政連教書已有三十餘年，自信對政治上看得不錯，我的學識不如先生，我的政治見解並不比先生差。今日中國之出路，只有一條路，成立反對黨，逼國民黨為普通政黨。今日軍隊有國民黨，學校有國民黨，工礦、鐵路、公路均有國民黨，黨治比任何時期都強，而腐敗亦隨之來了」[51]。

一九五七年八月二十九日，胡適終於給雷震回了一信。在此信中，他坦率地表明了自己的態度，「我平生絕不敢妄想我有政治能力可以領導一個政黨。我從來沒有能夠教自己相信我有在政治上拯救中國的魄力與精力。胡適之沒有成為一個『妄人』，就是因為他沒有這種自信吧。」在這封信中，胡適舊事重提，說當年「你和其他朋友聽到的種種關於胡適之、蔣廷黻『在美國決定組黨，名字叫做自由黨』一類的傳說，完全沒有一絲一毫的事實做根據。此種傳說，無論如何『傳說得像煞有介事的』，都不可相信……應該用現有的可靠的材料與人才做現實的本錢，在那個

50 一九五六年十一月十三日雷震致胡適函，萬麗娟編注《胡適雷震來往書信選集》，頁一〇七。
51 一九五六年十一月十三日雷震致胡適函，萬麗娟編注《胡適雷震來往書信選集》，頁一〇八。

現實的基層上，自己把這個新政黨組織起來。胡適之、張君勱、顧孟餘[52]……一班人都太老了，這些老招牌都不中用了」[53]。

雷震是在九月十二日收到胡適這封來信的。這一天，台北正颳颱風，他一天都在「自由中國社」裡看稿子，其中一篇是朱一鳴寫的〈三論反對黨〉。朱一鳴，即朱養民，字伴耘。原中華民國駐丹麥大使館秘書，此時已移居美國。《自由中國》自一九五七年四月一日起，至一九六〇年九月四日被迫停刊，在短短幾年中，先後刊發時論以及倡言組建「反對黨」的文章共計三十篇，第一篇〈反對黨！反對黨！反對黨！〉（第十六卷第七期）就出自朱養民之手。此後，一連又寫了六篇論述「反對黨」的文章，成為這一時期《自由中國》最重要的一位作者，他與雷震一樣，對國民黨抱有「恨鐵不成鋼」的複雜心情，兩人因此惺惺相惜，互為鼓勵，後來已到「交心的程度」。

早在一九五二年，朱一鳴在一封信中就闡述對「民主政治」的看法，深得雷震的認同，「要使民主實現，即應給人民以選擇之機會。人民不僅對於某一人有自由之選擇權，對某一黨也應有自由之選擇權，政府果決心領導中國走上民主道路，即應容忍並鼓勵一強大之反對黨存在，一在朝黨隨時遭受在野黨之督促批評，負責人即不敢腐化，無能者也不敢竊居高位。同時人民有選擇另一黨之機會，也不致走入極端也。此為政治之根本問題，此問題能逐步解決，中國方有走向民主之一日，否則蘇俄亦可謂民主矣。」[54]朱一鳴做過外交官，看問題具有國際視野，對政治有著高度的

---

52 顧孟餘（一八八八至一九七二），河北宛平（今屬北京）人。早年赴德國留學，先後入柏林大學和萊比錫大學。一九二二年回國，任北京大學教授兼德文系主任。後加入國民黨。一九二六年後，歷任國民黨中央執行委員、中央宣傳部長等職；後因追隨汪精衛，一九二九年曾被開除出黨；九一八事變後，復當選中央常委並任中央政治委員會秘書長、鐵道部長等職。一九四一年任中央大學校長，兩年後辭職。一九四九年去香港，後赴美國定居。一九六九年移居臺灣，一九七二年在台北病故。

53 一九五七年八月二十九日胡適致雷震函，萬麗娟編注《胡適雷震來往書信選集》，頁一一八。

54 一九五二年朱一鳴致雷震函，具體日期不詳，《雷震秘藏書信選》，《雷震全集》第三十冊，頁二三七。

關懷和深刻見解，關於「反對黨」問題，「比雷震最早談如何確保反對黨的自由，已有很多超越突破的地方」[55]。他比雷震小二十二歲，兩人通信數年，卻一直未有謀面的機會，成為彼此的遺憾。

雷震對胡適有關組黨的真實態度，即「支持但不領導」，盡可能予以同情之理解，在當天日記中只記下了胡適「說他不能領導反對黨」這一句，沒有任何怨氣，顯得十分平靜。長期以來，雷震之所以認為只有胡適一人可以出面來領導一個反對黨，有自己的八條理由：「一，他贊成中國要有反對黨；二，他為四十年來民主自由思想的領導人；三，民青兩黨之合不攏來，因領導人問題；四，國民黨自由分子與無黨派之自由分子需他出來領導；五，新反對黨要以臺灣為重心，臺灣人認他為鄉親；六，對外關係上，尤其對美關係上；七，影響大陸人心；八，當權者怕出來」[56]。這八點，幾乎貫穿於雷震在當時對臺灣現實政治的體認之中，以至於對胡適寄予莫大希望。

早在一九五一年五月三十一日，胡適給蔣介石寫過一封信，在信中建議「老實承認黨內的各派系的存在，並勸告各派系各就歷史與人事的傾向或分或合，成立獨立的政黨」，「但我沒有精力與勇氣，出來自己組黨」[57]。正是由於胡適的這種拒絕態度，一時又無更為合適的人選，成為導致臺灣反對黨遲遲未能組成的一個重要原因[58]，一直拖到一九六〇年三月蔣介石三連任和臺灣地方省議員暨縣、市長選舉之後，雷震才挺身而出，與臺灣本土政治精英共謀組建新黨，已是近四年時間過去。傅正後來在校正雷震日記時，回憶起當年這種情形，不無感慨地說：「雷先生所犯的最

55 張忠棟著《胡適·雷震·殷海光——自由主義人物畫像》，頁一二九。
56 雷震一九五七年九月十九日日記，《雷震全集》第三十九冊，頁一六四。
57 〈胡適之先生上蔣介石總統萬言書全文〉，原載一九九七年，台北：《中國人物》，頁六；一九九七年二月二十七日《聯合報》也有刊載。轉引自蘇瑞鏘著《超越黨籍、省籍與國籍——傅正與戰後臺灣民主運動》，頁一〇九。
58 對待胡適先生的「取向」，傅正曾對雷震說過：在我看來，今天一切有志於以反對黨救國的朋友，應該不必老是把希望寄託在胡先生身上了……真有決心和信心的話，便該離開胡先生而另做打算。否則，恐怕將永無希望。參見蘇瑞鏘著《超越黨籍、省籍與國籍——傅正與戰後臺灣民主運動》，頁一一一。

大錯誤，也是當時民主運動人物的最大錯誤，便是將籌組反對黨領導人的希望，完全放在胡適身上，直到一九六〇年正式組黨救國運動時，大家仍寄望於胡先生出面領導……中國民主黨之胎死腹中，這實在也是重要原因之一。」[59]

雷震敦請胡適出面領導反對黨未果，《自由中國》則開始了鼓吹成立反對黨的政治主張。一九五七年四月一日，《自由中國》半月刊發表朱伴耘的〈反對黨！反對黨！反對黨！〉一文，成為推動反對黨成立的一個強有力理論支點。這篇文章強調：民主政治就是政黨政治，若想實行民主政治，就必須有一個強有力的反對黨，以制衡執政黨，而且隨時都有可能以合法的手段取得政權。反對黨問題之所以成為這一時期《自由中國》關注的主題，反映出當時雷震的一種態度與立場，同時也與國民黨對待反對黨的強硬態度有關。

國民黨中央委員會秘書長張厲生明確對前編委王聿修說，中華民國與國民黨是二而為一的，只許有「友黨」，不允許有「反對黨」[60]。「國民黨的威權心態與《自由中國》諸人反對黨主張間的差距，在現實政治發展下，日益擴大；《自由中國》諸人愈難以避免與威權心態衝突，也無法避免對國民黨『黨治』現象提出批評，祝壽專號即為此種情境下的產物，其中數篇關於反對黨問題的文章，蘊含著以反對黨解決國民黨黨治現象的方法」[61]。

一九五七年年底，「今日的問題」系列之〈今日的立法院〉一文，提出立法院全面改選的政治訴求，「反對黨」問題隨之為雷震所認定。在〈反對黨問題〉一文中，雷震指出：成立強大的反對黨已不再為人所懷疑，過去的兩個在野黨，並無法擔負反對黨的任務。反對黨運動必須以知識份子為領導核心，反對黨的存在，不能出於任何方面的恩賜，必須經由獨立知識人士與在野黨派，有決心與勇氣從事奮鬥而成[62]。

59 傅正校注《雷震日記：一九五七——一九五八》，《雷震全集》第三十九冊，傅正注，頁一六五。
60 雷震一九五五年一月十日日記，《雷震全集》第三十八冊，頁十一。
61 任育德著《雷震與臺灣民主憲政的發展》，頁二二〇。
62 社論〈反對黨問題〉，原載一九五八年二月十六日《自由中國》半月刊，第十八卷四期，頁三。

這一時期的雷震，在「反對黨」問題上已完全擺脫了最初的期待心理，轉向重視與各方政治精英合組一個能夠制衡其執政黨的政黨，「這種思想上的轉變乃相應於其政治選擇與政治處境的變化，而雷震所堅持的『責任政治』在與『反對黨』概念配套之後，才有更一步的意義，與落實的機會」[63]。不過，雷震又強調「反對黨」應是一個忠誠的反對政黨，絕非革命的政黨，不標榜什麼主義。他指出：「反對黨在今日所要努力爭取的是中央民意機關之改選，以及各級選舉事務之大公無私。我們相信，只有強大反對黨之存在，同時只要選舉能辦理認真，則即使這個反對黨始終處於少數黨地位，它也還能對實際政治發生積極的有利影響」[64]。而後（一九五八年五月一日）《自由中國》半月刊第十八卷第九期〈四論反對黨〉一文又提出，所組建的新黨應有「五不」，即：不標榜主義，不採用領袖制，不設立特務組織，不以革命口號號召黨員，不以殊遇為餌和不設黨階。這些觀點與青年黨領袖左舜生理想中的新政黨形象已十分接近：

> 我理想中的新政黨，應當是平淡無奇而富有自由平等的氣象的；應當是人群的一種自由結合，約束不能不有，總以愈少愈好；黨員有關心一切重大政治問題而加以研究的必要；黨內對政策及世界一般情況的研究組合，愈多愈好，須讓他們自由發展，不要以黨的力量去干涉，尤其不要去指導，凡自命能指導別人的人，都是世間第一等不安分的人；黨員的行為，只受國家法律的限制，別無所謂黨紀，黨員的進退，一以對政策的異同為準，不得夾雜其他的作用；黨不能課黨員以無限的義務，黨員亦不能對黨存無限的依賴；要讓黨內的人才，有充分自由表現的機會，黨內也可能有派，但分派系由對一個或若干個重

63 任育德著《雷震與臺灣民主憲政的發展》，頁二二三。
64 社論〈反對黨問題〉，原載一九五八年二月十六日《自由中國》半月刊，第十八卷四期，頁三。

大問題有了不同的看法，決不是彼此結合一群人來排斥異己，搶飯碗；凡黨員均以參加政治而不拋棄本業為原則。[65]

雷震構想中的「反對黨」是一個較為鬆散的組織形式，以開明的政策來爭取更多選民的支持，最終達到反對「一黨統治」之目的。《自由中國》半月刊從一九五七年四月至一九六〇年五月，連續刊發這方面文章二十餘篇，從不同角度來證明臺灣必須組建一個新黨的必要性。雖然「祝壽專號」中對這一問題已有論述，但仍是把建立「反對黨」之期望放在執政黨身上，即「由執政黨來扶持反對黨或由執政黨內扶持反對派」[66]，「政府拿出最大的魄力和最大的容忍來扶植一個有力的反對黨」[67]，「須要國民黨有容忍他黨活動的雅量」[68]，對執政者的這種期待，實際上，在某種意義下背離了現實的條件，有人因此提出質疑，認為反對黨問題僅繫於一個人或某一黨的雅量，那麼，反對黨是「俯仰隨人」，身不由己，這樣的「反對黨本身並無力量，也不產生力量」，「如果真像這樣來認識反對黨問題，那麼實在令人不敢樂觀；起碼使人感到呼籲成立反對黨的要求，含有很多的『求助』成分——求助於執政黨底『施捨』」[69]。

自第十六卷第七期（一九五七年四月）刊載〈反對黨！反對黨！反對黨！〉及其後的〈再論反對黨〉、〈三論反對黨〉等七篇文章，雷震心目中的「新黨」已有了一個雛形，並由此轉入實質性的籌備階段，其中有兩點提法，與以往的組黨主張有所不同，「第一點，這個反對黨是為下屆地方選舉而產生的，故地方選舉為這個反對黨的核心；第二

65 左舜生〈中國未來的政黨〉（下），原載一九五二年五月三十一日《自由人》，收錄於陳正茂主編《左舜生先生晚期言論集》，中研院近史所史料叢刊（二十八），一九九六年五月初版，上集，頁八十三。
66 社論〈壽總統蔣公〉，一九五六年十月三十一日《自由中國》半月刊第十五卷九期，頁三。
67 魏正明〈民主政治的基本精神——合法的反對〉，一九五六年十月三十一日《自由中國》半月刊第十五卷九期，頁三十二。
68 王師曾〈政治建設的根本問題〉，一九五六年十月三十一日《自由中國》半月刊第十五卷九期，頁六至七。
69 牟力非〈略論反對黨問題的癥結〉，一九五七年二月一日《自由中國》半月刊第十六卷三期，頁十一。

點，這個反對黨之組成分子已不再像早先所主張，以民、青兩黨人士，加上國民黨內自由派為主，而是以無黨無派之台籍人士為核心，而民、青兩黨及國民黨內人士則只是『可能』包括在內。這裡所顯示出的，便是至少在此時雷震心目中的反對黨已跳出原來的框架，而在要求選舉公平的這一個方向，雷震尋求到了反對黨主張的施力點」[70]。

在一九六〇年五月十八日針對地方選舉結果所召開的檢討會上，強烈主張組建「新黨」的呼聲成為與會者的一種共識。有人甚至提出民、青兩黨自動解散，另外組織新黨。這次會議決定「另組新的強大反對黨問題，由座談會與民青兩黨團協商進行」[71]，由此拉開了臺灣中國民主黨籌備工作的政治序幕。

三、自己去做那個「妄人」

一九六〇年五月二十五日下午四時，雷震、夏濤聲去南港胡適寓所，將組黨計畫詳細報告。胡適聽了至為興奮，對雷震說：「不和臺灣人在一起，在新黨不會有力量。」[72]胡適的這一態度，給當時積極參與組建新黨的人士極大鼓舞，雷震更是信心大增。胡適與此次組黨的關係，長期以來說法不一。以〈胡適之先生晚年談話錄〉為例，胡頌平說這一年六月三日上午雷震與夏濤聲二人去胡適那裡，表示「他們仍要組織一個反對黨。先生勸他們不必組織反對黨，而且一定沒有結果的。他們不很接受先生的勸告，只好由他們去了」[73]。

這一說法，與同一天的雷震日記出入較大。雷震在日記中這樣寫道，「上午十一時到南港中央研究院看胡先生，對新黨要在艾森豪未到前發表一事，徵詢胡先生意見，他不贊成。他誤解了此事與美國總統連在一起之事。……濤聲

70 薛化元著《《自由中國》與民主憲政——一九五〇年代臺灣思想史的一個考察》，頁三六八。
71 〈在野黨及無黨無派人士舉行本屆地方選舉檢討會紀錄摘要〉，原載一九六〇年六月一日《自由中國》第二十二卷十一期，頁四十二。
72 雷震一九六〇年五月二十五日日記，《雷震全集》第四十冊，頁三一五。
73 胡頌平著《胡適之先生晚年談話錄》，中國友誼出版公司，一九九三年九月第一版，頁七十二。

請他做顧問委員，他未拒絕」[74]。一九六〇年四月二十日傅正日記中也有過一段胡適與雷震關於組黨的對話，證實胡適「支持而不領導」的態度：

> 據雷公今天跟我說起：前些時有一次單獨探望胡適先生時，胡先生曾經向他慨歎地表示，中國這局面沒有希望，除非有一個反對黨出來。但是，當雷公希望胡先生出面領導時，胡先生卻又拒絕，但表示如果一旦組成，就在組成的當時，正式發表聲明，要求全世界支援這個組織。據說，胡先生還特別提醒雷公，要組織反對黨，必須聯絡臺灣的地方人士。
>
> 雷公由於胡先生的態度轉變，感到興奮，甚至很樂觀地認為，一年內一定組成……但因為我深知胡先生的性格，不是一個可以斷然決然從事政治運動的人，所以並不如雷公那樣樂觀。不過，我一直認為，今天在臺灣從事政治運動，必須抓住兩種對象：一是臺灣地方人士，一是各大專校學生。[75]

上述所謂「在艾森豪未到前發表一事」，指的是「選舉改進座談會的聲明」，這是傅正根據此次會議內容而寫，「幾乎都當做創黨宣言，因而胡適一再認為太消極，乃至社長（發行人）夏濤聲辯解時引起胡適不快……」[76]當時美國總統艾森豪將於六月十八日訪台，胡適在給雷震的一封信中說，「你們要組黨，本來同美國人無干，更同艾（森豪）總統的來台無關，所以我勸你們不要趕在艾克到台之前幾天發表。把兩件不相干的事，故意聯繫在一起，叫人看上去好像有點相干——那是不誠實」[77]。查胡適日記，一九六〇年五月三十至六月三十日整整一個月均為空白，雷震

74　雷震一九六〇年六月三日日記，《雷震全集》第四十冊，頁三二一。
75　傅正一九六〇年四月二十日日記，參見蘇瑞鏘著《超越黨籍、省籍與國籍——傅正與戰後臺灣民主運動》，頁一一二。
76　雷震一九六〇年六月十四日日記，傅正注釋，《雷震全集》第四十冊，頁三二八。
77　一九六〇年八月四日胡適致雷震函，萬麗娟編注《胡適雷震來往書信選集》，頁二三六。

日記一天不缺，留下了一點線索。六月十五日「選舉改進座談會的聲明」發表後，胡適便再沒有多說什麼；七月二日，選舉改進委員會所有成員為胡適赴美餞行，請他到雷震家吃飯，蔣勻田、王世憲、夏道平、殷海光等人以非組黨的選舉改進委員會成員身份參加。席間，雷震請胡適對新黨講幾句話，胡適沒有拒絕。

雷震在當天日記中記述：先生在講話時提及李萬居文章上有容忍二字，因此他「希望新黨要有容忍精神。他感到我們的第一次聲明書在罵人。美國人說我們消極，其實是指我們罵人，因我們力量太小，不要多得罪人，罵人做號召不是上策，要腳踏實地的自己工作下去，他一定支援」。幾個月之前（三月十六日），胡適對雷震也說過類似的話，「你說的話，我自己說的話，都會記在我的賬上。你不知道嗎？『殺君馬者道旁兒』：人家都稱讚這頭馬跑得快，你更得意，你更拼命的加鞭，拼命的跑，結果，這頭馬一定要跑死了。現在你以為《自由中國》出了七版、八版，你很高興，這都是你的災害！」[78]

應當說，胡適本人並沒有認為此次「不必組黨」。否則，以他的個性，就不會去雷震家吃這頓飯。根據有關史料表明，多年以來，胡適對於組建在野黨一直持鼓勵的積極態度，但有一個前提，那就是「和和平平的籌組新黨，並且從從容容地去獲得政府諒解。……籌組新黨，不必存有任何的敵對心理，在稱呼方面，最好能用在野黨，不用反對黨，因為反對兩字聽起來比較刺激」[79]。胡適曾對高玉樹（前台北市長）懇切地表示過，「今後組黨是艱鉅萬分，歷史上政治理想的實踐，都帶艱苦耐勞，無可避免。各位必須有信心苦幹到底，才能實踐我們中華民族歷史的創舉。」[80]而早在一九五四年，胡適來台參加第二屆國民大會，曾當面向蔣介石建議，分國民黨為兩個對立的大黨，以奠定兩黨政治的基礎。蔣介石對這一建議，未免顧慮，卻又認為可以將民、青兩黨合為一個較有力的在野黨。胡適當時住在福州街台大校長錢思亮寓中，某日晚十點許，突約民社黨副主席蔣勻田面談，提出讓他陪選副總統，蔣勻田以

78 胡頌平編著《胡適之先生年譜長編初稿》，台北：聯經出版事業公司，一九八四年版，第九冊，頁三二一七。
79 胡頌平編著《胡適之先生年譜長編初稿》，第九冊，頁三三四六。
80 高玉樹〈敬念雷震先生〉（上），原載一九八九年九月十日《民眾日報》。

「德望不孚為理由，婉辭謝絕了」。胡適又說，蔣介石正在考慮將民、青兩黨合為一個在野黨，此次可能會向你們提出這個建議。

三月二十六日午宴後，蔣介石果然向蔣勻田、左舜生提出上述建議，左舜生猝聞此言，笑而未答。蔣勻田對此早有心理準備，對蔣介石說：這是一個有價值的建議，能否實現，將看事實的發展，我們願努力為之，也希望總統繼續支持這個醞釀。未料，國大閉幕之後，「好像神差鬼使一般，民社黨又繼青年黨之後，一分為二，更談不到兩黨合併了」。可見在這一問題上，蔣介石幾乎被胡適所說服，「假使這個建議當時能夠實現，便不會有新黨運動的發生，當亦不致引起雷案」[81]。

一九六〇年十月二十三日，胡適在接受《聯合報》記者常勝君採訪時再次提及對反對黨人士的態度。這篇題為〈雷震、自由中國、反對黨——夜訪胡適談三事〉的專訪這樣寫道：

> 對於現在正在形成中的「反對黨」，胡先生說：「這個問題不必多談了。」他只重述多年來一貫的，也是不只一次公開談到的主張，他希望一個有力量、像樣子的反對黨。但他又鄭重聲明：「我從來沒有說過由我來領導」……他又扼要說明他對「反對黨」人士們表示過的態度，他是這樣說的：「你們可以先組成黨，至於我的態度，要看新黨的情形而定，如果組成的確是像樣子的黨，我可以公開支援；如果不好，那麼，我可以保留說話的自由，甚至批評的權利。」[82]

81　蔣勻田〈淚如泉湧悼念胡適之先生〉，原載一九六二年二月二十六日《自立晚報》。
82　常勝君〈雷震、自由中國、反對黨——夜訪胡適談三事〉一文，收錄於《雷震全集》第十一冊，頁一七三。

對待組黨這一問題，以胡適一以貫之的態度，是希望自己保持一個諍友的立場，而不願意參加。不參加，並不意味不支持，胡適要支持的是一個「像樣子的在野黨」，這反映出他對多黨政治的一種理性態度，與他溫和、穩健的性格有關。蔣介石三連任前夕，雷震曾問過胡適「今後該怎麼辦」？胡適不假思索地說：只有民青兩黨和國民黨民主派和臺灣人合組反對黨，如果組成了，他首先表示贊成，自己不參加，留幾個無黨無派分子比較好……[83]，張佛泉也給雷震寫信，認為「政黨主要為競選，現在中央的代表（指國大代表，作者注）均不改選，組黨亦無大用。故不如組地方性政黨」[84]。

雷震對臺灣本土政治精英參與組黨一直存有戒心。一九六〇年五月十八日宣佈組黨會議之次日，他在日記中寫道：我說明這次會議，我非主動者，但是贊成人，我們不參加，他們也要自動地出來組織，因選舉舞弊太甚[85]。來台初期，雷震接觸較多的本土政治人物大都因工作上的關係，如臺灣省議會議長黃朝琴、副議長李萬居（屬青年黨）、台北市市長高玉樹（無黨籍人士）等人，這些台籍政治人物對國民黨政權一直抱有看法，尤其對「威權主義黨國體制」在臺灣逐漸確立感到不滿，試圖組黨的態勢越發明顯。

在兩年前，胡秋原就對雷震說過，「胡（適）先生不搞，雷某一定要搞，雷某不搞，臺灣人一定要搞」[86]，雷震本人也擔憂台籍人士組黨「地方色彩太重」，「將來可能流血」[87]，因此強調「不可有地方主義」，「必須內地人和臺灣人合起來搞，以免有偏差」[88]，這些種種因素，最終促成雷震考慮和臺灣人一起組建「反對黨」，他在日記中這樣寫道，「下午周棄子來，我和他談及此事，我說我過去提倡反對黨，今天大家要組織，我又不出來參加，做人的道

83 雷震一九六〇年三月十六日日記，《雷震全集》第四十冊，頁二七〇。
84 一九六〇年五月二十日張佛泉致雷震函，《雷震秘藏書信選》，《雷震全集》第三十冊，頁四三二。
85 雷震一九六〇年五月十九日日記，《雷震全集》第四十冊，頁三一〇至三一一。
86 雷震一九五八年七月四日日記，《雷震全集》第三十九冊，頁三二四。
87 雷震一九五八年八月二日日記，《雷震全集》第三十九冊，頁三四六。
88 雷震一九五八年八月二日日記，《雷震全集》第三十九冊，頁三四六。

理，也是不應該的」[89]。當然，「除了現實政治的考量以外，胡適的態度似乎頗有影響力。」[90]胡適對兒時在臺灣居住的那一段時光始終未能忘懷，一九五二年下半年返台短期講學時，為探訪故居，十二月二十五日在友人楊亮功（紐約大學哲學博士，時為監察院秘書長）陪同下搭車連夜南下，可見彼時的心情[91]。胡適為台南市永福國小林校長題字，引用《詩經》中「惟桑與梓，必恭敬止」這句話，充分流露出一種特殊情感，所以，他對臺灣本土政治人物參與組黨，始終抱持關心的立場，甚至說過「不和臺灣人在一起，在新黨不會有力量」[92]這樣的話。

正因為如此，雷震還是懇求胡適出來領導，「不料胡適先生卻說：『你是讀過《四書》的，孟老夫子說過，待文王而後興者，凡民也；若夫豪傑之士，雖無文王猶興』。這當然是鼓勵我們自己出來組黨，不必等他出來領導而始為之，但是我還在猶豫之中……國民黨當局的性格我知道得很清楚，連國民黨孫總理左右手胡漢民先生都敢關起來，還不會關我嗎？」[93]學者認為：對胡適而言，或許是因為「自由主義者為維護本身的自由發言位置，常與實際政治保持若即若離的關係」，或許是因為晚年批評國民黨當局的強度已不及早年，或許也是因為「沒有精力與勇氣」（胡適自語），決定了他對新黨運動的態度一直是「支持但不領導」[94]。

一九六〇年七月九日上午十一時，胡適赴美出席中美學術合作會議，雷震、成舍我、夏道平等人到機場為先生送行，從這以後，雷震就再沒有機會見到胡適了。胡適走後，雷震積極投身於組黨工作中，他甚至想把「中國民主黨籌備委員會辦公室」的牌子掛在雜誌社門口，遭到夏道平、金承藝、馬之驌等人堅決反對，才沒有掛上去，後改掛在李

89 雷震一九六〇年八月十日日記，《雷震全集》第四十冊，頁三六七。
90 薛化元著《《自由中國》與民主憲政——一九五〇年代臺灣思想史的一個考察》，頁三七四。
91 參見蔣永敬、李雲漢等編著《楊亮功先生年譜》，台北：聯經出版公司，一九八八年版，頁四六三。
92 雷震一九六〇年五月二十五日日記，《雷震全集》第四十冊，頁三一五。
93 雷震《雷震回憶錄——〈我的母親〉續篇》，頁三二九。
94 參見蘇瑞鏘著《超越黨籍、省籍與國籍——傅正與戰後臺灣民主運動》，頁一〇九至一一〇。

萬居的《公論報》社門口[95]。說起來，「自由中國社」同人雖然樂見「反對黨」成立，「但仍和實際的組黨活動保持一定的距離，部分原因是對實際政治沒有興趣」[96]，《自由中國》編委中甚至有人擔心因此毀掉了這本刊物，殷海光就說「雷先生應把『組黨』之事和《自由中國》之事分開，最好是讓傅正專心去助雷辦『組黨』的事，《自由中國》的編務工作，交由金承藝去辦」[97]。

雷震一時感到左右為難，找來年輕的傅正徵求意見。傅正對他說「現在參加的人多數沒有用很嚴肅的態度思考，尤其沒有犧牲的決心，本來不十分理想。但是，《自由中國》半月刊鼓吹反對黨十多年，而我們自己也一向堅決主張臺灣必須有一個強大的反對黨，現在既有這樣一個機會，我們為什麼不盡力一試？中國知識份子的最大毛病，就是只能坐而言，不能起而行，難道我們也應該這樣？」[98]傅正還認為把組織反對黨的希望放在胡適身上，一定會落空；傅正在自己的日記中寫道，「雷公對胡先生的崇拜，似乎有幾分近乎狂熱，總是替他辯護」[99]。

各報均刊載雷震等人籌組新黨消息，引起香港各方人士關注。香港文學批評家胡欣平（筆名司馬長風、胡越）對此事「望眼欲穿」，同時亦無不擔憂，在給雷震的回信中說，「報載成立反對黨消息，正望眼欲穿，欲稍知真相，忽奉大札，喜出望外……過去連自治研究會都不准成立，現在能准予成立反對黨乎？此間友人咸望乘機快速進行，民主憲政廢立在此一舉」[100]。黃宇人則表示應由台、港、美三處人士共同促進組黨工作，「台籍朋友在新組織自應占相當的分量，然後此一組織才能在臺灣生根；但同時亦須具有全國性，始能發揮力量。在目前形勢下，弟以為最好以臺灣、香

95 參見李敖、胡虛一等著《雷震研究》，頁一六九。
96 宋文明〈可歌可泣的民主運動者〉一文說：當年雷震組黨時，他和另外幾位編委夏道平、殷海光曾表示對實際政治並不熱心。此文收錄於宋英等編《傅正先生紀念集》，台北：桂冠圖書公司，一九九一年第一版，頁五十一。
97 李敖、胡虛一等著《雷震研究》，頁一七〇。
98 傅正注雷震一九六〇年五月二十日日記，參見《雷震全集》第四十冊，頁三一二。
99 傅正一九五八年一月三十日日記。轉引自蘇瑞鏘著《超越黨籍、省籍與國籍——傅正與戰後臺灣民主運動》，頁一一一。
100 一九六〇年五月二十三日胡欣平致雷震函，《雷震秘藏書信選》，《雷震全集》第三十冊，頁四三三。

港及美國三處為重點，齊頭並行，互為呼應。臺灣方面以應付當局及競爭選舉為中心任務，香港方面側重對中共之研究及一般聯絡工作，美國方面則負責外交活動及爭取留學生。三處雖各有所司，但總部仍設於臺灣」[101]。

但在臺灣，仍有不少人對此次組黨心有餘悸，青年黨核心分子陳咸森對雷震說，「關於參加新黨工作，請容弟作相當時間之考慮。蓋弟自在中學時代參加青年黨工作起，迄今度過三十餘年黨人生活矣。此一生最可貴之時間內，幾盡耗於青年黨之辦黨工作中。自大陸淪陷來台後，對黨人生活已深感厭倦。今新黨雖為國家當前情勢之所需，亦為推進民主與反共之惟一大道，但弟個人之意興、志趣以及生活之打算等等，是否能即刻參加，均須有所考慮。如一經正式參加工作，勢必誓此生餘年以之，故弟不能不有深切之考慮和打算。」[102]

從一九六〇年七月起，雷震對於「新黨」的態度不斷透過《自由中國》半月刊折射出來，這一期間，不僅刊登了殷海光〈我對於在野黨的基本建議〉（一九六〇年七月十六日第二十三卷二期）、楊金虎〈我們衷心期待的反對黨〉（一九六〇年八月一日第二十三卷三期）等多篇文章，雷震本人還針對國民黨所屬報刊對籌組新黨大肆誣衊攻擊予以反駁，他在〈駁斥黨報官報的謬論與誣衊——所謂「政黨的承認」和「共匪支持新黨」〉一文中指出，「民主政治的建立，在於政權的『有效制衡』與『和平交替』；而政權的『制衡』與『交替』，則有賴於強有力反對黨之存在」[103]。

一時間，《自由中國》已儼然成為新黨運動的機關刊物[104]，而「彼時反對黨論述，已脫離先前的反對黨是既有政治權力結構的重組的想法，而是倚賴參與反對黨人士的努力而成。故此論點亦為日後的反對黨，預示其發展方向。在

101 一九六〇年五月二十六日黃宇人致雷震函，《雷震秘藏書信選》，《雷震全集》第三十冊，頁四三四。
102 一九六〇年八月二十二日陳咸森致雷震函，《雷震秘藏書信選》，《雷震全集》第三十冊，頁四三八至四三九。
103 雷震〈駁斥黨報官報的謬論與誣衊——所謂「政黨的承認」和「共匪支持新黨」〉，一九六〇年八月十六日《自由中國》半月刊第二十三卷四期，頁七至九。
104 薛化元著《《自由中國》與民主憲政——一九五〇年代臺灣思想史的一個考察》，頁三七〇。

此，雷震看出臺灣的政治現實與憲法法理之間的落差，並力圖尋求政治現實與憲法法理相符合，以落實民主制度，是有其先見之明。故雷震作為反對黨論述的啟蒙者之一，乃實至名歸」[105]。

雷震〈我們為什麼迫切需要一個強有力的反對黨〉一文，較為集中地反映出他本人在對待反對黨這一問題上有了一個根本的轉變。在文中一反過去有關反對黨如何有助於民主、改革等形而上述說，從現實層面強調了反對黨、選舉、政權交替、民主四個概念之間的彼此關係，「政黨組織的目的，不論革命政黨也罷，民主政黨也罷，在於『推翻』現有的而已經喪失人心的政府而奪取政權。但民主政黨之奪取政權，絕不靠著槍桿子的力量，惟有依賴民眾的意見，透過選舉方式而獲得之。這個新黨的『功用』，就是要用選舉的方式以求獲取政權為目的」，儘管「新黨要與獨霸局面至三十年之久而今天仍以武力為靠山的國民黨從事競爭，其間困難殊多」[106]。

學者錢永祥認為，「這段話並不代表雷震突然發現了權力的重要性，或認為時機條件已允許新黨展開奪權的準備。雷震從來不是這麼天真的人。在他的反對黨與奪取政權這兩個概念之間，有一個高一層次的中介概念：民主。但這裡所謂的民主，所指已不是憲法、人權、或某些制度上的設計。相反的，末期《自由中國》的民主概念，主要內容是政權交替」[107]。

從反對派的自由理念（陳獨秀、胡適）到推動政權交替的實踐（雷震），表明十年來雷震在思想乃至行動上有了一個重大突破，並轉換成落實「民主憲政」最為具體的行動指標。「在政權交替的過程中，蘊含著反對黨參與政治秩序的建構與維持，唯有執政黨與反對黨經由選舉之競爭，形成政權交替的結果，政治秩序方能被建構與維持，也能防止執政黨的腐敗。同時，政黨在選舉中之競爭與監督政府具有密切關係，而形成監督政府的體制，更是民主政治能得

105 任育德著《雷震與臺灣民主憲政的發展》，頁二二六。
106 雷震〈我們為什麼迫切需要一個強有力的反對黨〉，原載一九六〇年五月十六日《自由中國》半月刊，第二十二卷十期，頁九。
107 錢永祥著《縱欲與虛無之上》，三聯書店，二〇〇二年十月第一版，頁二〇三。

以維持的重要因素。在這套政治秩序中，沒有一個政黨能壟斷支配的權力，欲行使支配的權力，心須經由衝突、協商、調和才行。因此，反對黨是政治秩序中不可或缺者」[108]。

雷震之所以有這樣的轉變，固然是出於對民主政治的一種期盼，「與國民黨作政治競賽」，同時也因為時局緊迫，一九五七年四月二十八日，他在給王紀五的一封信中說，「如不能成立反對黨，不僅民主政治沒有前途，連目前之局面亦不易維持也。」[109]正是基於這種立場，加之民、青兩黨內部不斷分裂，在事實上，難有作為，雷震才逐漸脫離大中國的政治架構，轉而立足臺灣本土的發展，積極投入到以台籍菁英為主導的反對黨籌組之中。此時，《自由中國》對於民主的界定，見諸夏道平撰寫的社論〈敬向蔣總統作一最後的忠告〉，「要防止權力的絕對化，橫的方面為權力的制衡，縱的方面為權力的交替，權力的制衡與交替，構成了現代民主政治的兩大間架」[110]，這一觀點，成為雷震在《自由中國》時代最後的見解（錢永祥語）。

在國民黨一黨獨大，權勢凌駕一切的時空下，執政當局「不願意見到結合臺灣民意的反對黨出現……強行阻斷反對黨的成立」[111]在一片嚴厲打壓聲中，隨著雷震不幸被捕，標示著當局開始實行比五十年代還要嚴酷的高壓統治，臺灣社會由此進入「政治冰封期」的六十年代。[112]此次組黨運動在一九六一年一月第五屆縣市議員選舉之後，實際上已完全銷聲匿跡，臺灣民主政治發展遭至重創，跌進時間的低谷。「在《自由中國》停刊後的十餘年間，臺灣沒有再出

108 任育德著《雷震與臺灣民主憲政的發展》，頁二六九。
109 收錄於《新新聞》編輯部所編《雷震書信首度公開——第一部分：一九五六年二月至一九五七年十二月》，頁二十七。轉引自任育德著《雷震與臺灣民主憲政的發展》，頁二五一。
110 社論〈敬向蔣總統作一最後的忠告〉，原載一九六〇年二月一日《自由中國》半月刊第二十二卷三期，頁三。
111 周琇環、陳世宏編注《組黨運動——戰後臺灣民主運動史料彙編（二）》。台北：國史館，二〇〇二年七月，頁五。
112 參見黃嘉樹著《國民黨在臺灣（一九四五——一九八八）》，台北：大秦出版社，一九九四年版，頁四〇五。

現正面挑戰當權者的政治刊物，政治評論逐漸沉寂」，整整二十五年後，直至一九八六年才有所真正突破，雷震本人卻未能等到這一天[113]。

113 學者蘇瑞鏘認為：從戰後臺灣政治發展脈絡來看，「中國民主黨」組黨運動的失敗，代表著統治當局自五〇年代初期開始建構的「臺灣型威權主義黨國體制」之確立。此後反對運動的空間較之五〇年代更為狹窄，一直到七〇年代後期才明顯出現新一波的反對運動，而且要到八〇年代中後期才逐漸開花結果。參見蘇瑞鏘著《超越黨籍、省籍與國籍——傅正與戰後臺灣民主運動》，頁一〇一。

第五部分

1960—1970

政治構陷

第二十章　震驚海內外的雷震案

一、「莫須有」罪名

雷震被捕，在臺灣掀起軒然大波。

從披露出來的史料看，在這之前，雷震已知將遭此厄運，一方面，這是他從政多年帶來的直接經驗，對這個體制有深度瞭解；另一方面，雷震所主持的《自由中國》半月刊十年來為爭取言論自由，與威權統治進行一系列抗爭，在眾多知識份子，及至一般民眾中，產生了很大的影響，在事實上，動搖了當局對臺灣統治的信心；而此時，雷震與臺灣本地政治精英共籌反對黨，更是將國民黨當局推向如坐針氈的窘境，雷震等人的被捕，成為自「二二八」事件以來，最為壯懷激烈的一個政治大事件。

王世杰在日記中直言：「雷之言論及舉措往往超出法律範圍；聯合臺灣地方人組黨，尤為政府所忌惡。」[1]從這一點看，雷震被捕，事有畢至。與雷震始終保持良好關係的美國大使館事先已得到一份絕密情報，「情治單位打算製造匪諜案，先將馬之驌打成匪諜，再將雷震以『知匪不報』而入罪……」[2]並透過前台北市長的高玉樹，將此事通知了雷震。

1　王世杰一九六〇年九月八日日記，《王世杰日記》，台北：中研院近史所，一九九〇年初版，第六冊，頁四〇七。
2　薛化元〈平反白色恐怖案還有長路要走〉，原載臺灣《Taiwan News 總合週刊》，二〇〇二年第四十六期。

雷震深知這場「牢獄之災」不可避免，事先與馬之驌談了一次話，以防不諳政治的馬之驌被當局所利用。馬之驌當場表示：「無論他們怎麼整我，我都不會承認是『匪諜』的，即使是屈打成招，我也不會『咬您』的。」[3]事實證明，美國大使館傳來的這份情報非常可靠。十幾天後，臺灣警備總司令部在證據不足的情況下，比原計劃將近提前了一個月，以「涉嫌叛亂」為由將雷震、傅正、馬之驌、劉子英四人逮捕。

在偵訊過程中，馬之驌一直未與情治部門合作，意想不到的是《自由中國》雜誌社前會計劉子英「利誘成招」，不僅承認自己是邵力子之妻傅學文派來臺灣的「匪諜」，更稱於一九五〇年五月十七日晚，在台北金山街一巷二號雷震寓所的書房裡，「將傅匪在京情況及所交為匪工作任務，密告雷震，並誇張大陸匪情，勸雷震為人民立功……」[4]既有時間，又有地點，而且，任務明確，遂成當局制裁雷震的「證據」，軍法審判決定繞開所謂「涉嫌叛亂」而就「知匪不報」在秘密進行，監察院派出的雷震案調查小組，始終未能見到雷震一面。

案發當日，國民黨內部有人提出異議。立法委員成舍我、胡秋原等人質疑「警備總司令部」，認為雷震縱使涉嫌違反了普通刑法，但並未觸犯所謂「懲治叛亂條例」，有何理由認為是「叛亂」而要受到軍事法庭的審判？並稱「此例一開，今後對於並非叛徒所為之言論文字問題，皆可不依出版法或普通刑法處理，而得逕以軍法從事，則每一報紙每一雜誌之發行人編輯人，均有隨時隨地遭遇同樣情事之可能，言論自由出版自由講學自由及新聞自由，自必遭受嚴重之損害，其流弊有不可勝言者」[5]。此項書面聲明原本由三人具名，另一位是監察委員陶百川，由於此時陶百川已要求面見蔣介石，「以便當面建議將該案移送法院審理」，也接到了總統府的通知，便未再列名，最後以成、胡二人名義披露於臺灣各報。

3　馬之驌〈我和雷公結緣的前因後果〉一文，《雷震全集》第二冊，頁二三一。
4　雷震〈軍法聲請複判理由書狀〉，收錄於萬麗娟編注《萬山不許一溪奔——胡適雷震來往書信選集》，附錄二，頁二七〇。
5　《雷震全集》第六冊，頁六。

在美的民社黨主席張君勱聞訊後急電蔣介石，抗議雷震被捕，第二封措辭嚴厲的電文轉至台北《公論報》後，惜乎《公論報》迫於形勢，只發表了部分內容，此電文長達兩千多字，主要內容是：一，抨擊政府之最近拘捕雷震；二，使蔣經國擔任重要職務；三，要求蔣介石辭職，將其責任交副總統陳誠，以達到民族復興[6]。胡適彼時正在美國出席中美學術合作會議，當天收到副總統兼行政院長陳誠發來有關「雷震案」的電報，即回電表示，「今晨此間新聞廣播雷震等被捕之消息，且明說雷是主持反對黨運動的人，鄙意政府此舉甚不明智」。胡適認為，此舉對政府有三點不良影響，「一則國內外輿論必認為雷震等被捕，表示政府畏懼並挫折反對黨運動；二則此次雷震等四人被捕，自由中國雜誌當然停刊，政府必將蒙摧殘言論自由之惡名；三則在西方人士心目中，批評政府與謀成立反對黨皆與叛亂罪名絕對無關，一旦加以叛亂罪名，恐將騰笑世界」（二〇〇一年二月二十八日，《聯合報》記者鍾年晃在一則報導中透露：國史館中至今存有民國四十九年九月四日胡適致陳誠的電文原件。作者注）。

一九二九年發起過「人權運動」的胡適，將「言論自由」視為與生俱來的一種權利，他指責當局以「叛亂之罪」加害於雷震等人「甚不明智」，這完全出於他本人對民主自由的一種認知。胡適在一九六〇年十一月十八日的日記中，附有四則英文簡報，分別是美國《紐約時報》[7]、《基督教科學箴言報》[8]、《華盛頓郵報》[9]三大報紙就「雷震

6 參見雷震著《雷震回憶錄——〈我的母親〉續篇》，頁五十至五十一。

7 《紐約時報》的文章題為〈臺灣雷震案遭抗議〉，主要內容為：國民黨軍方運用軍事法，宣判雷震十年徒刑。對雷震的軍事訴訟理由並不充分，但雷案在法上被快速宣判，這背後的事實是，雷震正在領導一個小型的反對黨。（參見曹伯言整理《胡適日記全編》第八冊，頁七二七。）

8 《基督教科學箴言報》的文章題為〈臺灣發生一起令人生疑的宣判〉，其主要內容為：美國已經給臺灣的蔣介石政府提供了數以億萬計美元的經濟和軍事援助，這些援助基於這樣一個假設：蔣介石政府是講自由、講正義的……現在，這一假設由於雷震案而被嚴重動搖……許多人相信，該判決的目的是壓制自由政治之聲。（參見曹伯言整理《胡適日記全編》第八冊，頁七二七。）

9 《華盛頓郵報》的文章題為〈對臺灣的異議〉。其主要內容為：國民黨政府基本上奉行一種自由主義的政治模式，這種印象被雷震案戳穿了……這個事件表明，儘管臺灣經濟有了顯著的發展，儘管臺灣的民主也有一定的發展，也能容忍一些批評意見，但是，人們還是不能對蔣介石和國民黨奉行的政策提出議異。（參見曹伯言整理《胡適日記全編》第八冊，頁七二七。）

案」對蔣介石政府的批評文章，其中還有一份哈佛大學學生自己辦的日報，認為臺灣當局指控雷震「使海內外國民黨知識份子迷惑不已。在任何時候，雷震案都將是一件丟臉的事」。胡適回到臺灣後，在陳誠的一個晚宴席上，特意將簡報交給總統府秘書長張群，其意不言自明。胡適本人雖不願多談「雷震案」，內心卻有著一種「大失望」。

二、非法被捕經過

一九六〇年九月五日，雷震等人被捕第二天，《徵信新聞報》（今《中國時報》前身，作者注）即對其逮捕經過作出詳細報導，為今天留下了極其珍貴的史料。其中《自由中國》編輯傅正、經理馬之驌、前會計劉子英被捕實錄為：「四日與雷震同時被捕的《自由中國》半月刊編輯傅正，所住的本市松江路一二四巷三號，是一間日式的省政府秘書處職員宿舍，以後由雷震向省政府借用，供為《自由中國》半月刊社職員的宿舍，那裡住有二戶人家，一家姓聶（即聶華苓，作者注），一家姓王，另一家便是傅正。傅正平時早出晚歸，據同住的人說，與他們甚少來往，傅正被捕的時間為四日上午九時三十分，被拘捕時治安人員執行任務和拘捕雷震的情形一樣，且亦被搜去書籍信件一包。另一涉嫌被捕的馬之驌，係《自由中國》半月刊社經理。他去年剛與沙昌佩女士結婚，現住中和鄉中興街四十四巷五弄五號太太的娘家裡，於四日晨八時十五分被捕。馬太太沙昌佩正懷孕……涉嫌被捕的名單中尚有國史館職員劉子英，劉住在南京東路一二〇巷五弄一號，是國史館的宿舍。據說，五十四歲的劉子英，過去曾充雷震的私人秘書。他在寓所被捕的時間是四日上午九時四十分……」[10]

雷震和傅正被捕後，被警備總司令部軍法處押解到台北市青島東路三號的軍法處看守所，雷、傅二人後來對此均有親筆記述，雷震這樣寫道：

10 原載一九六〇年九月五日《徵信新聞報》，收錄於《雷震全集》第三冊，頁四至五。

大約上午八時過一點，我忽然聽到埤腹路警察派出所警員喊門說：「雷先生，新店家中發火燒了！」（雷公館共有兩處，一為新店，一為木柵埤腹路，雷當時大部分時間住此處。作者注）我驟聞此語，心中不免有些著慌，因而匆匆開門，打算前去看看。平時我出門，總是帶個大皮包，內裝「自由中國社」的來稿，遇暇即加審閱。聞警報遂匆匆出門，連皮包都來不及帶了。不料一開大門，過去跟蹤我的數十名國民黨特務一哄而入，如入無人之境……我站著問：「這是幹什麼？捉人總不能憑你的口說吧！」於是那位凶煞神似的國民黨特務，始從上身口袋中掏出一件署名總司令黃杰（雷震的熟人，《自由中國》創刊初期，黃部退守在越南西貢，曾致函雷震，要求訂閱《自由中國》半月刊，作者注）的臺灣警備總司令部的逮捕狀，罪名是「涉嫌叛亂」，再沒有其他文字。

我告訴那個手持盒子炮的特務說：「我太太上街買菜去了，馬上就要回來，家中無人看門，等她回來再走，要不了多少工夫！」不料那個滿臉橫肉的特務，堅持不肯。我又說：「隔了一家的陳訪先生，也是監察委員，讓我去告訴他一聲，不然太太回來後，不知我到哪裡去了！」胖子特務，仍是不肯。正在這樣堅持中，我妻聞訊回來了，我就跟著那個特務走了。特務來捉我時，用的仍是「專門捉人」的汽車，正停在埤腹路口……特務檢查後，要我走進看守所，所內的人出入，都是走「狗洞式」的邊門，都要彎曲腰出進，只有張所長出進才開大門……我不願鑽狗洞，獄卒只有打開大門讓我走進去……獄卒要我把全身的衣服脫掉，說是怕我衣服不清潔……還要檢查我的肛門，不悉其用意何在……「拘票應備二聯，執行拘提時，應以一聯交被告或其家屬」，法律是規定得很明白的，不論刑事訴訟法，抑或軍事審判法，但「御特」警備總部拘我時，拘提執行的特務，先竟不交出拘票，經我抗議時，那個矮胖子掏出的拘票，上面只有「叛亂嫌疑」四字，所以我被捕後約三週之後，始知是關在青島東路「御特」警備總部看守所內。

一個國家，僅僅具有由立法院通過及總統公佈之法律，而執行官吏如不負責去執行，那些法律都變成具文了。一般常說國民黨政府的官吏是無法無天的，都是從這些地方看出來的。國民黨政府，尤其是控制了人民行動和思想的「御特」警備總部的官吏，是如此的不守法，這個政府自然不會得到人民的信任……「御特」警備總部來拘捕我時，應該規規矩矩叫我開門，我絕不會不開的，絕對用不著叫埤腹派出所警員在門外謊稱說「新店家中發火燒了！」……特務機關之如此行為，豈僅違法悖情，簡直就是下流作風！國民黨之失敗，一切皆係咎由自取也。不過一般工作人員的「流氓」作風，由來已非一日，因為國民黨頭子是「流氓」出身的，一向做事是為目的而不擇手段，如關胡漢民、李濟生和居正之類，上行則下效，下面工作人員自然也就如法炮製，仿效惟恐不能「惟妙惟肖」也。[11]

「雷震案」在臺灣各界引起了強烈反彈。監察院司法委員劉永濟表示，「政府這種作法，乃是『親者痛、仇者快』的事，其他則無話可說了」，劉永濟係青年黨中央委員，一向主張政府辦事不可違反法律。雷震後來對此有所評價，「劉氏的言論和行動，都不失為一個在野黨人士，確是負起監督政府的責任，與一些啦啦隊的在野黨人截然不相同的」；立法委員費希平也發表「雷震被捕事件」書面質詢，全文刊發在《公論報》上，費希平說：「政府雖然再三聲明雷案與政治問題無關，可是天下人皆不相信」。

九月六日，《公論報》發表民社黨副秘書長楊毓滋的文章，認為「政府於此時逮捕《自由中國》半月刊發行人雷震，係政治問題，而不是法律問題」，其理由是：「國民黨發表『白皮書』的小冊子（係陶希聖、曹聖芬、沈錡於四日晚上，記者招待會所發），指控雷震罪證的文章，大部分係在三年前發表的。這些文章，當時為什麼不依據出版法懲辦呢？又為什麼在此時，即新黨正式成立的前夕，加以逮捕？這不是政治問題是什麼？」

11 原載一九八八年五月十八日《自立晚報》，此時雷震已去世，由傅正先生整理發表。收錄於《雷震全集》第三冊，頁二十八至三十四。

中文《世界日報》之編者兼發行人李大明透過香港《星島日報》致電蔣介石，「閣下之部屬所作不當之逮捕雷震，其愚昧已達於新的高潮。針對雷氏之虛捏的指控，此間視為無非一個藉口，以除去他作為反對黨之領袖，並毀滅他之《自由中國》雜誌。此種赤裸裸的壓制出版自由……閣下未予迅即干預，並使雷震恢復自由，將無疑是歷史上記載為閣下事業重大錯誤之。」[12]

香港《新生晚報》以〈臺灣的「莫須有」黨獄〉為總題，指出此次臺灣當局逮捕雷震是一次極端行動，雷震在人們心目中成為「英雄」，猶如當年「七君子」一般。此案完全與組建反對黨有關，逮捕，不能解決問題，且為自己增添了政治上的負擔，何況，逮捕的罪名又是如此牛頭不對馬嘴。雷震一介書生，手中無槍無兵，又憑什麼力量來叛亂？至於說從否定政府到意圖顛覆政府，這一說法，要看他用什麼手段了。用正當方法奪取政權，猶如美國兩黨的爭奪，又有什麼不妥的[13]？

美國中國問題專家費正清教授十月二十七日致函《紐約時報》，題為〈抗議臺灣的行動〉，他在信中說，「台北這些高壓的、警察國家的行動，有著許多最嚴重的含義，它們是對於大多數有現代頭腦的中國人的一種冒犯，和對於友好的美國人民的一種侮辱，這已由普遍的美國新聞評論明白的顯示出來，這是家門內的極權主義……它使我們喪失了對臺灣支援之正當意識上的重要性，它對臺灣期盼在自由世界一個地區中擔任的角色，是一個挫折。我們廣大的援助背後，竟沒有政治自由的意念嗎？我們冒了戰爭的危險保障臺灣，只不過是為了支持一個寧願使用不必要的警察國家方法，而不願意健全的政治進步的獨裁政體嗎？」[14]

在美國個人發言最為激烈者，是《時代週刊》發行人亨利・魯斯。他曾是蔣介石的好朋友，「雷震案」發生後，該刊連續發文抨擊國民黨當局「打擊言論自由」的荒謬行徑，亨利・魯斯對臺灣駐紐約總領事游建文說，「我雖是中

12 原載一九六〇年九月六日香港《星島日報》，收錄於《雷震全集》第三冊，頁八十六。
13 雷震著《雷震回憶錄——〈我的母親〉續篇》，頁五十六至五十七。
14 雷震著《雷震回憶錄——〈我的母親〉續篇》，頁四十四至四十五。

華民國的好朋友，但我是雜誌的發行人、編輯人，我是一個報人，不能不替報人說話，不能不為言論自由來說話，這是報人的責任，否則我就失職了。蔣總統用軍法來逮捕《自由中國》半月刊發行人雷震一事，就是打擊言論自由，無視新聞自由，實在太不應該了，把自己號稱為自由的中國毀掉了。」[15]

美國報刊對雷震被捕給予高度關切，《新共和週刊》、《華盛頓郵報》、《哈佛大學學報》等報刊連續發文，認為「獨裁就是獨裁」，「西方很少有人感到驚異」，「這件事無疑是壓制那些期望有一個民主臺灣的人們」，「在山姆大叔各式各樣的密友之中，蔣介石『總統』從來也沒有熱心過人民自由一類的事情」，「雷震案在任何時候都是一件有失體面的事，但對於美國卻特別惱人」[16]。

三、雷夫人的呼籲

作為無黨籍資深監察委員，在雷震被捕後，宋英開始了積極的營救活動。

根據「憲法」第八條「保障人身自由的規定」[17]和「提審法」第一條規定「人民被法院以外之任何機關非法逮捕拘禁時，其本人或他人得向逮捕拘禁地之地方法院或其所隸屬之高等法院聲請提審」[18]，宋英不願看到雷震受到軍事

15 參見馬之驌著《雷震與蔣介石》，頁三九八至三九九。胡適在一九六〇年十一月十八日日記中也提及亨利・魯斯說的這段話，當天與蔣介石會面時，還告訴了蔣。參見曹伯言整理《胡適日記全編》第八冊，頁七二三。

16 雷震著《雷震回憶錄——〈我的母親〉續篇》，頁四十八。

17 「人民身體之自由應予保障，除現行犯之逮捕由法律另定外，非經司法或員警機關依法定程序，不得逮捕拘禁。非經法院依法定程序，不得審問處罰。非依法定程序之逮捕、拘禁、審問、處罰，得拒絕之」。參見林紀東：《中華民國憲法逐條釋義》（一），台北：三民書局，一九九八年版，頁一一九。

18 一九四八年四月二十六日《國民政府公報》（三一一七），頁一至二。一九四八年六月二十二日，司法院對此作出四〇三四號解釋，「人民被法院以外之機關依法逮捕拘禁者，自不得聲請提審」，參見《司法院解釋彙編》第五冊，司法院解釋委員會，一九七三年版，頁三四三七。因此，提審法與司法院的解釋，在「非法」與「依法」這一問題上產生很大歧義，有違憲之嫌。直至一九九五年十二月二十二日，司法院大法官會議作出釋字第三九二號解釋，認為「憲法第八條第二項僅規定：『人民因犯罪嫌疑被逮捕拘禁時，其逮捕拘禁機關應將逮捕拘禁原因，以書面告知本人及本人指定之親友，並至遲於二十四小時內移送該管法院審問。本人或他人亦得聲請該管法院，於二十四小時內向逮捕之機關提

法庭的審判，九月四日，向台北地方法院遞交了一份要求由司法機關來提審雷震的狀紙，並稱之所以這樣做，「是對國法充滿了信心」；台北地方法院隨即予以駁回，宋英表示不服。九月八日，又轉向臺灣最高法院提出刑事抗告，請求「撤銷原裁定，立即提審雷震，並向該臺灣警備總司令部追究非法逮捕拘禁雷震，妨礙司法獨立之責任」[19]。

這一天下午五時，宋英在台北和平東路二段十八巷一號「自由中國社」舉行中外記者招待會，通報雷先生被捕後的具體情況。在會上，雷夫人出示了雷震在看守所裡給她的第一封信，披露雷震在被捕後曾絕食三天以抗議對自己的政治構陷，宋英表示「這太可怕了」。宋英還說，七日上午曾與胡適通了三分鐘的越洋電話，胡博士連說「知道了，知道了」，並囑其要保重身體，「胡先生叫我不要激動，但聽他的聲音，似乎也激動」。

九月十日，宋英再次舉行記者會（這一次僅臺灣本地媒體，作者注），她指出：「雷震被捕之初，警備總部發言人王超凡說，雷震涉嫌叛亂罪的主要內容，係《自由中國》雜誌的言論越軌，但隔了一二天，突然又宣佈雷震涉嫌匪諜案，使人弄不清這是怎麼一回事。」又說，「儘管警備總部說雷震涉嫌匪諜案，我相信有公道心和有正義感的人，是不會相信的。」[20]

九月十三日，宋英在「自由中國社」內又一次舉行中外記者招待會，以〈營救我的丈夫雷震〉為題發表書面講話：

> 近十幾年來治安當局所謂的「匪諜」究竟是什麼，他們並沒有明白宣示出來。不過從他們給予一般人的印象而論，所謂「匪諜」，構成的條件是很寬泛模糊的。有時一個人只要與那邊沾上一點點關係，或者

審。』並未以『非法逮捕拘禁』為聲請提審之前提要件，乃提審法第一條規定：『人民被法院以外之任何機關非法逮捕拘禁時，其本人或他人得向逮捕拘禁地之地方法院或其所隸屬之高等法院聲請提審。』以『非法逮捕拘禁』為聲請提審之條件，與憲法前開之規定有所違背。上開刑事訴訟法及提審法有違憲法規定意旨之部分，均應自本解釋公佈之日起，至遲於屆滿二年時失其效力；本院院解字第四〇三四號解釋，應予變更」。參見一九九六年二月《司法院公報》，頁五。

19 參見一九六〇年九月九日，《聯合報》。

20 原載一九六〇年九月十一日，《公論報》，收錄於《雷震全集》第三冊，頁一一〇。

哪怕是許許多多年前的舊賬，也要翻過來算，扣上一頂「匪諜」帽子……我們要訂立什麼是「匪諜」的標準，並不怕嚴格，愈嚴格愈能防匪的作用，但怕失之太寬泛模糊。太寬泛模糊就難免牽扯太多，人人自危，造成恐怖，以致窒息社會的生機……現在關於雷案，海內外議論紛紛，認為是一件顯然的「政治誣陷」。在秘密刑訊之下迅速構成的所謂「供認」和「自白書」實不足以昭信……如果有人造謠，說孔子做小偷，這是不會有人相信的。關於雷震是否「掩護匪諜，知情不報」的問題，完全可作如是觀。今日在臺灣做「掩護匪諜」的勾當，其利害如何，連小孩子都看得清楚，何況以雷震的經驗和閱歷？他三十多年的經歷足以解答這類問題，用不著我來多說了……每一個真正的讀書人，對於一件足以震撼國家社會的大事，應該本著良心和理性，發揮應有的正義感，讓事件早日得以澄清，並且對於後一代留下一點示範的作用。這是我以萬分沉痛的心情，懇切向政府社會文化學術界所作的呼籲。[21]

宋英在接受《公論報》記者專訪時說，九月四日雷震被捕後，自己「吃午飯時，面對著幾碟青菜，還有那空著的位子，欲哭無淚。雷震是個忠誠愛國的人，對朋友很熱心坦白，做人處事絕不敷衍苟且，做錯了事也勇於認過。我與他在民國十五年相識，彼此甚為相契，後來我到日本（一九二九年宋英赴日本留學，主修政治與經濟，後因九一八事件而提前返國。作者注），他也隨之而來，民國二十年我們在北平結婚，結褵卅載，從未為任何問題爭論過，只是時常勸他應當適應環境，別心裡想什麼就說出來，寫出來，國家是大家的，憑一個人的力量也救不了。他聽了我的這番話後，每每笑一笑說：如是大家都怕事，都抱著明哲保身的觀念，國家怎能強盛？他的個性很剛強，我知道一時是勸不醒他的這個以『救國救世為己任』的夢！」

《公論報》記者在這篇專訪中，以極其舒緩而含蓄的筆墨描述了宋英在與當局抗爭中的另一番心境，讀來讓人為之動容：

21　《雷震全集》第三冊，頁一一三至一一六。

雷夫人站在窗前，望著庭院小徑，綠草蓬鬆，花枝疏蔓，回首低說：「我很喜歡種花植草，得一份與世無爭寧靜生活，榮華富貴我毫不需要，然而這一點小小的意願得不到。」她望著留有雷先生片片履痕的石徑，默默輕吟：「庭前遲行蹤，一夜生綠苔，苔深掃不盡，落葉秋風早。壁間一對紅壽聯，也為女主人的愁容感染得暗淡無光，那蒼勁的字跡描繪了一位孤臣孽子的心影：「天性是鍾以安國家為悅，眾心所共祝公壽考無量」……「目前我只有循著法律的途徑，希望這個案件能交由司法審判。如果他能以無罪開釋，我將堅決地勸他再也不要參加政治了，彼此都已近雞皮鶴髮之年，何不終老林泉，幽閒餘生。山間的明月清風，豈不比世上的是非寵辱更值得追尋？」[22]

七天之後，臺灣最高法院仍做出裁定，「抗告駁回」並「不得再抗告」，其主要理由：依戒嚴法第八條規定，犯內亂外患罪，軍事機關已得自行審判……懲治叛亂條例又為刑法上內亂外患罪之特別法，該條例第十條復訂明在戒嚴區域犯叛亂罪者，不論身份概由軍事機關審判之[23]。宋英在〈我的抗議與呼籲——法院拒絕提審我的丈夫雷震後〉一文中，字字沉痛，句句悲憤，寫出了一位「以盡妻責」的堅強女性內心的泣血悸動：

臺灣地方法院接受我的狀紙，在二十四小時內，沒有提審雷先生，卻把我的聲請駁回了。我不服地院裁定，提起抗告，臺灣高等法院過了七天，給我的答覆又是駁回。這不是出於一般人意料之外的結果。但是我關懷憲政法治的前途，更關懷丈夫的安全……丈夫的自由失去了，本身的信念破碎了。我此時的心情，朋友們當可瞭解，是無法形容的凌亂，雷先生既然命中註定了要受軍事審判，我面對現實，不得

22 原載一九六〇年九月十二日，《公論報》，收錄於《雷震全集》第三冊，頁一一七至一二一。
23 參見一九六〇年九月十八日，《聯合報》。

不退而求其次，企求能在軍事法庭裡獲得公平。我恐懼，我深怕這樣的企求仍舊是癡心妄想……憲法規定，人民因犯罪嫌疑被逮捕拘禁時，本人或他人聲請法院於二十四小時內提審，法院不得拒絕，而法院卻拒絕了我的聲請。憲法規定，人民，除現役軍人外，不受軍事審判，而法院卻聽任軍事機關偵審雷先生。憲法條文既沒有受到司法機關的維護，軍事審判法縱有「軍事法庭獨立行使審判權，不受任何干涉」的規定，誰能保證其非等於具文……宣傳逮捕雷先生與反對黨運動沒有關係，已難自圓其說，若謂《自由中國》半月刊沒有關係，更是不合常理。指控他的叛亂罪嫌不過基於幾篇文章，而這些文章無一篇不是登在《自由中國》半月刊的，官方的表示將雷案與《自由中國》半月刊及反對黨運動分開了，我寧願相信官方的宣傳，因為這樣才能使我假想我的丈夫的案情不至於過於嚴重。可是，離開了小小的《自由中國》雜誌社，再離開了萬眾企望的反對黨，我的丈夫只是一個匹夫罷了。對付一個匹夫，竟集中黨政軍的力量，大事渲染，一致攻擊，這又不能不使我惶恐無似了……我要再呼籲：軍事審判也應獨立。只要軍法官不受干涉，全憑證據，認定事實，那我相信我的丈夫雷震先生是不會有罪的。[24]

定居美國新澤西州的雷震之女雷德全得知父親被捕消息，不敢相信，立即打電話到《紐約時報》求證此事。「自從我和定康結婚以後，習慣天天閱讀《紐約時報》，那時全世界的大小新聞，《紐約時報》的報導最為詳細。我去電求證以後，果然《紐約時報》證實了這個消息，父親雷震的確被捕了」。

九月五日，雷震被捕第二天，有聯邦議員來聯絡雷德全同去華盛頓國務院會議，雷德全與丈夫於當天下午乘火車抵達華盛頓，次日上午見到美國國務院遠東部門主管史蒂芬先生，史蒂芬詢問雷德全對此事的看法，雷德全對他說：「這完全是政治迫害，因父親在臺灣鼓吹民主，要籌組反對黨——中國民主黨預備在那年十二月地方選舉時，與國民

24　《雷震全集》第十二冊，頁二五〇至二五七。

黨競爭，至於報紙上所說『為匪宣傳，包庇匪諜』等罪名，是欲加之罪，何患無詞。尤其是所謂為匪宣傳，都是根據一九五七年登在《自由中國》的文章，如果父親真有叛亂意圖或顛覆政府，為什麼那時不抓他，而要等他在要組黨前夕？」

史蒂芬及國務院主管亞洲事務官員當場表示，「美國還是支持臺灣的，但同意私底下去抗議」。華府人士相信雷震被捕與反對黨有關，美聯社九月七日電指出：「雖則國民黨發表各項聲明，謂雷震此次被捕，與成立一個反對黨『中國民主黨』一事並無關係，但此間若干消息靈通人士，均認為該新黨至少係促成對該發行人採取行動之一項因素。該方面人士並謂，此點之一切發展，並視乎檢察方面是否能在雷氏之審訊中提出一項明確之叛亂案件而定。」[25]

為營救父親，九月十一日，雷德全致函《紐約時報》，認為自己的父親是清白無辜的，很多年來，他一直為自由及人權在奮鬥，籌組新黨，目的在於維護反對與不同意見的權利，並不在於顛覆臺灣政府，她在信中大聲呼籲「所有美國人民、自由世界及所有關心民主與自由人士及早採取行動，以免為時過晚，因為類似這種的暴政與殘暴會釀成韓國、古巴……的悲劇」。國民黨《中央日報》卻指責雷德全「在美國告洋狀」，另一份省黨部報紙《中華日報》也說「雷震之女為救爸爸而不要祖國」，香港《星島日報》為此感到不平，立即撰文予以反駁說「第一個告洋狀的是孫文，有《倫敦蒙難記》為證」[26]。

宋英在台北知悉女兒在美國為營救父親不斷與美國政要和議員進行接觸，生怕引起臺灣當局過激反應，即去信給雷德全，要她停止在美國的所有活動，並對她說「爸爸這次被捕原因，絕不是為言論，固然當局恨你爸爸到極點，但也無法下手。這次迫不及待的真的行動起來，還是因為新黨馬上要成立了，當局非常怕這個新黨成立，所以不擇手段

25 〔華盛頓七日美聯社電〕〈美認為雷震被捕係「爆炸性」事件——華府人士相信與反對黨有關〉，參見《雷震全集》第二十八冊，頁二二六。
26 雷震著《雷震回憶錄——〈我的母親〉續篇》，頁一五六—一五七。

下此不智的行動」[27]。雷德全說，「母親說這一切都是預先安排好的，不可能再有什麼改變了，而且父親還在他們手中，如果我動作過多，這批小人們會惱羞成怒更迫害父親，母親要我忍耐一段時間，等胡伯伯（即胡適，作者注）回台後，看看會有什麼轉機」。

雷德全並不同意母親的這一想法，她認為父親心胸寬大，想法也比較天真，不論遇上什麼事情，總要替胡伯伯來解釋，「胡伯伯除了在研究學問上他有一定的地位，但是膽小如鼠，近乎自私，只想到自己的官祿，就是沒有膽量為自己的信仰奮鬥，當年創辦《自由中國》雜誌，他是發起人，現在出了問題，他卻畏縮不前，袖手旁觀，讓父親一個人去背十字架，正義感不知道到哪裡去了。」[28] 作為雷震的女兒，這種心情完全可以理解，但畢竟年輕，缺少政治上的經驗，摸不清楚胡適在雷震一案中的心思和對策，卻一味相信黑白分明的「抗爭」，未能懂得顧全大局的「忍讓」。在這個問題上，宋英作為監察院資深委員，她不是國民黨員，卻深諳這個體制的黑幕，儘管內心充滿了悲觀和失望，但在處理每一個細節時，無疑要老練和周全得多。宋英一直相信胡適不會坐視不問，一定會有自己的考慮和方式。

雷德全稍有平靜之後，總算接受母親的意見，停止了在美國營救父親的所有活動。宋英為「雷震案」四處奔波竭盡了全力，一直堅信「公道自在人心」，贏得了當時臺灣島內民眾的敬重。雷震身陷牢獄十年之久，宋英獨自一人挑起所有的重擔，雷德全回憶說：「一個生病的兒子，一個坐牢的丈夫，兩個家庭的日常生活（雷震有一如夫人，作者注），她嚐盡了人世間的辛酸，憑她孤軍奮戰，其艱難困苦是可以想像的。後來她的生活重擔實在挑不下去了，只得來信問我們能否助她一臂之力，於是，我開始每月寄一百美金給母親，每三個月由定康（雷德全丈夫，作者注）去銀行購買匯票，用掛號信郵寄臺灣，以解母親燃眉之急，逢年過節則多加一百美金，一直寄到父親出獄為止。」

27　一九六〇年九月十七日宋英致雷德全函，收錄於中央研究院近史所藏，雷傳信函文件，H.05籌組新黨與雷案發生後之營救信函。
28　以上均參見雷德全著《我的母親——宋英》，台北：桂冠圖書股份有限公司，一九九六年十一月初版，頁一七四至一七七。

「自由中國社」社長（雷）、發行部經理（馬）、編輯（傅）被抓，社內的稿件、帳冊等文件被搜走，對社內員工衝擊甚大，刊物無法繼續運作下去，《自由中國》暫時停刊。事實上，沒有了雷震，《自由中國》的生存立馬出現了問題，「如出錢者臺灣銀行瞿荊州不再支持」，其他人又無法承擔雷震的籌款重任，再加上此時緊張氣氛，諸多因素使得《自由中國》終於無法復刊。一度傳出「自由中國社」編委們擬請胡適再次出任發行人主持復刊，十月二十二日，胡適則對記者表示：他從未接過相關信函，也無人和他談過此事[29]。「因此，經濟因素、內部意見不一、發行人問題、政府的壓力，造成社方在喪失領導者、籌款者、編輯之後，無力應付接踵而至的問題，以停刊告終。」[30]宋英在處理完雜誌社善後事宜，給雷德全寫了一信，這樣說：

> 我們曾有意繼續出刊，同時也想去變更登記，夏道平先生亦願出任發行人，不料政府機關已將此事斷然處置，不准再行發刊了。政府唯恐罪名太重，要我們自行去公事，聲明不再續辦……我們未理他，讓他下令停刊好了，但迄今亦未下令，也許又是怕引起麻煩，所以還未執行，我當然可以做發行人，不過在今日的環境中，還是保留我的身份（監察委員）比較妥當些。因為我原有的身分，任何職務都不可以做，這是憲法上規定的，政府既不許再辦，我又何必自投羅網？[31]

一九六〇年十二月二十二日，《公論報》、《時與潮》週刊同時刊登了一份「自由中國社」的啟事，這是《自由中國》半月刊十年來最後的文字記錄，「本刊發行人雷震、編輯傅正、經理馬之驌三位先生被捕，同時本刊所有一切有關社務進行的文件，包括文稿帳冊及各種憑證，亦被警備總部查扣，迄未發還，本刊遭遇此種『不可抗力』，以致

---

29 胡頌平編著《胡適之先生年譜初稿長編》，頁三三四三。
30 任育德著《雷震與臺灣民主憲政的發展》，頁二七八。
31 宋英一九六〇年十二月八日致雷德全信函，中研院近史所藏，雷傳信函文件，H. 05籌組新黨與雷案發生後之營救信函。

無法出刊。茲特奉告長期訂閱的讀者，請於本月二十日至本月三十日期內，憑定單收據惠臨本社退還餘款……」當局對《自由中國》採取了一種迫使自行停刊的卑劣手段，宋英等人莫可奈何。

二〇〇一年一月四日，宋英在美國加州去世，享年九十九歲。根據其「遺囑」，安葬於南港雷震生前自購的「自由墓園」，與先生「生同寢，死同穴」。馬之驌聞訊後，撰文以志紀念，標題為〈「自由中國社」的老闆娘走了〉。宋英生前對「雷震案」一直耿耿於懷，至二〇〇〇年仍上書當局，希望對「雷震案」展開重新調查。二〇〇二年九月四日，「雷震案」終獲平反，宋英卻先一步逝世，媒體特略述其生平事蹟，以為追思：

> 宋英女士於一九〇二年生於安徽舒城，家中排行最幼，十三歲進培媛女子教會學校就讀，始讀書識字。宋英女士進校求學時，雖年長同學多歲，但目不識丁，惟其生性好強，發奮苦讀，不僅成績突飛猛進，更於三年後考取安徽省立第一女子師範學校預科，時為一九一七年。自本科第三年起，宋英女士學科成績皆名列第一，一九二三年畢業時，並獲頒「品學兼優，智勤冠群」嘉勉。
>
> 一九二四年春，宋英女士赴上海，考取南方大學，隔年轉入中國公學，因要求解除指腹婚約，其父母以斷絕經濟迫其就範，宋英女士不從，爰中途輟學，至南京謀職，自力更生。
>
> 一九二六年春，宋英女士經友人介紹結識雷震先生，同年秋，因於稅務局任職稍有積蓄，宋英女士申請復學，並於一九二八年畢業。一九二九年，宋英女士進東京帝大研究所主修政治與經濟，至九一八事變，乃束裝返國。
>
> 宋英女士與雷震先生於一九三二年結婚，時雷震先生已任考試院秘書一職。婚後，雷震先生擔任政府要職，宋英女士除長期總理家務，並於一九四七年參選第一屆監察委員而獲當選。
>
> 雷震先生來台後，有感於政權專制，乃創辦自由中國雜誌，並積極籌設新黨（中國民主黨）事宜。

一九六〇年，雷震先生因組黨觸怒執政當局而遭羅織罪名逮捕，入獄十年，宋英女士一肩挑起重擔，孤軍奮鬥，備嘗艱辛，但始終未曾屈服。宋英女士於二〇〇〇年曾上書當局對雷震獄中四百萬字回憶錄去向予以調查，其對雷震先生生前所遭冤屈念念不忘，聞者莫不動容。識者皆稱宋英女士意志堅強而謙恭溫和；在舊時代有對抗庸俗禮教之勇氣，在新時代又有恪守傳統之美德及寬宏大量之風範。緬懷懿德，特為文悼念。[32]

四、胡適在美談「雷震案」

一九六〇年七月九日，胡適赴美出席中美學術合作會議。在離開台北前，他曾對媒體表示，此次會議結束後，將回紐約料理一些私事（欲將自己的一個小型圖書館搬回台北。作者注），預定在九月返回台北。九月四日，「雷震案」的突然爆發，胡適作為《自由中國》半月刊創始人之一，且擔任三年之久的發行人之職，近幾年來一直在鼓吹組建一個合法的反對黨，此間一般關注此案的臺灣知識份子，很想知道胡適對此案的真實態度。

案發當天早晨，胡適就在「大使館看見沈外長的長電報了」，沈外長，即沈昌煥。沈昌煥在電報中稱：「此事曾經過長期慎重考慮，政府深知在今日國際形勢下此事必發生於我不利之反響，但事非得已，不能不如此辦。」胡適見了這封電報後，稱「不敢不說話，還打了兩個電報……後來還寫了一封長信給陳雪屏」。電報是回覆陳誠的：

陳兼院長辭修兄：今晨此間新聞廣播雷震等被逮捕之消息，且明說雷是主持反對黨運動的人。鄙意政府此舉甚不明智。其不良影響可預言者：一則國內外輿論必認為雷等被捕，表示政府畏懼並摧殘反對黨運動；二則此次雷等四人被捕，自由中國雜誌當然停刊，政府必將蒙受摧殘言論自由之惡名；三則在西方

32 二〇〇一年一月十日《中國時報》電子版。

人士心目中，批評政府與謀成立反對黨皆與叛亂罪名絕對無關，雷儆寰愛國反共適所深知，一旦加以叛亂罪名恐將騰笑世界，今日唯一挽救方式，似只有尊電所謂「遵循法律途徑」一語，一切偵審與審判皆予公開，乞公重意。弟胡適。[33]

胡適又在給陳雪屏的信中，針對「沈外長」所謂政府「深知」此案不良反響之說，坦言道：「政府決不會『深知』。總統沒有出過國，副總統也沒有出過國，警備司令部發言人也沒有出過國，他們不會『深知』此案會發生的反響。所以我不能不做這笨事：向政府陳說。」[34]

九月七日，胡適在接受美聯社記者電話採訪時表示「雷震是一個愛國的人」，雷先生涉嫌叛亂被捕一事「極不尋常」，「完全出乎意料之外」。胡適十分希望「雷震案」交由普通法院來審理，而不是由軍事法庭來獨辦。此間，某些報刊已公開發表若干攻擊胡適的言論與文章，有人認為一個「圍剿胡適」的運動正在悄然開始。更有人傳言，胡適已決定不返回台北，將在美國觀察一個時期，看當局究竟如何處理「雷震案」，如果雷震獲釋，他即返回台北，否則，將留在美國不再回去。正當各種傳聞甚囂塵上時，一位自臺灣赴美、與胡適早已熟識的記者特意趕到紐約去看望胡適，她就是《公論報》幾年前派往美國深造的記者李曼諾小姐。

九月二十一日下午五時許，胡適在紐約的公寓抱病接受了李小姐的專訪，李曼諾發現胡適與在台北時相比清瘦多了，她想，「胡先生的消瘦不是沒有原因的吧」。李曼諾這次採訪很成功，寫下〈胡適博士談雷案〉一稿於九月二十四日付郵寄回台北，十月十五日在《公論報》上刊出，李曼諾是「雷震案」發生後採訪胡適的第一位臺灣記者。

33 轉引自周谷編著《胡適、葉公超使美外交文件手稿》，台北：聯經出版公司，二〇〇一年版，頁二六二。
34 以上均參見曹伯言整理《胡適日記全編》第八冊，頁七二三。

胡適對李曼諾說，「政府對雷案的處置，就像我對『美聯社』記者所說的那樣，如能交由司法機關慎重處理是最公平的」。在創辦《自由中國》半月刊這一點上，「雷先生為爭取言論自由而付出的犧牲精神，實在可佩可嘉。對得住自己、朋友，也對得住國家。……為了維持《自由中國》半月刊的精神，他不僅嘔盡心血，還曾不惜當賣過私人的財物，目的不過是要爭得言論自由」。針對有人認為《自由中國》言論過激這一問題，胡適表示「言論過激與否，各人的觀點是不同的。舉一件最明顯的例子來說，美國的《聖路易報》的社論對雷先生的案件有一段批評中，提到這麼兩句話：『美國總統競選中，兩黨人互相批評的言詞，不知要較雷震所主辦的《自由中國》激烈多少倍。』然而事情發生在臺灣情形就不同的多。」

胡適說著起身取來一份《聖路易報》，將原文給李曼諾看，說：「事實上，我個人也沒有覺得，它有什麼激烈的地方。雷先生確實盡了最大的努力去做，……他並沒有做錯什麼。」當問及胡適的歸期時，胡適表示自己一定是要回去的，只因原來為自己治病的老牙醫去世，現已另換一位牙醫，要等第一次診斷有了明確結果之後，才能決定最後啟程的日子。說到這裡，胡適又對李曼諾小姐解釋：「有時候兩件事情本來毫無關係，也許湊巧碰在一起，別人就會硬用自己的想像力去使這兩件毫無關係的事發生關係，譬如我出國、回國與雷案本來就不相干的，現在卻像有了連帶關係……」

李曼諾與胡適談到關於組建反對黨一事，胡適沒有迴避，而是坦然道：「在這個翻天覆地的時候，我覺得要組織在野黨（胡適始終認為不宜稱反對黨為好，作者注）需要更加慎重將事，尤其是許多人贊成我來組織這個黨，我是沒有這份興趣的。我要弄政治，可能等到七十歲也許會試試。目前我的精力還希望把自己的中國思想史及中國文學史好好完成就夠了。」

辭別胡適，李曼諾坐在計程車上思忖剛才胡適對她說的那些話，面對秋陽西下紐約燦爛多姿的黃昏，她好像想到了些什麼，不禁發出內心的感慨，她這樣寫道，「……與當年第一次自美國回臺灣的胡先生兩相比較一下，顯然有很多改變，我追尋不出使他『改變』的真正原因，難道正是在『翻天覆地』的時局下一個老年人自然發展現象嗎？」[35]

應當說，在反對黨這個問題上，胡適是支持雷震等人的。雷震出獄後有過一段重要回憶：

胡適先生於民國四十七年就任中央研究院院長，我經常至南港他那裡坐坐，有時去是為了聽他演講，有時為了「自由中國社」的事情。如無他人在座時，他經常稱讚剴末爾的了不得，土耳其因此民主而又繁榮了，今天則是站在西方民主國家的行列。因此，我就勸他出來組黨，和當年他與蔣廷黻組織中國自由黨一樣，他只做黨魁，實際工作由我負責，我擔任秘書長名義。胡適說，他今日擔任了中央研究院院長，這是一個學術機關，同時又出來搞政治，實不相宜。他卻極力勸我們出來組織，他可在旁邊贊助。

於是談過好多次，他的學生——青年黨領袖時任立法委員的夏濤聲有好幾次也在場。最後，他說可做我們的黨員，召開成立大會和黨員大會時，他一定出席演講捧場，要我們出來組織。我們說：「恐怕黨未組成，而人已坐牢了。」胡適先生答著說：「國民黨已把大陸丟掉了，今日總該有點進步吧！」我們齊聲答覆說：「今日地盤小了，可能握得更緊吧！」……關於新黨名稱，我們仍主張用「中國自由黨」，胡適說那個倒楣的名字不必再用，我們今日組黨是為改善選舉，是爭民主，就叫「中國民主黨」好了。

35　參見《雷震全集》第三冊，頁二〇八至二一〇。

儘管胡適先生這樣勉勵，我還是不敢出來組黨，因為主辦這幾年《自由中國》半月刊，為了印刷所之事，使我苦頭吃足了……有一天，我和夏濤聲去南港中央研究院胡適先生專談籌組反對黨問題，胡適先生勸我們不要徘徊瞻顧，須拿出勇氣來，並留我們吃晚飯。他說因心臟病已經戒酒了，今日預祝新黨之成功，特在吃飯時拿出白蘭地來，敬了我們兩人各一杯，他自己也陪了半杯。[36]

以雷震上述回憶，李曼諾小姐當年尋思不出胡適有所「改變」的真正原因，就可得到一些比較合理的解釋。用雷震的話說，「胡適先生希望組織新黨之切」的心情是真實的，只是他本人不願拋頭露面而已。

五、張君勱、左舜生等人的抗議

民社黨主席張君勱及左舜生、李璜等人，都是雷震任國民參政會副秘書長、政協秘書長時的老朋友，這些人先後在中國政壇的不同時期有過較大的政治影響力，儘管他們此時不在臺灣，對於老友雷震的被捕給予高度關切。張君勱是《中華民國憲法》的主要起草人，左舜生以在野黨身份出任國民政府農林部長一職。上世紀五十年代，左舜生在香港就對青年黨常委夏濤聲說過：「青、民兩黨已被國民黨滲透分化而整垮了，不能發揮在野黨的作用，我希望你們趕快組成一個新黨，我將來一定參加。民主政治如無一個強有力的在野黨，政治上一定在腐化。」[37]

九月四日，雷震被捕後，張君勱即從美國三藩市致電蔣介石，抗議臺灣當局這一違法行徑。九月十九日，張君勱再次致電蔣介石，要求迅速釋放雷震。正如前文所說，電文抄本發表在九月二十五日的《公論報》上，迫於形勢之壓，未能全文刊登，只發表了部分內容：

36 《雷震全集》第十二冊，頁三四九至三五〇。
37 《雷震全集》第二十八冊，頁二四二。

十天之前，我曾致電閣下，抗議雷震被捕之不當。我如此做，是希望由於他之迅即獲釋，而能平息美國方面對於一個受人尊敬之發行人被指控虛構之罪嫌，而引起之憤慨。雷震之釋放已拖延甚久，目前我經考慮過之意見以為（電文不明）始能恢復政府已經低落之聲譽……無論閣下之部屬如何作相反報告，但美國與論界認為雷震之被捕是一種不顧後果的舉動，如《紐約時報》及《時代雜誌》之社論所反映者。假使對雷震之指控具有任何正確性（或合法性），則不會隱忍了三年，而在他宣佈要組織一反對黨以備向國民黨之一黨統治挑戰之後才予公佈。閣下似乎忽視世界各地對於雷震案的不平所作的抗議，關於此事閣下至少是始終贊同的。（電文不明）在處理國家軍事、財政、外交事務方面，閣下已鑄成幾乎難以令人置信之錯誤，而不屑接受有關國家或民眾福利任何建設性的建議（下略）[38]。

張君勱的態度較之胡適更為堅決，他呼籲臺灣當局「迅速釋放雷震」，不僅僅是將「雷震案」移交地方法院受理。在這位憲法專家看來，雷震根本就是無罪的，何有移交之說？九月九日，左舜生、李璜、黃宇人等人以雷震老友的身份，在香港格蘭酒店召開記者招待會。左舜生在會上說：「有一部神聖的憲法，關於人民的一切基本自由，以及人權保障，均有詳細的規定，現在公然有這一種極端嚴重的不法事實出現，這是我們所絕對不能容許的。我們要使所有人完全明瞭這一事件構成的真相，同時，我們也要使一切關心中國問題的國際友人，對這一事件的發展，能有完全正確的認識；必要時，我們準備向國際有關人權保障與新聞自由的機構提出我們的控訴。」[39]

同一天出版的《聯合評論》刊出左舜生的文章，要求臺灣當局立即釋放雷震，「這件事在這個時候發生，凡明瞭臺灣近來政治內幕的人士，都知道這是國民黨當局一個預定的陰謀，其目的不僅在使《自由中國》不能繼續出版，同

38　原載一九六〇年九月二十五日《公論報》，收錄於《雷震全集》第三冊，頁二一二。
39　原載一九六〇年九月十日香港《星島日報》，收錄於《雷震全集》第二十八冊，頁二四〇。

時也在使籌組中的『中國民主黨』無法成立。遠在三藩市《世界日報》發行人李大明先生，只看他昨日（五日）打給蔣先生請釋放雷震的一個電報，已可以證實人同此心，心同此理。這不一定是雷震等個人的不幸，實在是中華民國民主憲政前途，以及人民一切基本自由與人權保障一種空前的威脅！我聽說雷震早已立下遺囑，在台北那樣一種惡劣的環境，他原已抱定以身殉民主自由的一種悲壯心理！『明知山有虎，偏向虎山行』，他這種大無畏精神，真足以使貪夫廉，懦夫有立志。這一民國政治史上空前的重大事件，將繼續發展，其給予海內外一般人心刺激的深刻，以及可能發生的惡果，目前尚難預測……目前第一希望於國民黨開明分子，尤甚蔣先生本人者，即看在無數先烈建國之艱難，為『中華民國』四字稍留餘地！絕對不可魯莽滅裂，操切從事，鑄成一無可補救的大錯！」[40]

十月五日，左舜生、李璜、李達生、許冠三、黃宇人、勞思光、陳芝楚、許子由等十五人聯名致函聯合國人權委員會，呼籲該委員會出面干預和援助雷震等四人：

……中華民國政府當局此等迫害言論出版自由及蹂躪人權的不法行為，實為對聯合國人權宣言第三、第九、第十一及第十九各條款的公然蔑視，倘不及時予以制止、則人權宣言必將失去存在的意義。在此案發生以來，世界各國輿論均表重視，台北中華民國立法委員亦力持正義，或聯合發表書面，指陳以軍法制裁報刊言論，將使今後臺灣的言論、出版、講學及新聞自由遭受嚴重的損害；或在院會提出質詢，指責以軍法審判人民實為侵害自由與違背憲法。但中華民國政府當局仍一意孤行，不但迄未恢復雷震等四人自由，亦拒絕將本案移送法院作公平的處理。反而給雷震加上共謀的罪名，堅持由軍法機關審判，我們鑒於情勢迫切，特向貴會作緊急的呼籲。[41]

40 左舜生〈主張立即釋放雷震〉，原載一九六〇年九月九日香港《聯合評論》，收錄於陳正茂主編《左舜生先生晚期言論集》，（下），頁一四六六至一四六七。
41 〈香港文化界人士向聯合國呼籲給予雷震等四人及時援助〉，原載一九六〇年十月二十四日《時與潮》週刊香港通訊。

聯合國人權保障委員會派員來台調查此案，實際上，毫無結果（雷震語）。左舜生等人對此案前景不感到樂觀，憑藉他們與蔣介石打過數十年交道的經驗，深知此次老蔣絕不會輕易罷手。當有記者問左舜生，在海內外輿論的壓力之下，雷震會不會被釋放時，左舜生坦言「恐怕不容易」，但又說，若輿論繼續堅持下去，或許能產生一定的效力。記者又問當局會不會槍斃雷震，左舜生對這個問題不願深想，只表示：雷震無罪，政府不致判處雷震以死刑，因這樣的行動或將引起嚴重的後果[42]。李璜後來透露：雷震先生被案所累時，他本人與張君勱、左舜生等人致電總統府秘書長張群轉呈蔣介石，請其「能長遠著眼，審慎處理」，不料，蔣介石卻說，「三位是老朋友，若造反另當別論，但雷做我的官，就是我的部下，怎可造反？」[43]

左舜生批評蔣介石「不失為東方一個碩果僅存的標準獨裁者，同時也通明透亮表示了他對民主絲毫不能理解，絲毫不感興趣，不惜以走極端的態度，甘冒天下之大不韙，同國內外一切主持公道與正直人士挑戰」[44]，由他在香港主持的《聯合評論》出版「援雷專號」，其中數十篇文章，對臺灣當局大加撻伐，指出當局濫用「戒嚴法」，打壓人民言論、出版、結社等自由，應無條件立即釋放雷震，否則將不斷向聯合國提出控訴。總之，在「援雷」議題上，「該報刊言論之犀利，炮火之猛烈，在當時海內外刊物中，可謂一時無雙」[45]。

六、三位編委的「共同聲明」

在當時，人們並不知道「雷震案」直接受到最高當局的干預，還是自發地組織起了一個「一九六〇年雷震案後援

42 〈左舜生再談雷案，不信與新黨無關〉，原載一九六〇年九月十日香港《晨報》，收錄於《雷震全集》第二十八冊，頁二四一。
43 李璜〈雷儆寰先生逝世十周年紀念感言〉，收錄於《雷震全集》第一冊，頁一一四。
44 左舜生《雷震與團結》，原載香港一九六〇年十二月二日，《聯合評論》第一一九期。
45 陳正茂編著《五〇年代香港第三勢力運動史料蒐秘》，台北：秀威資訊，二〇一一年五月初版，頁十。

會」。《自由中國》半月刊兩支主筆殷海光、夏道平以及編輯宋文明，他們在報上看到有關當局散發的所謂「白皮書」之後，深感此案純係「政治構陷」，為了減輕雷震的「罪名」，九月二十七日，三人聯名發表了一份轟動一時的〈《自由中國》言論撰稿人共同聲明〉。

青年黨籍《民主潮》半月刊社社長朱文伯也於十月六日在《公論報》上發表〈我曾「煽動本省人民背離政府」嗎？〉一文，朱文伯曾在《自由中國》半月刊上發表過〈為中國地方自治研究會再說幾句話〉一文，被當局指為《自由中國》在「煽動本省人民背離政府」；臺灣省議員、新黨人士郭雨新在《自由中國》半月刊發表過一篇題為〈民選省長此其時矣〉的文章，也被當局指為《自由中國》在「挑撥本省人與大陸來台同胞的感情」，郭雨新於十月十八日在《公論報》上發表〈主張省長民選也犯禁嗎？〉一文，針對當局對雷震和《自由中國》的誣衊和指控，做出強有力的反擊。

殷海光三人發表的共同聲明，有相當一部分人認為「中國讀書人一向是重視『文責自負』的觀念的，而在轟動如雷案的現況下，這幾位寫文章的人，敢於不避任何可能的困擾與不利，挺身出來為自己的文章辯護，同時，也表示願意為雷震分擔一部分文字叛亂的罪責，這適足以說明讀書人對知識負責，對歷史負責的道德勇氣……如果再稍深刻一點觀察，則幾位耍筆桿的文人，在事實上已經使雷案初審判決責令雷震一人獨負文責的基礎，發生了問題。同時，他們的這幾篇文章，也很有希望替雷震在複判時獲得減刑鋪下了某種程度的可能途徑。」[46]

殷海光等人的「共同聲明」緊扣「書生論政」和「言論自由」這一主題，雖不能改變當局對雷震的審判，卻已然勾勒出在「雷震案」中一代知識份子鐵肩道義的錚錚風骨，讓時人敬佩不已：

> 舉世驚震的雷震先生等人「涉嫌叛亂」疑案，終於四十九年（一九六〇年）九月二十六日經臺灣警備

46 《雷震全集》第四冊，頁六〇三。

總司令部起訴了。這一起訴書有涉及《自由中國》半月刊言論的地方。那些地方在「基本精義」上，與緊接著雷震先生等人被捕後經官方散發但旋即收回的「白皮書」之「基本精義」，若合符節。這樣看來，警備總部認為雷震先生「涉嫌叛亂」與《自由中國》半月刊的那些言論，有互為表裡的關聯。警備總部的這一表示，十分值得全自由世界關心言論自由的人士注意，更值得我們為那些言論而執筆的人注意。

我們都是讀書人。我們沒有從事實際政治活動的興趣。被指控的那些文字，除了讀者投書以外，大都是我們撰寫的。我們寫那些文字，只是書生論政。我們來到臺灣，正和所有純正知識份子一樣，只有一個大的目標，那便是反共救國。在這一個大的目標之下，十幾年來，我們奮筆直書。這一事實，諒為海內外讀者所共知的。我們承認，我們立言的方針和若干觀念，與十幾年來官方千篇一律的頌制品有所不同。誠然，我們所見也許不盡與人相同，但是，我們立言，無一不是對自己的知識負責，對自己的良心負責，對讀者負責。我們堅守著「是什麼就說什麼」的原則，我們認為我們這樣做是對的……但是，我們讀了警備總部的雷案起訴書，和一現即隱的「白皮書」，我們獲知我們這些言論竟被認為是「違法言論」，因而是雷震「叛亂罪嫌」的一個構成層面。這真使我們惶惑萬分！

雷震先生是《自由中國》半月刊的發行人，因而他對《自由中國》半月刊的言論負有法律的責任；可是，我們是撰稿人，對於我們自己寫的文字，我們從來沒有打算規避自己應負的言論責任。然而，不幸得很，我們細讀警備總部起訴書中有關《自由中國》半月刊言論的部分，和那本一現即隱的「白皮書」，我們發現其中儘是斷章取義，東拼西湊，張冠李戴，和改頭換面之詞。這一編織的結果，與我們的文章原義完全不符。我們認為這種舉措，關係乎我們個人者尚小，關係乎言論自由者大，關係乎中國政治民主化前途者更大……[47]

47 轉引自馬之驌《雷震與蔣介石》，頁四〇四至四〇六。

這篇「共同聲明」最初動議，是宋文明與夏道平等人在編委戴杜衡家中形成的，由殷海光執筆，夏道平修改。當時，編委戴杜衡答應參加簽名，最終卻沒有簽名。據宋文明回憶，「當我們從他那裡回到『自由中國社』不久，他就來電話說不參加了。他事後對這件事情，一直感到內疚，甚至在他彌留之際，仍為此深悔不已。我想他在當時，一定是聽了他夫人的話，女人家怕事，遂鑄成終生之憾。」[48]

實際上，此事與戴杜衡家人並無多大關係。早年戴氏在復旦大學就讀，正值「聯俄容共」時代，他加入過共產黨，後來向國民黨政府「自首」，來台後又「自首」一次。戴杜衡當時也在為《新生報》撰寫社論，社長王民得知此事後，力阻戴杜衡在「聲明」中簽名，以免殃及池魚[49]。胡虛一參加了這次討論，他雖不是『自由中國』正式編輯，與雷震和「自由中國社」諸編委卻過往甚密，深得大家的信任。他建議此「聲明」最好由留在台北的所有「自由中國社」編委一起簽名，「這樣顯得對雷震的聲援力量更大一點」，殷海光、夏道平等人認為還是只由涉及被控文章的撰稿人簽名為宜，殷海光說：請金承藝簽名，他也許敢簽，聶華苓寫的文章是文藝小說，要她來和我們共同負責被指控的政論文章，請她簽名，怕她不敢！[50]本來還想到請胡適也能簽名，可是《違法言論摘要》小冊子裡沒有胡適的文章，且胡適人尚在美國，「即請他簽名，時間也來不及了」，因此，最後在這份「聲明」上簽名的便只有殷、夏、宋三人。

「雷震案」發生後，殷海光內心十分痛楚。他的名字本來也在黑名單上，警總動手抓人前一刻，才把他的名字取消[51]。在這一段時間裡，殷海光情緒十分低落，與之前的他，判若兩人，在公開場合下，常獨自不語，見到一些老友

48 宋文明〈儆寰逝世十周年祭〉一文，收錄於《雷震全集》第一冊，頁八十二。
49 參見《雷震回憶錄——《我的母親》續篇》，頁一九六至一九七。
50 參見李敖、胡虛一等著《雷震研究》，頁一四七至一四八。
51 夢花編《最美麗的顏色——聶華苓自傳》，江蘇文藝出版社，二〇〇〇年一月第一版，頁一二九。

時，臉上也顯得一片「冷漠」。歷史學家傅樂成（傅斯年的侄子）是殷海光西南聯大校友，兩人平時無話不談。一次，傅樂成與他談起「雷震案」，殷海光沈默許久，只說了一句，「怎麼得了啊！」

在「自由中國社」任副刊編輯的聶華苓回憶：「我和母親非常擔心他的安全，每天早上，一打開報紙，就看有沒有殷海光的名字。沒想到他和夏道平、宋文明突然在報紙上發表公開信，表示願對《自由中國》出問題的文章自負文責。殷海光寫的許多篇社論幾乎都是雷案中『鼓動暴動』、『動搖人心』的文章。我們也聽說殷宅附近日夜有人監視。我和母親為他揑一把汗。一直到十一月胡適由美返台前夕，《自由中國》劫後餘生的幾位編輯委員才見面。……大家見面，真是欲哭無淚、沉痛、絕望——不僅為雷震，也為中華民族的前途。」[52]

幾年之後，殷海光被迫離開臺灣大學（後改為只領薪水，不准授課），他在〈我被迫離開臺灣大學的經過〉一文中說：「十八年來，從中國大地逃到臺灣島上的自由知識份子被摧殘得所餘無幾了。我這樣的一二人之被清除，乃是『事有畢至』的，問題只在等待機會。」[53]

七、殷海光：雷震是最愚蠢的官僚政客

這位臺灣大學哲學系教授、《自由中國》編委在「雷震案」初審判決之後，將其生命危險置之度外，先後於一九六〇年十月一日和十月十六日在《民主潮》雜誌發表了兩篇有關雷震和「雷震案」的文章。《民主潮》雜誌在編者按中說，「雷案究竟是『政治事件』還是『法律事件』，各方因此頗多爭論。殷海光先生應本刊之請，特就這個論爭的中心實質所在，為文加以闡明，是令人得到更深一層的認識」。

殷海光與雷震相交十多年之久，對這位前國民黨高官有自己的瞭解和認識。當有人對他說「雷震是一個失意的官僚政客，你是一個讀書人，跟他在一起搞什麼？」殷海光反唇相譏：「照我看來，雷震先生不只是一個『官僚政

52　轉引自王中江著《萬山不許一溪奔——殷海光評傳》，台北：水牛出版社，一九九七年九月三十日初版，頁一〇四。
53　張斌峰編《殷海光文集》，湖北人民出版社，二〇〇一年十月第一版，頁三四一。

客』，而且簡直是一個『最愚蠢的官僚政客』」，殷海光在〈我看雷震的新黨〉一文中寫道：

在他人生的歷程中，擺著兩條可以任意選擇的道路：第一條，照美國《時代週刊》和臺灣《時代潮》雜誌上所載的，雷震先生從二十歲開始就加入中國國民黨。後來「官運亨通」，一直做到「朝廷命官」，奉命連絡四方。在中國政局動盪之秋，他曾盡力之所及，為在朝黨立過功勞。來台以後，如果他利用他這個歷史、「人事關係」，和他與政治當道的淵源，那麼，順理成章，他不難也和目前若干聰明的知識份子一樣，做起特字型大小的官兒，錦衣玉食，汽車出進，揚揚自得。他用不著這麼大一把年紀，每天擠公共汽車，來往於木柵鄉和台北之間。

有一次，他的夫人宋英女士很幽默地對我說：「自從雷先生辦《自由中國》以後，我們的房子是愈住愈小，車子倒是愈坐愈大哩！」第二條，雷震先生堅持他的「民主憲政」主張，不肯放棄批評這件事那件事，而且硬要組織一個新的政黨。結果，十幾年來，他由被開除黨籍，而被削掉國策顧問崇高的官爵，而遭治安機構看守大門，而被阻撓印刷，而因陳案被控，終至因「叛亂罪嫌」而身陷囹圄。

這兩條道路，前一條坦易暢達，對自身有利；後一條險惡不堪，對自身不利。雷震先生偏偏選擇了後一條……雷震不是「最愚蠢的官僚政客」又是什麼？[54]

這一段文字道出多少年來中國知識份子複雜的心路歷程。在一個威權統治社會，無時無刻不在面臨著理念與現實的尖銳矛盾與衝突，尤在專制與民主的對立中，知識份子的「知與行」往往意味著個體生命的繁華與落寞。在這個問題上，雷震毅然決然與給他帶來過榮華富貴的體制相決裂，甚至走向它的反面，最終失去個人自由，依殷海光的看

54 殷海光〈我看雷震和新黨〉一文，原載一九六〇年十月一日《民主潮》雜誌第二一七號，收錄於《雷震全集》第十二冊，頁二二〇至二二二。

法，他是一位十足的「頑固而堅持的憲政主義者」，而且「很有毅力，膽識超人，威武不能屈……能抱定一個理想，並且不避艱危地為這一理想獻身。這都是他的特別長處，同時也是此地的知識份子特別缺乏的品質」。

更重要的一點是，雷震提倡民主自由和人權保障，「有許多人士尚不知這是何等重要的事，只當作耳邊風。經過這一個多月來『雷案』的演變經過和若干表演，許多人士可以在腦筋裡打打轉，體會到民主自由和人權保障不是空談，而是與一個人的禍福安危攸關的事。這次雷震先生個人之犧牲，至少可以促使許許多多人有這種認識。這種認識之加深和擴大，對於自由中國的民主運動，一定有促進和加速的作用。」[55]

對雷震被捕真正原因，殷海光一針見血指出：「雷震先生之失去身體自由與新黨之創建有關。顯然得很，一九六〇年九月四日上午若干人對雷震先生所採取的這項行動，是對新黨『打蛇打頭』的行動。我怎麼也想不出這項行動有什麼必要。我怎麼也想不出雷震等人創建新黨有什麼『危險』可言。」對於有著同樣民主政治理念的殷海光來說，雷震等人組建新黨不但對執政黨毫無危險，相反還可起到監督、制約、平衡，乃至競爭的作用，這本來就是民主憲政中的應有之義。

國民黨政權將臺灣作為反共復興基地，以政治安定為第一考量，頒佈所謂「戒嚴令」，成為嚴控臺灣社會最嚴厲、也是收到震懾作用的手段之一。當局以肅清「匪諜」為由，製造出許多「不當軍法審判」的政治冤案，動之以極刑，造成人心惶惶，整個臺灣社會籠罩在一片肅殺氣氛之中，「統治者隨時可以國家安全為名，維護並鞏固統治者的權力基礎，對於強調制衡的民主政治，無疑是個負面因素」[56]。警總時代最受外界詬病的，就是扮演鞏固蔣家體系政權的「東廠」角色。為了替當局排除政治上的異己，大舉動用特務監控臺灣及海內外所謂的「反動分子」，「雷震案」就是一個最為明顯的案例。

55　《雷震全集》第十二冊，頁二三二。
56　薛月順、曾品滄、許瑞浩編注《從戒嚴到解戒——戰後臺灣民主運動史料彙編（一）》，台北：國史館，二〇〇二年七月，頁八十。

雷震被捕之後，臺灣社會有許多人認為這是一起有預謀的「政治事件」，絕不是當局所說的這是一宗「法律事件」，這種普遍的看法，反映出人心之向背。對此，殷海光以〈法律不會說話——因雷案而想起的〉為題，發表自己的看法：

許多人以為「法律是公正的」。其實，法律本身無所謂公正或不公正，只有公正的人才會把法律用得公正。大家必須知道，法律是人為的東西。法律不會說話。法律不能自動的應用於任何人頭上，應用法律的，是那些站在法律背後的人。在非民主的地區，同樣是站在法律背後的人，誰最有力量，誰便能取得行使法律的決定權。所以，歸根究底的說來，行使法律之事還是操之在人。既然如此，於是乎平日德行素習，宅心仁厚，尊重人權，服從眾意，以天下為公且真以國家為重的人，如果握有行使法律的決定權，那麼我們較有理由相信他們會公正地在行使法律；我們也較有理由要相信他不會玩弄法律——拿法律作達到私圖的工具。

在近代的民主政治中，我們不能說所有的人都是聖人，我們不能說所有的人都沒有拿國家法律作達到一人一黨私圖之工具的動機。但是，民主政治這種制度的本身，正足以防制這種危險的事件。所以，我們簡直不能想像，美國現在執政的共和黨如何利用國家法律作為打擊、削弱，甚至消滅民主黨的工具。推廣來看，自美國立國一百幾十年來，我們從來沒有聽說任何在朝黨利用國家權力和法律來打擊在野黨派之事。[57]

57 殷海光〈法律不會說話——因雷震案而想起的〉一文，原載一九六〇年十月十六日，《民主潮》雜誌第二一八號，收錄於《雷震全集》第十二冊，頁二二五。

殷海光表示「法律是不會說話」的，並非不認同法律之於國家、社會及每一個自由生命個體的重要性，而是在批評臺灣當局利用手中的強權，將「法律」視為一黨統治進而制裁政治敵手的黨派工具。他又說：極權暴政之下有否法律呢？有的。而且似乎很多，他們也有民法、刑法種種等等名目。這些法律，恐怕比民主國家的法律更苛細而且也有「公理」、「正義」等等好聽的字樣。但我們能否因此就說，在極權暴政之下，人民的人權更有保障呢？社會有更多的正義和公理呢？顯然沒有。誰都應該明白，在這樣的一些地區，所謂法律也者，只是維持政權和擴張「黨勢」的一種手段而已……在這種地區，一切的一切，都得受一個權力之擺佈，哪裡有「獨立的法律」之可言呢？因此，所謂「法律事件」，不過是「政治事件之法律的表現」而已[58]。

殷海光的這篇文章，不僅強調司法獨立的重要性，同時也是在回應臺灣立法委員、原台大法學院院長薩孟武聲稱「雷震案」只是一個「法律事件」之說法。九月九日，薩孟武撰文對胡適所說「雷震是一個愛國的人，不會叛國」這句話表示不滿，認為這是一種偏見，並稱近兩三年來《自由中國》半月刊諸多言論「似是不妥當的」，他本人不相信雷震被捕與鼓吹新黨有關。薩孟武的這種說法，與蔣介石對美國記者的談話內容十分接近，不能為殷海光所接受。

薩孟武是雷震在日本京都帝國大學校友，比雷震早兩年畢業。一九二四年薩孟武畢業返國，雷震到東京車站為其送行，「並贈水果一簍」（雷震語）。薩孟武在之前修改出版法的爭論中，撰寫專著和時文，批評國民黨當局，「頗受新聞文化界以及一般知識份子的敬重，被目為自由主義的學者」（雷震語），而此次對「雷震案」與當局持同樣立場，並發聲批評胡適，令人不可理解[59]；薩孟武的這一說法，最先遭到雷夫人宋英女士的駁斥，殷海光的文章多少受此觸動而所發，意在指陳「雷震案」完全是一起莫須有的「政治構陷」（或政治事件之法律的表現），可謂倒行逆施。

---

58 殷海光《法律不會說話——因震案而想起的》，頁二二六。

59 據熟悉內幕的人士說：薩孟武之所以對胡適有所不滿，實際上是藉題發揮。當年台大校長傅斯年突然去世，薩孟武繼任的呼聲頗高，胡適卻極力推薦當時的台大校務長也是他的乾女婿錢思亮繼任。這件事被認為是薩孟武對胡適不滿之內因。參見雷震著《雷震回憶錄——《我的母親》續篇》，頁二四六。

九月二十四日，「雷震案」發生不久，殷海光接受過《時與潮》雜誌記者一次訪談，內容刊於該雜誌第四十四期。針對有人認為雷震籌組新黨或為「造反」的「革命」，殷海光對此表示不能同意，他用了一個譬喻，這樣說：我們知道他是年屆花甲的人，如果一個人活到了六十多歲才搞「革命」，這有點像一個女子在二十歲時「抱獨身主義」而到六十多歲忽然要談戀愛嫁人，這樣的事不能說沒有，但總有點令人發「姍姍其來遲」之感吧?!

從與雷震十幾年接觸所得出的整體印象，殷海光認為在雷震身上很難找出什麼「浪漫氣氛」，「他和我這樣的人之思想，除了贊同民主自由以外，距離是很遙遠的。據我的標準看去，我認為他『太現實』一點。而且他口裡無論怎樣不滿國民黨，儘管這十幾年來他已有不少的改變和進步，同時他和新牌國民黨人很不相同，可是，我看來看去，無論在思想形態，行為模式，和待人接物的習慣上，他和老牌國民黨人並沒有根本的差別。以這樣一個人，哪裡造得起反？哪裡會搞『革命』？有什麼『危險』可言？」

在殷海光看來，雷震雖然被抓了起來，並沒有被鬥倒，不僅沒有被鬥倒，「而且是在早晨剛剛起床呢」。他這樣說：「雷震案」本身，也許很快就可以了結，也許較遲才能了結，這個我不知道，可是，有一點我卻十分清楚，「雷震案」外而在國際上的影響，內而自由中國民主運動的催生作用，無論直接或間接，只是剛剛開始，既在今天，也在未來，「我們睜開眼睛看看，張起耳朵聽聽，自從雷震先生的身體失去自由以來，全自由世界的輿論是怎麼說的？一切有良心有正義感的同胞是怎樣關切他的？如果這算是『被鬥倒』了的話，那末，古往今來一切仁人志士都被『鬥倒』了，雷震被『鬥倒』的充其量是他用六十四歲的身體而已。但是，他所發生的長遠作用，他所表現的方向，他所揭開的廣大的人民的意義，則正在軔發的起點。」[60]

60 均參見雷震著《雷震回憶錄——《我的母親》續篇》，頁二一二至二一六。

第二十一章　判決之後引起的震撼

一、監察院「糾正案」石沉大海

據二〇〇二年九月四日《聯合報》披露，當年雷震被捕後，監察院曾三度展開調查，並責成陶百川、劉永濟、金越光、黃寶實、陳慶華五位監委組成「雷震案專案小組」，儘快查明案情真相。然而，調查小組從一開始就遭到當局有關部門百般阻撓，可見此案背後的政治因素。軍事法庭只允許調查馬之驌、傅正、劉子英三人的案情，「主犯」雷震則不在其列。

十月八日，「雷震案」初審判決後，宋英再次向媒體發表談話，對當局做出這樣的判決深感不安，「在這樣的時代和環境裡我還有什麼好說呢」，「何以劉子英片面的口供與自白書中所說『在雷震書房裡講的』，竟如此毫不懷疑地被採信，而雷震的申辯則不予採信」，「梁肅戎律師曾要求會晤劉子英，為什麼未獲允准」，而在審訊時，「為什麼未使雷震和劉子英兩人當面對質」……宋英想起美國總統林肯說過的一句話：你可以暫時欺騙所有的人，你亦可以永久欺騙一部分人，但你絕不能永久欺騙所有的人！宋英最後說，「為了國家，為了給我們的後代子孫多保蔭德，我希望雷案是這種表演的最後一次。請上帝作見證，我知道我的丈夫是無罪的」[1]。

監察院調查小組調查報告分為「逮捕理由，偵查情形，審判經過，查詢要點，調查意見，處理意見」六項內容，在處理意見中，調查小組認為：警總等機關在處理「雷震案」時有「諸多不合」及「失當之處」，建議將其審判違法

1　《雷震全集》第二十八冊，頁二八二至二八三。

事項向行政院提出「糾正案」，可是「糾正案」遞交之後，石沉大海，杳無音信。

一九六一年三月二十五日，一份由警總政治部主任簽署的公文，建議當局對監察院的報告「以不理為宜」。這一份簽呈是用「中國國民黨中央委員會便箋」撰寫，先送國民黨中央，國民黨中常委陶希聖在會簽意見中以藍色大字批註「此刻以不理為宜」，警總司令黃杰批示「擬照陶先生意見辦」，具體而微地呈現出當年黨、政、軍一家之情形。陶百川等人欲從法律層面以挽救雷震的最後一線希望破滅了，陶百川慨然發出「深知政府制裁雷震決心如鐵，自非監察院所能挽回」之歎。

若干年後，陶百川在自傳《困勉強狷八十年》中敘述了這一段歷史公案，堅持認為「那些做法（對雷震逮捕、判刑）都是層峰的意思，他們都是中上校階級的小軍官，何能有獨立的意志和反對權力……糾正案毫無效果，我更不信對幾個小軍官彈劾會有什麼結果」[2]。

《監察院雷案調查小組報告》刊發在一九六一年三月十日《聯合報》，黨報、官刊則一字未登。其時雷震已被送至安坑鄉臺灣軍人監獄（今新店監獄）服刑，「當局拒絕雷震保釋，其理由雷氏是一個屬僚」[3]。據報載，調查小組監察委員至土城洗腦所調查傅正、馬之驌的案情之後，第二天就來到軍人監獄對劉子英展開調查，「並希望能夠調查雷震案」。雷震這時仍是國大代表，在獄中享受「將軍級」單間待遇，即所謂「分居監」。有一天，雷震發現「軍人監獄的分居監的小小院落，頭一天就打掃得十分乾淨。惟時值冬季，風吹仍有落葉，第二天晨又令外役將地上昨晚落下的每片枯葉都撿得乾乾淨淨」。雷震就問：「何以要掃得如此乾淨？」獄吏對他說：「今天有人來參觀。」大約上午十時左右，有人（一位鍾姓負責照料雷震的人）跑來對雷震說，監察委員要來調查你了。誰知，又過了一個小時，那人又跑過來說，監察委員不來調查了。監察院調查組要來，最終未來，顯然必有內因。

2 參見李志德〈雷震案：監察院通過糾正，警總建議不理〉，原載二〇〇二年九月四日，《聯合報》。
3 《雷震案史料彙編——國防部檔案選輯》，台北：國史館，二〇〇二年八月出版，頁二三五。

若干年後，雷震得知此事真相，「總參謀長彭孟緝打電話來，說是奉蔣總統命令不准監察委員面晤雷震，因為軍人監獄是屬於總參謀長主管也，林監獄長還在那裡敷衍監察委員，並留他們吃午飯，說他再去請示，這明明是托辭，監察委員拒絕了，說他們可以自己去詢問，下午再來好了。」[4]正因為如此，雷震才始終未能見到監察院調查小組的任何人，《監察院雷案調查小組報告》中也未提及「面晤雷震之事」。

以雷震的特殊身份，此案從一開始就顯現出它的複雜性。二〇〇二年九月十二日臺灣《Taiwan News 總合週刊》第四十六期上一篇有關文章透露：當年副總統陳誠在雷震案中的處境十分尷尬。由於他與胡適、雷震等人的私誼，事前並不知內情。直至下令逮捕雷震的那一刻，才由警總司令黃杰與參謀總長彭孟緝一起向他做了通報；時任總統府秘書長的張群，也是雷震好友之一，在開始時，對此案竟也是「不聞決策」，一度成了局外人[5]。這些都充分說明最高當局即蔣介石為逮捕雷震，事先做了十分縝密的安排。

二〇〇二年九月，有關方面披露的「雷震案」大量機密文件同樣顯示，「情治單位辦理此一案件的政治性質遠超過法律性質」，讓人不禁想到當年陶百川等人之所以不能挽救雷震的真實原因所在。這些文件還顯示，蔣介石本人對此案給予「足夠關注」，據國史館二〇〇二年出版的《雷震案史料彙編——國防部檔案選輯》，在「導論」部分以「最高當局關注下的審判與調查」為題，對若干細節有所披露：

> 事實上，早自雷震等人被逮捕之後，蔣介石總統就非常關注此案的發展，九月十六日開始垂詢本案發展，數度召集黨政軍高級幕僚開會，指示盡速辦理（九月二十日），與會成員則包括張群（總統府秘書長）、唐縱、谷鳳翔、黃杰、汪道淵（軍法複判局局長）等人。尤其在開庭審判之後，他再度訓示辦案

4　雷震事後的回憶，參見《雷震全集》第十二冊，頁三三一。
5　張友驊〈雷震不向權勢低頭，蔣介石趕盡殺絕？〉一文，原載《Taiwan News 總合週刊》二〇〇二年第四十六期。

有如作戰，要求參謀多擬幾個腹案（十月六日）；甚至在十月八日宣判的當天早上，還明確指示雷震案的「刑期不得少於十年」、「複判不能變更初審判決」。所以，儘管監察院「雷案調查小組」後來在調查報告中列舉與警備總部處理該案諸多「不合或失當之處」，並提出糾正案，仍然無法改變初審的判決……在強人政治威權獨斷之下，司法和監察體系乃聊備一格，遑論獨立公正。[6]

從這一史料中，足見蔣介石在「雷震案」中所扮演的不正常角色。在國防部檔案中，還可以完整地瞭解到當年情治部門對雷震等人是如何進行監視或跟蹤，如一九六〇年七月三十一日《要情專報》第六十一期，有特工人員秘密監視、打探雷震、楊金虎等五十餘人在高雄集會的全記錄，會議從幾時幾分開始，至幾時幾分結束，哪些人做了發言，發言內容摘要，最後由誰作「會議總結」等，細節翔實而完備，足見臺灣情治部門布下的「天羅地網」，特務無所不在，告密者不乏其人，甚至連雷震進入「精華印書館」也不放過，所拍照片注明「四九（一九六〇年）、六、廿七、上午八時十分雷震進入精華印書館背影」等字樣，難怪雷震後來感歎「臺灣是一個警察國家」！

從法律程序來講，「雷震案」審判不僅違反了《中華民國憲法》第九條「人民除現役軍人外，不受軍事審判」之規定，也違反了第八條第一項「人民身體之自由應予保障，除現行犯之逮捕由法律另定外，非經司法或警察機關依法定程序，不得逮捕拘禁」之規定，而「未審先判」本身更是一種違法行為。從雷、蔣二人關係來看，蔣介石最初支持胡適、雷震等人辦刊，以謀「反共救國」，未料，後來竟成了自己的「反對派」，這恐怕是蔣介石本人無法忍受，決心制裁雷震的一個原因。然而，從政治的角度看，「雷震案」發生根本還在於威權黨國體制思維的必然結果，即任何反對或動搖現存體制，哪怕是來自善意的、合法的抗爭，均被視為政治上的「不安定因素」，大可大到「顛覆政府之

6 《雷震案史料彙編——國防部檔案選輯》，頁十九。

目的」，小可小至盟友間的「反目為仇」，因此「雷震案」從一開始註定就不可能是一個普通案件，正如殷海光所指出的那樣，「在近代的民主政治中，我們不能說所有的人都是聖人，我們不能說所有的人都沒有拿國家法律作達到一人一黨私圖之工具的動機」，「法律本身無所謂公正或不公正，只有公正的人才會把法律用得公正。大家必須知道，法律是人為的東西，法律不會說話」[7]。

二、胡適歸台後見蔣介石

一九六〇年十月二十二日九時五十分，胡適自美國經日本返回台北。

當晚十一時，胡適在南港中央研究院接受了記者的採訪。他對《聯合報》記者說：對於目前臺灣正在籌組中的反對黨情形，尚未瞭解，也未同意擔任該反對黨任何名義之職務。不過，他一向主張民主的政治應該有二個或二個以上的政黨，遠在十年以前，他就一再向國民黨總裁蔣介石，以及蔣先生以下提出過此一主張，甚至認為最好由國民黨內，根據政見的不同而分化出三四個黨，最後形成二個強大的黨，以發揮民主政治的功能。

胡適說，此案不宜由軍事法庭審判，而應由法院來審理；他本人相信雷震的人品，不相信雷震「涉嫌叛亂」，他被判十年未免太重，當局這樣做，有損國家的聲望，說到這裡，甚至有點激動，「太不公平」！當記者問及此間傳聞《自由中國》將改在香港繼續出版，胡適表示：此事應由該刊發行人及編輯委員會全體委員決定，他只是編委之一，不過，《自由中國》半月刊即使這樣停刊了，「不失為光榮的下場」；若決定繼續發刊，應該是在台北，而不是改在香港，那樣就會失去它的意義[8]。胡適對記者強調，「別的話可以不登，但我不是營救雷震，我營救的乃是國家，這句話是不能不登的」。胡適還十分體諒記者不斷追問，握別時說：今天我說了很多動感情的話，希望你們寫的時候注

7 殷海光〈法律不會說話——因雷震案而想起的〉，原載一九六〇年十月十六日，《民主潮》第二一八號，轉引自李敖、胡虛一等人著《雷震研究》，頁九至十。

8 原載於一九六〇年十月二十三日，《聯合報》，收錄於《雷震全集》第五冊，頁六五二。

意一點，以免影響到各位的飯碗[9]。

第二天早晨，胡適尚未起床，雷夫人宋英到訪，胡適與宋英女士共進了早餐。之後，胡適又會晤到訪的夏濤聲、李萬居、高玉樹等人，這些人均為此次「改選會」籌組新黨的重要人物，李萬居做過臺灣省議會副議長，高玉樹做過台北市市長。

由於胡適公開表態，同情雷震，自美回到臺灣後，當局故意對他有所冷淡。農復會主任委員蔣夢麟比他晚回臺灣，卻先見到了蔣介石；胡適則在「不談雷震案」的約定之下，才見到了蔣介石。「蔣中正平常與胡適見面，通常是兩人密談式的，這次卻是秘書長、秘書、副官全在的官式談法，顯然是有象徵意味，有表示距離的明示了」[10]。

十一月十八日上午十一點，胡適前往總統府。秘書長張群先陪他在接待室小坐片刻，然後去見蔣介石。正是「雷震案」複判之前，知情者認為，胡適與蔣介石這次會晤或許會對案件的最後定讞產生積極作用。在胡適進門見蔣之前，張群再次提醒不要談「雷震案」。但胡適是不可能不談的，他始終認為雷儆寰沒有做錯什麼，而且，「雷震案」在國際上已引起諸多強烈反響，當局不能聽而不聞。胡適與蔣介石談話約有五十分鐘，表面上是向蔣彙報赴美出席中美學術合作會議情況，實際上，更多的是在談「雷震案」。

蔣對胡適說：我對雷震能十分容忍。如果他的背後沒有匪諜，我決不會辦他。他背後有匪諜，政府不能不辦他，我也曉得這個案子會在國外發生不利的反響，但一個國家有他的自由，有他的自主權，我們不能不照法律辦。

胡適說，「關於雷震與匪諜的關係，是法庭的問題。我所以很早就盼望此案能移交司法審判，正是為了全世界無人肯信軍法審判的結果……這樣重大的案子，只開了八個半鐘頭的庭，就宣告終結了……這是什麼審判？我在國外，實在見不得人，實在抬不起頭來。所以八日宣判，九日國外見報，十日是雙十節，我不敢到任何酒會去，我躲到

9　雷震著《雷震回憶錄——《我的母親》續篇》，頁一七四。
10　李敖、胡虛一等著《雷震研究》，頁二十五。

Princeton（普林斯頓）去過雙十節，因為我抬不起頭來見人……」

蔣介石突然說起了一件舊事：某某去年回來時，自己曾對這個人說，胡先生同我向來是感情很好的，但是這一兩年來，胡先生好像只相信雷儆寰，不相信我們政府了。蔣問：某某對你說過沒有？胡適說，某某從來沒有對我說這番話。胡適也說起了一件往事：一九四九年四月赴美，抵達三藩市時，有美國記者乘小汽輪到船上來，請他就目前的中國時局發表看法。胡適說自己當時講了許多話，其中有一句話，「我願意用我的道義力量來支持蔣介石先生的政府」，「因為我們若不支持這個政府，還有什麼政府可以支持？如果這個政府垮了，我們到哪兒去！」

胡適對蔣說，剛才這些話，對雷震也說過，今天蔣先生的話太重了，我當不起。接著，又說：李萬居一班人既然說，他們要等我回國，向我請教。我有責任對他們說幾句很誠懇的話。我要勸告他們兩點：（一）在時間上要展緩他們成立新黨的時期，他們應該看看雷案的發展，應該看看世界形勢，如美國大選一類的事情，不可急於要組黨；（二）我要勸他根本改變態度：第一，要採取和平態度，不可對政府、黨取敵對的態度……第二，切不可使你們的黨變成臺灣人的黨，必須要和民、青兩黨合作，和無黨派的大陸同胞合作。第三，最好是要能爭取政府的諒解。

談話結束時，胡適仍不忘被捕的雷震，對蔣說自己還有一個希望——「十年前總統曾對我說，如果我組織一個政黨，他不反對，並且可以支持我。總統大概知道我不會組黨的。但他的雅量，我至今不忘記。我今天盼望的是：總統和國民黨的其他領袖能不能把那十年前對我的雅量分一點來對待今日要組織一個新黨的人？」[11]

這是胡適當天日記中的詳細記述，無論是從道義上，還是站在朋友的立場上，胡適都盡了自己最大的努力。蔣介石對逮捕雷震並無悔意，沒有給胡適一個明確說法。蔣介石只是說，等自己從南邊回來後，再約談一次。文史學者徐宗懋認為「以上這段文字是胡適在臺灣最重要的紀錄之一，它也多少反映了自由派學人在民主思想與實踐之間的兩難，其深刻的意義需要長期觀察比較後才能為人理解與體會」[12]。

11 參見胡適一九六〇年十一月十八日日記，曹伯言整理《胡適日記全編》第八冊，頁七二二至七二七。
12 徐宗懋〈胡適在臺灣的日子〉一文，原載《鳳凰週刊》二〇〇二年第九期。

胡適從總統府回到南港後，即收到美國中國問題專家費正清的來信。其中附有費正清針對「雷震案」致《紐約時報》的公開信。這封信寫於十一月十日，正是美國大選揭曉的第二天。費信的大意是：甘迺迪是一個關心公民自由和出版自由的真正的自由主義者，他的新政府將會繼續關注「雷震案」這一事件。在美國，民主黨內的自由分子對此很關心，不肯輕易將它忘掉不管。費正清還建議胡適就「雷震案」發表一個聲明，將會非常有用。如果現在雷震案有一個好的結局，這是非常可喜的。這或許會抵消一些損失，挽回國民黨政府的名聲[13]。

是晚，陳誠有一個晚宴，胡適將費正清的信及附件「照了相」，將原件交給了總統府秘書長張群。五天之後，軍事法庭維持一審原判，雷震被判處十年有期徒刑。胡適在日記中寫道：昨晚各報訪員問我，我只說『大失望，大失望！』今天看了判決書的日子——十一月十七日，我忍不住要歎氣了」[14]。原來安排他與蔣介石見面，是在十一月十八日，即判決書下達的第二天，也就是說，無論胡適怎樣對蔣說「雷震案」，已不可能有什麼作用了。《徵信新聞報》一則報導稱，胡適心情很沉重地對記者說：「我是吃晚飯的時候，聽到有關雷案複判的結果，飯後心情不好，什麼事都不願做，所以玩『過五關』（紙牌的一種玩法，作者注）來解悶。」

三、自辯狀

「雷震案」經國防部軍法複判局判決後，根據當時法律規定，被告人若希望在法律上再覓自救之策，惟一途徑為申請「再審」或提出「非常審判」。雷震作為日本京都帝國大學法學院高材生，當年國家制憲中樞核心人物之一，心裡十分清楚，只要軍事法庭的這一誣詞若得以成立，「判刑十年就認為是名正言順的了」。

雷震等人非現役軍人，此案為何交軍法審判？《中華民國憲法》第九條明文規定「人民除現役軍人外，不受軍事審判」，當局的主要「法律依據」是《戒嚴法》第八條和《懲治叛亂條例》第十條的規定，即「戒嚴時期接戰區域

13 參見胡適一九六〇年十一月十八日日記，附件，曹伯言整理《胡適日記全編》第八冊，頁七三〇至七三一。
14 胡適一九六〇年十一月二十四日日記，曹伯言整理《胡適日記全編》第八冊，頁七三三。

內，關於刑法上內亂、外患等罪，軍事機關得以自行審判或交法院審判之」；「犯本條例之罪者……在其戒嚴區域犯之者，不論身份概由軍事機關審判之」[15]。九月二十三日，最高檢查署檢查長趙琛針對「雷震案」聲稱：軍事審判也是很公正的，與司法審判相似，而軍事審判法與刑事訴訟法相似，是一部很進步的立法，對人民的權利保障規定很完備[16]。

事實上，軍事審判不僅侵害了人身自由，而且一直存在很大的爭議[17]。十月三十一日，馬之驌辯護律師林頌和對非現役軍人被交付軍法審判與憲法第二十三條之間的必要關係提出質疑，「非現役軍人之人民，受軍事審判，對於防止妨礙他人自由、避免緊急危難、維持社會秩序及增進公共利益，又何有關？更不明其何有必要」，指出有「違憲」之嫌[18]。

上世紀四十年代末以來，與臺灣相關的「戒嚴令」主要有三次：第一次是在「二二八事件」發生，為時較短，與其後長期戒嚴無直接關聯；第二次是在一九四八年十二月十日，總統根據「臨時條款」，經行政院會議之決議所頒佈的全國戒嚴令，臺灣並不包括在內，直至一九四九年十一月二日經行政院會議決議，才將臺灣劃為戒嚴接戰地區。此一全國戒嚴令，一九五〇年三月十四日雖經立法院完成追認手續，卻沒有完成總統簽署公佈的最後一道程序。第三次是在一九四九年五月十九日，警備總司令部所宣佈的全省戒嚴，但並未注明其法源依據何在。若是根據「戒嚴法」，應由這個地區的最高長官發佈此令，屬於「戒嚴法」第三條之臨時戒嚴，並提交立法院予以追認。學者後來遍查立法

15 參見一九四九年一月十四日《總統府公報》（二〇三）頁一、一九四九年六月二十七日《總統府公報》（二三〇），頁一。
16 參見一九六〇年九月二十四日，《聯合報》。
17 一九八〇年美麗島事件的軍法審判，辯護律師謝長廷當場質問審判長：被告的都不是軍人，根據憲法第九條規定，除了現役軍人之外，都不受軍法審判，為什麼他們來這裏接受軍法審判？審判長說是根據《戒嚴法》，謝說：戒嚴有好幾個戒嚴令，到底要根據幾年幾月幾日的戒嚴令？請審判長告訴我們，我們才能辯護，不然今天老百姓突然來到軍事機關會覺得很奇怪！參見謝長廷演講〈軍法大審與人權發展〉，原載二〇〇〇年七月，高雄：《高市文獻》（十三－三），頁五。
18 參見一九六〇年十一月二日，《公論報》。

院會議議程、文字記錄或公報，發現並無此項「追認」記錄；若是根據「臨時條款」，應由總統簽署公佈，可是《總統府公報》中查無此項記錄。一個毫無法律依據的「戒嚴令」，在臺灣實施三十九年又五十六天，至一九八七年才告終結，歷史的荒唐，莫過於此！

「雷震案」初審判決之後，雷震在十月三十日「軍法聲請複判理由狀書」中說的十分清楚，指控他的「這兩大罪名，完全是出自誣陷與羅織，與事實不符，缺乏積極具體之證據」。對於第一項指控，判決書聲稱，雷震「與邵力子傅學文夫婦常相過從」，其證據是「民國三十八年一月二十一日下午，南京緊急，雷震離京時，邵逆詣雷震住宅，同進晚餐，共商行止」。邵力子原本亦為國民黨高層人物，一九四九年代表國民政府參加國共和談，滯留北京，並發表「聲明」表示脫離國民政府，當時即有傳聞稱邵妻傅學文與共產黨有相當密切關係。對於這一「指控」，雷震申辯道：

我在國民參政會任副秘書長的時候，邵力子為秘書長。秘書長與副秘書長在一個辦公室辦公，幾乎是朝夕相見，無所謂「常相過從」。至於邵妻傅學文，是我向來看不起的人，因為她貪小利而又喜歡說閒話，我從不單獨和她談話。這種情形，在臺灣的參政會老同事大都知道，可以調查……三十八年一月二十一日是蔣總統宣佈下野的一天，我於當天同王雪艇（王世杰）先生乘車離京赴滬。臥車票是上午購買的。那時候，南京和談空氣甚濃，我在離京的前幾天，曾發表過反對和談的談話，在《中央日報》發表。我決定二十一日晚離京，正是我在行動方面表示反對和談的堅決態度。邵力子看到我反對和談的談話，特於晚餐前來勸我，不必赴滬，但為我拒絕……我決定赴滬在前，邵力子來我家在後，何得說「共商行止」？[19]

關於雷震與劉子英之間的關係，判決書上稱，「同年（三十八年）四月間，南京撤守時，劉子英……三十九年二月間……即首途至香港，由雷震為之聲請來台，於同年五月十二日抵達……並於第五日晚，在台北金山街一巷二號雷震住宅書房，將傳匪在京情況及所交為匪工作任務，密告雷震，並誇張大陸匪情，勸雷震為人民立功，雷震不僅未予告密檢舉，且給予「自由中國社」會計職務，四十七年（一九五八年）七月復由雷震推介，任中日文化經濟協會幹事，並仍交繕密件」。針對這一點，雷震又說：

劉子英來台，是我作保，我也給予「自由中國社」會計職務，後來也介紹他到中日文化經濟協會作事。他是我的老同事，來台時衣食無著，朋友們幫忙，是人情，也是倫理。他能力強，會寫字，我經常請他繕寫私人文件及「自由中國社」所搜集的各種參考資料而給予適當報酬。這都是很平常的事，不能構成任何罪名。至於判決書上所說的「並仍交繕密件」，所謂「密件」究何所指？辦雜誌，辦報紙，總有些只供參考而不發表的文件。其中有蔣總裁在國民黨二中全會的講演詞是鉛印的小冊子，和一二本「工作通訊」（國民黨特種黨部印發的）。這些文件，也是我們供參考之用而不發表的。這類文字的抄繕，不應構成任何罪名。判決書仍用「密件」二字，其用意無非想淆惑聽聞而已。

判決書上「事實」部分裡面所說，劉子英在我書房將傳匪在京情況，及所交為匪工作任務密告我，並誇張大陸匪情，勸我為人民立功，而我未予告密檢舉云云，關於這一重要關鍵，我在警備總部高等審

19　雷震〈軍法聲請複判理由書狀〉，收錄於萬麗娟編注《雷震胡適來往書信選集》附錄二，頁二六八至二六九。

判庭提出的申辯狀及十月三日在警備總部高等審判庭的陳述，都已詳細申辯過（請查閱），但判決書一概不理，而以「搪塞」二字輕輕抹煞。既不多方調查，也不讓我與劉子英對質，單憑劉子英片面的供詞來定我的罪，而且還用「盡與事實相符」、「互相印證，其（指劉子英）自白自屬可信」等語，作為推理的結論。這其間的語句之武斷無稽，稍有邏輯常識的人，都可看出。[20]

雷震同鄉尚傳道先生一九八八年在香港回憶，邵力子夫人傅學文曾親口對他說，「所謂派劉子英策反雷震，是百分之百的揑造。劉子英是王世杰用的人，邵力子繼任國民參政會秘書長後，劉子英繼續任職，認識此人，但很少見面。」[21]雷震辯護律師梁肅戎舉證「劉子英之自白書及偵審各庭之自白供述自相矛盾」[22]，若真如此，有觸犯刑法第一百二十五條「意圖取供而施強暴脅迫」之虞。

至於判決書第二點，「連續以文字為有利於叛徒之宣傳」之誣，雷震指出：「判決書只從《自由中國》半月刊言論中東摘西抄，割裂文句以構陷，既不就某一篇文章的全文尋繹要旨，更不就每期的內容連續地通盤檢視。以為於此即可構成欺騙世人的文字獄。其實海內外的廣大讀者，是無法掩盡耳目的，我在這裡對於判決書的申辯，決不是舞弄文筆可抹煞的。」

從雷震這篇「自辯狀」可以看出，當局不惜以造謠誣衊、構陷之能事，欲置他於死地而後快，已到於天理、法律、人情所不容的程度。雷震對於這個體制的「為所欲為」早已有所瞭解，因此對夫人宋英提出的「非常申請審判」不抱任何希望。雷震說，「對於聲請複判已不熱心，至於聲請非常審判，更是無此必要，蓋萬般皆已內定，何必多費心血呢？但是我妻仍是朝著好處著想而抱著萬一的希望決定進行的。她說：病人未嚥最後一口氣，總是要努力挽救

20 雷震〈軍法聲請複判理由書狀〉，收錄於萬麗娟編注《雷震胡適來往書信選集》附錄二，頁二七〇至二七一。
21 尚傳道〈海外為雷震鳴不平〉一文，收錄於《雷震全集》第一冊，頁一三〇。
22 梁肅戎〈雷案軍法辯護意旨書狀〉，一九六〇年十月三十一日《中央日報》第七版。

的，所謂『盡人事而聽天命』也，現在則是『盡人事而聽黨命』，所謂『知其不可為而為之』」[23]。事實證明，雷震的判斷非常準確，宋英提出的「非常審判」被駁回。

至此，「雷震案」的法律途徑已全部走完，既然蔣介石和國民黨當局想辦成一個「鐵案」，就不可能有任何迴旋之餘地。受雷震好友端木愷推薦擔任雷震辯護律師的梁肅戎[24]不無遺憾地說：「當時輿論譁然，國際間都非常重視，說你對一個《自由中國》雜誌，在社會上有一定好評的雜誌，你把人抓起來，那麼他（指蔣介石）不願意因審判而讓大家知道他迫害言論自由，所以很快就解決。所以我認為在辯論上，在起訴上有瑕疵，違背這個立法原理，在程序上草率，故入人罪，不能夠有一個很公平的審判」[25]；梁肅戎又說：「法律途徑走到這裡，已經沒有門徑可尋了！我已盡我所能，我所列舉的理由，他們不採納，我又有什麼辦法？我又有什麼好說呢？」

不特如此，國民黨中央黨部還找到有國民黨員身份的梁肅戎，要他把「辯護書」交黨部審核，梁肅戎斷然拒絕：我一個律師，把我的「辯護書」交你們來審核，這不是兩重人格嗎？一計不成，又派出立法委員劉兆勳、國大代表單成儀遊說梁肅戎，轉達某方下達的五點意見，要梁肅戎在軍事法庭上按照這「五點意見」為雷震辯護，梁未予理睬[26]；更有甚者，有人給梁肅戎寄來挾有子彈的恐嚇信，稱若不停止給雷震當辯護律師，小心丟掉自己的性命。

一九六〇年十一月二十四日，雷震被移至新店軍人監獄服刑，十二月送達國防部複判局的「雷震聲請非常審判理由書狀」，是由夫人宋英提出來的，在獄中的雷震本人並不知道。在複判之後，雷震已不贊成再提什麼「非常審判」。他心裡知道，只要是蔣介石一介入此案，一切都「在劫難逃」。宋英提出的「雷震聲請非常審判理由書狀」，

23 《雷震全集》第五冊，頁七八三。

24 梁肅戎（一九二〇至二〇〇四），遼寧人。畢業於長春法政大學法學部，獲日本明治大學法學碩士和博士學位。國民黨CC派成員。一九四九年來台後，出任律師，後任臺灣立法院院長。

25 參見〈可貴者膽，所要者魂：雷震〉一文，收錄於蔡明雲主編《臺灣百年人物2》，台北：玉山社出版事業股份有限公司，二〇〇五年三月初版，頁十七。

26 參見一九六〇年十月四日，《公論報》，收錄於《雷震全集》第二十八冊，頁二五八。

內容主要包括兩點，依然是針對判決書上所謂「明知為匪諜而不告密檢舉」和「連續以文字為有利於叛徒之宣傳」進行申辯，宋英希望法庭「能撤銷原判決，另為無罪之判決」，仍遭駁回。

四、且說劉子英

有人將「雷震案」與一九五五年八月「孫立人案」相提並論。

從不斷揭秘出來的史料中可以知道，當年「孫立人案」中所謂「匪諜」郭廷亮，完全是由情治人員（情報與治安）一手策劃的；「雷震案」中的「匪諜」劉子英，不過是「郭廷亮模式」的一個翻版而已。與長期遭到當局軟禁的孫立人相比，此次雷震的境遇更為險惡，在軍事法庭不允許當面對質的情況下，被誣為「知匪不報」，最終被投入大牢達十年之久。

當局之所以採用這種模式將雷震送上軍事法庭，是因為孫立人事件與所謂「匪諜」相掛之後，確實起到震懾作用，一種「把主張民主自由與匪諜的行為關聯起來的論述也正式提出……此一說法發佈後，使得許多主張自由民主的人士為之『戰慄』，之所以如此，主要是因為主張民主自由的人有可能被戴上『匪諜』的帽子……對《自由中國》而言，將『宣傳民主自由』與『匪諜』劃等號的宣告事實上是針對他們而發」[27]。以這種「政治構陷」方式將雷震等人逮捕入獄，對當局來說，既可混淆視聽，又能掩飾其非法，達到「一石二鳥」的政治目的：只要將雷震判刑，《自由中國》自會停刊而解體，籌組中的反對黨也將胎死腹中，當局確實做到了這一點。

法律界本來對「雷震案」多少還持有一點信心。當局逮捕雷震最初的理由是「涉嫌叛亂」，所謂證據：《自由中國》半月刊自民國四十六年（一九五七）八月第十七卷第三期開始，至現在第二十三卷第五期止，共計七十五期……

27 薛化元著《《自由中國》與民主憲政——一九五〇年代臺灣思想史的一個考察》，頁一三四。

其內容多係煽動、誘惑、分化、中傷之言論，顯已逾越言論自由之常軌。而根據《出版法》第三十二條之規定，即「出版品不得為下列各款之記載：一，觸犯或煽動他人觸犯內亂罪、外患罪者；二，觸犯或煽動他人觸犯妨害公務罪、妨害投票罪或妨害秩序罪者；三，觸犯或煽動他人觸犯褻瀆祀典或傷害風化罪者」，如果《自由中國》半月刊確實違反了上述條款，完全可由內政部根據《出版法》第四十一條之規定，予以「撤銷登記」，大可不必由警備總部來抓人。一旦雷震的罪名變成「知匪不報」，就性質而言，就不單單是一部《出版法》可以解決的問題。雷震辯護律師梁肅戎認為判決書中多次指控雷震以《自由中國》半月刊的文字「意圖瓦解反共鬥志」，「意圖在宣傳上孤立金馬」等，卻不見明確顯示具有上述客觀行為的證據[28]，監察院雷震案調查小組報告，也批評軍事法庭「不應斷章取義入人於罪」[29]。

在整個審判過程中，由於劉子英「利誘成招」，使「雷震案」性質發生了根本改變，劉子英成了惟一的原始證人。如若沒有他的「自白書」，就談不上所謂「雷震知匪不報」。劉子英最後被判十二年，比主犯雷震還多兩年，其用意再明顯不過，若判劉子英無罪，就不可能判雷震有罪，甚至還有被全部推翻的可能性。劉子英是一個悲劇性的人物，他從來就不是什麼「匪諜」，被捕之後，之所以「利誘成招」，完全是在審訊人員的脅迫之下，出賣其個人良心之所為。

劉子英其人有著較為複雜的政治經歷，在大陸時期，雷震任國民參政會副秘書長，劉是參政會秘書處秘書；抗戰結束後，由參政會而監察院，與監察院院長于右任有所過往。一九五〇年初，劉子英從香港致函于右任及總統府秘書長王世杰，要求前往臺灣。于右任歷來是一位謹小慎微之人，不想出面，請求雷震為其作保；來台後，劉子英申請到

28 參見梁肅戎〈雷案軍法辯護意旨書狀〉，一九六〇年十月三十一日，《中央日報》。雷震老友潘公展也撰文指出：「所謂『連續以有利於叛徒之宣傳』，必須此種文字的本意確是意圖顛覆政府，確有以『非法』手段顛覆政府的陰謀，確有發動顛覆政府的力量與事實，而後方可指為『有利於叛徒』。」參見潘公展〈論雷案聲請複判〉一文，原載一九六〇年十月二十九日《上海日報》，轉引自一九六〇年十一月十六日，《民主潮》（十一－二十二），頁二十四。

29 《監察院雷案調查小組報告》，一九六一年三月十日，《聯合報》，第二至三版。

監察院復職，聲稱自己曾被監察院任命為「監察院南京留守處主任」，于右任又未允，雷震只好安排在「自由中國社」作會計。

大陸時期，劉子英原在平漢鐵路局工作，任會計，抗戰爆發後，日軍逼近武漢，平漢鐵路局撤至後方即予以解散，劉子英由該局會計處處長介紹至國民參政會秘書處總務組任會計，這位處長是時任國民參政會秘書長王世杰的胞侄王德芳。雷震在參政會任副秘書長期間，聽到最多的就是「劉子英經常和同事吵架」。一九四七年五月，國民參政會於第四屆第三次會議之後宣告結束，秘書處工作人員分發至立法院和監察院秘書處任職，去監察院有三人，劉子英是其中一人。

一九四九年大陸局勢此消彼長後，監察院從南京遷往廣州。劉子英未走，雷震感到奇怪，還問過他為何不跟政府一起撤走？劉則推說「家累很重，不能遠行，情願擔任監察院南京留守處主任，監察院已留下相當的經費，可以生活一年，過了一年看形勢再說」。實際上，雷震聽說劉子英曾在火車上搭上一女子而姘居了，但從未見過這個女子。雷震後來得知劉子英從大陸到了香港，請求監察院保其入台未果，劉子英無奈，只好又託參政會老同事向雷震求情，雷震回憶，「我想到過去黃少谷對我所說『要物色文書人才』的話，而始允其請」。

當年劉子英從香港抵達基隆，「參政會老同事曾到碼頭迎接，看到他面黃肌瘦，狼狽不堪，由於在港羈留太久，簡直弄得不成樣子，就把他送到台北市和平東路二段十八一號『自由中國社』裡住下，並未事先問過我。那裡有屋可住，有飯可吃，念在老同事的份上，我也只有聽其自然，不加追究了。我做過他長官多年，這一點人情味，我是不會吝嗇的」。

「自由中國社」會計王君（原編委王聿修的本家）因做賬錯誤百出，自知待不下去，便去了政工幹部學校受訓，劉子英便接手「自由中國社」會計工作。劉子英是一個與同事不太能合作的人，「同事紛紛前來訴苦」，在這種情況下，雷震把劉子英又介紹到中日文化經濟協會工作，張群為該會會長，雷震係總幹事。未料，劉子英惡習不改，在中日文化經濟協會任職期間，仍不能與同事們合作，此事讓雷震「聞之不勝其煩」。

「由於《自由中國》半月刊的文章，經常批評國民黨違憲法，和揭露國民黨政府的秕政和許多弊端，國民黨首領對我不滿之至，且怕我和日本人談話而洩露了政府許多壞事，我就辭去了中日文化經濟協會總幹事長之職，以免他們疑神見鬼似的……聞劉子英不久亦到羅家倫主持之國史館去工作，此後就極少見面，除了我有極少的文章請他代抄……此乃我和劉子英的關係的全部事實，以劉子英這種惡劣的脾氣，平素不能和人和平相處的人，還配做匪諜嗎？還能在《自由中國》刊物的幕後作活動嗎？」[30]

劉子英被捕後，被羈押在台北市西寧南路警備總部保安處。那裡有一間黑房子，「四周無窗戶，不透空氣，不見天日，地上是泥土，其黑暗陰森可怕，被囚於此者無不肉跳心驚，以為個人的末日將至也。關在這裡的人，都是為著逼供的，和過去的屈打成招則毫無二致……這裡的方法，是精神壓迫而使囚者精神崩潰，有時也兼用酷刑的。」[31]劉子英的「自白書」就是在這種情況下「迭經補充六次」，直至警總滿意才完成的，他成了當局「用來誣陷雷震的工具」（聶華苓語）。

情治部門給劉子英開出的條件不菲：養其終生。這一年，劉子英五十四歲，單身。在獄中，化名陳英，底冊仍是劉子英。他每月從警總那裡得到當時的台幣六百元，後加到八百元，以作零用。劉子英長年生活在北京，喜吃麵食，「故警備總部每隔兩個月就送一袋麵粉去，俾劉子英可以自備小爐子來做麵食」（雷震語）。「隔不多少時，可以出獄看電影，但不能宿在外面，也不能和人談話，怕的是洩露了其中的把戲」[32]。劉子英被關在「智監」，就是專門囚禁「政治犯」的地方。

30　以上均參見雷震著《雷震回憶錄——《我的母親》續篇》，頁十一至二十五。
31　《雷震全集》第二十八冊，頁三八六。
32　雷震著《雷震回憶錄——《我的母親》續篇》，頁二九八。

一九六〇年十一月二十四日上午，劉子英被解押至軍人監獄時，那裡的犯人不知從哪兒得知來人就是劉子英，便圍作一團，聲勢洶湧，群起而攻之，斥責他出賣主人，是一個不忠不義的無恥之徒、一個沒有良心的陰險小人……軍監生怕出事，後來只好隔出一間獄室讓他獨居，這才免去了眾人的圍攻。

一九六五年某一天，有人（謝聰敏）在軍監見到劉子英，他的「頭髮已雪白，數不盡的皺紋像蜘蛛網一般密佈在他那圓圓的臉上」。他說自己當年受到過疲勞訊問，「特務拿第二天的報紙給我看。他們說『我們是公開逮捕，不是偷偷摸摸。你也知道老先生（蔣介石，作者注）的脾氣，公開逮捕就不會釋放。我們所面臨的問題是你和馬之驌兩人之中……總有一人要承認中共派遣來台鼓勵雷震背叛政府。』」[33]劉子英說，如果不是雷震組黨，自己也不至於坐牢。

雷震出獄之後，問過當年監察院調查小組調查召集人陶百川，調查組到底有沒有看到過劉子英的這份「自白書」，陶肯定地說：看到過！還讓人抄錄後附在了調查報告之中。雷震讓宋英到監察院去調看原始檔案，發現雷震案調查報告中的劉子英「自白書」早已被人抽走。雷震感慨：他們這是要湮滅歷史啊！一九七〇年代，謝聰敏[34]第二次出獄後，去拜訪過雷震。謝聰敏告訴雷震說劉子英已提前獲釋，雷震當時就問：「劉子英已經出獄，為什麼不來見我？」

根據「軍事審判法」，有關「對質取證」的規定有五條之多，自一百六十六條起至一百七十條止，其中第一百六十八條之規定：「被告雖經自白，仍應調查其他必要之證據，以察其是否與事實相符」；儘管劉子英後來有所翻供，已來不及了，鑄成終身之悔。據同案人馬之驌回憶，他本人在被捕後，也有過劉子英一樣的遭遇，「連續談了三天三

33 《雷震全集》第二冊，頁三〇四頁。

34 謝聰敏，台海彰化縣人，民進黨籍。臺灣大學法律系畢業，政治大學政治研究所碩士。一九六四年因與中研院近史所研究人員魏朝廷發表《臺灣人自救宣言》，被判有期徒刑十年；減刑出獄後，一九七一年因涉嫌在台美國銀行爆炸案被刑十二年，一九七九年去美國，一九九一年返台。二〇〇〇年被聘為總統府國策顧問。

夜，這可能是全世界少有的『疲勞審訊』。中間雖然給飯吃，但『偵訊』則未間斷！開始時以禮相待，稱我『馬先生』，說：『政治問題，政治解決』，『問題不在你』，『我們的對象不是你』，『只要你合作，一切都好辦』；繼之則動粗，動粗的經過很慘，實非筆墨所能形容」[35]，一位姓李的副處長負責馬之驌的案情，每天只有一句話：「沒有什麼好談的了，你就是匪諜，不承認也不行。」

直至有一天，對馬之驌的偵訊突然中止，審訊人員態度開始變得「和藹」起來，並說：「好了！你這部分就到此為止了，你放心，不會有事的。」馬之驌覺得莫明其妙，直至接到起訴書，才恍然大悟，原來是劉子英招了，承認自己是「匪諜」，馬之驌「痛心欲絕」。雷震一直沒有怪罪於劉子英，他說，「我並不深責劉子英，如果他不肯屈服，警備總部當會另找他人來陷害我的。國民黨最高當局既作了決定，而又批准了時任臺灣警備總司令部總司令黃杰的簽呈，臺灣警備主管人員，包括軍事法庭在內，自會依照所批來胡幹到底的……」[36]

五、申請特赦落空

雷震於一九六〇年十一月二十四日被移至軍人監獄受刑，在警備總部看守所整整被關押了八十天。對於複判結果，海內外輿論表示普遍的不滿，紛紛發表文章或評論。其中包括《民主中國》和《民主潮》的〈雷案複判以後〉，《祖國週刊》的〈雷案複判以後的感想〉及牟力非先生的〈國民黨的三病與雷案因果〉，賀蘭的〈雷案複判後的反應〉等社論與專稿。

一九六一年二月四日，胡適、蔣勻田、陳啟天、胡秋原、張佛泉、成舍我、毛子水、沈雲龍、徐復觀、夏濤聲、齊世英、李公權、朱文伯、李濟、沈剛伯等四十六位著名學者、社會名流上書蔣介石，替受誣入獄的雷震慷慨陳情，

35 《雷震全集》第二冊，頁三十二。
36 《雷震全集》第二十八冊，頁三十五。

要求根據「憲法」第四十條規定[37]，予以特赦。「這個文件是由某名報人立委主稿，其後也有其他簽署的人略加潤飾，全部用文言文寫成，長約五百字」[38]。簽名的社會名流有大學教授、立監委員、國大代表、在野黨領袖等，其中大學教授八人、國大代表七人、立監委員二十八人，其餘為政黨領袖。若以黨籍計，國民黨二十人，民社黨七人，青年黨十一人，無黨無派人士八人。全文如下：

> 《自由中國》半月刊發行人、總統府前國策顧問雷震，被控言論叛亂及掩護匪諜，經臺灣警備總司令部軍法處處刑十年，複判確定，已於十一月二十四日移監執行。伏念雷震追隨　鈞座，獻身革命，抗日戡亂，無役不從，奮勵忠勤，垂三十年，共匪肆虐，中原板蕩，於上海垂陷之時，協贊湯故總司令恩伯，履危蹈險，萬死不辭，淞滬撤守，隨軍轉進，廈台之間，辛苦驅馳，承命規劃，彌多獻替。及　鈞座俯順輿情，再秉國策，共匪惶懼，妄肆謗誹，以香港為樞軸，逞簧鼓之詭詐，人心惘惑，迷其歸趨。雷震與國民黨故中央委員洪蘭友，馳往宣釋，瘏口嘵舌，收效頗宏，凡茲陳述，胥屬實情，　鈞座澤及群黎，恩周部曲，慈仁愷悌，中外同欽，苟有微勞於國家，從不見棄于帷蓋。昔黃效先殺人毀屍，法判極刑，　鈞座垂念其先人百韜將軍為國殉職，功勳丕著，特命寬減，聞者感泣。今雷震以言論獲罪，束身獄犴，暮年多病，旦夕堪虞。雷震勳勞雖不及百韜將軍，而其愛國反共，忠愛領袖之赤忱，則似無懸異。大辟從減，既加恩於身後，一眚可原，盍邀恕於生前，況當中興日近之時，益切舉國一致之望，雷震如蒙矜宥，必能所知感奮。××等不揣冒瀆，敢竭愚誠，謹聯名籲懇　鈞座依「憲法」第四十條，予雷震以特赦，寬仁曠蕩，率土蒙庥，××等不勝屏營，翹企待命之至。[39]

37《中華民國憲法》第四十條規定：總統依法行使大赦、特赦、減刑及復權之權。
38《雷震全集》第二十八冊，頁三二四。
39《雷震全集》第二十八冊，頁三二五至三二六。

這份「陳情書」送達總統府，蔣介石確實看到了，卻未做任何表態，僅發交給行政院去辦理此事；行政院又將「陳情書」轉至此案主辦單位軍法機關的主管部門——國防部。當時就有人指出：蔣介石如果不將此信發交行政院，即可直接予以特赦；而一旦發交給行政院，則意味著特赦的希望十分渺茫。就是說，蔣介石不發話，一切只有以行政院與國防部簽辦的意見為定了。

一九六一年四月十二日，上書者收到國防部部長俞大維具名的公文，被告知「沒有先例可援，而不予特赦」。與此同時，雲林縣議會「請願特赦雷震」的提案也遭到了拒絕。一九六一年三月十八日，雲林縣議會舉行第五屆第一次大會，通過了議員蘇東啟、廖郭鳳、呂春木等人提出的「臨時動議案」，籲請蔣介石「依『憲法』規定，對《自由中國》半月刊發行人雷震予以特赦」。提案內容主要包括兩點：一是雷震其人其事，本省民間地方人士知之甚稔；二是政府對異族尚且化敵為友，況對國家民族有貢獻之雷氏？一九六一年八月十六日的《民主中國》半月刊對此評論道：「該提案人雖非國民黨籍議員，若依據雲林縣議會議員黨籍比例推論，即國民黨籍多數議員也是同情的，否則，該提案是通不過的。因此，時值國難當頭，深盼國民黨諸君子想想看，雷案的後果是什麼？雷案的效果又是什麼？」[40]

在雷震入獄近一年中，香港《祖國週刊》發表了方芝〈雷震獄中生活點滴〉、〈懷雷震先生〉的追懷文章，《民主中國》發表了牟力非〈我們哪一年才有言論自由——並懷念雷震先生繫獄一年〉的專稿，《自立晚報》發表了〈「雷案」一周年〉、〈雷震《自由中國》．反對黨〉等文章或社論。雷震入獄第三年，《祖國週刊》又發表許冠三的專稿〈雷儆寰先生入獄三周年——雷震．中國民主黨．中國民主運動〉，日本《中央公論》發表了高木健夫〈致蔣介石的公開信〉。

40 《雷震全集》第二十八冊，頁三三〇。

針對行政院和國防部的「不予特赦」，雷震憤懣地說，「行政院所屬機關——國防部和警備總部，如此玩法弄權，陷害人民，貽笑中外，其監督機關的行政院，竟視而不見，聽而不聞，裝聾作啞，任其下屬機關如此胡作非為，難道就不應當負其監督的責任嗎？按查『行政院組織法』第七條明明規定：『行政院長綜理院務，並監督所屬機關』，那麼，行政院的所屬機關之不依照由立法院通過，總統公佈的『軍事審判法』行使職權，甚至玩法迫害人民，行政院首長難道就沒有責任嗎？不過，話又說回來，在一黨專政和個人絕對獨裁的政治之下，行政院也可能是一個『聾子的耳朵』罷了！」[41]

六，「雷震案」背後

「雷震案」是「先抓人後偵訊」，足以證明當局已失去理智，不顧法律，更不恤人言。從二〇〇二年九月國史館公佈的《雷震案史料彙編——國防部檔案選輯》中可以知道，無論下令逮捕雷震或審判、調查，均受控於來自「最高當局」的直接指令。這種政治超越法律的行為，成為「白色恐怖時期」最為不堪的一頁。

警備總司令部將「自由中國半月刊言論是否足以為科刑論罪之基本」準備工作，實際上，從一九五八年九月下旬就已經開始了。按照情治部門最初的構想，是以「觸犯懲治叛亂條例」對雷震等人進行起訴。後來則發現，這一指控「並不足以構成刑責」，有關部門即向最高當局建議，「應在法律制裁途徑之外另先覓適當對策」。所謂「對策」包括：對雷震的處理將「充分準備廣求事證、運用矛盾孤立首凶、製造環境提前行動」；「對『自由中國社』內部之較緩和者（毛子水、戴杜衡、胡適等），研究其利害關係，指出其矛盾所在並加以運用」，更以「分化胡適與雷之關係為主」，使其得不到支持；至於在海外反應方面，則「運用關係使美國國務院遠東問題顧問費正清等不再同情雷之活動」等。

41《雷震全集》第二十八冊，頁三三三。

一九五九年一月下旬正式確立「田雨」（雷震兩字拆出的代號，作者注）專案，以「假想作業」的方式在秘密進行，並設有甲、乙兩案。在甲案中，是以「殷某」（殷海光）、「田雨」（雷震）為起訴對象；乙案則擴大到「張三」（夏道平）、張益弘等人，兩案均以「田雨」為主要目標。[42]情治部門還收錄了一份一九六〇年七月的《要情專報》，詳細記載由「諜報」來源提供，內容為雷震到高雄與楊金虎、高玉樹、齊世英、郭雨新、傅正、蘇秋鎮、李亞蘋等數十位南部地區人士開會的內容。

「假想作業」實際上運作得並不十分理想，仍不能真正「構成刑責」。因此，採用「匪諜案」的模式在此時被提了出來，成為臺灣最高當局惟一有可能制裁雷震的「可行」方式。在這個方案之中，同時逮捕對政治一向無多興趣、沒有寫過文章經理人馬之驌和《自由中國》雜誌社前會計劉子英，就成為「雷震案」中最為關鍵的一個伏筆，按照情治部門最先預設的「突破口」，並不在政治背景較為複雜的劉子英，而是在年紀較輕、不諳政治的馬之驌（新婚不久），結果，馬之驌未招，劉子英卻「說了」。

十月八日宣判當日上午十一點，蔣介石召集副總統以下十八名黨、政、軍、特要員，在總統府內親自主持會議，為其審判定調。與會人員包括副總統陳誠，府、院、黨三大秘書長張群、唐縱、谷鳳翔，司法院長謝冠生、檢察長趙琛、國防部軍法覆判局局長汪道淵、外交部長沈昌煥以及陶希聖、曹聖芬等十四人。與逮捕雷震時一樣，對雷震的宣判警備總部也擬就了甲、乙、丙三種方案。谷鳳翔及警備總部主張採用甲案，即以懲治叛亂條例第二條第三項，預備以非法方法顛覆政府之罪名，判雷震有期徒刑十年，違禁書籍十八冊沒收；謝冠生、趙琛、汪道淵等人主張採用乙案，即以雷震明知劉子英為匪諜而不告密檢舉，依戡亂時期檢肅匪諜條例第九條，判有期徒刑七年；以文字為有利於叛徒之宣傳，依懲治叛亂條例第七條判有期徒刑八年；定執行有期徒刑十年。令人不解的是副總統陳誠，雷震的這位

42　參見二〇〇二年九月四日，《聯合報》。

老友竟主張採用丙案，較之蔣介石內定的刑期還要多兩年[43]，即雷震包庇叛徒，依懲治叛亂條例第四條第一項第七款判有期徒刑十年，以文字為有利於叛徒之宣傳，依同條例第七條判有期徒刑七年；定執行有期徒刑十二年。全部財產除保留家屬必需生活費外，沒收之；違禁書籍十八冊沒收之。

蔣介石在平衡了各方意見之後，傾向裁決採用乙案，當場作出四項指令：一、題目（指判決書）要平淡，須注意一般人的心理；二、雷的刑期不得少於十年；三、《自由中國》半月刊一定要能撤銷其登記；四、複判不能變更初審判決。會議行將結束時，蔣介石還是有點不放心，又問：「乙案能否撤銷《自由中國》的登記？將來複判不可變動有無把握？」國防部軍法複判局局長汪道淵當即站起來答道「可以辦到。」[44]當天下午軍事法庭就是朝著這個「方向」作出了宣判，主文如下：

雷震明知為匪諜（按：指劉子英）而不告密檢舉，處有期徒刑十年，褫奪公權五年，連續以文字（按：指《自由中國》半月刊）為有利於叛徒之宣傳，處有期徒刑七年，褫奪公權七年，執行有期徒刑十年，褫奪公權七年。

劉子英意圖非法之方法顛覆政府，而著手執行，處有期徒刑十二年，褫奪公權八年，全部財產除酌留其家屬必需生活費用外沒收之。

馬之驌預備以非法之方法顛覆政府，處有期徒刑五年，褫奪公權四年，匪偽書籍……均沒收。

43 以後來學者的分析，陳誠當年之所以這樣做，實際上反映出他在雷震案中的被動處境，若以權力接班，依蔣介石的邏輯，雷震、胡適等人反對他「三連任」，豈非是在支持陳氏競選總統，或由副總統升任總統？陳誠為示避嫌，主張重懲雷震，在邏輯上不無道理。事實上，逮捕雷震陳誠事先並不知情，直至時任總參謀長的彭孟緝、警備總司令黃杰下達拘捕令前，才共赴陳誠家中報告此事，作為副總統兼任行政院院長，僅被部屬告知，場面之難堪不難想像。

44 參見二〇〇二年九月四日，《聯合報》。

二〇〇三年國史館出版的《雷震案史料彙編：黃杰警總日記選輯》，其內容比《雷震案史料彙編——國防部檔案選輯》、《雷震案史料彙編——雷震獄中手稿》更清楚地呈現了一九六〇年「雷震案」中情治機構密謀策劃、蔣介石的態度和指示，以及國防會議副秘書長蔣經國扮演的角色：

> 一九六〇年六月十二日：陳副總統（陳誠）召見指示：「《自由中國》半月刊之處理，不必要總統負責，副總統願身負其責，余曾表示本部（警備總部）可以負責處理。但副總統說：「不要你負責，我來負責」。又說：「我下命令，由我負責，你來執行」。
>
> 一九六〇年八月八日：本部奉命執行「田雨專案」，對新聞界必須加以說明，軍法處亦已搜集其以往之荒謬言論，擬就起訴書，上述之新聞稿及起訴書，均已定稿，擬送中常委陶希聖、唐縱兩先生及總統府張秘書長岳公過目，以求妥善。中委會唐秘書長電話通知，已報告總裁，茲奉指示：「田雨專案之執行，須等待命令然後始可行之」。
>
> 一九六〇年八月十三日：晉謁總統，垂詢「田雨專案」準備情形。余當即報告一切均已準備完成，只等待命令行動。總統指示：一，對雷震之行動應切實注意。二，對傅正之行動，亦應加以注意。三，機場港口應該注意。四，行動時間到月底再做決定。余當即報告總統，對本案應予逮捕之對象，已分組加以監視。
>
> 一九六〇年八月二十日：總統指示：下星期即擬採取行動，究竟應先逮捕雷震？擬應先逮捕傅正？或能從傅正之供詞獲得較多之資料亦未可知。倘先逮捕傅正，雷震必然於其所辦刊物甚或煽動其他反動報紙刊物對政府大肆攻擊，如何應付此一可能局勢，均應詳加研討。
>
> 一九六〇年八月二十七日：總統指示：雷震將其逮捕後，預備禁閉於何處？是否繫監獄？余答以擬將其禁閉於本部軍法處看守所，俟起訴判刑後，即正式移監執行。總統問：「軍法官已指派否？必須指

定頭腦清晰，學識經驗均稱豐富之幹練人員擔當此一非常之任務」。

一九六〇年九月二日：利用總統召見前十五分鐘時間與唐（縱）秘書長一同趨謁陳副總統辭公，報告「田雨專案」已近執行階段，副總統極表欣慰，並謂：「本案我可以負責處理，如需由行政院下令，余雖臥病多日，仍可即刻下山，俟執行後，再回山休養」。十七時卅分，總統指示：一，本案不必由行政院負責。二，本案行動以後，唐秘書長可分別告知李萬居、高玉樹等，此次行動，係處理《自由中國》半月刊之舊案，與反對黨毫無關連。同時請副總統電告胡適先生加以說明。總統問：有關本案之法律問題，已準備否？余答：法律問題均已研究清楚，將來判刑最高可判有期徒刑十五年或無期徒刑，最少亦將判刑七年。

一九六〇年九月三日：為執行田雨專案，本部軍法處須以拘票三張，一張為逮捕傅正，另兩張為逮捕雷震之用（雷有一妻一妾，居處有兩處），同時簽發搜索票五張，于拘捕雷、傅時對其住宅與自由中國雜誌社進行搜查。

一九六〇年九月十五日：蔣副秘書長經國兄來訪，總統已將「劉子英自白書」過目，甚覺內容無力量，囑對雷震及劉子英兩人提出下列問題：一，詢問雷震：劉子英曾否告知你負有匪方使命？你有沒有報告政府？你有沒有要劉子英自首？你既知道劉係匪諜，為何為劉介紹工作？二，詢問劉子英：是否係匪方派遣來台？是否告知雷震？雷震是否曾要你自首？雷震是否知你為匪諜而仍為你介紹工作？政府宣佈自首辦法後，你為何不自首？

一九六〇年九月十七日：總統指示：雷案起訴書應以雷震等所為文字煽動軍心影響士氣提起公訴。

一九六〇年九月二十一日：總統指示：一，對各被告凡無充分證據之犯罪事實不必提出審問，自己必須凡事站穩腳跟，以免招致批評。二，傅正既無附匪事實，可不必起訴，但仍應依法「情節輕微，交付感化」。[45]

黃杰在九月二十六日日記中寫道：「總統稱，處理本案，余之根本原則絕不變更，即必須交由軍法審判，蓋如交司法審理，不但刑法上無可資引用之適當條文，引起之反應與軍法並無二致。」涉案人之一傅正因發表過兩篇文章，批評當局推動修憲以利於蔣介石「三連任」，被裁定感化三年（實際上最後成了六年）[46]。黃杰在日記中又說：

總統指示：雷震之秘書傅正，其人極為可疑，傅之年齡，據專案組所報，係三十六歲，但根據其個人資料，出生於民國十七年（一九二八），今年為三十二歲，而非三十六歲。且此人曾就讀於上海某大學，旋又轉入武漢大學，最後又入臺灣大學政治系畢業，從未謀取公職，專為雷震為助手，青年人讀書之抱負，果如是乎？以此情形推斷，當係共匪之職業學生，來台滲透工作者。[47]

---

45 參見二〇〇四年一月一日《聯合報》A13綜合／政治版。

46 《懲治叛亂條例》第九條第三項規定「感化教育不得延長」，但在實際操作中，往往違反其規定。即「感化」根據訓導程度，如考核分數較高，提出具體實證，可提前結訓，反之，若訓導認為其仍有思想問題，有權簽報上級延長感化期。傅正感化三年居滿之時，被找理由又感化了三年。作家柏楊亦為一例。參見許伸弘、許瑞浩等記錄整理〈馬之驌先生訪問記錄：生教所的悲歡歲月〉，《國史館館刊》二〇〇三年十二月，復刊第三十五期，頁二三五；參見柏楊（郭衣洞）《柏楊回憶錄》，台北：遠流出版公司，一九九六年版，頁三一九至三二五。

47 參見陳世宏、張世瑛、許瑞浩、薛月順編《雷震案史料彙編：黃杰警總日記選輯》，國史館，二〇〇三年，頁八十八至八十九，此史料全套光碟係中研院近史所胡適紀念館館長潘光哲先生提供，特此說明。

蔣介石詢問雷震會不會自請律師，回答是一定會聘請律師，家人正在與端木愷、梁肅戎、李公權等接洽中。蔣指示：告訴唐秘書長，即以端木愷為雷震的辯護律師好了，在雙十節前必須結案，答：是否太急了一點，怕來不及。蔣說：還是快一點好[48]。端木愷拒絕擔任雷震的辯護律師，託付給了梁肅戎。

十月八日下午，軍事法庭根據來自最高當局的指令，對雷震作出了宣判。儘管此時監察院「雷案調查小組」的調查報告，已列舉出該案在處理時諸多「不合或失當之處」，並提出糾正案，仍然無法改變初審的判決。

十一月二十三日，「雷震案」複判仍維持原判，美國國務院對此甚為關切，因不斷受到來自美國國會方面的巨大壓力，美國政府希望臺灣政府對雷震一案「優予考慮」。時任「駐美全權大使」葉公超一九六〇年十一月二十八日發給外交部一份電文稱：美國國務院主管政治助理國務卿（茂椿德Merchant）約見談話[49]，分管中國事務的馬丁局長在座。茂椿德告訴葉公超，此間對「雷震案」的反應於臺灣政府極為不利，並對維持原判表示遺憾，目前惟一的辦法，只有蔣總統予以減刑這一途徑。美方自知對此無建議權，仍希望臺灣當局予以考慮為盼。

葉公超電文轉呈之後，蔣介石態度堅決，不為所動，指示總統府秘書長張群覆電葉公超。張群十二月四日電文中稱：蔣親批「雷案為反共運動政策與共產顛覆陰謀之爭。且為維持國法與破壞反共法律之爭，乃為國家生死存亡之關鍵，不能再作其他如減刑等之考慮。否則我『政府』無法再言反共，即使其存在亦無意義。最後結果臺灣只有坐待共匪和平解放而已。此為我政府所絕不能想像之事，即以此意電告葉大使明告前途[50]」。張群電文還稱「辭公（指陳誠）表示完全同意」[51]。

48 參見二〇〇四年一月一日，《聯合報》，A13綜合／政治版。
49 原本國務卿擬親自約談，因離開華盛頓而改由茂椿德約談。
50 這裏的「前途」，係指他們，或另一方；舊時與人洽談時，隱去稱謂，稱另一方為「前途」。
51 參見周谷編著《胡適、葉公超使美外交文件手稿》，頁二六二至二六四。

雷震被捕之後，最初受押於警總軍法處看守所內，遇到一件終生難忘的事情，「有一天睡不著出來納涼（我的牢門二十四小時不關）時，忽有人來對我說：『雷先生，你不要問我姓名，我對你很敬佩！你在政府搞過幾十年，為什麼對他們的作風還不明白？為什麼要花錢去上訴？你上訴也是十年，不上訴也是十年！你今年已是六十四歲了，坐了十年牢也差不多了！你如果今年只有五十四歲，恐怕要判你無期徒刑啊！這都是國民黨老先生批准的』」[52]，老先生指的是蔣介石，雷震聞後慨然不已，扼腕長歎。

52　一九七五年五月三十日雷震致陶希聖函，收錄於《雷震全集》第二十八冊，頁一九七。

第二十二章　在獄中

一九六〇年十一月二十四日上午九時許，宋英及兩位女兒在二三親友的陪同下，前往台北青島東路警備總部看守所探望「複判後」的雷震。未料，雷震在一小時之前已被移至新店鎮安坑鄉國防部軍人監獄，宋英等人只好再匆忙乘車趕往新店。

第二天，雷震好友齊世英、夏濤聲、蔣勻田、胡秋原、夏道平、周棄子等七人，前往軍人監獄看望開始服刑的雷震，遭到獄方的拒絕，理由是「每週二、五的例行接見日，求見者以服刑人的親屬為限，朋友沒有必要時，監方可拒絕接見」。實際上，當局已下達有關指令，非親屬探望雷震，「一概得要先經申請，獲得國防部批准，否則免談」[1]。

根據當時的規定，「軍人無論是受審判或服刑，都是按階級而有所不同的。非軍人而受軍法審判的，也依其身份職位比照軍人之待遇」。雷震仍是國大代表，相當於軍人「將軍」之銜，可住單人囚室。新店安坑軍人監獄條件比看守所好不了多少，許多設施尚不盡如人意。雷震因高大身材，軍人監獄中的床似乎太小，雷震讓家人送去自己平時睡的那張大床，還有一張桌子，一把籐椅，一張靠椅，以及一個洗澡盆。以雷震的身份，在這裡無需穿囚服，雷震最初兩次會見家屬時，穿的都是西服。後來天氣漸冷，雷震讓家人又送去棉袍。安坑在鄉下，早晚特別涼。在看守所時，家人經常會送一點小菜來。到了這裡，雷震覺得不甚方便，就關照家人不必再天天送了。宋英是每週五探監，如夫人向筠是每週二探監，孩子則分別隨宋英和向筠一起去。朋友們來探望雷震，往往由於見不到人，會留一點水果給他。

1 李敖、胡虛一等著《雷震研究》，頁一四九。

有一次，立法委員胡秋原[2]、成舍我偕雷夫人宋英一起來探監，胡、成二人硬是被擋在了門外。胡秋原只好留下自己的名片，在反面寫道，「儆寰兄：今日兄坐牢，不是壞事；唯坐牢之道，首須安心。安心之法，不外讀書與思想。一當讀輕鬆者，二當讀費腦筋者。蓋唯有用心深思，始能安心也。不得見，所欲告兄者如此……」[3]

雷震在獄中發出的第一封家書，是入獄兩天之後。他讓宋英透過總統府秘書長張群「負責協商政治解決」，其辦法是「我不參加反對黨，自由中國社改組……希望我今後脫離現實，過一點寫作生活」。十天之後，再次致函宋英，「政治解決，除總統外，恐要與經國談談……這裡雖然特別優待，如果再住一二年，也是無法下去的」，信末特別交代「絕對秘密看完燒去不可留」[4]。雷震一直認為此次當局之制裁「決心如鐵」，其關鍵癥結在於參與組黨，因此，想透過「政治協商解決」的方式，來改變目前的困境。應當說，這並非雷震此時萌發出來的「悔意」，而是不想「新黨」因此而胎死腹中，他在信中說「新黨我不能參加，希望他們成功」。

一九六〇年十二月十四日，雷震在獄中致函胡適，為他的七十大壽提前祝賀，並向胡適索書，「本月十七日為先生七十大慶，我在獄中不能前來祝壽，謹寫此信代賀……賀壽不能無紀念品，我現在把『讀《胡適文存》校誤表』作為紀念品，向您敬呈……先生還有什麼書，請賜幾本，外國人的傳記（譯本）如有，請賜下幾本。我讀了一本中譯本《阿德諾傳》，給我啟發的地方甚多。」[5]獲悉雷震在獄中開始寫一些回憶性質的文字，胡適感到十分高興。一九六一年一月二十日，宋英前往探監，胡適特意託她帶了一封信給雷震，其中說，「我很高興你能夠安心寫回憶的文字

2 胡秋原（一九〇一至二〇〇四）湖北黃陂人，字石朋。曾就讀於日本早稻田大學。一九三三年參加「閩變」，失敗後亡命海外。一九三七年返國，先後創辦《時代日報》、《祖國雜誌》及《民主政治》。一九四八年當選立法委員。來台後，創辦《中華雜誌》。一九八八年九月，前往大陸探親，宣傳其「國民會議」理論，遭限制出臺兩年，並被國民黨開除黨籍。著有《古代中國文化與中國知識份子》等書。

3 《雷震全集》第五，頁七二二。

4 參見吳乃德〈不要摧毀民主未來的重要價值——致民進黨的朋友們〉，原載二〇〇六年八月二十五日，《中國時報》。

5 一九六〇年十二月十四日，雷震致胡適函，萬麗娟編注《雷震胡適來往書信選集》，頁二三七至二三八。

了，也很贊成你儘量寫得『白』。但不要學我，趙元任兄常說適之的白話是不夠『白』的」[6]。

自雷震入獄，至一九六二年二月胡適以心臟病猝發逝世的一年多裡，雷震先後給胡適寫過二十餘封信。一九六一年陰曆五月二十六日，雷震六十五歲生日，胡適想念獄中的雷震，手書南宋詩人楊萬里的詩〈桂源鋪〉以相贈：「萬山不許一溪奔，攔得溪聲日夜喧。到得前頭山腳盡，堂堂溪水出前村」，其寓意，不言自明。第二年，胡適就去世了。聶華苓始終認為「胡適的速死與雷案有關」，唐德剛說「雷震案」之後，胡適好像一下子老了二十歲。雷震自己也說，「胡適為我的事，是遭受了冤屈，但胡適本身也有錯誤，他不應該回台的，回來了即等於『甕中之鱉』，蔣中正就不會買他的賬，胡適也沒有辦法來對抗」[7]。

雷震在獄中受到嚴密監視，有一個「雷震監視班」，共四人，輪流值班。一九六三年四月二日，《時與潮》雜誌刊發〈訪監委宋英女士問雷震獄中生活〉一文惹怒了當局，雷震旋被停止會見家屬達半年之久，《時與潮》雜誌也因此被迫停刊一年。這篇文章係《時與潮》記者對宋英的一次專訪實錄，同時附有「雷震獄中自勵詩」一首。宋英在專訪題記中特別感謝「所有海內外關心儆寰之好友的殷殷至情」，並借用《聖經》上的話，稱自己的丈夫「為義而受難」，他的冤屈將得到歷史最公正的評價。關於這首「雷震獄中自勵詩」及自己的心情，宋英這樣說：

這首詩，是儆寰……自新店安坑軍人監獄寄給我的。我讀了他的這首詩後，覺得他在監獄中的心情，已逐漸平和下來，這點對我來說，自是一件最可欣慰的事。儆寰以垂老之年，坐牢已快三年了。自他被捕入獄至今，一直受到海內外甚多識與不識的朋友的同情和關懷，我個人亦常受到許多友好的熱誠安慰和幫助……一般說來，一個坐牢的人，心情總是不好受的；儆寰坐牢，難免亦是如此；所以儆寰常說自

6 一九六一年一月十六日胡適致雷震函，萬麗娟編注《雷震胡適來往書信選集》，頁二四二。
7 《雷震全集》第二十八冊，頁四三四。

己是個「受難」人。儆寰以所謂「文字叛國罪」被捕的情景，對我來說，真是歷歷在目，有如昨日之事一樣，但它畢竟已是兩年以前的事了，再來舊事重提，似乎無此必要。至於儆寰坐牢，究竟是「罪有應得」，還是如聖經上所說「為義而受難」，這自然只有訴諸世人的公道與良心，和留待後來歷史的判斷……最近，又承《時與潮》雜誌記者先生來訪，承其關心儆寰，探詢他的獄中生活至詳。臨時乃將儆寰寄我已快半年的這首詩，順便交請《時與潮》雜誌發表。[8]

從對宋英的這篇專訪中，可瞭解到雷震前三年的獄中生活主要以寫作為主，多是回憶類的文字。宋英對記者說，「據我觀察，談不到寫作興趣的高低，只能說他精神來得及時就寫……這是一個獄中人寂寞時惟一使用（或發洩）精力靈感的方法和方式。他曾告訴我，寫起來幾千字，還是沒有困難；哪一天精神不濟了，就休息不寫。」當記者問及雷震獄中健康問題，宋英說，「還算好。你想，他到底是六十七歲的人了，再好也沒法與青年人相比。何況他有風濕病，氣候一變化，他就免不了痛苦……」記者又問，先生與入獄前相比有什麼顯著不同，宋英以兩年多來會見雷震時觀察所得，告訴記者「他現在安靜得多了」，「人生經驗比以前更豐富了，容忍的修養更高深了，觀察事理更深入了」。

雷震患有多年失眠症，一直困擾他的健康。宋英對記者說，雷震在入獄後一段時間裡每天確實需要安眠藥才能入睡，「後來因為購買不方便，以及他有意要藉此機會擺脫安眠藥的糾纏，就像一般人戒煙一樣地把『藥』戒掉了。現在他已完全可以不需藥片而能安眠了」。記者詢問當時那場「中西文化論戰」雙方主角[9]由論爭而訴諸法庭一事，雷

8　《雷震全集》第十二冊，頁三六三至三六四。

9　一九六二年，胡適在台北逝世之前，發生過一場「中西文化論戰」。其中以李敖和胡秋原之間的論戰最為激烈。論戰是由兩篇文章引起的，一篇是胡適的〈科學發展所需要的社會改革〉，一篇是李敖的〈給談中西文化的人看看病〉。李敖指名道姓批評了一些國民黨要人和社會名流，包括張其昀、陳立夫、陶希聖、胡秋原、任卓宣、鄭學稼、錢穆、牟宗三等，在社會造成極大的震動。面對李敖來勢兇猛的批判，胡秋原、任卓宣（葉青）、鄭學稼等人深感其聲譽、人格受到極大羞辱，於是也撰寫文章，在《文星》雜誌上進行反擊。這場以李敖、任卓宣、鄭學稼、胡秋原、徐復觀等人為中心的「中西文化論戰」，後由於涉讒謗訴訟，被報紙大量報導。

震在獄中對此案十分關注，宋英解釋說，「那是雷先生看報知道打筆戰打進法庭，他向來的性情愛關心朋友，便在給我的一封信上順便提了一句，說他認為那件官司打也不會有什麼結果，囑我見到胡秋原先生時，就說儆寰誠意勸胡先生千萬不要繼續打官司，如果不是他在獄中，他一定要給雙方調解息爭」。

記者提出想看一看這封信，宋英表示這是一封夫妻私函「不便公開」。不過，她又說：「我可以把雷先生附有識言的一首詩交給你發表。因為那首詩是〈自勵詩〉，足以說明他的心境和修養的進度。詩後的跋語，等於是一篇日記，可以讓關心他的朋友們知道他的生活情形而放心。那是他親筆寫的。」一九六三年四月一日出版的《時與潮》雜誌第一百六十六期刊表了雷震的這首〈自勵詩〉（附跋），全文如下：

九月九日夜夢到胡適之先生所示容忍與自由因成自勵詩一首。

無分敵友，和氣致祥，多聽意見，少出主張。容忍他人，克制自己，自由乃見，民主是張。批評責難，攻錯之則，虛心接納，改勉是從，不怨天，不尤人，不文過，不飾非；不說大話，不自誇張，少說多做，功成不居。毋揭他人短，毋揚自己長，毋追懷既往，毋幻想將來。忠於信守，悉力以赴，只顧耕耘，莫問收穫。虛心無愧，毀譽由人，當仁不讓，視死如歸。做人和處世，皆賴之以進；治國平天下，更非此莫成。

九月五日夜，颱風肆虐，居室浸水，物件凌亂，黴氣四溢。七日亞英（即宋英，作者注）探視，送來書架一只。九日天晴，乃抖擻精神，將書籍文稿，衣履被服，碗櫥炊具，藥瓶壺盂，以及罎罎罐罐，全部搬到室外曝曬，洗刷拭淨，然後一一搬回室內，上午十二時完畢。其間雖有一人相助，而大部分工作是我一人任之，跑進跑出，不下百次之多。午間小睡後，又趕寫今日應寫的回憶文字，成二千五百字，復利用休息時間，將書籍放到書架上，並略事整理。其他物件，亦均一一放到適當地方，其間曾準備午晚兩餐。晚飯後又洗衣三件。因之精疲力竭，頭昏眼花，晚間運動因而停止。九點鐘即上床休息。不意橫身酸痛，皮膚發燒（太陽曬的），疲勞過甚，竟不能成眠。十一時半又起床出外散步，腹餓吃餅乾兩塊，然後上床再睡。在迷迷糊糊中，忽然夢到適之先生告訴我們「容忍與自由」的意思，因成詩一首，藉以明志自勉。[10]

《時與潮》這篇溫和、平實的專訪遭到當局的責難。《時與潮》是雷震老友齊世英以立法委員身份辦的一個黨外刊物，此時齊世英已被國民黨開除黨籍多年。雷震說，「蔣氏父子認為這是諷刺語，即下令《時與潮》停刊一年，我則停止接見，不准帶冰箱和電扇。我的停止接見未付期限，一下子停止接見半年，這又是大大違法的」[11]。雷震在四月二十八日日記中有「《時與潮》載有陶元珍教授〈讀雷儆寰代表（震）獄中詩〉」之記載，第二天，收到老友徐復觀〈讀儆寰獄中詩感賦〉的抄件，足見這首〈自勵詩〉感人至深。

雷震在獄中為爭得自由閱讀報刊合法權利，與獄方做過一番堅決抗爭。軍人監獄規定訂閱的報紙是黨報和軍報。雷震不願看官方刊物，要求訂閱《聯合報》以及一份英文的《中國郵報》。經過兩個月的審核，方才獲准。獄方對於書刊的閱讀管制特別嚴格，雷震所訂《聯合報》，除負責檢查報紙的保防室外，其他受刑人，甚至獄吏、獄卒一律不許看。在那段時間，獄方只要提及《聯合報》，常稱之為「同路報」，意即「自由派的同路者，思想有問題」的報紙。獄官告訴雷震，獄吏和獄卒為了也能瞭解社會大事，常跑到新店公路局車站內看張貼在公告欄上的「同路報」。

雷震在《雷案回憶》和《獄中十年》等書中，經常提及在獄中閱報時的遭遇和不堪心情。獄方雖然特別核准他在獄中訂閱《聯合報》，對每天的報紙仍加以嚴格檢查，並不時查扣，雷震想盡一切辦法爭取自己的閱報權，其中有若干記載：

10 以上均參見一九六三年四月一日《時與潮》雜誌〈訪監委宋英女士問雷震獄中生活〉一文，收錄於《雷震全集》第十二冊，頁三六二至三七一。

11 《雷震全集》第十二冊，頁三六二。

《聯合報》常常要到下午才送來，上午要經過保防室檢查，其實他們也要看這些同路報，而不要看那些成天歌功頌德的黨報和官報。

可是保防室的檢查，常常扣去一天，我就抗議：不見得報上所載全部我都不能看吧？於是保防室改變辦法，抽出不給我看的那一張。

我又抗議：難道全張都是不能給我看的嗎？

保防室又改變辦法，把不准我看的那一部分剪去了。

我再又抗議：保防室不准我看的，只有一則新聞，這一剪去一塊，我連背面可以看的也就看不到了。於是保防室又改變辦法，把不要給我看的那一部分用油墨塗去，如何用水洗刷也洗不掉。[12]

雷震被捕之初，確實受到過軍方在某些方面的「優待」。宋英承認「雷先生自入獄後，沒有像一般人所想像的獄中生活那樣苦（例如挨打、受辱和做苦工），但也沒有得到家屬親友特別的照顧（例如「監犯有接見任何家屬親友的便利」）……我每禮拜按軍獄的規定，給他送兩次菜去。」[13] 當局無疑知道此次逮捕雷震在海內外引起的震動和反應，迫於輿論的壓力，不得不採用一些辦法來緩解雷震的情緒，對他在獄中提出的一些要求，儘量給予滿足。

還在看守所時，所長張福慶對雷震透露過，「雷先生過去對於國家有很大的貢獻，這次事情，理由並不充分，自『雷案』發生後，外國的報刊，包括香港在內，對於政府和國民黨，甚至蔣總統都抨擊甚烈，說是『蔣總統鑄下了一項最大的錯誤』。逮捕雷先生是蔣總統下的手令……為補救起見，關照我們對雷先生特別優待，我們自然要照辦

12 以上均參見一九九四年七月二十九日，《聯合報》報導。
13 《雷震全集》第十二冊，頁三六八。

的。」[14]雷震大發感慨，「我聽到這一段話，馬上聯想到許多人所說『外國的月亮圓些！』這話卻不無道理，這些諷刺的話，當是由經驗而來，我的優待就是受了外國人，尤其是美國人之賜！」[15]

自發生〈自勵詩〉事件，獄方對雷震的態度立即有所改變，監控得更加嚴密。李敖曾托宋英女士將其新作《胡適評傳》送給獄中的雷震，此書一審查就是十九天。這本《胡適評傳》讓雷震看了許多天，他還將書中「錯誤的地方均一一記出，將來可交給李敖」。

雷震在獄中十年，軍人監獄更換過四位監獄長。他回憶道：

> 第一位是李玉漢，據說是特務出身，我未見到過；第二位叫做馬光漢，他任軍監監獄長三年，每年倒是來囚室給我拜年，他是對我特別客氣，他知道我是被蔣氏父子誣陷，下令而坐牢，我本身是清白無辜的，所以每年來給我拜年，對其他受刑人當然無此禮貌，和其他監獄長對受刑人是一樣的態度，依然是「牢頭禁子」的作風。第三位姓趙，做了好多年，我根本沒有見過。第四任監獄長叫做「洪濤」（即洪破浪，作者注），係憲兵出身……洪濤任監獄長後作風大變，對待受刑人的態度則大為和善，受刑人都覺得這位監獄長有人性，是一個人，不是牢頭禁子，對我也特別客氣……洪濤到任之後，對於受刑人也舉行「生日會」，使受刑人也得到一點溫暖……受刑人的生日會是在監獄的禮堂中舉行，洪濤和許多監獄官親自參加……我是受蔣氏父子下令不准和大眾見面，所以給我添了幾樣菜，由我一人在監房中吃。這雖是美中不足的事，但不能責怪洪濤，那是他不敢違背獨裁者的命令，除非他不想做官，不要這條命。[16]

14 《雷震全集》第十二冊，頁三七二。
15 《雷震全集》第十二冊，頁三七三。
16 《雷震全集》第十冊，頁三七六至三七八。

以雷震坐牢的親身體會，發現在軍監中態度最為惡劣、最不講道理、又無法律觀念的機構當屬「保防室」。「保防室」名義上屬於軍人監獄政治處代管，實際上是一個特務機構，隸屬蔣經國管轄之下的一個安全室，在軍監中誰也管不了它。「保防室」對雷震特別苛刻，「我所接見的人，要它核可，我除掉家屬和親屬外，任何人也不許接見，連家中燒飯伙夫送菜來時，也不許我接見」[17]。每次會見家屬時，只有三十分鐘，兩部答錄機同時錄音，更有人在一旁監視。立法委員、原軍統局上海站站長王新衡來軍監探人，提出順便見一見雷震，同樣遭到拒絕。王新衡只好留下名片一張，以示來過了。就是這張小小的名片，「保防室」從未交給雷震。雷震出獄後，一次與王新衡閒聊，才得知當年還有過這樣一件事。

「保防室」檢查受刑人書信更是苛刻，近乎不可理喻，「凡有一語他們認為不妥者，就不給你看，或不給你發出。實際上在檢查書信工作的人，都是那些半瓢子水的外役，自己的肚子裡是半通不通的，他們只知道從嚴，只會挑剔。我的來信，看了一遍，馬上就收回去了[18]，存放在保防室那裡……我刑滿出獄前幾天，我要索回存在保防室的來信，可是來信不多。在這十年坐牢中，何止一兩百封信呢，只還了二十幾封……殷海光有一封長信，有十頁之多，這封信我記得很清楚，而殷海光在我出獄前的前一年已去世，我要留這封信作為紀念，故一再向保防室提出要求退還此信，他們一概置之不理，仗著他們是蔣經國培植出來的特務，可以無法無天而不顧一切。」[19]

牢中十年，讓雷震沒有想到的是，軍人監獄內腐敗之事，筆不勝書，貪污之奇，「也和政府一樣，最不貪污的監獄長，只要蓋上三、五幢房子，所得就極為可觀……其他如軍監的各工廠購買原料和出售成品，官兵及囚人的伙食

17 《雷震全集》第十冊，頁三七八。

18 雷震獄中日記對此有詳細記載，所有信件看完之後都要收回。一次，雷震收到長子紹陵（元配夫人劉氏所出）夫婦從美國紐約寄的信，外役要求他二十分鐘內看完，然後就收回。雷震說，只有二十分鐘，此信就不看，為何要這樣嚴格限制我？對方說，是奉命辦理的。參見雷震一九六四年七月一日獄中日記，收錄於《雷震案史料彙編雷震獄中手稿》，國史館，二〇〇二年印行，頁八十四。

19 《雷震全集》第十冊，頁三八〇。

費……有的彼此利益均沾，有的則主持者獨吞其款」。雷震說，若不是蔣氏父子將他不折不扣的關了十年，否則，還不會知道軍人監獄中的腐敗情形[20]。當局對軍監的意識形態控制得相當嚴密，那些低階獄卒，表面上唯唯諾諾，實際上，對國民黨早已心懷不滿，每次軍人監獄大禮堂舉行「國民黨黨員大會」，「黨歌」響成一片，背後卻有人大罵，切齒痛恨。「有一次正遇上一個護士（軍中護士均是男的，同為士兵）給我打針時，我問他何以不去參加？打針遲一點沒有關係。不料那個護士卻氣沖沖地對我說：『哪個人要去參加這些流氓集團？』」[21]。

若論坐牢，雷震早有預感，畢竟是國民黨高官而淪為「階下囚」的，幾十年來，他在國民黨內部，經歷過太多的風風雨雨，對當局打壓異己之手段無所不知，此次坐牢完全因其理念與體制相悖所致，而且純屬「政治構陷」，因此，他的心態較之一般犯人相對平靜和從容。不過，作為當局重要的政治犯，漫長的鐵窗生涯，失去人身自由的滋味與普通犯人毫無二致，雷震在信中對如夫人向筠說，「第一次看眼睛（指眼疾，作者注），如此困難，失去自由的人，多可憐啊！」[22]他之所以能夠堅持下來，正如馬之驌所說「雷震坐牢十年，之所以能保存了性命，他惟一的『哲學』是他能『欣賞坐牢』」。雷震出獄後，歷史學家唐德剛與他見過一面，兩人談了很多，從中大致可瞭解到雷震當年在獄中的真實心態，唐德剛這樣記述：

> 這次我與雷先生談了兩個多鐘頭，甚為投契。他告訴我一個人做人要有骨頭，也要有修養。坐牢就要有修養；他說他坐牢十載，左右隔壁的難友都死了，只有他一人活了下來。「有什麼秘訣呢？」我問。「要欣賞坐牢嘛！」雷說時微笑。他說他左右鄰難友都煩躁不堪，一個不斷傻笑，另一個終日唧唧咕

20 雷震著《雷震回憶錄——《我的母親》續篇》，頁三八九至三九〇。
21 雷震著《雷震回憶錄——《我的母親》續篇》，頁三八〇。
22 雷震著《雷震家書》，台北：遠流出版事業股份有限公司，二〇〇三年九月一日初版，頁三。

咕，大小便都不能控制，結果一個一個死掉。「我想我如不拿出點修養來『欣賞坐牢』，我一定跟他們一樣死掉……」雷說他用修養克制自己，終於神經還能維持不錯亂，而終於「活著出來」。[23]

雷震「欣賞坐牢」的心態，並非一開始時就有。初到看守所時，因憤懣於蔣氏父子對他的「政治構陷」，整整三天未吃任何東西，連一口水也未喝過，打算絕食而死，以示抗爭。後來想到「事情尚未搞明白就絕食而死，蔣氏父子可能誣我『畏罪自殺』，那就太不值得了」。女兒雷美琳回憶，「我父親自己在牢裡頭，他也很注意自己，每天該吃什麼吃什麼，他也不是很消沉的，他把全部精力放在寫這個回憶錄，就是說他有一個事情做，有一個目標的話，他就沒有那麼煩躁。」[24]

儘管如此，以雷震的個性，在獄中心情漸漸平靜下來，但骨子裡仍對蔣介石將他送入大牢感到憤激。他時常想到自己從事推動民主政治運動，完全是為了臺灣和政府的進步，最後遭如此「政治構陷」，不免內心痛楚。他在獄中寫道：有人告訴我說，「雷公，你是逃不了保安司令部——警備總部這一關的，你總是要坐這個牢的，政府對於輿論的控制，出版法和懲治叛亂條例乃是並行的兩道鉗子，如果覺得出版法的控制不夠勁，就使用最後法寶的懲治叛亂條例，這樣就可以萬無一失。懲治叛亂條例在平時則是備而不用。」[25]

在獄中，雷震多次夢見胡適，可見對先生情感至深，也可見胡適對他的影響最大，以下這篇獄中日記寫於胡適去世一月之後：

---

23 唐德剛〈「銅像」遲早會出現的〉一文，收錄於《雷震全集》第二冊，頁二四八。

24 參見〈可貴者膽，所要者魂：雷震〉一文，收錄於蔡明雲主編《臺灣百年人物2》，頁十八至十九。

25 雷震獄中手稿，收錄於《雷震案史料彙編——雷震獄中手稿》，頁三九二。

昨夜睡得迷迷糊糊，做夢遇到胡先生，好像在上海八仙橋上海銀行樓上，又好像在南港，又好像在自由中國社，做了一晚上的夢。他勸我放棄搞政治，他說我是搞民主政治的健將，今日時候不到，在臺灣不適合，這裡根本無民主政治，所以英雄無用〔武〕之地。勸我今後連政治也不要談。他又說過去不來看我，是怕觸怒了蔣先生，其目的是為我。又說他沒有幫到忙，很抱歉，勸我忍耐，勸我逆來順受，勸我放棄搞政治和談政治，勸我從事著述，說我是研究憲法的，中國憲法書很少，勸我寫一部巨著，臨走時勸我保重身體，坐牢人以身〔體〕為重，這樣迷迷糊糊了一晚。醒了一身汗，我想今後還是脫離政治吧！左舜生就退出政治，我也應該這樣。[26]

雷震入獄的後五年，身體開始出現一些毛病，軍監醫生查出他已患有前列腺炎，「解小便時即感很不暢通，有時很吃力」，申請出獄做手術的手續十分煩瑣，再加上家中沒有治療費，此事就拖了下來，一直未能得以及時治療，出獄不久，即惡化為前列腺癌。此時雷家經濟狀況十分糟糕，雷震的國大代表津貼被取消，其子雷德成患有重病，前後大小手術二十餘次，「最後兩腿全被鋸掉，僅剩軀體」。雷震被關在新店，雷德成住在榮總，一南一北，宋英兩地奔波，孩子們看在眼裡，說母親最可憐，真是筋疲力盡了。雷震在獄中日記中也說，「我想到她過去常說，她總有一天要送牢飯的，有許多事情她比我看得清楚，我還是太天真啊……」[27]

雷德成的病是二十歲那年馬祖服兵役時落下的。馬祖地區只是幾個荒涼的小島，駐軍沒有什麼設施，軍營十分簡陋，海邊搭一個棚子，前後通風，沒有門障，地上鋪著榻榻米，只有一條軍毯。

雷德成與父親一樣，個子高大，軍毯太短，蓋了上身，就遮不住下身，軍醫說是得了風濕性麻痹症。雷震夫婦向當局五次提出請假讓其回台醫治，都未予核准。雷震此時與當局的關係已然緊張，雷德成遂成這場政治衝突中第一個

26 雷震一九六二年三月二十四日獄中日記，收錄於《雷震案史料彙編——雷震獄中手稿》，頁七十五。
27 雷震一九六一年二月九日獄中日記，收錄於《雷震案史料彙編——雷震獄中手稿》，頁七十三。

遭遇肉體打擊的人。三年後退伍回到台北，已是完全不能行動。雷震當時找到前衛生署長施純仁大夫進行手術，未獲成功。

在美國的姐姐雷德全，十分心疼這個弟弟，建議母親將其送來美國治療，並說已在羅斯福醫院為他找好了醫生。「母親將全部有關羅斯福醫院所提出的文件，送交當局，準備去辦出臺手續，幾個月下來，如石沉大海，毫無回音，從側面打聽，也不得要領。後來才證實德成弟領不到護照，因為當局認定他已是殘廢，政府不能允許殘廢的人出國，當我聽到這一個消息，真是心內咯血，眼冒火花……當局會怕我們在德成弟到了美國之後，暴露給新聞界他的一切不幸遭遇，而影響政府的顏面」[28]。一九六九年十一月三十一日，雷震出獄前一年，雷德成不幸早逝，「一個活生生的年輕人，他的一生還沒有開始，卻在極權專制的政治鬥爭中被犧牲了」，雷震獄中得知，老淚縱橫。

雷震身陷牢獄十年，失去人身自由，在高牆之內，除獄中兩次嫁女無法參加外[29]，還有幾件令他痛苦不堪的事：第一件：下獄數年後，老友高玉樹以無黨派身份高票再次當選第五屆台北市市長[30]。在獄中，每當雷震聽到很多人在痛罵國民黨為「狗民黨」時，心中不免戚戚焉，確實「難過之至」。雷震二十歲時即在日本加入中華革命黨（國民黨），直至被開除黨籍，前後有三十七年黨齡。當看到自己曾經投效多年的政黨被無數人批評或憎恨，不免有種「恨鐵不成鋼」的心情，應當說，這很真實。「這一晚上，聽到離我囚室不遠的斜坡上，人聲鼎沸，我遂出來看看，見到許許多多充當『外役』的囚人，一堆一堆的群集在那裡，拍手狂歡，狀若得到了『愛國獎券』頭彩似的，其欣喜若狂的樣子，好像發了瘋一樣。我為好奇心所驅使，就跑過去問問他們今晚為什麼這樣高興？是不是有人得了『愛國

28 雷德全著《我的母親——宋英》，頁一七八至一七九。

29 雷震入獄後，與如夫人向筠所出之長女雷美琳於一九六二年二月十二日出嫁，一九六四年次女雷美莉出嫁。作為一個父親，無法親自送女兒出嫁，是他一生中的遺憾。他在家書中總是對兒女們諄諄教誨，「你們再要好好用功，一個人沒有學問，在社會上無立足之地」，並鼓勵他們赴美深造，只要能去成，錢由他再想辦法。參見雷震著《雷震家書》，頁一五二。

30 一九五四年以黨外人士當選台北第二屆民選市長。

獎券』的頭彩？他們爭先恐後地對我說道：高玉樹當選了台北市長，『狗民黨』的周百煉落選了！我們高興之至，因為『狗民黨』已失去了臺灣的民心。』」[31] 獄友們的肺腑之言，雷震慨然萬千，「不料成天自吹自擂的國民黨在老百姓的心目中，竟是一個畜類東西……今日這個局面，真是古人所說：『天作孽，猶可違，自作孽，不可活也』」。

第二件：一部近四百萬字的《回憶錄》，在出獄前兩月被強行沒收。對雷震來說，撰寫這部回憶錄是獄中十年最重要的一件事，無論是抗日初期國民參政會的成立；或抗戰勝利後，從「國共和談」到「政治協商會議」，及至「制憲國大」，雷震均為重要的親歷者和參與者。四百萬字的《回憶錄》對那一段潮起潮落的歷史真貌，應當有著極高的史料價值和研究價值。當時獄方奉命將雷震的囚室搜索一空，連一張紙片也未留下。幾十年後，政治大學研究員洪茂雄針對「前東德國安部機密文件展覽」一事，在《自由時報》上撰文，「反觀臺灣，在國民黨白色恐怖統治時代，有不少懸案迄今仍不明不白，如一團迷霧。諸如：雷震和《自由中國》半月刊事件……當雷震準備離開黑牢前夕，他憑其堅定不屈的意志在獄中夜以繼日所完成的回憶錄卻不翼而飛，無故沒收，甚至予以銷毀。雷氏出獄後，還相當長一段時間遭監視，形同軟禁。試問，雷震的冤獄始末，誰該負起責任，還其清白？」[32]

第三件：雷震刑滿行將出獄，當局卻提出要有雙重保人，並須簽署一份「誓書」，保證出獄後「絕不發生任何不利於政府之言論與行動，並不與不利於政府之人員往來」。雷震遭此節外生枝，對於坐滿十年冤獄的他來說，內心痛楚可想而知，表示不願出獄。「要我在出獄前立下『誓書』，始能於十年刑期終了時開釋，否則不得出獄。我因為『於法無據』，一再拒絕。我說『監獄行刑法』第八十三條規定：『執行期滿者應於刑期終了之次日午前釋放之』，並未附有任何條件。因而，我不肯做『違法』的『法外』之事……於是軍監又通知我妻，要她來監勸我接受這件『法外』的規定。迨我的妻女來監勸我時，我還是拒絕，她們不僅落淚，甚至下跪懇求，我總是無動於衷……我妻不得已，乃請於民國三十八年春，在上海保衛戰中，出生入死，共過患難的谷正綱先生來軍監勸我接受，並勸我要可憐我

31 《雷震全集》第十二冊，頁三七四。

32 二〇〇二年四月十四日《自由時報》第十三版。

妻這十年間所受的煎熬和痛苦……過了兩三天，王雲五、陳啟天、谷正綱三位先生來到軍人監獄要我出具誓書時……我看到八十以上的老人王雲五先生這麼遠跑到，在不得已的情況下，我只有含淚而寫」[33]。

所謂「雙重保人」，是指具有兩種不同身份的人出面作保。第一種，乃直系親屬，雷震的選擇是：女婿陳襄夫，時任中央信託局高級主管；侄女婿毛富貴，時任鐵路局運務處主管；內姨侄程積寬，原「自由中國社」職員。第二種，乃政治的社會人士，雷震的選擇是：老友王雲五，時任國民大會代表，曾任行政院副院長；青年黨領袖陳啟天，前經濟部長，時任青年黨中央主席團成員；國民黨高幹谷正綱，時任大陸救濟總會理事長。

臨將出獄前，對於軍監強取他的稿件、日記等，雷震怒不可遏，五次給監獄長洪破浪寫抗議信，對軍監違法亂紀行為表示嚴重不滿，其中一封抗議信這樣說：

七月二十三日軍監強取了我的稿件、日記，經保防室剪塗過的報刊及自來水筆和台幣等等之後，再加以次日停止接見的不當處分，我的精神上已因此而遭到重大的打擊，故連日服安眠藥和鎮靜劑了，此事可詢問彭醫生……我已坐牢了，生死一切均掌握在軍監的手掌之中，我之受到軍監的折磨和打擊，自在意想之中……我這一次所爭者為法律，為人權，並非坐牢而不安分守己。蔣總統一再訓示部屬要「守法」，而軍監又是一個執法機關，一切自應依法辦事，我們擁護領袖，就必須依照他所訓示的「守法」等等切實去做，僅僅喊喊口號、貼貼標語是算不得擁護的。「知恥」也是蔣總統的訓示，那麼，一切依法辦事才是「知恥」，而違法亂紀就是「無恥」。臺灣環境誠然特殊，但是蔣總統叫人「守法」，是在臺灣說的，不是在大陸說的，就是要在特殊環境之下實行法治。

33 《雷震全集》第十二冊，頁二六七至二六八。

我向軍監索取我的稿件，能說這是「不合作」嗎？是不是軍監要我做耶穌，人家打了你的右臉，你還要把左臉再送給人家打啊？現在長話短說：一、軍監如不把不依法而強取的稿件、日記等等還給我，我是不會出獄的；二、《監獄行刑法》上有規定的，我一定照做不誤，其他沒有規定的，我一樣也不做。即使不讓我出去，也是如此。[34]

儘管如此，高牆之內，鐵窗之下，同情雷震的不乏其人。某個深夜，雷震收到過一張偷偷送來的紙條，特別注明閱後立即毀掉，「千萬不可保存，萬一查出筆跡來了，他們要受到嚴厲的處分」。紙條這樣寫道：

德不孤，必有鄰，願先生勿因此而氣餒，太公舉於渭水，夷吾囚於士，國父蒙難於英，皆先賢雖殊途而同歸也，凡此三賢，未嘗不先難後獲，危然後安！民不畏死，奈何以死懼之，巧立名目，圖窮匕見而已，凡有血性而志在救中國之人，思念先生至此，未嘗不泣血椎心，仰天長嘯，壯懷激烈！後生之心，願先生因此保重玉體健康，繼而異日負救苦難國家而不辭使命而已矣[35]。

雷震將此內容抄在老友端木愷送給他的那本《聖經》包皮紙裡面，將原件銷毀。端木愷時任東海大學校長，他是著名律師和法學家，雷震被判刑時，他委託梁肅戎作為辯護。雷震入獄後，端木愷特意送來一本《聖經》，「這是他多年來，每天必讀的，送給儆寰兄在苦難中閱讀」，端木愷還把舊約羅馬書第五章二至五節寫在這本《聖經》的封底

34　一九七〇年八月十八日雷震給監獄長洪破浪的抗議信，收錄於《雷震全集》第二十七冊，頁二二〇至二二二。
35　雷震著《雷震回憶錄——《我的母親》續篇》，頁三五二。

上，「就是在患難中也是歡歡喜喜的，因為知道患難生忍耐，忍耐生老練，老練生明理，明理不至於羞恥……」[36]端木對雷震精神上的支持，使其受到很大的安慰。十年之後，雷震把這本《聖經》帶出了監獄。

36 參見雷震著《雷震家書》，頁六。

附錄　《雷震軍監服刑日記審查表》

雷震在獄中對自己被羅織「知匪不報」、「為匪宣傳」等莫須有罪名憤怒不已，批評時政未因身陷囹圄而手軟，雷震在獄中的日記、回憶錄、致親友的信函等，受到軍監的再三審查，並被檢查人員列之為「詆毀政府」、「誣衊蔣公」、「詆毀經國先生」、「誣衊監獄迫害」、「詆毀國父」等罪名。二〇〇二年八月國史館出版的《雷震案史料彙編》之《雷震獄中手稿》，首次披露一份軍監檢查雷震服刑期間的日記審查表，摘錄如下：

【詆毀政府：不以民主自由為基礎，不過是以暴易暴。】

一九六一年二月九日：我想到她[1]過去常說，她總有一天要送牢飯的，有許多事情她比我看得清楚，我還是太天真啊，也是變好的心可能太切，我總以為不以民主自由為基礎，那不過是以暴易暴耳。

【詆毀政府：批評政府，曲解憲法。】

一九六一年四月二十三日：又載名流上書特赦雷震未批准，茲剪貼其所持理由是「以往同類案件，從無赦免先例」，因而對雷案不予特赦，這真是辭窮理屈了……這樣解釋拿的出來，他們可謂大膽之至了。

1　這裏的「她」，係指雷夫人宋英女士。

【誣衊蔣公】

一九六二年一月十三日：黄興死日為十月三十一日與總統生日同在一天，因此黄興死後四十年，不准開紀念會，怕沖了總統的壽辰，後來只好提前舉行。

【誣衊蔣公】

一九六二年三月二十四日：胡適說，過去未來看我是怕觸怒了蔣先生。

【以偏概全詆毀政府。】

一九六二年四月二十二日：李天霞誘女成姦，後又將該女送給參謀總長楊英為，因楊老醜，該女不願意，且該女與一團長好，李某與楊某認為團長是匪諜，將團長暗中槍決，將該女害死，屍首丟到河中，他們隨便用匪諜的帽子，過去不知陷害了多少人。

【誣衊政府：攻訐警總。】

一九六二年八月二十六日：我前年被臺灣警備總部以莫須有名義逮捕，……要在世界上站得住，不要做一點非法的事情，不要為一個政權而使用恐怖手段。

【誣衊監獄迫害】

一九六三年六月十一日：晨八時二十分袁科長請我去談話，說他們要搜查我的房間，並說要搜查小刀，我心中很不適，一再催促他快點搜查，直到十一時搜查完畢，我一查桌上的稿紙，已少了幾張，尤其正義歌十九頁，當然是保防室拿去，這樣逼我，我不能再活下去，決定完成正義歌而絕食。

【誣衊政府：國防部無人負責。】

一九六三年七月二十四日：關於接見一事，大概最高當局下了命令而未注明期限，現在國防部無人負責。政府之腐敗於此可見。

【利匪文字：渲染反共無望。】

一九六三年九月二十日：引述報載日本首相池田勇人於六三年九月十八日對美國記者表示：「我認為中華民國沒有希望收回大陸」，「我看不出中華民國有光復大陸的希望」。

【誣衊政府：對外宣傳全是言行不符的假言濫調。】

一九六三年十一月六日：我外交部發言人說我們公民有充分自由前往他們希望去的地方，但美國國務院邀我訪美，而政府不給護照，我說政府對外宣傳全是言行不符的假言濫調。

【詆毀政府：國民黨統治下，自由安在哉。】

一九六四年一月二十三日：「年年自由日，我卻失自由，大吹大擂叫，內心羞愧舌，國民黨當局，自由幌子乎？口頭唱自由，行時無自由」，天天罵共產黨不自由，而國民黨統治之下自由安在哉？

【其他誣衊文字】

一九六四年一月二十四日：像沈昌煥這種人，既無遠見又無抱負，如何能擔任外交部長？

【誣衊總統：蔣公不懂推行民主政治道理。】
一九六四年一月三十一日：報載越南又發生政變，其首腦為三十六歲軍人，有槍桿子的人可以為所欲為，因此推行民主政治必須培植社會力量，如工商業的力量，輿論的力量，持槍者才不敢輕舉妄動，蔣公自己是軍人，可惜他不懂此理，無法推行民主政治。

【誣衊經國先生：軍事將領升遷須走小蔣路線。】
一九六四年二月四日：今日軍事將領如欲升遷，要走小蔣路線，要小蔣答應才有辦法，因此大家都走小蔣路線，對於陳誠則置之不理。

【詆毀軍監及軍法制度】
一九六四年二月十七日：軍監有一潘君，判決徒刑八年，過了不久潘君不見了，頃悉送到北投病院去養病去了，潘君是少將，國防部方面有人幫忙，於此可見軍法機關不守法也。對於我則苛刻備至，連接見的權利竟橫遭剝奪了。

【詆毀蔣公：教育部長拿雞毛當令箭。】
一九六四年七月十四日：教育部長把雞毛當令箭，看到蔣總統的條子，不問內容可行不可行，就接著發命令，而且三令五申，弄成今天這個樣子，非驢非馬。

【誣衊經國先生：國民黨在大陸失去人心，就是蔣經國在上海打老虎、殺人。】
一九六四年七月二十六日：國民黨在大陸失去人心，就是蔣經國帶了許多經濟督察在上海查貨、打老虎、殺人，結果金圓券還是崩潰，人是自殺的，上海人最恨國民黨，就是蔣經國這一次的行動。

【其他誣衊文字】

一九六四年九月十三日：孔祥熙貪污了很多錢，國家危急，逃到外國避難，現在又回來大做其壽，楊森也搞了許多錢，現在又在體育界大出風頭，這些都是民脂民膏，不然大陸如何會丟掉！

【詆毀政府】

一九六四年九月十九日：行憲了十六七年，而國防部組織法還未確定，這是個什麼國家？守法乎？憲政乎？而政府負責人老是說假話，實在可恥之至。

【誣衊蔣公】

一九六四年九月二十日：蔣總統於四十九年要修憲三任的時候，應允國民大會於六年間召開一次臨時大會，討論創制、複決兩權之行使，這本來是一個騙局，六年已過了四年，仍不召開，並藉口時局動盪，執政的人最不可說假話。

【誣衊獄政】

一九六四年十月二十五日：看到一個人的手被手銬銬在樹上，大概是被方班長罵過的人回了嘴，方班長認為尊嚴有損，為表示威風起見乃予以制裁，方班長顯然不合監獄行刑法之規定。

【誣衊蔣公】

一九六四年十月二十六日：過去我們的行政院長常修養數年或幾個月，我們從不想使政治制度化，而只是幾個私人在那裡轉圈子。我們現缺乏有力的反對黨而執政黨又過分自私而忽略了責任政治，所以中國的政治無法走上正常的軌道。

【詆毀軍監：風氣之敗。】

一九六四年十二月三十日：軍監風氣已由此鬧壞了，這些班長對坐牢人態度十分惡劣，動不動就罵他們，他們如果還口，就用手銬銬他們，而對於女受刑人則優厚備至，對於女孩子更是看護周到。

【詆毀軍監：紀律不良。】

一九六五年二月三日：今晚有班長夜間運酒進來，班長不守規矩，監獄自然不易辦好，高班長今日抱了女孩在女囚的房間門口說了半小時的話，監獄官看了竟置之不理，此與紀律有礙。

【詆毀軍監：賣酒、賭博。】

一九六五年二月八日：軍監福利社不賣酒，而班長夜間運進來，由外役賣給監方，一瓶太白酒賣到三十幾元，新年軍監大廚房和福利社大賭，賭麻將和唆哈。

【誣衊蔣公：反攻無望。】

一九六五年二月十九日：我們主張先把經濟搞好，而不要天天把整個精神放到反攻大陸問題上去，不料蔣總統說我們是反攻無望論，可見這些人的淺見。

【詆毀軍監：毆打受刑人。】

一九六五年五月二十九日：晨九時五分，方班長罵一受刑人，又打他，聲音很大，我認為班長不應打罵受刑人，並告訴他這是不對的，不料班長罵我放狗屁。

【詆毀軍監：軍監設有黨部，減弱內部團結。】

一九六五年六月三十日：這幾年看到軍監國民黨黨部行動，只增加非黨員的敵視，軍隊設國民黨黨部，不僅違憲，而實際上減弱軍隊內部之團結力。

【詆毀軍監：軍監官僚。】

一九六五年十月二十九日：軍監作風完全代表政府的官僚作風，王班長罵我，我向國防部申訴並絕食。

【誣衊總統：總統是軍事獨裁。】

一九六五年十二月二日：蔣總統於民國二十年以軍事首領的地位，把胡漢民、李濟琛關起來，這不是軍事獨裁是什麼？

【詆毀總統：排除異己。】

一九六六年一月九日：蔣介石於三十九年復職後，為扶植蔣經國把陳立夫放逐美國，真是狡兔死、走狗烹。

【詆毀蔣公：國民黨壓迫反對黨。】

一九六六年二月二十六日：國民黨革命成功，就壓迫反對黨，蔣中正任滿就修憲而三任，現在又準備四任了，這都是製造亂源。

【詆毀總統：本身就不遵守憲法。】

一九六六年五月二十一日：關於總統誓詞有「遵守憲法」，今天這時還說遵守憲法，不知作何解釋。

【詆毀蔣公：蔣總統是獨裁者。】

一九六七年一月三日：一切大權集中於總統，而名實獨裁了，過去蔣中正實際上是獨裁，名義上還保留憲法體制，現在完全離開了憲法，這樣下去有一天會成問題，除非已經反攻大陸，可是何時反攻大陸還不可知，而先來毀掉一部來之不易的憲法，在蔣中正個人來說，實無此必要。

【其他誣衊文字：批評言論不自由。】

一九六七年八月三十日：惟有世界新聞報，目前休想再復刊，深恐批評與責難，政府決定不開放，紙張短缺之理由儘管早已不存在，言論新聞無自由，辦報沒有啥意思，免於戴上紅帽子，奉勸還是辦學校。

【詆毀國父：晚年主張俄國式一黨專政。】

一九六七年十一月八日：孫文在民國初年關於政黨的話，不下一千次，當時尚未主張一黨專政，後來到了十三年，在組織國民政府案之說明幾句話，聽說孫文已主張一黨專政，可見我的見解一點也沒有錯，另說孫文民國二年相信民主政治—政黨政治，晚年相信俄國式一黨專政，五權憲法所設計之民主專政—國民黨民主專政。

【誣衊三民主義及監察權】

一九六七年十一月十日：宋英說：陶百川所提監察意見，是受到國民黨黨部的壓迫，他將此意見作為緩兵之計，可見國民黨是不要監察權，所謂實行三民主義之語，是欺人的宣傳。

【詆毀政府：政府重民主而忽視議會是一諷刺。】

一九六七年十一月十九日：報載陶百川提政治檢討意見六點偏差，第六點說「重民主，而忽視議會」，這實在是諷刺之言，說重民主，其實是政府喊民主口號，喊得響亮而已，國民黨的民主就是如此，如果要重視議會，就要重視議會的職權，那麼政府就受了限制，所以要搞出一個「國家安全會議」來了。

【詆毀省主席黃杰】

一九六七年十二月二日：……黃杰這段話，完全是一黨專政時候的派頭，那時國民黨的決議就是命令，今天則不同了，人民只接受政府的命令，而不接受執政黨命令，除了國民黨的黨員。一個省主席就不懂民主，難怪民主上不了軌道。

【批評獄政】

一九六八年一月九日：軍監最近又上政治課，官兵們能逃避就逃避。

【攻訐政府】

一九六八年一月二十一日：國民黨天天高喊肅清選舉舞弊，而政府機關則舞弊如故。

【詆毀軍監：停止接見違法。】

一九六八年二月二十二日：軍監對其於五十二年五月起停止接見五月，自十月起每月接見一次是違法的。

【詆毀三民主義】

一九六八年五月十八日：三民主義講習班現在完全成了形式的，各機關均以派人為苦，誰也不願意去。

【誣指司法審判不能獨立】

一九六八年五月二十七日：引述報載駕駛人協會之言，謂：司法審判不能獨立，一向要受政府影響。

【誣衊蔣公】

一九六八年七月三十一日：蔣中正邀請中央院士及過去院士茶會時，均邀國防部蔣經國，可見扶植兒子的意思。

【詆毀政府】

一九六九年三月十七日：因高雄青果社出大亂子，而認臺灣政府之壞，可以和民間（國）三十六七年相比。

【詆毀政府：批評選舉不公。】

一九六九年四月十日：中央委員當選名單公佈，……國民黨已由蔣經國控制，他的人全部都當選了。

【誣毀政府：分化軍隊團結。】

一九六九年五月八日：士兵吃不飽不敢講話，否則即要挨屁股，官長則吃得很好。

【誣毀總統】

一九六九年五月十二日：現在的總統就是從前的皇帝，是金口玉言，說了就要算數，可是我們總統經常說謊。

【誣毀政府】

一九六九年十一月二十日：臺灣特務遍地，而且張牙舞爪，這就是警察國家。

【批評獄政】

一九七〇年二月七日：警衛於昨日起就擲骰子，今日仍是繼續賭，即在新年也不應該的。

【批評獄政】

一九七〇年三月十一日：因咳嗽要買糖漿，託醫務室代買糖漿，整整兩個禮拜才來，可見醫官辦事之不負責任也。

【誣毀政府】

一九七〇年四月一日：士官張克文因犯抗命罪與侮辱長官罪而為軍法判刑五年六月而深覺冤枉，認為量刑受到上級左右，雷某因此攻訐此是軍法審判不能獨立之最明顯例子。

【詆毀獄政：官兵不守紀律。】

一九七〇年四月三十日：洪監獄長不准酒類進軍監，可是監獄官去偷喝，分監的獄卒，昨夜今午均拿進來喝，官兵如此不守紀律。

第六部分

1970—1979

最後歲月

第二十三章　出獄後受監視

一九七〇年九月三日，獄方正式通知雷震翌日上午八時出獄。十年冤獄，行將結束，雷震內心感慨良多，自撰春聯貼在牢門前，表達悲欣交集的心情：「十年歲月等閒度，一生事業盡銷磨」，橫聯：「所幸猶存」。

這一天清晨五時許，天剛濛濛亮，監方迫不及待地通知雷震立即收拾東西，改在六時準時出獄，並稱已有人來接。不消片刻，內姨侄程積寬來監房幫著運送行李，宋英和兒女們在監獄長辦公室裡等候。為何提前兩個小時出獄，雷震開始也不明白。後來才知道，情治部門事先獲悉某些媒體及外國駐台媒體機構準備雷震出獄時在軍人監獄大門外採訪並拍照，為阻止這一難堪的情形出現，行政院新聞局特意在雷震出獄前幾天，安排這些媒體記者前往南部參觀，一如調虎離山計，精明的美聯社記者和《紐約時報》特派記者沙蕩（Donald H. Shapiro）知道當局故意搗鬼，託辭未去南部參觀，他們等待的就是這一刻。

上午八時，《紐約時報》特派記者沙蕩與李敖、魏廷朝、謝聰敏等人興沖沖趕往新店安坑軍人監獄，卻撲了一個空。他們立即折回台北追至埤腹路（今和興路）雷震家中。如臨大敵的國民黨特工人員佈置在四周，不允許他們進門。沙蕩、李敖等人揚言，今天若見不到雷先生，就絕不會離開這裡。見此狀況，宋英只好給警備總部保安處打電話，請他們放人進門，保安處處長吳彰炯在電話中說：「要雷先生站在牆內和沙蕩他們說，今日累了，過一天再見吧！」雷震說「這太無禮」，於是親自打開大門，對沙蕩、李敖等人說：「今天太累了，過一天我另約各位先生談話吧！」說完，與他們握手，表示歉意。五天之後（九月八日），雷震遵守自己的諾言，在松江路寓所（如夫人向筠住處）接受了《紐約時報》特派記者沙蕩的專訪，謝聰敏充任翻譯[1]。

從這一天起，雷震開始受到情治部門全天候的密切監視，直至去世為止。這一年，雷震已七十三歲，雖已出獄，卻形同「軟禁」。埤腹路住宅大門外斜對面的樓上，以及出門右邊路旁的房子裡，常有十多人對雷震的一舉一動實行二十四小時監控，大門邊上的電線桿上裝有兩隻特別明亮的路燈，可以看清楚每一位來訪者的面目。所有來訪者，被拍照記錄在案，客人離開時還要跟蹤而去；與人談話時，也會被偷偷錄音。有人提醒雷震說，在家中談話時，不妨將收音機打開，將音量調大，以防監聽。雷震不願這樣做，說「我們所談的話，都是正大光明之事，毋虞國民黨特務聽見，他們可以鬼鬼祟祟，做一些見不得人的事，我是正人君子，有話則公開說出的。為人不做虧心事，半夜敲門心不驚！」[2]雷震視當局對他的全天候監視為一個莫大的笑話，稱「如完全寫出來，可能成為厚厚的一本書」。這裡不妨舉出幾例：

自我家出門的左邊，外出必須經過周老闆開的一家小水果店。房屋極小，除放水果攤之外，只能在牆邊放上兩張椅子，特務竟坐在靠窗門一張椅子，手中拿張報紙。我走過，特務裝著看報，把自己的臉遮住而暗中窺我。來買水果的顧客，一看到那些厭惡的特務坐在那裡，立即不買水果而退出來了，以致周老闆損失很大。半年後，周老闆就不准特務再坐在那裡，不然就要關門。

1　雷震著《雷震回憶錄——《我的母親》續篇》，頁二五二。
2　《雷震全集》第十二冊，頁二八三。

我出監獄這一年陰曆九月二十三日，是我內子七十歲生日，家中賀客盈門，我家用廣州街中心診所附屬的中心餐廳自助餐招待……不料特務則大為緊張，不知我家有什麼大集會。後來我的鄰居魏怡庭先生告訴特務，說今日是雷太太生日，叫他們不要這樣緊張。

有一次晚間，友人在南京東路國鼎川菜館邀我的內子去吃飯。我一進菜館，看到牌子上某君在某號房間，我們即刻進入該號，而跟蹤的特務車子在後面。由於遲進門一步，就不知我進入了哪一間，各個房間的門都關著。特務進來後，不曉我在哪一間，於是遍問那些女服務生：「雷老先生在哪一間？」這些女侍也不知道我姓雷，於是特務就問遍了女侍，而特務後來問到我這一間，女侍始知我姓雷……特務這種作法，明明是告訴老百姓，臺灣是個「警察國家」，特務遍地皆是，擾民害民，弄得社會不安。

特務還有許多特權，街上靠店家的門前畫有黃線者，無論自備汽車或計程汽車不准停車，而特務的車子則可以停在那裡。我去林森北路楓亭小館吃飯，跟我的特務車子就停在門口，現在跟蹤的汽車是藍色轎車，上面沒有計程車的牌子，號碼為「省五——二八六〇」……我出獄已快滿七年了，為什麼門前還派特務監視著，出門還派汽車跟著？而跟我的汽車，該是浪費了多少汽油？這些都是民脂民膏。

我出獄後，每年要去南港中央研究院對面胡適先生的墓上致敬兩次，一次為胡適先生生日，陽曆為十二月十七日；一為胡適先生的忌日，陽曆為二月二十四日。特務的車子都是跟著去的……我今年已是八十有一，身體又不好，非必要時絕對不出門，國民黨特務車子何必跟著我呢？蔣經國院長說臺灣有人權保障，難道這是有人權嗎？[3]

國民黨特務四處跟蹤造成不斷騷擾，直接影響到雷震的日常生活，也波及家中親人。他的女兒雷德全（與宋英所出）自上世紀五十年代初到美國讀大學，二十二年未回過臺灣。一九七二年十月，適逢宋英七秩整壽，決定回臺灣替母親做壽。飛抵台北松山機場，雷震與宋英親自接機，還有其他親友，「有那麼多人在機場接我，我真的有點受寵若驚，很不自在，尤其是因為父親也來接機，那一群國民黨做打手的特務像獵犬一樣的跟蹤到機場。在回家的路上，父親要我注意看後面，果然有三輛小車跟蹤而來，據父親說，他往日出門坐計程車，總有兩部小轎車跟蹤，今日父親去機場，不知從何處多調來了一輛，我們抵家後，特務就來問傭人，今天老先生到機場去幹什麼？」[4]

在台逗留期間，雷德全最厭惡的一件事就是那些特務無所不在，「比夏天裡的紅頭蒼蠅還要討厭」。自一九七三年到一九八一年，雷德全每年都要進出臺灣三到五次，在海關所受到的刁難與屈辱，令她終生難忘。更為可笑的是，雷德全居然上了當局的黑名單，常在海關一耽擱就是三兩個小時。海關人員特別謹小慎微，生怕這些特務會打小報告，來陷害他們。雷德全每次出入境時，「就覺得這是一個極權專制的地方」，以至於每次進入臺灣，一定事先去美國領事館備個案，以防不測。

齊世英是雷震多年老友，也是當年組黨中一人，時為立法委員。他聽說雷德全每次出入境總是遇到不少麻煩，決定陪她去一次機場。因其是立法委員，憑公務證可以自由進出機場，雷德全這次又故意不坐華航，因華航是當局可以管得了的公司。特務一時找不到雷德全，「像熱鍋上的螞蟻……他們查不到我的行李牌，等到登機的時刻，我才從咖啡廳出來準備上飛機，他們在候機室攔住我，他們若不放飛機離境，一定要有充分的理由，我並無前科，又非政治

3　以上均參見《雷震全集》第十二冊，頁二八四至二九四。
4　雷德全著《我的母親——宋英》，頁一八三。

犯，最大的罪名不過是雷某的女兒……齊伯伯看在眼裡，覺得他們實在不像話，站出來表明身份，並替我擔保，才讓我出境。……我相信許多旅客一定受過這種侮蔑，難怪許多臺灣同胞，恨死了這種白色恐怖，這筆賬當然都要記在國民黨身上」[5]。

臺灣特務如此橫行，雷震深惡痛絕，又無可奈何，在日記中寫道，「臺灣特務還是如此對我，使這裡的人感到不安，這樣只有給國家增加不名譽的」[6]。他更想起在坐牢之前，有一次在大街上遇到桂系首領白崇禧，白氏一把拉住他，對他說：「我隨政府來台後……什麼事情也不去過問。雖然也給我一個戰略顧問委員會副主任委員名義，可是特務一直對我監視著，來我家的生人，常常出門後受到盤問，而家中的電話則有人竊聽並錄音。」白崇禧再三囑咐雷震一定要特別小心，不可大意。白崇禧時住台北松江路省政府配給的房子裡，距「自由中國社」職員宿舍很近，白崇禧再三關照雷震千萬不要去他家，以免節外生枝[7]。

雷震並非怯懦之人，用夫人宋英的話來說「儆寰還是儆寰」，「面對訪客，他一如往昔侃侃而談，並不因為牢獄折磨而氣餒，令聽者為之起敬。他對異議人士亦頗為關心，如對陳鼓應、王曉波、張俊宏等後輩多有關懷，對於《臺灣政論》的鼓勵等均為顯例，而他追尋民主自由的勇氣，也獲得後輩的敬重」[8]。

一九七二年十月二十五日，雷震收到一封嘉義縣警察局人事室主任樊迪光的來信，表達了他個人對雷震的「一份無比虔誠的敬愛」。樊在信中說：「對於您的遭遇，在過去我是恨董狐不生今世，如今我恨我不具他的地位與立場，否則，史乘上少不了您。我現在所企盼的：未來歷史上對這段公案有公正的交代……一般看法，您是傻子，不是嗎？憑您的資歷，憑您的才能，只要您的血涼些，高官厚祿少得了您嗎？誰叫您『神志昏迷』，以心許國去把國家的事當

5 雷德全著《我的母親——宋英》，頁一九二至一九三。
6 雷震一九七二年五月二十日日記，《雷震全集》第四十五冊，頁二一一。
7 參見《雷震全集》第十二冊，頁二九五。
8 任育德著《雷震與臺灣民主憲政的發展》，頁三〇一。

自己的事，甚至不顧自己安危去盡什麼愛國救國之責，落得如此局面，咎由自取……獨您所遭，以一介書生，秉一介孤忠，挽一腔孤憤，心所謂危，本民主認識，仗言論自由，盡一己愛國救國之責，既不為名，也不為利，情操格調，實在是前無古人……我常冷眼側觀，我們這兒，說愛國，在情操上夠格和您相提並論的實在不多……舉金、馬、台、澎上下，誰不『愛』國？可是他們為何愛，如何愛，儘管口頭上說得冠冕堂皇，實質上前者不是『不得已』，就是為既得利益的保有；後者則教條一番而已。」[9]

另有一位素不相識的人，書贈雷震詩一首，其中有「霸者一日，仁者千年」之句。一九七八年六月九日，雷震在給老友王新衡的一封信中說，「我不敢自稱仁者，但我一生行事總以『正大光明』、『問心無愧』而自勉，否則我在牢獄裡也難過十年不少一天的牢獄之苦」[10]。雷震寫此信時已是八十有二的殘燭老人，那位讓他一言難盡的「蔣總裁」已去世三年。查一九七五年四月六日雷震日記，只有短短數言，「今日報載蔣中正於四月五日下午十一時二十分死亡。今日報頭均不准用紅字，電視停止娛樂節目。完全是一些輓祭的節目，報載停止娛樂一個月，實在太長了……」字裡行間，透著雷震對這位曾經的老上司、老朋友的一種複雜心情。之所以說「複雜」，是這位被殷海光稱為「老牌國民黨」的骨鯁之士，在老蔣之喪，排隊去「謁靈」，讓人一時不可理解。

其實，事出在因。蔣介石病逝數日，正好有幾位雷震的國民黨老朋友來他家拜訪，其中有邵毓麟[11]夫婦。雷震夫婦與他們在客廳聊天，自然要說到蔣介石病逝這件事，雷震突然站起來，對他們說：「老蔣唯我獨尊了一輩子，於今落得病死臺灣，回不了大陸。以其一生逞強好勝，以退為進的個性，他竟輸在共黨老毛手裡，恐他臨死也不甘心的。但這也是他不聽人言，一意孤行的報應結果。所謂『咎由自取』，又能怪怨誰呢？」

9　《雷震秘藏書信選》，收錄於《雷震全集》第三十冊，頁四八四至四八七。

10　《雷震秘藏書信選》，收錄於《雷震全集》第三十冊，頁五一八。

11　邵毓麟，浙江鄞縣人。早年赴日本留學。一九三七年，任駐日本橫濱總領事；一九四九年七月任駐韓國特命全權大使；一九五一年回臺灣，任總統府國策顧問；一九五七年，任駐土耳其「全權大使」。一九六四年十月辭職，任外交部顧問。一九七五年退休。一九八四年一月十四日逝世，享年七十五歲。著有《勝利前後》等著作。

這時，一位老友突然問雷震：「老蔣死了，他的遺容，今已移放在國父紀念館，供人瞻仰，你要不要也去瞻仰一下？你和老蔣搞翻之後，你見不到活的老蔣，今去看看死的老蔣成個什麼樣子了，也是好的。畢竟兩人親密過一陣子呀！」

雷震笑而未作表示。在一旁的胡虛一不禁思忖：或許這是當局想透過雷的老友來勸說雷震去捧死去的老蔣的場吧？接著，一位老友建議道：「以你和老蔣過去的關係，你在他死了去看看他的遺容，更只有使人佩服你是『有容德乃大』的君子，更會使人覺得老蔣關你十年牢是對你不起的。」有人附和，「對！老蔣關你十年，是他對你不起；今他死了，你不記惡反去看他遺容，兩相對照之下，更可顯出老蔣對你無情，而你卻對他有義呢！我們主張你去一趟國父紀念館」。就這樣，幾位老友你一言、我一語的，雷震被說動了，決定第二天由胡虛一陪同前往國父紀念館去看老蔣遺容。

第二天上午，雷夫人打電話給開計程車的乾女婿王延年，要他親自送雷震和胡虛一去國父紀念館。行至中途，胡虛一突然想起了那些特務，「雷公今天是去國父紀念館瞻仰老蔣遺容，跟蹤的特務汽車應當不好意思再跟蹤我們了吧？」雷震說，「那不一定，他們並不知道我們是到國父紀念館去看死老蔣的」。正說著，車已過了成舍我創辦的私立世界新聞專科學校大門，王延年從倒車鏡中發現特務的車輛正尾隨其後。王延年笑著說：「胡老師，你向後看看，他們跟來了。」胡虛一回頭一看，果然是跟上來了。雷震說：「他們的任務就是監視我，哪有不跟之理！」

正是下雨天，到了國父紀念館，等候「謁靈」的隊伍大排長龍。雷震與胡虛一跟著長龍緩慢向前移動。大約二十來分鐘，有兩位胸前佩掛辦事人員牌子的中年人，向雷震走來，走至跟前，向雷震一鞠躬，很客氣地請雷震和胡虛一跟他們先進場去，並解釋說：「沒想到下雨天，還有這樣多的人來排隊，雷老先生在此排隊，如何吃得消，我們特來請雷老先生先行一步。」胡虛一問：「兩位是如何知道雷老先生在此排隊的？」對方說：「剛才有人打電話來告訴我們的，你就是陪老先生來的胡老師吧？」

進入蔣介石遺體停放大廳，雷震與胡虛一擠在前排佇列中，隨著司儀人員的「口令」，向老蔣遺容行三鞠躬。行禮畢，正待退場，一位身著戎裝的將軍快步走過來，一把拉住雷震，將他拖到老蔣遺容的近處，硬是讓雷震將老蔣的遺容看了一個仔細。胡虛一不知這位將軍是何人，便問雷震，雷震告訴他說：「這個人便是過去搞情報的賴名湯，他也算是個特務大軍頭。我以前認識他時，他還是周至柔的部下。」周至柔為陳誠的心腹，當年是空軍總司令，時為國民黨中央評議委員，雷震的好友之一。

雷震去看老蔣遺容，有許多朋友不以為然，包括年輕的朋友李敖。若干年後，李敖致函胡虛一，對此事一直耿耿於懷，「其實國民黨與雷震的關係，縱因反目而下雷於獄，但骨子裡，因為他們淵源太深，在人情與財務上，確也不能『人我兩清』。老蔣在喪，雷震仍排隊去『謁靈』；張群妻喪，雷震仍登門弔唁，可見並未『相忘於江湖』……」[12]對雷震「謁靈」一事，胡虛一深知內情，且有自己的看法，在〈拜讀李敖先生大函賜教有感——兼代古人雷震先生作點表白〉一文中，作出客觀的解釋：「人是有感情的動物，以老蔣和雷的往日關係，儘管兩人來到臺灣為政治問題而鬧成反目成仇的地步，但老蔣死了，雷去看了一下老蔣遺容，就中國做人所謂『亡者為大』的民俗眼光來看，似乎也非什麼大可厚非之事吧？我想，特務得知春秋七十有九的雷老先生，手持拐杖，撐著雨傘，在下雨天裡排在等候進場瞻仰老蔣遺容的長龍隊伍裡，便來先請他進場去，而情報特務大軍頭賴名湯看到雷擠在行禮人群行列裡，向老蔣遺容行禮時，便過來把雷拉到老蔣遺容近處，讓許多年來未和老蔣再見過面的雷震，好好看看死老蔣的遺容，或也是有鑒於老蔣和雷昔日有過一段不平凡的關係之故吧？」

至於對待張群，要另當別論。雷震與他幾十年老友兼同事，公私交誼之厚，非一般人所知。當年蔣介石決心制裁雷震將其下獄，深知張群與雷震有某種特殊關係（中日文化經濟協會，張任會長，雷為總幹事），時任總統府秘書長的張群對此案竟「不聞決策」。雷震下獄服刑，張群、莫德惠、于右任、王雲五、王世杰等國民黨政要，每逢過年，總要透過

12　李敖《由雷三毛想起》以及胡虛一對雷震諸事的回憶與作答，均參見李敖、胡虛一等著《雷震研究》，頁二五八至二七二。

宋英給雷震送去專印的拜年名片；雷震出獄後，王雲五在家中設宴為雷震「壓驚」，與宴者中就有張群，也有王世杰。因此，僅憑這一點，張群喪妻，雷震夫婦不可能不去弔唁，政治的歸政治，朋友的歸朋友，若說雷震一生未脫「老牌國民黨的共同習性」（李敖語），那麼，最能體現者「莫如世俗人性的『禮尚往來』，雷震夫婦對這方面，是絕不忽略的」，胡虛一這樣說。

雷震出獄後，不僅被「褫奪公權七年」，當年國大代表資格也早被剝奪。最初的生活，依靠當監察委員的宋英一人支撐外，加上海外兒女的孝敬，勉強度日。有人替雷震算過一筆經濟賬，坐牢十年，使其總共失去「國大津貼」約新臺幣兩百萬元，在當時，相當於五萬美金。「雷震出獄後，常將此事，訴諸好友」。第二年，當局有意採取補救措施，透過國民黨黨員經營的兩家財團，一家是台塑公司，一家是亞洲公司，聘其為「顧問」，兩家公司每月各贈「車馬費」新臺幣五千元，共計一萬元。由於生怕遭到雷震的拒絕，事先由雷震好友、立法委員王新衡出面與之商洽。在王新衡看來，此數目與雷震做國大代表的月俸相去不遠，且無任何附帶條件，僅作為生活之需，並無什麼不可。雷震卻認為：這是當局以「安其生計」之手段，對他久受迫害的一種「安撫」，而自己是一個「臨財毋苟得」之人，不願意接受。在這種情況下，老友成舍我、齊世英、陳啟天、陶百川等人相繼出面，極力勸說「不可拒絕」，王雲五甚至為此寫來一信：弟為兄再三考慮，認為取不傷廉，且叔常（即谷正綱）之好意，亦不宜固拒，千乞俯納鄙見[13]。在好友至親不斷勸說下，雷震感到「若再固拒，定會引起國民黨更多的誤會」，只好受納。不過，在私下裡，他對胡虛一說，「這是厚顏接受兩處每月一萬元新臺幣了」，可見內心極不情願[14]。

未隔多時，王雲五主持的民間機構中山文化基金會邀請雷震從事「中華民國憲法釋義」專題研究，月俸新臺幣四千元。實際上，這也是在幫助雷震，使其出獄之後，不致因寂寞而有所失落。雷震寫信感謝王雲五對自己及家人的關照，「去歲弟出獄前後諸事，一再勞神照拂，現在又為弟的生活問題及小女工作的事情，承蒙賜助，其感激之情，直

13 轉引自李敖、胡虛一等著《雷震研究》，頁二九四。
14 李敖、胡虛一等著《雷震研究》，第二四二頁。

非楮墨可以罄其萬一也。昨承指示寫點東西作紀念，或用『專題研究』以娛餘年，並可藉此博取生活之費，尤見我公愛護之無微不至也……弟即有意寫一本《中華民國憲法釋義》，除將本憲法的條文逐一解釋外，並擬述及制憲時各種辨論，並可作為『制憲史』，使讀者易於瞭解而不感到枯燥。蓋自參政會討論憲法之時起，大小的會議包括小組會在內，共有一百三十八次，弟是無役而不參加也。可以說這部憲法的來龍去脈沒有一人比我知道得更多的……」[15]文化基金會「研究成果」由前經濟部長陳啟天審稿，陳從不看雷震的稿子，他不僅知道雷震是「五五憲草」參與者之一，更知道雷震在制憲國大期間所扮演的重要角色。直至有一天，雷震被查出患有前列腺癌，才停下了在文化基金會的研究工作，前後近三年時間。

雷震晚年所接觸的人中，仍以老一輩者居多，如成舍我、齊世英、陶百川、王新衡、高玉樹、吳三連、郭雨新等人，年輕人當中，有黃信介、康寧祥、陳鼓應、張俊宏等人。一九九〇年六月，齊世英之女齊邦媛教授在訪問康寧祥時，康寧祥回憶，「雷震出獄後，他們幾位大老就常說，在這一段時間，我們非得把我們的智慧、經驗傳承給年輕的一輩不可。所以鐵老（齊世英，作者注）就邀請雷先生、吳三老、高玉樹、郭雨新等五人，加上我這個年輕的小朋友，定期聚會……最初我們大概是每月聚會一次，後來甚至每兩個禮拜一次。通常我會報告政治活動、立法院的情況，不知的就請教他們。他們五老則是談天說地，從盤古開天起，到國民黨的歷史，怎麼樣來台的……一五一十的告訴我，這樣前後差不多有三年多」[16]。那時也簡單，聚會輪流在各家，最常去的還是吳三連在南京東路公司的會議室，他們常常吃著便當（速食），討論不一般的話題。

雷震在生命的最後幾年中，除在家重新回憶錄，動手製作家常小菜，醫院成為他最常出入的一個地方。年輕的「黨外人士」與他時有接觸，感受當年這位民主鬥士「非常高貴的特質」，日後步入臺灣政壇的陳菊說，「我當時看

15 一九七一年三月二十九日雷震致王雲五函，《雷震秘藏書信選》，《雷震全集》第三十冊，頁四七二至四七三。
16 〈紀念民主的播種者齊世英先生——康寧祥先生訪問記錄〉，收錄於沈雲龍、林泉、林忠勝等《齊世英先生訪問記錄》，中研院近史所，一九九七年三月版，頁三五七。

到的雷震先生，其實就是一個寂寞的老人，不過我想他內心是非常熱情。他一生一直認為要有民主、自由，這是他一生的美夢，不過他並沒有在那個過程之中好像有志未伸。他當年看到、認識我們這些人，我們這些人一樣受到壓迫，所以他有看到一種寄託的感覺，我想他會覺得說可能一個自由化、民主化，有沒有可能在我們手中完成，至少他看到了若干希望」[17]，這段話的表述在語言上有點不暢，但還是讓人能夠感受到晚年雷震對於「民主政治」仍持有尚未破滅的夢想！

17 參見〈可貴者膽，所要者魂：雷震〉一文，收錄於蔡明雲主編《臺灣百年人物2》，頁十九。

第二十四章　與王雲五的筆墨官司

一九七五年初春，發生一件令人意想不到的事。

四月五日，原「自由中國社」編委夏道平突然送來一封王雲五的「絕交信」，讓雷震深感莫明其妙。王雲五在信中說，「我兄愛國向不後人，即此獻議之本意，係向當局秘密進言，並未發表，無論其內容是否正當，亦不離匹夫報國之意。至其後洩露於台獨機構，則以弟之愚，竊認為萬萬不可寬恕……不僅對不起國家，亦對不起朋友，謹鄭重勸告今後切勿再為類此之舉動，以免為台獨所利用，否則道不同請從此起，不惜與數十年之老友絕交。質直之言，尚祈鑒諒……」[1]

雷震與王雲五有數十年的交誼，這封「絕交信」給他帶來的震驚可想而知。早在五年前，雷震坐滿十年大牢，行將出獄時，當局為阻止出獄後的雷震繼續從事政治活動，要求須有「雙重保人」予以擔保，並出具誓書「絕不發生任何不利於政府之言論與行動，並不與不利於政府之人員往來」方可出獄；不僅如此，還透過警備總部保安處長吳彰炯通知雷夫人宋英，「雷先生出獄之後，不得和臺灣人往來，不得接見新聞記者，亦不得和新聞記者談話，尤其是外國新聞記者。因為雷先生一言一語，足以影響國家的前途」。

雷震從政多年，同時身為法學專家，深諳法律條文，認為《監獄行刑法》第八十三條規定「執行期滿者應於刑期終了之次日午前釋放」，並無其他「附加條件」，因此不願做「違法」的「法外」之事，表示「寧願不出獄」，也不簽署所謂的「誓書」。當局軟硬兼施，乘其不備，沒收了雷震十年來寫下的四百多萬字的回憶錄手稿，又慫恿雷震多

1　《雷震全集》第二十八冊，頁九十二至九十三。

位老友從中說項，逼雷震就範。

宋英及子女來監勸說，不僅落淚，甚至下跪。原行政院副院長王雲五年過八旬，不顧體弱多病，風塵僕僕來到距台北較遠的新店軍人監獄，好言相勸，一道同來的還有國民黨中委谷正綱，前經濟部長、青年黨領袖陳啟天。面對老友的「苦苦哀求」，並念及家人在十年中所經受的種種煎熬與痛苦，雷震不得已含淚簽下了這份「誓書」。出獄一年多後，雷震在王雲五的襄助之下，始入一家民間機構（王係該基金會主任委員），即中山文化基金會從事「中華民國憲法釋義」專題研究，月領新臺幣四千元，以補貼家用。

雷震沒有想到老友王雲五提出「絕交」的理由，竟是三年前他本人向最高當局秘密呈遞的那份《救亡圖存獻議》，此時在海外被突然公開發表，令當局頭疼和不滿，遷怒於當年為雷震出獄「具保」的王雲五、陳啟天、谷正綱等人。王是三位「具保人」中地位最高的一個。在王雲五看來，這可能是雷震本人有意洩露出去的，如果確實如此，已失信於朋友，是一個「忘恩負義之徒」（雷震語）。事實上，雷震對此事一無所知，當年《救亡圖存獻議》係秘密進言，至於如何流傳到了海外，現在又被披露於世，雷震本人也深感不解。王雲五「絕交信」送達前三天，即四月二日，陳啟天專門為《救亡圖存獻議》一事前來問過雷震，次日，他又給雷震看了由谷正綱送來的文章複印件，雷震認定這是國民黨內部有人故意洩露的，他想起三年前《救亡圖存獻議》送交未出一個月，國民黨政策委員會副秘書長、監察委員酆景福曾對宋英說過這樣一句話：雷先生不該寫這份《救亡圖存獻議》。雷震問陳啟天，酆景福「並不在我投書的五人之內」，他在當時是如何知道的呢？

上世紀七十年代初，國民黨當局面臨風雲多變的國際局勢，一九六八年年底，尼克森重返政壇，在當年的大選中，擊敗民主黨人韓弗理和獨立競選人華萊士，當選美國第四十六屆（第三十七任）總統。尼克森上臺後，重新審視並檢討美國對台政策，於一九七一年七月，派基辛格秘密訪問北京，第二年尼克森登上了長城。三個月後，國民黨政府代表被驅出了聯合國。雷震認為這是國民黨自作自受，「外交為內政的延長，內政不修明，外交一定會失敗的，這也是關著門做皇帝的結果」[2]。

這一年監察院通過「籲請蔣競選第五任總統」之提案，雷震深感國民黨在政治上仍不思進取，毫無革新之意，完全在逆時代潮流而動。十二月十三日，雷震出於改革之心，「擬寫一個條陳給當局，其要點為改制以自保」[3]。在寫給蔣介石的信中，雷震說，「茲奉陳《救亡圖存獻議》，敬請賜鑒，本件絕不對外發表，震絕不參加任何活動，只是鑒於國家已屆存亡危急之秋而表示個人意見耳」。此件同時抄送副總統兼行政院長嚴家淦、總統府秘書長張群、國家安全會議秘書長黃少谷、行政院副院長蔣經國等人。

《救亡圖存獻議》初稿，經老友齊世英[4]仔細讀過，並做了一些必要的修改。雷震讓胡虛一前往景美鎮大街「東山複印店」先後複印了七份，其中一份交給了傅正，另一份留給胡虛一。雷震親赴總統府請代陳轉交蔣介石，在七十六歲高齡向最高當局呈示《救亡圖存獻議》，實與他的政治理想有關，但也有著「天真盡責」的一面。正如他本人所說，「不佞常自慨言：『我輩今日與國民黨雖不能共用安樂，但卻須共患難；有福不能同享，遇難卻要同當』。」數萬言的《救亡圖存獻議》共分十點，其大要如下：

一，……以求自保自全，並安撫臺灣人，開創一個新局面。

二，蔣介石任滿引退。

三，國民黨應放棄事實上的「一黨專政」，實行真正的民主政治。

2 雷震一九七一年十月二十七日日記，《雷震全集》第四十五冊，頁一二三。

3 雷震一九七一年十二月十三日日記，《雷震全集》第四十五冊，頁一三五。

4 齊世英（一八九九至一九八七），山西太原人，生於遼寧鐵嶺。曾就讀於日本京都帝國大學哲學系，並遊學德國。一九二六年加入國民黨，曾任國民黨中央委員、國民參政會參政員、《時與潮》雜誌創辦人，行憲後為立法委員。一九五四年因反對「電力加價」案，被開除國民黨黨籍。後為立法院革新俱樂部領導人。

四，減少軍費開支，健全軍事制度。
五，徹底實行法治，保障人民自由權利。
六，治安機關應徹底改變作風，並嚴加整飭工作人員。
七，應廢止創辦新報的禁令。
八，簡化機構，實行全面節約，杜絕一切人力、物力、財力的浪費，全部用於經濟建設。
九，廢除「省級」制度，以求行政組織能配合目前的現實環境。
十，大赦政治犯，以冀收攬人心，增強團結。

這十點建議，學者任德育認為「均反映雷震作為自由主者、憲政主義知識份子對時局的思考，浮現強烈的現實感」，除廢除「省級」制度、大赦政治犯等幾點頗有獨到之外，「其他建議在一九五九年左舜生發表〈搶救中華民國時間已經不多了〉的改革十六點原則中，皆可尋得類似概念，如精簡政府機構、裁軍、節約人力物力以謀經濟發展、司法獨立、保障人民一切基本自由與權利、根絕一黨壟斷等」[5]。從某種角度來看，此「獻議」仍是站在政府的立場為考量，無疑有其一定的局限性，但作為對民主憲政最積極的倡導者之一，雷震晚年對時局的整體思考，都是「不以革命方式造成政權變動」為前提，完全符合一個自由主義者的思維方式。

一九七一年七月十九日，美國《華盛頓郵報》駐日記者Harrison採訪雷震，當記者問及是否贊成臺灣獨立、兩個中國或自治時，雷震明確表示不贊成臺灣獨立，因為那樣會造成流血；雷震還奉勸那位記者去採訪高玉樹（曾任台北市市長）時，「不要提出或討論臺灣獨立問題」[6]。就當時的現實而言，「臺灣現階段的分治，並未排除未來經由民

5　任育德著《雷震與臺灣民主憲政的發展》，頁三〇四。
6　雷震一九七一年七月十九日日記，《雷震全集》第四十五冊，頁八十七。

主方式與大陸統一的可能，故此與臺灣獨立所追求之兩岸徹底分離仍有不同」[7]；雷震甚至說，「只要看看『台獨』分子在美發表的宣言，當可玩味了，我們千萬不可一味糊塗，妄自尊大」[8]。

一九七二年二月十六日，雷震赴老友王新衡處拜年。王對《救亡圖存獻議》內容大都表示贊成，但又說不應送交蔣介石的，「白費心思，完全無用……就等於孫中山革命時上書李鴻章一樣是無用的」，並再三強調「這裡的局勢是沒有希望的，無法挽救」[9]。傅正也認為「固然精神可嘉，尤其所提十大獻議內容，更的確具有遠見，但可惜還是有點不瞭解蔣家父子以及張群、嚴家淦、黃少谷三人的性格與作風，難免成為對牛彈琴，白費心血」[10]。事實上正是這樣，當局對雷震的「獻議」無動於衷，建言未得到任何採納。

以雷震的性格，本來就對《救亡圖存獻議》被洩露而大為惱火，一時則又無法解釋清楚；而此時，王雲五憑一時衝動，便斷然提出絕交，「正傷心，卻是舊時相識」，他有點坐不住了，當天下午提筆作覆，與這位多年老友打起了一場「筆墨官司」。

> 雲老左右：
>
> 民國六十四年四月五日，我公惠下的絕交書，業已拜讀矣。我公竟根據自己的假定而遽做此嚴厲的責難，則未免過於武斷了，蓋法院審理案件，必須先行問明原被兩造後而始判決也。此事修平先生（即陳啟天，作者注）於本月二日見訪時已面告，次日又將美國紐約出版的《臺灣青年》所載而添油加醋的《救亡圖存獻議》複印本見示。我對此事已有所說明了。修平先生擬同訪我公，我恐有礙我公的健康，始行作

7 任育德著《雷震與臺灣民主憲政的發展》，頁三〇八。
8 《雷震全集》第二十八冊，頁七十。
9 雷震一九七二年二月十六日日記，《雷震全集》第四十五冊，頁一六三。
10 雷震一九七二年一月十日日記傅正附注，《雷震全集》第四十五冊，頁一四一。

罷。

案查《救亡圖存獻議》係於六十一年一月十一日上午親自一一分送的，而且在致五位接受人的信上，特別注明，本件絕不對外發表，震絕不參加任何活動。不料未隔一月的二月三日，國民黨政策委員會副秘書長、監察院監察委員酆景福先生，即就其內容向我提出警告。酆委員究係何處獲悉的，我公似應查一查吧！

又國民黨中央黨部社會工作會的「台北市社會情況報告」，注明是「秘密文件」，何以洩露出去而讓台北市議員候選人公開發表出來，作為攻擊國民黨的資料呢？由此可見，國民黨之疏於保密也。

……

前承公親蒞軍人監獄保釋出獄，是愛護我而使我得以恢復自由之身，以及出獄後諸事的照拂，一直銘感五內，無日或忘。惟我當年究犯何罪而必須坐牢十年？公道自在人心，世界輿論已早有定評。當「雷案」發生時，我公正為行政院副院長，查軍法機構屬於行政院國防部管轄之下，按理依法來說，我公對「雷案」的判決結果有無責任，歷史家當不會忽略吧！

……

雷震敬肅　民國六十四年四月五日下午

對當年王雲五「率先執筆具保」一事，在此種情緒下，雷震並不領情，相反認為「政府課於人民的做保……總以愈少愈好。要保，是不信任的表示，也是卸責的企圖」。在信的後面，又附言道，「在國民參政會時代，青年、民社兩黨一直反對交保辦法，民國三十三年國民政府所頒佈的《保障人民自由辦法》是我起草的，來台後，我問過林彬司法行政部長仍然有效的。茲附上《自由中國》半月刊於民國四十年十月一日出版的第七卷第七期的〈談做保〉社論，敬請賜教」[11]。

這封信同時抄送陳啟天、谷正綱兩人，雷震第一次道出了當年簽署「誓書」的悲憤，「民國五十九年八月初旬在我出獄前，由於我不肯出具『誓言』，內子和小女兒三番兩次來軍監及寫信給我，勸我接受臺灣警備總部的法外要求，我始終加以拒絕。後來我兄特別惠臨軍人監獄，勸我接受，繼交閱誓書底稿，謂『保釋外出後，不能有任何不利於國家之言論與行動，並不能與不利於國家之人士交往。兄並說：『這是警備總部交來的！』我一看上面是『國家』二字，我即允照寫，蓋我一生從未有不利於國家之言論和行動，也沒有和不利於國家之人士來往也。不意是年八月下旬，我兄和王雲五、陳修平兩先生同來軍監，命我出具誓書時……當我看到將『國家』改為『政府』二字，其間意義則大相懸殊了，我就不想書寫……旋經公等勸說，我始含淚勉強照寫，真是『打落了牙齒和血吞！』兩張原件我均保存著，以為歷史作證。」[12]可見簽署「誓書」一事始終是壓在雷震的心頭之痛，現在終於說了出來，卻又將當年老友的「苦心孤詣」化為幾多怨氣，剛烈、耿直的性格可見一斑。

王雲五此時在病中，「數度心房梗塞，幸有救免之藥，得以苟延殘喘」（王自語）。半個月後，給雷震回了一封信，認為雷震對他的「指責」同樣是一種「武斷」：

儆寰先生：

前奉覆，弟責武斷，並責弟對於雷案之判決不無責任，辭嚴而不附任何條件，使弟惶悚萬分，一時□□□□，恐惹起文字上之爭，則賤恙難以好轉又□惡化，而賤恙不克負擔。現事隔多日，心平氣靜，

11 《雷震全集》第二十八冊，頁九十三至九十八。
12 《雷震全集》第二十八冊，頁一百至一〇二。

請一辨是否武斷，查弟前函，一則曰設果如此事，二則曰「否則」；是本具有附條件之意思表示，臺端如此確證，果無此事；或對「否則」二字予以否定；則所謂不惜對數十年老友絕交一語，因條件之變更而不成立；故凡附條件之決定，依條件為轉移，似不當視為武斷也。反之，臺端之責弟不無責任，誠就法律觀之，恐不免武斷矣。查軍事審判法為正式之法律，與普通司法中之刑法，其效用相等，行政院無權干涉普通法院之審判，適與無權干涉軍事法院之審判，事同一律。以醉心民主政治之人而責行政機關不干涉普通法院或軍事法院之審判，是否可認為武斷。總之，先生思想高超，非魯鈍如弟者所敢高攀，經此一簡單說明之後，孰為武斷，孰非武斷，弟不欲再有所言，惟弟現列名具保，負有勸告之責，是否可以放棄此責，還祈明教。此頌

公祺

弟王雲五　四月十九日

實際上，王雲五提出「絕交」是有附加條件的。如果真是雷震有意洩漏了這份《救亡圖存獻議》，有悖當年之「誓書」，失信於朋友的「具保」，其「絕交」恐在所難免。反之，「因條件之變更而不成立」，即可消弭誤會，兩人還應當是朋友。至於信中所說「行政院無權干涉普通法院之審判，適與無權干涉軍事法院之審判，事同一律」，若從法理上講，並無大錯。惟在事實上，「雷震案」並非獨立司法審判，自始至終受到最高當局的干預，其本身就是違法。雷震提出王雲五對此亦「不無責任」，王雲五感到了某種不安，又找不出更多理由來反駁，畢竟當時他是行政院副院長，因此，「不欲再有所言」。

雷震再三強調自己是「反對」行政干涉司法的。為了證明這一點，在第二封回信中，特意附上在《自由中國》時期所寫的社論〈今日的司法〉和專論〈行政不應干涉司法〉兩文，再次指出當年所謂「具保」是違法的，雷震說：

公如此高齡蒞臨軍監來幫忙，我只有含淚寫成……內情我公當時實不明瞭也。我寫完後，立將軍監交來的條子塞在褲子口袋內，警備總部做賊心虛，恐其欺詐手段揭穿，立即大肆搜查那張條子，並一再向我詢問……公看看這種政府還有「道德」可言嗎……我主持《自由中國》半月刊十年，我所受的打擊和痛苦，真是一言難盡。惟有一言堪為我公告者，我是為國家、為民族講話，從來沒有為著自己一己來打算也。而且我們總是從正面講話，從不避重就輕，或則指桑罵槐。我雖坐牢十年，受盡辛苦，而個人則心安理得也。

雷震寫這封信是在四月二十六日。不僅附有文章，還有子女雷紹陵、雷德全在其入獄時寫下的傷感家書。五月六日，王雲五發出第三封信，以抱病之身「不憚辭費，再一申說」，主旨仍為自己是否應對「雷震案」負責以及行政不得干預司法做了解釋，同時針對雷震「所具之結，僅具名見證，並非具保」一說作出回應：

儆寰先生：

弟前函所提數點，其中有關武斷一項，既不諒解，自不復有言。至關於弟任行政院副院長對雷案不無責任一問題，閣下似仍未釋然，不憚辭費，再一申說。查軍事審判法係經立法院通過，總統公佈之正式法律，其中第十一條明定國防部為軍事最高審判機關，其在軍事審判上之地位適等於最高法院。閣下迭曾撰文反對行政干涉司法，與弟所見正同。軍事審判法全文並無片言道及行政院得干涉軍事審判。實則行政院長雖為國防部之長官，在軍事審判上無權干涉國防部，正如司法院長為最高法院院長之長官，無權干涉最高法院之審判，毫無二致。況以僅居副貳地位之副院長，更何能違法干涉作為最高軍事審判機關之國防部。反之，監察委員倒有權對於國防部之複判不公提出糾彈，立法委員亦有權提出質詢。

閣下歸咎無權干涉軍事審判之行政院副院長（甚至院長），獨對監察委員與立法委員之有權行使糾彈或質詢，而予以寬恕與諒解。弟只依法辨明此一點，至對其他各事，如是否構陷或是否公正，弟實不欲有言。又大示謂弟等對閣下所具之結，僅具名見證，並非具保，此點容弟不誤，惟弟記憶所及，確曾在監獄起草一文件，聲明對於閣下出獄後如有言行失當，應負勸導之處，此事叔常（谷正綱）、修平（陳啟天）兄或亦能記憶。弟雖老耄，以親自起草，為文約數百言，尚不至善忘，斷不止僅書「見證」二字已也……

弟王雲五　五月六日

王雲五所說並非虛言，確實有過一份不為雷震所知的「具保書」。在當時的情況下，為確保雷震如期出獄，朋友們違心地寫下一點什麼都是可能的，而以雷震的個性，還是不知道的為好。當然，王雲五一再解釋行政院無權干涉國防部的軍事審判，只是法理上的一個解釋，事實上，當年對雷震的審判，蔣介石召集副總統以下十八名黨、政、軍、特要員召開特別會議，為該案定調，其中包括副總統兼行政院長的陳誠，王雲五本人未被點名參會而已。

這一年，王雲五八十八歲，雷震七十九歲，兩位老友因一個「意外事件」打起了這場筆墨官司，知情者不無扼腕歎息。在很多年前，雷震對胡適說過，王雲老是一個「極愛面子的人」，可他卻能未給這位老友一個「面子」，王是胡適當年上海公學的老師。王雲五發出第三封信後，不願再觸痛老友的傷心之處，更兼身體每況愈下，便緘默不語。雷震又寫下第三封回信，費時四個多月，最終未能發出，也無法發出。此信長達三百多頁，即為日後刊行的《雷震全集》第二十八冊。這恐怕是有史以來最長的一封私人信函，內容包括自「雷震案」發生以來及至出獄之後，當年的審判書及所有報刊雜誌有關這方面的剪報，均彙集於此，仿若一部洋洋大觀的「雷震案始末記」。

在未發出的第三封信中，雷震說自己考慮到王雲五「今年已八十有八矣」，為免彼此勞神，本不擬再覆。「惟心中似有一事未了」，在連天陰雨之中，捧讀《論孟》一書，讀到「得道者多助，失道者寡助；寡助之至，親戚畔之；多助之至，天下順也」之句，「心中頗有感觸，尤其看到今日的國勢」，故勉力來作此書，「將我手中所存的資料，擇要複印或剪貼幾份給我公一閱，正如孟老夫子所說：『予豈好辯哉，予不得已也』！」在信的末了，雷震以自輓二聯為結語，其一：「生榮死哀，阿諛者極其歌功頌德之巧言令色；蓋棺論定，歷史家自會盡忠職責而秉筆直書」；其二：「雷案的黑幕，天下人盡皆知之；冤獄整十年，歷史上自有交代。」

雷震寫完此信已九月下旬，這封信確實太長，即便發出了，精力衰弱的王雲五恐亦無力閱之。雷震決定不再寄出，這一決定還是明智的。其間，雷震分別給陳啟天、谷正綱和王世杰各具一函，以明示自己的態度。

雷震在給王世杰信中，坦承為何要與王雲五較勁的真正原因，「由於我於六十一年向政府的建議，今年一月二十八日美國的《臺灣青年》發表了，王雲老責我不該洩漏出去，他不詳察即嚴厲責備我，要和我絕交。我覆書謂：『法院判案必須問明原被兩造，不可僅憑一面之詞！』但我說，我為什麼坐牢十年？主管軍法機關的行政院不能逃避責任。他覆信說我主張干涉司法，我將《自由中國》我反對干涉司法的文章給他看。但他第三次來書，又提到軍法，我不得已只好詳覆一書……王雲老是我出獄的保證人，我坐牢十年還不算，出獄時還要保，這是一個什麼局面？」[13]

上世紀五六十年代正是國民黨一手遮天的白色恐怖時期，當局對異己者的打壓，冷酷無情，絕不手軟，雷震首當其衝。由於第三封回信不可能發出，寫給陳、谷、王三人的信，也就「按下未表」，這場未公開的「筆墨官司」總算到此為止。雷震在接到王雲五「絕交信」當天，確實愴然心傷，惶憤不已，說過王雲五「老氣橫秋」之類的氣話，但三封信中所論及述，既是對威權體制下「法之不法」的質疑和批判，更是對「十年冤獄」在情緒上的一次總爆發。後

13《雷震全集》第二十八冊，頁四三九。

來才知道，這份《救亡圖存獻議》是經「黨外人士」陳菊等人輾轉相傳，最後到了美國，結果，被公開發表。不過，就《救亡圖存獻議》而言，無論是秘密建言也好，還是被人公開發表也罷，這畢竟「是雷震呈現晚年政治思想、政治藍圖，與憂國憂時的結晶，同時，也顯示他終生對民主制衡理念的堅持，與對現實政治的批判」[14]，王雲五本人也承認「無論其內容是否正當，本天下興亡，匹夫為責之義，無可厚非」[15]。

雷震與王雲五痛失數十年之厚誼，未免有點可惜，或如傅正後來所說，「雷、王兩先生已先後謝世，後人自可冷靜的看這一段公案，同時認識兩人的性格和觀點」。古人云：君子與君子以同道為朋，小人與小人以同利為朋。雷、王二人「君子絕交不出惡聲」，皆以坦誠而相爭，不為名節，更不因私利，只求「以守至正」（非朋黨）的態度，說到底，許多因素是非個人的，兩人最終還應是「同道相益」意義上的朋友。

14 任育德著《雷震與臺灣民主憲政的發展》，頁三一四。
15 《雷震全集》第二十八冊，頁九十二。

第二十五章　銅像遲早會出現的

從臺灣戰後民主憲政的發展看，雷震與《自由中國》半月刊具有承前啟後的作用。就「承前」而言——雷震、胡適等人一手創辦《自由中國》半月刊，以宣傳民主自由與憲政理念為主旨，使一大批自由主義知識份子在臺灣有了重新集結的機會，並以公共論壇的方式臧否時政，進而發表建言，中國知識份子傳統的「書生議政」在那個時代發揮到了極致，《自由中國》半月刊成為當時影響最大、銷路最廣的政論刊物；而「啟後」——體現在雷震等人面對威權體制，建設性地「提出立法院離鄉投票改選的建議，其落實責任政治、實現民主政治的目的，頗具前瞻性，為民主運動者所承繼，遂有進一步提出『全面改選』的訴求」，尤其《自由中國》後期，從公開主張成立反對黨到參與組建反對黨，以期在臺灣社會形成一個「協商的政治秩序」，為臺灣民主憲政發展史寫下不可磨滅的一頁，為若干年後臺灣實現政治轉型提供了一個有力的支點。一如殷海光所言，「這種勇於實踐的精神，雖然最終遭到壓制而無法繼續，卻也形成雷震民主憲政思想，雖然與海外第三勢力有共通處，乍看之下並不特殊，實際上卻有迥異於同時人的獨特性」[1]。

一九八九年一月二十日，歷史學家唐德剛在北美洲撰文以紀念雷震逝世十周年，也正是由傅正主編的《雷震全集》正式出版之際。唐德剛以其一以貫之的「汪洋恣肆、縱橫開闔」之筆法，回顧了他本人與雷震這位民主先驅相知、相交的全過程，並說現在「是我們替儆寰先生豎銅像的時候了」。

1　任育德著《雷震與臺灣民主憲政的發展》，頁三一六。

在「臺灣為雷震造一座銅像」出自胡適之口，最早披露於旅美女作家聶華苓的回憶，這也是人們引用最多的一個版本。聶華苓在〈憶雷震〉一文中說，一九五二年十一月，胡適從美返台講學時，正值《自由中國》創辦三周年紀念會在台北「婦女之家」舉行，當時有社會名流、國民黨官僚、黨外人士一百多人到場，這是胡適到臺灣後第一次作公開演講。胡適「開頭就說，『雷先生為民主自由而奮鬥，臺灣的人應該給雷震造個銅像』，那兩句開場白引起久久一片熱烈掌聲」[2]。

聶華苓同事胡虛一認為這一記憶有誤，胡適這一番話並非在《自由中國》創辦三周年紀念會上所言，而是在一九五九年《自由中國》創刊十周年紀念大會上，胡適發表了題為〈容忍與自由〉的演講，公開讚譽「雷震先生是在臺灣爭取言論自由朋友中，功勞最大的人，我們應為他在臺灣造一座銅像……」演講畢，胡適還請與會的朋友一起舉杯，祝雷震身體健康。胡虛一參加了這次紀念大會，「躬逢其盛，親耳聆聽」。

胡適這篇講稿刊於《自由中國》第二十一卷第十一期（一九五九年十二月一日），見刊時卻沒有「臺灣的人應該為雷震造個銅像……」那幾句話，雷震晚年與胡虛一閒話及此，「說胡適講詞中的那幾句話，在發表之前，都被他刪掉了」[3]。胡適對雷震一直有較高的評價，此生與雷震結緣，誠如他本人所說，主要是因為《自由中國》這份刊物的關係[4]。十年以來，胡適支持《自由中國》爭取「言論自由」始終如一，這種支持雖不是特定的政策主張，卻又堅信這是「民主政治」的前提，促進社會進步的一個重要因素。

以唐德剛的看法，胡適先生之所以對雷震表示由衷讚賞，大概是「胡氏鼓吹了一輩子民主，處處碰壁；道不行，乘桴浮於海。誰知道在垂暮之年，卻遇到這樣了不起的『傳人』雷震。雷震所搞的簡直就是百分之百的『胡適民

2 聶華苓〈憶雷震〉一文，收錄於《雷震全集》第二冊，頁三一一。
3 以上均見李敖、胡虛一等著《雷震研究》，頁九十三至九十四。
4 參見胡頌平《胡適之先生年譜長編初稿》第九冊，頁三三三八。

主』」[5]。胡適、雷震與《自由中國》半月刊，是推動臺灣社會朝著民主政治方向發展的三個關鍵因素：設若當年沒有胡適的支持，《自由中國》不可能維持十年生命；設若沒有雷震本人不計個人毀譽的全力投入，《自由中國》很難衝破當局對言論自由的百般禁錮；設若沒有《自由中國》十年殊死抗爭，為臺灣社會開啟了一扇透光的視窗，播下自由主義的種子，提供豐厚的思想資源，日後的黨外運動或許難以找到「行之有效」的突破口。

胡適無疑是《自由中國》揭櫫自由民主理念的一面大旗，但他本人與《自由中國》的關係卻是鬆散型的，在《自由中國》近十一年的社務中，扮演最重要角色的是雷震。當《自由中國》半月刊自由主義的主張越來越濃厚，而執政當局對「個人自由」的尺度越來越緊縮時，在這種情況下，作為《自由中國》的「火車頭」，雷震個人的立場就顯得至關重要，他引領著《自由中國》半月刊，「不僅基於立憲主義原則對時局提出針砭，其思想的變化亦與外在政治環境的改變息息相關，而趨向於實踐。這種由理論趨向實踐的思想特性，是同時代的中國自由主義者、立憲主義者所較欠缺者，也罕見於中國一般知識份子間」[6]。

胡秋原有過一段很重要的回憶，將當年組建反對黨和胡適、蔣廷黻、雷震以及他本人的態度作了一個比較，儘管他始終認為「救國之道多端，不一定要從事政治或立黨」，但雷震當年勇敢地突破傳統知識份子的舊轍，有別於一般的自由派知識份子。胡秋原這樣寫道：

> 四十五年，羅先生（指羅鴻詔，作者注）在台大醫院病故，他孤零零的一人死在台北[7]。我到台大醫院太平間悼喪，發現儆寰兄一人守靈。這樣，我們便在鴻詔兄靈前握手復交了[8]。這年十一月，我奉派為

---

5 唐德剛〈「銅像」遲早會出現的〉一文，收錄於《雷震全集》第二冊，頁二四〇。

6 任育德著《雷震與臺灣民主憲政的發展》，頁三一六。

7 羅鴻詔係雷震留日時同窗好友。來台後一直單身，妻兒留大陸。常與雷震同住在一起。

8 一九五四年前後，臺灣推行簡化字運動。胡秋原撰文表示反對，認為中國文字是很進步的。結果遭到他人的攻擊，其文發表在《自由中國》上。胡秋原隨即撰文答辯，其稿卻被「自由中國社」退回。為了此事，胡秋原遷怒於雷震，並與之絕交。

聯合國代表團顧問。儆寰兄到松山機場送行。他當著許多人面前開口便說：「你見到蔣廷黻時，請代我問問他，反對黨的事他究竟幹不幹？」

我到紐約後，曾將儆寰的話代問蔣廷黻大使。他說，他現在身為代表團團長，不能談這件事。……有朋友告訴我，反對黨之議，起於宋子文。他知道他不足以號召，便去找蔣廷黻商量。蔣認為自己的聲望還不夠，最好由胡適出來帶頭。不日，胡適先生知道我來紐約，約我到他家吃飯，問我對反對黨以及他出來領導有何意見？而且再三說，希望我「說老實話」。

我說反對黨是民主應有之義，但在今天臺灣則不適宜……民主政治與反對黨需要條件。文治與基本的法治，一也；言論自由，二也；自由經濟培養出大批中產階級，三也；由此產生獨立思考的知識份子，四也。最後一點，最為重要。否則，今天以胡先生的聲望，在新公園演講，宣佈新黨成立，可以得到十萬人的歡呼。但如果槍聲一響，第二天可能一個人也沒有了。

等到四十六年我經歐洲回臺灣之時……此時儆寰兄家中常常高朋滿座談反對黨問題。承他好意，也請我吃飯，參加談話……在這些談話中，我聽的時候多，說話的時候少。儆寰兄曾經兩三次對我說，希望我參加反對黨之發起。我很鄭重的回答：我贊成和支持反對黨的運動，但「你與胡適先生都可發起反對黨，唯有我不能。在許多朋友中，我年紀也許最輕，但幹反對黨，我也許最早。我是在民國二十二年就參加所謂閩變的。我青年時代反國民黨，中年因抗戰而支持國民黨。現在是我的晚年，如又反對國民黨，只要四個字，就可將我打倒。」……他知道不可強，但他仍不斷請我到他家吃飯。我有時去，忙了便不去。[9]

9 胡秋原〈紀念雷震先生的若干感想〉一文，收錄於《雷震全集》第二冊，頁一八九至一九一。

一九七〇年九月，雷震出獄後，到胡秋原家吃過一次飯，當時沒有討論政治問題。不過，有件事一直讓胡秋原引以為憾，那就是胡適為什麼在「反對黨領袖」這個角色上多有反覆，其中有何原因？胡秋原覺得「這無論對於研究反對黨歷史或儆寰個人命運都有重大關係」，當年幾次想問雷震而未果，事後想起來，一直覺得很惋惜。

胡秋原對雷震的評價很高，「就我三四十年與儆寰兄淡水之交的觀感，第一、他是一個直爽的人；第二、他篤信民主主義，並身體力行，從事反對黨的組織，是一個有道德勇氣和狂狷之氣的人；第三、我想，今天是可以組織反對黨之時了，如他在今天組織反對黨，我想他一定不會組織一個主張台獨而有法西斯作風的反對黨，而一定是一個民主統一的反對黨，是我深信不疑的。」[10]

作為歷史學家，唐德剛對雷震的評價是從大歷史這一視角出發的。他的文章從民主政治說起，認為「民主」既不能靠執政者的「恩賜」而來，也不是靠「槍桿子」可以打出來的。民主政治是要以「一個富裕安定、光彩輝煌的中產階級的政權作為基礎的」，他以拿破崙等人為例，這些人「武力打倒了專制，到頭來自己卻做了獨裁者、大皇帝……」而鐵肩擔道義的書生輩一如譚嗣同、雷震、胡適等人，僅憑「頭顱熱血、筆桿嘴巴來爭民主，也是爭不到的」——君不見，這些人不是被殺頭，就是坐大牢，或含恨而終，其原因就是沒有一個相對制衡於「利益集團」的政治勢力存在。像雷震這樣一位方孝孺式的人物，只能成為一個時代的先知和聖者，「他們走在時代的前面，沒有他們『導夫先路』，後一個時代，就沒有順理成章、光輝燦爛了」[11]。唐德剛因此斷言：雷震這位民主先驅的銅像遲早要出現的！

一九七一年，唐德剛應邀返台參加一個學術會議。這時雷震剛出獄不久，唐德剛一時不知自己是否應當去拜見一下雷震？當時台北的一些親友，談起雷震時，仍人人色變，讓他猶豫不決。在此之前，唐德剛與雷震未有過實際

10 胡秋原〈紀念雷震先生的若干感想〉一文，《雷震全集》第二冊，頁二〇一。
11 均參見唐德剛〈「銅像」遲早會出現的〉一文，收錄於《雷震全集》第二冊，頁二四六。

交往，在胡適先生的鼓動下，這位哥倫比亞大學歷史學博士曾給《自由中國》半月刊投過稿。以唐德剛本人推測，一九五八年，胡適從美返台在南港定居後，肯定與雷震談起過自己。因時隔不久，唐德剛即收到雷震的來信，向他正式約稿。

唐德剛先後為《自由中國》半月刊寫過三次稿，〈一個留美學生望大陸，念臺灣〉（一九五八年七月一日第十九卷一期）、〈羅斯福總統究不敢毀憲〉（一九五九年十一月十六日，第二十一卷十期，十周年紀念特刊）、〈論「西山會議派」〉（一九六〇年八月十六日，第二十三卷四期），如果不是因為後來雷震被捕、《自由中國》停刊，唐德剛或會成為《自由中國》的一位重點作者，因為對於民主政治的認知，他與雷震持相近的看法。

一九六〇年三月三日，他在給雷震的一封信中說，「晚深感我國民主政治之基礎太薄弱，我人羨慕別人，期望太高，所謂『看人吃豆腐牙齒爽』。晚每讀時賢政治論文及演辭，深感我代表、委員[12]諸先生對民主政治與法治之瞭解，遠不若此地為吾輩理髮之理髮師及打掃房屋之工人。這實在是文化傳統使然，非可強求，亦非可完全由書本上求得者……晚竊思時代與潮流究不易阻遏，我國百年之各項開風氣之運動，均似水到渠成，當之者終必為潮流所淹沒者」[13]。

說起來，唐德剛與雷震算得上是一個「至戚」。雷夫人宋英的娘家，與唐家有多代親戚關係。若以唐的本家算，宋英大他兩輩；若從唐的外婆家算，宋英比他大一輩，「我們唐宋兩家真是姻聯秦晉的。可是當雷公在重慶做大官，我也在重慶穿草鞋、害夜盲、作難童時，我沒有找過他。後來我大學畢業了，在南京作『待業青年』，也沒有去找過他們，雖然宋英委員那時與我姑媽她們頗有往來，姑媽也勸我去『找雷儆寰推薦、推薦』，但是我始終未去拜謁

12 這裏的「我代表、委員諸先生」，是指國大代表和立法委員。
13 一九六〇年三月三日唐德剛致雷震函，《雷震秘藏書信選》，《雷震全集》第三十冊，頁四二五。

過。後來雷公在臺灣坐牢了，我奇怪為什麼胡適之先生不去看望他，而我自己倒想去探監，可是始終沒有這個機會……」[14]

既然雷震已經出獄，唐德剛也來到了台北，無論如何，兩人都要見上一面，這對於唐德來說，也算了卻多年的一個心願。唐德剛找了一個藉口搬出了岳父家，住進台北的「中泰賓館」。在賓館，唐德剛給雷震打了一個電話，說要去看他。不料，雷震卻說，「你不能來！」唐問為什麼？「我家四周都有特務……我來看你！」說完，雷震就掛斷了電話。

雷震果真來了，「高大的個子，講話那樣斬釘截鐵，真是『雖千萬人，吾往矣！』有其凜然不可犯的器度……」[15] 這一天，雷震與唐德剛談了兩個鐘頭，沉浮往事，件件俱細，或喜或悲，數歷不堪，「彼此都唏噓不盡」……這是唐德剛第一次見到雷震，也是最後一次「親炙高風」。雷震走後，唐德剛意猶未盡，慨然系之，大呼「大丈夫，男子漢，當是如此」！

若干年後，唐德剛撰文以紀念雷震逝世十周年，回首當年相見情形，仍歷歷在目，「臨別之時，我們相約再見，下次到他家中吃飯，並好好再談談，誰知竟是永別。如今雷公墓木已拱，憶別時言語，真是『懸劍空壟，有恨如何』」！

14 唐德剛〈「銅像」遲早會出現的〉一文，收錄於《雷震全集》第二冊，頁二四六至二四七。

15 唐德剛〈「銅像」遲早會出現的〉一文，收錄於《雷震全集》第二冊，頁二四八。

第二十六章　聶華苓：再見雷震

旅美女作家聶華苓是當年「自由中國社」年輕的「老人」。

一九四九年，她從中央大學畢業後，與母親弟妹一家人到了臺灣。當時急於要找工作養家糊口，當她聽說「自由中國社」需要一個管文稿的人，便在中央大學學長李直中的介紹下，見到了剛剛開張不久的「自由中國社」「老闆」雷震。雷震只看了她一眼，未多說一句話，只是點點頭，說：「好吧！你明天就開始吧。」從此，聶華苓就成了「自由中國社」的一員，直至一九六〇年九月雷震被捕、《自由中國》停刊，未離開一步。

進社不久，聶華苓就懷孕了，挺著一個漸隆的肚子堅持上班，雷震渾然不覺。有一天，李直中笑著告訴聶華苓，說雷先生想為她介紹一個男朋友。那一年，聶華苓二十五歲，再有一兩個月就要分娩，「就憑我日漸膨脹的笨重樣子，認識的人全知道，只有粗枝大葉的雷震沒看出來」。開始一兩年，聶華苓覺得自己在「自由中國社」並不快樂。當時家庭負擔很重，既要上班管文稿，又要寫文章，還要擠出時間翻譯一點作品賺稿費以維持生計。當時辦公室裡氣壓太低，常讓人透不氣來。「雷震的老部屬劉子英作威作福，儼然一副主子面孔。他只是個會計，但什麼事都管。工作人員只有四五個人，每天還得在一個本子上簽到。有一天，我遲到了半小時，劉子英就在我的名字上打了個問號，同事全討厭他，叫他『奴才』」[1]。

直至有一天，聶華苓突然被雷震喊去，處境一下子有所改變。剛一進門，雷震就對她說：「聶小姐，我還不知道你寫文章呢，從今以後，你就做編輯吧，特別負責文藝稿。」這時，聶華苓發現雷震手中正拿著她剛發表的一篇文章

1　聶華苓〈憶雷震〉一文，收錄於《雷震全集》第二冊，頁三〇九。

在看。她興奮至極，一下子覺得此時的雷先生「站在小木屋裡顯得更高大了」。聶華苓從此步入一生中最為關鍵的發展時期，初而一般編輯，進而文藝編委，聶華苓一生感激雷震當年對自己的關愛與提攜，她是一個「知恩圖報」的人。雷震垂暮之年，聶華苓不僅在經濟上對先生多有支持，她也是雷震晚年想見到的一個人。

《自由中國》半月刊並非純粹的政論性刊物，只是由於《自由中國》在當時發表大量極具份量的針砭時局、坐而論道的檄文，人們的視線一般很容易集中在這本刊物政治、經濟、教育等內容上，包括史家在這方面也是總結的最多。從歷史的意義來講，這確實是《自由中國》在臺灣戰後思想史上最為重要的一頁，不過，就這本雜誌整體性而言，若忽略了《自由中國》「潤物細無聲」的文學部分，仍不能窺得它的全貌。《自由中國》半月刊「徵稿簡則」第六條，即為「其他反極權的論文、談話、小說、木刻、照片等」之稿約。《自由中國》出刊十年二百六十期中，有關文學方面的內容，占總發稿量的百分之三十，先後刊出「三百篇文學作品，包括八部長篇小說，三部劇本，及其它新詩、短篇小說、抒情散文、文學理論、書評等不同文學類別的文本，隱然呈現出五十年代臺灣一個文化層次的風貌、文學歷史的縮影」[2]。

在這十年中，重要的文藝作者包括：陳紀瀅、金溟若、朱西寧、司馬桑敦、林海音、聶華苓、吳魯芹、陳之藩、余光中、於梨華、周策縱等人；其重要作品有：《城南舊事》（林海音）、《荻村傳》（陳紀瀅）、《落月》（彭歌）、《歧路》（金溟若）、《火炬的愛》（朱西寧）、《我的父親》（段永蘭）等。聶華苓作為《自由中國》文藝專欄的實際負責人，為推動上世紀五十年代臺灣文學作品的發展，功不可沒。當年郭衣洞（即柏楊，作者注）的第一篇諷刺小說就發表在《自由中國》半月刊。聶華苓回憶說，「那時臺灣文壇幾乎是清一色的反共八股，很難看到反共框框以外的純文學作品。有些以反共作品出名的人把持臺灣文壇。《自由中國》決不要反共八股。郭衣洞（柏楊）的第一篇諷刺小說《幸運的石頭》和司馬桑敦（王光逖）的第一篇小說《山洪暴發的時候》，就是在《自由中國》登出來

2　參見應鳳凰〈作家群與五十年代臺灣文學史〉一文。

的。郭衣洞以柏楊的火辣辣的雜文出名還是多年以後的事。有心人評五十年代的臺灣為文化沙漠，寫作的人一下子和三四十年代的中國文學傳統切斷了，新的一代還在摸索，成熟的文藝作品很難得。有時收到清新可喜的作品，我就和作者一再通信討論，一同將稿子修改潤飾登出，後來有幾位在臺灣出名的作家當初就是那樣子在《自由中國》發表作品的，《自由中國》文藝欄自成一格」[3]；「自由中國社」編輯黃中也說，「《自由中國》對臺灣早期文藝的貢獻，為寫實文藝提供了一個新的園地，把文藝帶出『八股』以外……大概是一九五二或一九五三年起，《自由中國》文藝作家，每月有聚餐會，被官方譏諷為『天下座談會』……聚會由文藝主編聶華苓主持」[4]。

在聶華苓眼中，《自由中國》初創時，雷震在政治上還是一個保守的人，「那就是說，偏向國民黨的」，就像殷海光當時說的，「雷震！到底還是個國民黨！雷震在基本的思想形態、行為模式和待人接物的習慣上，他和老牌國民黨並沒有根本的差別」[5]！雷震的轉變是隨著時局變化以及對國民黨體制不斷認識一步步走過來，最終與自己的黨分道揚鑣，並進行不屈不撓地抗爭，從而導致十年牢獄之災。

一九六〇年九月四日，這是一個星期天。上午九點多鐘，聶華苓剛起床，就聽見有人拍打大門。女傭打開大門後，只見幾個便衣闖了進來。他們先來到聶華苓這邊，看了一眼，說「走錯了」，然後轉身去敲隔壁傅正的房門。聶華苓立刻意識到將要發生什麼，與母親互相望了一眼，沒有說任何話。因為緊張，她讓九歲的女兒藍藍[6]彈起了小鋼琴，以試圖分散一下自己的注意力。但還是感到十分害怕，「我渾身無力，坐在椅子上，一動也不動。他們是一個個下手，先擒傅正，再拿聶華苓。他們就要來了，我就坐在那兒等著吧！藍藍停住了。『別停。藍藍，彈下去吧』！我

3 聶華苓著《三生三世》，百花文藝出版社，二〇〇四年一月第一版，頁一四三。
4 《雷震全集》第一冊，頁九十八。
5 聶華苓著《三生三世》，頁一四五。
6 藍藍，學名王曉藍。長大後從事現代舞藝術，在愛荷華大學主持中美舞蹈交流計畫。與英國丈夫離婚後，與哈佛大學教授、現代文學研究專家李歐梵結婚。據聞後與李離婚。

對她說……傅正突然在他的房裡叫了起來：『你們憑什麼拿這個？』接著一陣爭吵聲，聽不清他們在爭什麼。接著又是一片沈默」。

聶華苓原以為自己也會被抓，後來才知道，她並不在這個「黑名單」上。傅正被捕時顯得鎮靜自若，他本是蔣經國手下的人，進「自由中國社」才兩年多時間，只因他那幾篇文章太「辣」，也被當局視為「肉中刺」。傅正被一大群警察和便衣人員圍著走出房門時，還衝著聶華苓和她的母親說了一句，「我跟他們去了！」不一會，「自由中國社」程濟寬來了，衝著聶華苓的窗子大喊：雷先生、馬之驌，還有劉子英都被抓走了！「殷海光呢？」聶華苓急問，「還不知道」。「傅正也給抓走了」！聶華苓說。程濟寬一下子愣住了，站在院子裡，張著嘴，半天說不出話來。

這天下午，胡虛一從廣播中得知雷震等人被抓消息，立即從基隆趕到了台北，直奔「自由中國社」和編委戴杜衡的家。戴杜衡一見到胡虛一就說：「虛一呀，你來台北了。現在怎麼得了！他們真的抓起人來了！他們真的抓起人來了！」[7] 胡虛一又趕到殷海光家，一進門，就看到殷海光正閉著眼睛躺在書房的長沙發上，殷夫人走過去，輕聲對殷說「胡虛一來了」，殷海光一躍而起，對胡虛一說，我們現在就去社裡！殷海光一邊穿皮鞋，還一邊對胡虛一說，「遲早總有這一天的。今天終於來了！我聽收音機播出雷先生在上午被捉去了，我就閉目躺在這兒，等捉我的人來。剛才你按門鈴，我以為是捉我的人來了……」[8]

以聶華苓的說法，雷震等人被捕後，她與其他編委即被隔離開來，特務對他們進行日夜的監視，「我們成了一個個小孤島，不能互通消息」。聶華苓自己的恩師遭至誣陷而被關入大牢，多少年來，腦海中不止一次浮現出十年來自己與雷震、黃中等人在「自由中國社」工作時的場面：

7　李敖、胡虛一等著《雷震研究》，頁九十七。
8　李敖、胡虛一等著《雷震研究》，頁九十八。

我永遠也忘不了我們在一起校對稿子的情形。每篇稿子都是經過雷震、黃中和我三人先在社中仔細一校再校；在出刊前幾天，我們三個人又一同去印刷廠作最後一次校對。首先我們要仔細校對錯字，一字之誤，就可惹出大禍……十年之中，我們換了七個印刷廠，就因為特務找麻煩，老闆怕坐牢。除了校對錯字外，我們還得絞盡腦汁修改可能出問題的文字，在國民黨的特務審查之前，我們自己已經嚴格地審查過了。一字一句，我們三個人常常討論很久才決定。

每次出刊前，我們就那樣子在一起工作兩整天。常常在我們低頭默默校對的時候，雷震會自顧自笑了起來，樂得像個孩子，把文章中一句俏皮的諷刺話指點給我們看；或是向我們講他如何愚弄跟蹤的特務的趣事，一面講一面笑，好像小孩子講捉迷藏一樣。每次校對完畢，天已經黑了，我們三人就擠上公共汽車，一道去沅陵街的新陶芳吃鹽焗雞；吃完雷震就跳上公共汽車回木柵。他擠在人堆裡向我們招招手，車子開走了，我還可從車窗裡看到他孤立的高大身影[9]。

一九六二年至一九六四年，聶華苓應臺灣大學中文系主任臺靜農之邀，在現代文學寫作班教授小說創作；徐復觀邀請她去東海大學講授創作（聶華苓的父親聶洸，字怒夫，早年即為國民革命軍之幹將，任國民革命軍第八軍參謀處處長。北伐軍攻佔武漢後，聶洸為武漢衛戍區司令部參謀長，徐復觀時為其部下）。一九六四年，聶華苓赴美，應邀為美國愛荷華大學「作家工作坊」訪問作家，從此定居在美國。一九七一年，聶華苓與美國詩人安格爾（Paul Engle）結婚，這是她的第二次婚姻。聶華苓第一位丈夫叫王路生，結婚幾年後，王路生即去美國留學，不久離婚。

聶華苓一九六四年離開臺灣後，在美國曾收到雷震從獄中給她的一封信。在這封信中，雷震對聶華苓的母親在前年去世表達了自己的心情，並對聶華苓能夠赴美深造感到欣慰，這封信聶華苓一直珍藏著。一九七一年一月九日，出

9 聶華苓〈憶雷震〉一文，收錄於《雷震全集》第二冊，頁三一三。

獄後的雷震第二次給聶華苓寫信，感謝她透過《聯合報》送來的四千元台幣。雷震在信中說，「承賜四千元，感激之至，對我一家生活幫助很大。我下獄十年，收入全無，一切全賴在美子女養活。我未坐牢時有國大薪津等等，一個月約有八千至一萬元收入。後國大加薪，收入每月有一萬四千元。故十年坐牢，我個人損失約達兩百萬元，即五萬美金……可見從事民主運動之不易，無怪一般人趨避也」[10]。

一九七一年，聶華苓與美國著名詩人安格爾結婚，雷震夫婦特意託人為他們帶去一只鼎，作為賀禮，「鼎者重也，盛也」。一九七四年春天，聶華苓夫婦決定返台專程去看望出獄後的雷震，這時聶華苓定居愛荷華已整整十年，在海外華人作家圈中頗有聲名。當他們抵達台北後，聶華苓立刻就想去雷震家，被朋友們攔住了。聶華苓回憶說，「我認識的人，反應不同。有的人不置可否——沈默是金；有的人說，雷震出獄之後也過得不錯嘛，現在不必去擾他了，也不必再為他招麻煩了；有的人說，他們非常瞭解我要看雷震的心情，我當然應當去，但不要聲張，也不必馬上去，最好在我們走的那天去，看了雷震就上飛機！為什麼呢？因為……朋友笑笑，很抱歉的樣子，『因為怕人攻擊，要是什麼黨棍作家給你在報上打一棍子，再有人一起哄，你和保羅兄在這幾天就不好受了。你最好是悄悄地來，悄悄地走』」[11]，聶華苓決定在離開台北的那一天前去看望雷震。

聶華苓知道夏道平與雷震關係密切，打電話對他說想去看望雷震，並告訴他去看雷震的具體日子，就是他們離台的那天上午。夏在電話裡說此事要等一兩天才能知道，看雷震有如何說法，「我明白夏道平的意思，雷先生電話有特務竊聽，他們需要時間決定雷先生是否可見我。我和夏道平從沒斷絕書信來往，電話中沒說要見我，我就瞭解他困難的處境了。兩天以後，夏道平來電話說，雷先生可以見我們，並要在家請我們吃飯。我說我們只能去看雷先生兩個小

10 一九七一年一月九日雷震致聶華苓函，收錄於《雷震全集》第二冊，頁三二八。

11 聶華苓〈憶雷震〉一文，收錄於《雷震全集》第二冊，頁三二二。

時，看他之後立刻上飛機回愛荷華了。他哦了一聲，沒說一句話」[12]。

聶華苓夫婦在台北停留了五天。在最後一天如何去雷震家，頗費一番周折。雷震家住台北郊區木柵，聶華苓妹夫的朋友本來想開車直接他們送過去，可轉念一想，雷震家對門的房子裡住著十幾個特務，時刻監視雷震的一舉一動，若開車直接到雷宅，車牌號碼肯定要被這些人抄下來。後來商議決定，由這位朋友先將聶華苓夫婦送到景美，剩下三分之一的路程時，讓他們再轉乘計程車前往木柵雷震的家。安格爾對此大惑不解，一再追問：為什麼？為什麼？聶華苓與他說不清，對他說：「很複雜的，到了臺灣，你跟我走就是了。」

整整十四年後，聶華苓終於見到了這位前「自由中國社」的「老闆」，當他們下車走進大門時，雷震夫婦迎了出來。聶華苓緊緊握著雷震的手，一句話也說不出來。雷震不停地問：「眼鏡呢？眼鏡呢？我的眼鏡呢？我眼睛不行了」！戴上眼鏡，雷震仔細端詳聶華苓，說「還是老樣子。十四年不見了！最後那天見到你是一九六〇年九月三號，禮拜六……」頓時一陣酸楚湧來，聶華苓感歎雷震對這一天記得太清楚了，可雷震怎能忘記呢，因為第二天他就被捕了。

安格爾見到雷震格外激動，「我一直想見到你。我很佩服你。華苓對我講了你的許多事，你是一個很勇敢的人物。」雷先生笑笑：我接到你們要來的電話，沒有人干涉，我就知道，我可以見到你們了。我家的電話有特務錄音。我們斜對面樓上，還有右邊的房子，就有國民黨特務十幾個人監視我。我的一舉一動，都照了相，來的客人也照相，硬把老百姓的房子占了，一天到晚朝我們這邊照相。有什麼可照的？我還能幹什麼？真是庸人自擾！

雷震又說：那天英國《星期天時報》（Sunday Times）駐遠東記者要訪問我，打電話約我到國賓飯店喝咖啡。特務馬上知道了。國民黨中央黨部政策委員會副秘書長打電話來叫我不要去，我拒絕了。我說，你們叫特務去監視好

12 聶華苓著《三生三世》，頁二九五。

啦。果然有個特務坐在我們旁邊的桌子上，我一看就認得，常常跟我的嘛。他當然帶著照相機，要把我們照下來[13]。

聶華苓問起先生在牢裡情況，雷震告訴她，「牢裡有人發瘋呀。我沒有發瘋，因為我寫回憶錄。我寫了四百萬字，在出獄前被保防官帶了十幾個人搶走了，還有信件和詩稿。國民黨這種目無法紀的作風不改，要喪盡民心的」……時間很快過去，雷震越講越興奮，毫無顧忌；十年鐵窗，癡心未改。聶華苓有許多話想對雷震說，無奈與安格爾趕飛機的時間不多了，只好起身告辭。雷震夫婦為他們準備好的午飯，也未來得及吃。

這時，安格爾突然說：「雷先生，你是我這輩子見到的最偉大的人物之一，我很感激你給我這個機會來看你。我想問一個問題，假如你再有機會，你是不是還要做你十四年以前所做的事情？」雷震大笑，「不可能了！不可能了！」這個回答大概出乎這位美國詩人的意料，他對中國人的事情瞭解得實在太少。

雷震夫婦將聶華苓、安格爾一直送到巷口，一聲聲再見，一聲聲珍重。「我知道再也見不到他們了。我和安格爾走了一段路，回頭看看，兩位老人仍然站在那兒——站在正午的陽光中」，這是聶華苓對雷震先生最後的一個記憶，她的心一直在流淚：

> 這次我去看雷先生，走的是舊時路，看的是舊時人，卻不是舊時的心情。五十年代，我是雷家常客。雷先生有時在他家開《自由中國》編輯委員會。胡適、殷海光、毛子水、戴杜衡……一些最好的中國頭腦曾在那兒論文議事。我是編輯委員會中最年輕的一員，也是惟一的女性。我對現實政治一向低能。但是，我從他們那兒悟到作為中國知識份子的風骨。政治風雲變化無常；人的風骨可是一輩子的事。

雷先生雷夫人也常在木柵家中宴請為《自由中國》寫稿的作家們。臺灣文壇許多朋友就曾在雷家酒酣耳熱，歡笑滿庭。十四年後，我再到雷家時，寂寞蕭條，人情冷漠。雷先生呢？他已坐了十年牢。再見時，他依舊意氣軒昂，

13 聶華苓著《三生三世》，頁二九六至二九八。

依舊赤子之心，依舊憂國憂民，依舊堅持他對民主的理想。我們見面都很激動，他一股勁兒找眼鏡，我竭力忍住眼淚……[14]

又是一個十四年。一九八八年，聶華苓與安格爾再次來到臺灣。

她沒有忘記雷先生，也無法忘記。這時，雷震已安息在南港「自由墓園」中，與他永遠作伴的是同窗羅鴻詔、至友殷海光，還有最心疼的愛子。雷夫人宋英正在向監察院提出調查雷震的冤案，並與傅正一起公開控訴當年對雷震等人的「政治構陷」，要求警總發還雷震在獄中的手稿和日記。「黨外人士」康寧祥、尤清、朱高正、許榮淑、張俊雄等十三人，已發起成立「雷震案平反後援會」，並在立法院敦促政府從速平反「雷震案」。

這一次，聶華苓與一些朋友是帶著鮮花浩浩蕩蕩地前往「自由墓園」，去看已故雷震先生，再也沒有當年的那種緊張和後怕，臺灣社會正在出現意想不到的變化。當車子沿著彎曲的山路緩慢向上行進時，突然下起了一陣小雨，細雨之中，可見濛濛山霧，聶華苓一下子竟似幻似真，「……我又走向雷家，我又去開《自由中國》編輯會議，我又可聽到雷先生和殷海光激烈辯論，我又看到多年寄居雷家的羅鴻詔先生捧著茶在一旁呵呵笑，我又可和坐在輪椅裡殘廢的德成（雷震之子，作者注）聊天。他們全在自由『家』園，一點兒也不錯，他們的『家』就在那高高的山坡上」。在雷震與兒子德成之間有一塊空地，是預留給與雷震患難大半個世紀的妻子宋英女士的。在下面的一塊小園地，還躺著雷震心愛的小狗。

聶華苓向先生行禮時，熱淚涔涔，她感到雷先生並沒有離開，還似乎看到那尊還未鑄出的銅像正站在那高高的山嶺上，一隻手揮向天空，望著遠方，鏗鏘有力地對聶華苓說：你看，我當年拼命鼓吹的意見是對的吧！臺灣不正是朝著那個方向走嗎？我冤枉坐了十年牢……

14　聶華苓〈舊時路——懷念雷震先生〉，夢花編《最美麗的顏色——聶華苓自傳》，江蘇文藝出版社，二〇〇〇年一月第一版，頁一一二至一一三。

第二十七章　「雷震案」平反運動

一九七九年三月七日，雷震在台北榮民總醫院病逝，終年八十三歲。

雷震出獄之後，一直病魔纏身。一九七六年二月，發現患有前列腺癌。這一年十月，他在給原「自由中國社」同事黃中的一封信中說，「由於在獄中患了前列腺癌……我出獄後不久即割治，係用新法，未割乾淨。一九七五年五月二十七日小便流血，又住院割一次。此次係小手術，是年十月因解小便困難，又動大手術，挖出三十個肉粒……不料一九七六年一月九日小便又出血，經過四週，於二月八日又出血，於是入院檢查，用核子照相，發現為前列腺癌。……我今年已八一初度，現在只是苟延殘喘耳」[1]。

一九七八年十一月七日，雷震因患腦瘤入院，至此再未出院，其間大部分時間昏迷不醒，整整拖了有四個月之久。雷震子女大都在海外，雷震病危時，都趕了回來。雷美琳回憶，「第二次回國，是因為得悉父親生病，已住榮總，準備接受腦部手術的消息，在他接受手術前夕，我趕到榮總為他打氣，開刀結果並不理想，一禮拜後即失去記憶、不能言語、時好時壞，體念到他內心掙扎的痛苦，雖然有特別護士照料，但我們由國外趕回來的兄弟姐妹也都輪班在一旁伺候」[2]。雷震病情一度有所好轉，孩子們因工作關係，又都回海外去了；次女雷德全未走，原留在台北家中侍疾，陪伴老母宋英，就在雷震病逝前一日，突然有事去了香港，「故雷震臨終之頃，只有大女兒鳳陵，和向筠所出的子女在側」[3]。

1 《雷震全集》第一冊，頁一〇三。
2 雷美琳〈我的父親雷震——雷震逝世十周年追憶文〉，參見雷震著《雷震家書》，附錄，頁二九四。
3 李敖、胡虛一編著《雷震研究》，頁一二五。

雷震去世前一天，突然迴光返照，雖不能講話，頭腦卻清醒。宋英、向筠及所出子女皆守在他的病榻前，宋英將自己的手指放入雷震口中，俯耳說，現在孩子們來看你了，你如果知道的話，就咬一口。雷震有氣無力地咬了一口，總算對親人有了一個最後的交代。雷美琳是雷震生前交代最多的一個孩子，得悉父親再次病危，與小弟雷天洪立即從美國趕回台北，見到父親時，「他臉色紅潤，神態安祥」，雷美琳一邊用手輕輕撫摸父親的臉頰，一邊止不住流淚，一旁的護士小姐突然叫道：雷小姐，你快看，你爸爸知道你回來了！雷美琳看見父親兩行眼淚，「已流得滿臉都是」，醫生走過來對她說：雷小姐，我很欽佩你的父親，本來上禮拜四就應該過去的，你媽媽一直在他耳邊說你要趕回來看他，他老人家能撐到現在，真是奇蹟！第二天，上午八時左右，雷震的心臟停止了跳動，至此，走完了自己大起大伏的一生。

雷震的家在木柵，離榮總甚遠。是日，等宋英趕到之時，「父親早已嚥下了最後一口氣」。照榮民總醫院醫生的說法，雷震去世時應該是在清晨五時，因使用醫療器械，讓他的心臟繼續跳動到上午八時才完全停止。女兒雷德全一直記得母親宋英對她說過這樣一件事，「三月七日凌晨，父親走進了她的房間對她說『S00JOHN，我走了，你好好保重。』母親驚醒過來，卻是南柯一夢，看看時間，正是清晨五時五十五分。」S00JOHN是宋英的日本名字，雷震一直以此稱呼她，但從未告訴過孩子這是什麼意思[4]。

雷震去世當天，《聯合報》、《中國時報》刊發消息，《聯合報》稱其「前國民黨參政會副秘書長，政治協商會議秘書長，行政院政務委員及國大代表」；《中國時報》未提雷震從政經歷，僅稱「前國民大會代表及自由中國雜誌社發行人」。《自立晚報》最早刊發公開悼念雷震的文章，作者司馬文武是《中國時報》的一位青年記者。年老不良於行的王世杰，由一位親屬攙扶著來雷家簽名行禮，此時已年近九十；成舍我夫婦送來親筆書寫的輓聯：「憂國如

4 雷德全著《我的母親——宋英》，頁二〇二至二〇四。

焚，萬言何補？齎恨以歿，千古同悲」；原「自由中國社」編委夏道平的輓詞是：「自來政治上的是非功罪，往往晦於當時而彰於後世。謹錄此史家名言，奉獻於儆公靈前，請安息吧！」

雷夫人宋英的輓聯由夏道平代擬，高度概括了雷震一生中最不平凡的那個十年：「為爭取言論自由，為促進政治民主，努力十年，換得十年牢獄；誰是純正愛國者，誰是徹底反共者，事關歷史，任憑歷史評衡。」

雷震兩年前立下遺囑，寥寥數語，平靜坦蕩，超然物外，榮辱皆拋，「死時除解剖需用部分割去外，餘則送至火葬場火化後下葬，不進殯儀館、不發訃文、不開弔、不穿長袍馬褂，葬事完畢後，在報上登一啟事，說某人已走了……」雷夫人宋英、如夫人向筠等人[5]遵從其遺囑辦理，沒有發喪，但由於宋英身為監察院委員，監察院對外發佈了一則消息。雷震之喪事，依照監察院「監察委員之配偶喪亡，監察院協助辦理」的慣例，由監察委員李拂拯[6]專門負責此事。雷震生前好友陶百川、齊世英等人組成了一個治喪委員會，假榮民總醫院禮堂進行小範圍的悼唁活動，以尊重雷震生前「不進殯儀館」的遺願。儘管如此，「死後榮哀，恐怕不是他自身謙隱可以免除的，在他的喪禮上，各界知交好友、或是仰慕他言行人格的人都到場致哀，黃菊花佈滿了靈堂」[7]。

一些該來的朋友卻沒有來，如「自由中國社」職員陳佐和、王佑祺。陳佐和是接替劉子英做會計的那個人，王佑祺當年在馬之驌手下負責發行工作。「雷震案」發生後，《自由中國》被迫停刊，宋英為了社中一些職員的生活出路問題，找到行政院副院長王雲五，請求協助解決。陳佐和、王佑祺二人分別被安插到國有財產局和臺灣銀行工作，後都又被轉成了正式人員。胡虛一很生氣，在雷震靈堂上說：「雷公出獄住家時日，他們或存顧慮不敢來，但今雷公死

5 雷震的婚姻狀況較為複雜，娶過三妻兩房。第一位夫人劉氏，是一位離過婚的人，生下長子雷昭陵，長女雷鳳陵，次子雷祥陵；三子雷德甯，次女雷德全，四子雷德成，係與第二位夫人宋英所出；雷美琳、雷美莉、雷美梅三姐妹，兒子雷天洪、雷天錫，係與第三位夫人向筠所出。有關雷震與第一位夫人的情況報導很少，是離婚或病故，不得而知；宋英和向筠，以國民黨官方的說法，即一妻一妾。

6 李拂拯，江西人，為雷震國民參政會時期的老部屬。來台之後，與宋英是監察院同事，宋英常委託他辦理一些公私之事，故與雷家的關係很近。

7 雷震著《雷震家書》，前言，第XVI頁。

了，為何也不來一下，未免太現實一點了吧！」劉子英沒有來，這是意料中的事，「靈堂開弔的親友中，認得他的老友不少，他就更不好意思到雷家和醫院靈堂去弔祭雷公，向雷家表示歉疚了」[8]。

雷震生前為自己料理好後事。一九七二年，在木柵家的不遠處，即深坑與南港之間的南港墓園買下一座小山。一九七六年十一月開始平山建造墓地，由他本人親自督工。除雷震本人與宋英的二座墓穴外，另有三座，為安葬亡兒雷德成、移葬早逝的老友羅鴻詔和殷海光而建。雷震墓之碑文為自題，寫於一九七七年四月：自由中國半月刊發行人／中國民主黨籌備委員／雷震之墓（生於一八九七年六月十五日／歿於一九七九年三月七日），羅鴻詔、殷海光兩人墓碑亦為雷震親筆所書。之前，殷海光夫人夏君璐女士從美國致函雷震，特別囑咐殷海光墓碑一定要鐫刻上「自由思想者」這幾個字。雷震受此啟發，將這塊墓園命名為「自由墓園」。

三月九日，雷夫人宋英在台北《自立晚報》發表〈悼念儆寰〉一文，其中寫道：

先夫儆寰的去世，我的哀思苦憶太複雜了。在這複雜哀痛的思憶中，最深刻的，最難忘的，就是多年來許多親友們和許許多多非親非故的各方人士對儆寰的那麼關切，那麼同情。我在這裡要首先表示我對他們的感謝。其次，我再勉強的從複雜的哀思中提出我認為我應該說出的幾點：

第一、在儆寰平時與病後尚能說話時，提及其身後的事，要我一定要節約，切切不可鋪張。但有些朋友向我說，儆寰的喪事不應草率了事。關於這一點，我除掉由衷的感激以外，不得不辜負這些朋友的一番盛意了。因為我要遵守儆寰的遺囑來處理他的後事。

---

8 李敖、胡虛一編著《雷震研究》，頁六十。

第二、還有朋友們向我提到應為儆寰特製一套講究的長袍馬褂以備大殮。這一點，我也不敢接受。因為儆寰生前的生活衣著方面，從不講究，而且保有惜物的習慣，小至水電的節約，他都隨時隨地注意。我為著保持他的這項美德，一切只好從簡了。

我講上面這些話，只是陳述事實，並向有關的朋友們深致謝意和歉意，並不是想頌揚儆寰。儆寰在生前常常批評把去世的親人說成聖賢的世俗作風。儆寰從政數十年，儘管有他的政治抱負，但我決不應把他粉飾成聖賢。我要坦率地說，在他個人生活起居方面看來，像是個粗線條的人。但是他的為人正直無私，忠誠謀國，不論大小事務負責盡職……

再從某些角度看，他不是沒有缺點的，尤其在這世變的複雜環境中未免有時考慮欠周，因此常常遭至不必要的煩惱，同時因他個性堅強，做任何事都不計名利，也從不考慮後果。他既不會巧言令色，更不會文過飾非。如果有錯，他也肯誠心誠意的認錯。但是，十年的牢獄更是堅定了他一貫的政治主張，自由民主與法治。他出獄後，仍時時刻刻以國事為念，逢人還是大談其政治見解，一直到死而後已！

雷震是冤枉的，他是那場大悲劇中的主角。以歷史的經驗看，任何專制時代，一個走在時代前面的先知，不論是宗教上的先知，還是政治上的先知，通常都逃脫不了殉道的命運，雷震也不例外，終未能倖免。

雷震一生枯榮沉浮，他在政治上的遭遇，不僅折射出威權時代的無情與殘酷，「臺灣自由主義啟蒙運動遭遇一大挫折，伴隨著言論空間的緊縮，使得自由主義知識份子啟蒙活動亦沉寂近二十年。公共論壇為外力所壓制，也顯示知識份子尚無法形成與政治相抗衡的力量，對雷震個人與自由主義知識份子而言，均為時代悲劇」[9]。

9　任育德著《雷震與臺灣民主憲政的發展》，頁三二〇。

但從另一角度來講，雷震主導下的《自由中國》半月刊，對自由民主理念的堅守與傳播，以及對現實政治的思考和批判，在當時無不深入人心。《自由中國》由政治論述而起，終於政治實踐的特質，包括將論述與實踐相結合，言談與改革同並進，這種「思想者、言談者與行動者三合一的民主參與模式」，深刻啟發了新一代的黨外民主運動，上世紀七十年代末期《美麗島》雜誌及政團並體的雛形，正是從這裡找到了一個理論基點，「對解嚴前成長的青年產生政治啟蒙與思想武裝的作用，不分左右派皆然」，使得無論在何時，對雷震個人遭遇所給予的關切，轉換成一種渴求自由民主、社會進步最具說服力的思想動力。以學者錢永祥的看法：《自由中國》從一九四九年辦到一九六〇年，近十一年，開啟了臺灣日後的自由主義思潮。一直到今天，我個人主張的一個說法是，從一九五〇年到一九八五年，是《自由中國》半月刊的時代[10]。

任何一件重大歷史事件，人們在日後總結或反思在所難免。雷震去世三周年之際，當年堅定的追隨者捲入「雷震案」下獄多年的《自由中國》半月刊編輯傳正，在接受一家雜誌採訪時，不堪回首話當年，發出自己的慨歎之言：

> 我對雷震先生獻身民主運動的看法：雷先生辦的《自由中國》，毋庸置疑，是傳遞了民主的香火，雖然他本人是悲劇收場，但還是值得的。然而，他為了組黨救國運動，最後非但「中國民主黨」胎死腹中，又連帶使《自由中國》陪葬，這是一個失策。換句話說，《自由中國》存在時，很多人相信臺灣有言論自由，但《自由中國》關門以後，臺灣的言論自由，就不再那麼恢宏了。假使當年不是因為組黨，這本雜誌能延續多久，雖不敢說，但在鼓吹自由民主和爭取言論上的影響，恐怕不是我們現在所能想像的[11]。

10 張文中〈「我是誰」：臺灣自由主義的身份危機——錢永祥訪談〉，香港「世紀中國」網站資料庫。

11 參見專訪傳正談話記錄，原載一九八二年三月一日，台北出版的《政治家》雜誌第二十四期，李甯撰〈紀念雷震先生專訪：蓋棺三年話雷震〉。轉引自李敖、胡虛一編著《雷震研究》，頁一六四。

傅正的這一段話，並不意味「悔不當初」。只是在比較了其中的得失之後，更加肯定《自由中國》於當年推動臺灣民主政治進程的重大意義和作用。不過，傅正對胡適一直持有不同的看法，認為「胡先生的性格中有很容易妥協的一面，尤其喜歡熱鬧，愛放野火，事情成功了，請他出來，也許會考慮……事情沒有成功，而且可能有很大的風險和困難，要請他真的挺身領頭來做，似乎不可能。《自由中國》，特別是初期，是靠胡先生的光芒。這也不是說胡先生喜歡這麼做，這是雷先生借重胡先生的光芒，把前面的基礎打下來了。假使胡先生有貢獻，最主要的是這個貢獻」[12]。

雷震生前並不認同傅正的這種看法，對胡虛一說過，「近年來傅正對胡先生不滿的成見，是不對的，我屢勸而無良效。其實，他對胡先生瞭解得不夠，若干往事，也未全弄清楚，就開口評說胡先生的不對，很不好的。像過去組黨一事，在大陸時候，我和胡先生、蔣廷黻等人商談的情形，他全不知，我也未像對你講述那樣，對他講過。因此他將來寫回憶和組黨的文字時，恐會對胡先生出言不利的。這些年來，我對你講述胡先生的往事較多，你看到我私人的文件資料也多，而你對胡先生的認識瞭解，也較客觀平實。所以你以後要留心一點關於傅正對胡先生的評述才好。」[13]

雷震至死未改變對胡適的尊敬和推崇，出獄之後，每年都要去胡適墓上兩次，一次在胡適生日那天，一次在胡適的忌日，可見對胡適的一往情深和懷念。胡適去世時，雷震在獄中給如夫人向筠寫信，要她關照孩子今後一定要學胡適的為學和為人，「胡伯伯的修養都是從做學問來的，他可以說是『手不釋卷』，希望我的孩子多多讀書。胡先生對人，無論是對傭人，從不『疾言厲色』，我自從和他多接觸之後，我極力改過，但是沒有完全做到，我時常反省，感到慚愧……讓美莉把胡伯伯送的書，趕快多讀，她如果不讀，那就愧對胡伯伯的在天之靈了。」[14]

12　傅正〈《自由中國》與中國民主黨（一九四九—一九六〇）〉講詞和討論答問全文，原載一九八二年二月《八十年代》雜誌第四卷第一期。
13　以上參見李敖、胡虛一編著《雷震研究》，頁一七七。
14　一九六二年三月二日雷震致向筠函，《雷震家書》，頁五十一。

上世紀七八十年代，自蔣氏父子先後死去，強人政治不復存在。在臺灣，一股翻案之風不期而至。小冤者不計其數，雖不為眾人矚目，但有其「冤」，必「伸」之；而大冤者，關乎歷史的進程和真相，更當強力全民伸張，「不容青史盡成灰」，這是民主社會必備的歷史道德觀。在當時，眾所周知的「政治大案」有兩件，一件是一九五八年的「孫立人案」，另一件就是一九六〇年的「雷震案」。馬之驌回憶說：「『孫案』因其散居在海內外的親友及部屬均為其喊冤，要求監察院公開當年對『孫案』的『調查報告』，以期平反『冤案』；監察院因受情勢所逼，不得不將塵封三十三年的『孫案調查報告』公開。讀其報告內容，足可證明孫立人是清白的。孫氏享年九十歲而終，可謂『死也瞑目』了。繼之而起的『翻案』事件，即『雷案平反運動』」[15]。

一九八八年四月二十九日，宋英女士和「雷震案」涉案人傅正先生，假台北市台大校友會館，正式發起「雷震案」平反運動。雷氏家屬、親友及各界關心「雷震案」的人士和團體代表，約二百人參加，隨之成立了一個具有重大歷史意義的「一九六〇年雷震案平反後援會」。在會上，前《自由中國》半月刊編委夏道平教授發言，認為用「翻案」一詞來形容雷震平反似不恰當，因為雷震在所有人的心目中，本來就是清白的，只有在官方的記錄中才冤枉了雷震；傅正認為：國民黨當局蓄意製造震驚海內外的「雷震案」，這是一起最嚴重的政治冤獄，當局應有勇氣公開承認自己的錯誤；雷震之女雷德全在發言中說：父親在獄中所寫的回憶錄和日記，均為個人私產，當局沒有扣留的理由，誓死也要追回。

15 馬之驌著《雷震與蔣介石》，頁四三〇。

與會者達成共識：「雷震案」的平反，不只是雷震個人清白的問題，它關係到整個臺灣民主憲政運動和言論自由問題，同時也是過去大大小小冤獄平反開始的問題。大會由立法委員費希平[16]擔任主席，推舉立法委員康寧祥[17]任後援會執行長，並做出幾點決議：設立總務、活動、文宣、聯絡等四個小組，「將以循序並進方式進行，不達目的決不終止」。預設目標有兩個，第一，向警備司令總部索還雷震獄中所寫的回憶錄和日記；第二，監察院重新審理「雷震案」，還雷震當年受冤誣的清白。「一九六〇年雷震案平反後援會」發表一份書面聲明，摘要如下：

二十八年前的雷震案，原是國民黨蓄意製造的政治大冤案。雷震案的製造，不僅轟動海內外，而且也引起了猛烈抨擊。儘管執政黨當局利用各種不同說辭和手法，企圖掩飾自己的罪行，卻始終無法取信於天下……為了達到摧毀《自由中國》半月刊和扼殺「中國民主黨」的雙重目的，執政當局還是公然一手遮天，不顧法律、民意、輿論，而為所欲為。乃至借法律之名而實際上玩法、毀法。因此，雷震案的當事人，從逮捕、拘禁，到審問、處罰。都是交由臺灣警備總部一手包辦。而該部當時根本是一個沒有法律根據的非法單位，一切程序，也就無一不是非法的。

……雷震先生雖然含恨以終已有九年，但畢竟還有活見證傅正先生。為了討還公道，要求作歷史的最後裁判，雷震先生的夫人監察委員宋英和同案人傅正共同出面，除向監察院提出調查要求，更向輿論界控訴，終於獲得了普遍的關切和重視。我們都是關懷臺灣民主、法治、人權、進步的團體和個人，深信團結就是力量，自然不忍坐視，所以都願挺身而出，組成「後援會」，共同為「雷震案」聲援。[18]

16 費希平（一九一六至二〇〇三），生於遼寧。畢業於北京大學政治經濟學系。一九三六年加入國民黨。來台後，為立法委員。二〇〇三年二月二十一日在美國逝世。

17 康寧祥（一九三八——），臺灣桃園縣人。一九五七年入中興大學法商學院行政系就讀，一九六九年，以無黨籍身份當選為台北市議員。一九八六年當選為增額立委。

18 轉引自馬之驌著《雷震與蔣介石》，頁四三三。

在「後援會」正式成立之前，一九八八年四月十四日，宋英以監察委員身分在監察院院會上提出報告，要求重新調查一九六〇年的「雷震案」，並公佈當年「調查報告」的附件。四月二十二日，監察院司法委員會第四八二次會議決議指派監察委員謝昆山對此展開重新調查，並責令將雷震在獄中被警備總部沒收的「回憶錄」予以索回。正當謝昆山展開重新調查之際，當年沒收雷震回憶錄的新店軍人監獄突然對外宣佈，根據四月二十九日新店軍人監獄監務委員會決議，依「監獄行刑法」第七十一條第二項之規定，「雷震回憶錄」已於四月三十日予以銷毀。

消息一經傳出，在臺灣社會引起軒然大波。馬之驌回憶說：當時「部分省議員表示，要發動省民罷免謝昆山，認為他沒有盡到一個監察委員的責任；同時『雷震案後援會』副執行長楊祖君（女）發動群眾兩三百人，手持蒼蠅拍，群集在監察院門前，並貼標語，呼口號，大聲喊著『監委只能打蒼蠅』、『不敢打老虎』、『雷震手稿的焚毀、歷史學家的憤怒』等。此次抗議行動，令人重視者係有很多高級知識份子如在野黨領袖、立法委員、省市議員等均參加了抗議行列……」[19]

七月二十二日，宋英委託謝長廷、陳水扁、周弘憲三位律師，準備針對新店軍人監獄雷震回憶錄銷毀案提出訴訟；傅正當時正回大陸探親，聽聞雷震回憶錄遭當局有關部門銷毀，在江蘇老家高淳只停留了一週（前後共十三天），便終止探親匆匆趕回台北，協助宋英等人進行申訴。傅正對平反「雷震案」用心之深，用情之重，由此可見一斑。宋英稱傅正「跟我們像一家人的患難朋友」[20]。

迫於民眾憤激和不滿，調查委員謝昆山只好依據有關調查結果，於一九八八年八月五日對新店軍人監獄長王祿生及軍法局長吳松長二人提出了「彈劾」報告，大要如是：監察院在四月二十二日決議對「雷震案」重新調查相關回憶

19 馬之驌著《雷震與蔣介石》，頁四三六。
20 參見蘇瑞鏘著《超越黨籍、省籍與國籍——傅正與戰後臺灣民主運動》，頁二三三至二三四。

錄和文稿，引發輿論熱烈討論，軍法局竟在四月二十六日將雷震回憶錄等文稿交付新店監獄依據監獄行刑法規定處理，沒有做好「行政指示」，致使雷震回憶錄被銷毀，有「行政疏失」之責，因此彈劾吳、王二人。

這一切，不過是「走過場」而已。「吳松長在軍法局長任內退伍，後轉任軍隊退除役官兵輔導委員會法規會參事」[21]，並沒有受到任何處罰。新店軍人監獄做出銷毀雷震回憶錄之決議，與「一九六〇年雷震案平反後援會」成立同在一日（四月二十九日），第二天，軍方就採取了銷毀行動，顯然存在許多「人為上的疑點」[22]。在眾人的努力之下，「雷震案」平反運動不斷朝著理性、正義的方向發展，同時也喚醒了某些人的良知。一個「意外的證人」出現了，他就是當年被國民黨當局所利用加害、誣告雷震的劉子英。

一九八八年八月，一直生活在所謂「安全屋」的劉子英赴大陸定居之前，突然給雷夫人宋英女士寫了一封「懺悔信」，還有一篇長達萬字的「辯誣文」。正如本書第二十一章第四節〈且說劉子英〉中敘述的那樣，在當年「雷震案」審判過程中，劉子英為整個案情關鍵所在。劉子英被判有期徒刑十二年，提前釋放之後，「一直住在『安全地區』，過著被『保護』的生活，儘管受世人唾罵，他都能表現得『無怨無悔』，生活尚稱安適」[23]。

各界發起「雷震案」平反運動，當年這位為求自保而不惜出賣「主子」（當年劉子英在獄中，囚犯們對劉的指責語。作者注）的「誣陷者」，終於在良心上有所發現，深感自己一生的悲涼。他在給宋英的信中寫道：

> 我實在愧對儆公和您了，所以竟致不敢趨前面領罪責。回想當年為軍方威勢脅迫，我自私地只顧了自己之安危，居然愚蠢得捏造謊言誣陷儆公，這是我忘恩負義失德之行，被人譏笑怒罵自是應該，所幸社會人士大多明白這是怎樣的一樁冤獄，而您對我的為人罪行也似給以寬容，從未表露責怪之意，因而益使

21 二〇〇一年二月二十七日《東森新聞報》，記者陳東龍〈雷震案成立專案小組協助家屬還原歷史〉。
22 二〇〇一年二月二十七日《東森新聞報》，記者陳東龍〈雷震案成立專案小組協助家屬還原歷史〉。
23 馬之驌著《雷震與蔣介石》，頁四三八。

我無地自容。現在我要到大陸探親去了，特將寫就「辯誣」一文寄呈，以明心跡，如要公諸社會致以動亂不安之情勢益形擴大，則非所願也。今天再談正義講公理似乎不合時宜，一切是非曲直留待後人評斷，則或可不畏權勢直言無隱使真相大白也[24]。

劉子英在附上的「辯誣文」中對自己當年如何扮演「匪諜」角色交代得一清二楚，「經過二十多小時的對話，雖疲倦已極，但神志尚屬清醒，才將紊亂的思緒整理出擺在面前的不利情勢。經過長時間的折磨，身體已感不支，如果再不投降，說不定就要昏死當場，看來只有與他們合作且保性命……當年寫『自白書』時，在每寫一段或一頁時，即被『法官』（按：應指偵訊者）取走，拿回來時指出應修正、補充、刪除的地方，就提出另一疑問要你寫答，所以全篇『自白書』絕大部分是這樣寫成的」[25]。一九九〇年，定居大陸的劉子英逝於重慶。

當年被捕的馬之驌有著同樣的經歷，以證實劉子英當年確實是在求自保的情況下寫的「自白書」，「我何以敢作如此肯定呢？因為約在案發前十天左右，雷先生告訴我說，他們（指警總）已作『抓馬』、『咬雷』的決定了，囑我在心理上有個準備。所以我在受過三晝夜的疲勞審訊後，使我心力交瘁，實在不想活下去了，只有『求死』吧，但我死也不能『咬雷』！這才開始寫『自白書』，也就是和劉子英一樣的編『劇本』，而且自編、自導、自演！還要演得逼真，這是多麼慘絕人寰的悲劇啊！我既有如此的經驗，所以才敢肯定地說劉子英的『懺悔』信和『辯誣』文，百分之百的真實性」。劉子英當年的「自白書」迭經補充六次，直至警總滿意才完成，成為當局「用來誣陷雷震的工具」（聶華苓語）。

宋英、傅正、夏道平、馬之驌等人為「雷震案」平反不遺餘力，做了大量的難以想像的工作。馬之驌曾在寓所接受《自由時報》的一次採訪，再次強調「雷先生本來就是清白的，全世界的輿論都說雷先生是冤枉的，只有臺灣少數

---

24 一九八八年八月劉子英致宋英函，轉引自聶華苓著《三生三世》，頁三〇六至三〇七。

25 劉子英致宋英的「辯誣函」，參見一九八九年三月八日，《自立晚報》。

人說他有罪，是沒用的」[26]！每逢九月四日雷震被捕那天，他總要端起酒杯喝到大醉為止。馬之驌是當時唯一健在的「雷震案」涉案人，上世紀七十年代中期，他出任東華書局總編輯，先後著有《中國的婚俗》、《新聞界三老兵》、《雷震與蔣介石》等書；另一位涉案人傅正，因患胃癌治療未果，於一九九一年五月十日在台北孫逸仙治癌中心醫院逝世，傅正在「臨終遺言」中寫道：生逢戰亂，親歷抗戰尤其國共大內戰悲劇，而堅信和平民主之可貴……四十年來，我在臺灣，甚至不惜以自由為代價乃至生命為代價所追求的，第一是民主，第二是民主，第三還是民主；雷夫人宋英於二〇〇一年一月四日在美國加州去世，向筠於二〇〇二年三月七日去世，與雷震去世是同一天，雷震子女及社會各方人士由此擔負起為「雷震案」平反的歷史使命。

二〇〇一年三月二十五日，雷震之女雷美琳，攜帶雷震生前最後一批未曝光的手稿，在當時的台北市文化局長龍應台陪同下，前往市府拜會台北市市長馬英九。馬英九除了對雷震夫人宋英過世表達哀悼之外，允諾對雷震先生遺稿出版、展覽、成立基金會等事項予以協助，再次肯定雷震對臺灣民主的貢獻。馬英九說，雖然「余生也晚」，只能從文獻中去瞭解當年的歷史，但在戒嚴年代、台海緊張的時刻，有外省人出來籌組新黨，這份勇氣格外不容易，意義也不一般。又說：國民黨執政很多年，有功也有過，一定有許多令人不滿意的地方，對於歷史應該抱持謙卑的態度，並有認錯的勇氣，不怕家醜外揚，越是掩飾過錯，將來只會犯下更多、更大的錯誤。

十一月十七日，台北市文化局在「二二八紀念館」舉辦雷震與《自由中國》文物圖片特展。文化局局長、著名作家龍應台特邀陳鼓應等人以座談會方式暢談雷震的一生。雷震晚年的這位年輕朋友、台大哲學系教授十分推崇雷震的超強毅力和人格風範，他在會上說：與雷震先生相知相惜的那段時光，是一生中非常有意義的日子，鑑往知來，我深

26 馬之驌著《雷震與蔣介石》，頁四四一。

深感受到了「五四」以來的一種新傳統。龍應台在會上宣讀了一封雷震女兒雷美琳從美國寫給陳鼓應的信，其中說：我父親的冤屈，世人皆知。全家人特別感謝陳鼓應先生在父親的最後歲月裡，陪伴著他度過那一段受盡屈辱的日子。

李敖在會上做了題為〈於無聲處聽驚雷〉的演講，他說：一直受雷震先生的影響極深，曾在先生入獄時，前往牢中探視；雷震並非受到美國自由主義之風影響，因為他不是受美式教育的人；他所創辦的《自由中國》半月刊，積極倡導民主自由及憲政理念，許多轟動一時的文章，都是他「押著」殷海光寫出來的；當初蔣介石身邊有兩派人士，一派深怕國民黨政權會丟掉，主張要更極權，雷震則是主張要徹底執行民主制度的另一派人士，甚至想要籌組一個新黨，因而在民國四十九年九月出事，引發牢獄之災，正因為如此，彰顯他創辦了十年又十個月的《自由中國》半月刊是一個百分百言論自由的刊物；雷震的故事，是一段動人的奮鬥故事，它告訴我們，人為了真理，必須跟自己那個專制的黨翻臉……[27]

在社會各界壓力及雷震家人多次陳情和呼籲下，經過十二年的不懈努力，二〇〇二年九月四日——雷震被捕紀念日這一天，自一九四九年以來臺灣最大的一件「政治冤案」終於獲得了平反，至此「雷震案」真相大白，完全是國民黨當局一手策劃的「政治構陷」，雷震為正義而赴難，付出巨大代價，足以證明這位為臺灣民主政治而獻身的先驅人物，那種「明知其不可為而為之」的勇氣，無愧於時間的消磨和考驗，「那一團火看似熄滅，卻已留下無數的火種。有人焚毀史料，有人斬斷歷史，那全是心勞力絀的事」[28]；作為政治受難者家屬，在幾十年苦難折磨中，一路坎坷走來，有著說不盡的辛酸，但也有莫大的安慰，「一向關心雷案發展的各界人士，在過去的日子裡，不管識與不識，皆對父親及家人表達了尊敬與關切之意」，這是雷震之女雷美琳在二〇〇三年九月出版的《雷震家書》序言中寫下的一段話，足見臺灣民眾對當年「雷震案」的同情與正義態度。

27 參見二〇〇一年十一月十七日《東森新聞報》記者陳瀚權〈雷震文物展，陳鼓應推崇雷震人格風範〉及中央社記者楊淑閔〈李敖指雷震的《自由中國》是百分百言論自由刊物〉等報導。

28 張忠棟著《胡適・雷震・殷海光——自由主義人物畫像》，頁一八六。

雷震未逝世之前，某一天，小兒子雷天洪問父親：十年牢獄可覺得委屈不平？雷震沈默良久，說了一句話，「總有一天，歷史會證明我的清白……」[29]

29 參見二〇〇二年九月四日《東森新聞報》記者簡余晏、吳育玟的報導。

第二十八章　不容青史盡成灰

二〇〇二年九月四日，當年雷震的被捕之日，國史館正式出版《雷震案史料彙編》兩冊，並舉行新書發佈暨「雷震案」平反大會。《雷震案史料彙編》除有關當局下令搶救、搜集的雷震獄中手（殘）稿之外，還包括國防部（特別是警備總部）雷震案的相關檔案選輯，並在之後繼續出版第三冊（即《雷震案史料彙編：黃杰警總日記選輯》）。透過這一批珍貴的史料，將有助於相關人士對雷震在《自由中國》半月刊時期民主憲政思想作進一步研究，亦可使更多的人清楚地瞭解到臺灣「白色恐怖時期」這件具有代表性案件的來龍去脈，為反思當年權力者如何以國家機器營造「白色恐怖」這一歷史事實提供最有說服力的見證。長期從事中國現代史研究、在國史館修纂處服務了將近三十年的簡笙簧先生對此感觸最深，他在接受記者採訪時，引用于右任的著名詩句——「不容青史盡成灰」，對《雷震案史料彙編》正式出版下了一個最準確的注腳。

媒體認為，國史館出版《雷震案史料彙編》，還雷震的清白，這是「遲來的正義」，在民主社會中，人們的一個共同信念，就是「不容青史盡成灰」，要讓正義伸張，縱使成灰，也要從灰燼中找到真理，找到真相。在菲律賓經營成衣業務、雷震最小的兒子雷天洪出席了這次發佈會。在接受記者採訪時，他說：自小被人視為「匪諜之子」，父親入獄時，他才十一歲，讀國小五年級。在幼年時，讓自己感到不可思議的是，曾經的好夥伴突然一夜之間就沒有了，沒人敢再與我們來往，許多同學、親友也視雷家如「毒蛇猛獸」，家中電話受到監聽。童年時代失去慈父的教誨，加上背著「匪諜之子」的冤屈，一路走來，嘗盡了所有的辛酸和苦楚。後來念書和當兵都受到種種壓力，甚至找不到工作，在臺灣無法立足，想出去發展，護照及出境證卻一直批不下來，父親無奈，後來找到立委幫忙，才發現證件躺在當時內政部長的桌上，他不敢批准。到了國外以後，才覺得沒有了這些壓力。雷天洪還說，自己從小就知道「父親的偉大」，「如果父親不為堅持自己的理念，榮華富貴也享受不盡……」[1]

第二天，媒體競相報導「雷震案」平反，呼籲讓「民眾更加瞭解臺灣過去的歷史」，進而讓歷史見光、見日。《聯合晚報》在一篇社論中認為，這是「民主與威權對待歷史截然不同的態度差異。雷震與《自由中國》的重大意義，不只在歷史，更在於精神。而雷震辦《自由中國》的核心精神究竟是什麼？是堅持自由主義立場來監督權力，更重要的，是堅持講當政者不愛聽的話，逼當政者去正視問題」，「懷念雷震，不只是歷史上的意義，更要緊的是看雷震的精神有沒有在新時代裡承繼下來。威權、民主時代可能不同，然而當政者不願聽真話，不願正視問題的習性卻往往是一樣的」；[2]《臺灣時報》在評論中說，「雷震面對的時代，是個特務橫行、威權猖獗的時代，白色恐怖壓得人民喘不過氣來，當局廣織文字獄，嚴禁批評聲音，雷震不畏強權，不做歌功頌德的喜鵲，反而去當不討人喜的烏鴉，他不向當局妥協的勇氣，可說是集智仁勇於一身。」[3]

二〇〇二年十月二十四日，大陸媒體《南方週末》率先刊發揭載「一九六〇年雷震案真相」文章[4]，二〇〇三年二月，大陸知名刊物《老照片》刊出有關雷震、胡適與《自由中國》半月刊的專文[5]。一時間，雷震平反及「雷震案」成為海內外媒體關注的一個熱點。

二〇〇三年九月三日，繼國史館出版《雷震案史料彙編》之後，台北的遠流出版公司正式出版雷震晚年未竟書《雷震回憶錄之新黨運動黑皮書》及《雷震家書》。《雷震回憶錄之新黨運動黑皮書》寫於一九七六年之後，其手稿

1 參見二〇〇二年九月四日，《東森新聞報》記者簡余晏、吳育玟的報導。
2 二〇〇二年九月五日，《聯合晚報》社論〈異議聲的可貴〉。
3 參見二〇〇二年九月六日，《臺灣時報》評論文章〈雷震與趙少康〉。
4 范泓〈萬山不許一溪奔——雷震案真相〉一文，載於二〇〇二年十月二十四日，《南方週末》。
5 邵建〈《自由中國》的兩個「容忍與自由」〉，范泓〈雷震與《自由中國》半月刊〉，載於山東畫報出版社《老照片》第二十七輯。

由雷震好友郭雨新帶至美國藏匿多年，直至近年才由雷震之女雷美琳帶回臺灣，完成出版心願。

《雷震回憶錄之新黨運動黑皮書》詳細記載了「雷震案」的前前後後，敘述當年雷震與臺灣本土政治精英籌組新黨所遭遇的曲折和頓挫，兼及上世紀五十年代國民黨內部的政治鬥爭，並揭示雷震晚年的淒涼心境，落寞處境，字字血淚，句句悲愴，彰顯這位身處「白色恐怖」年代的自由派知識份子，對於民主、自由、憲政一以貫之的堅定信念和獻身精神。此書由傳播學者林淇瀁博士審訂，文史工作者徐宗懋提供多年來搜集的珍貴歷史圖片。

《雷震家書》在在可見溫暖感人的家常話語，將雷震鮮為人知的一面展示得淋漓盡致，以及他作為人夫、人父的生命景觀。十年牢獄之災，雷震錯過了對子女成長的關愛，無法為他們指點未來的人生道路，只能透過一封封深情的家書，傳遞他本人對親人的思念和期待，在精神上，也成為支撐他的一種無形力量。一九六三年一月四日，雷震在給子女的一封家書中這樣說：

> 梅兒、洪兒：
>
> ……甘迺迪說：「歷史是人締造的。如果我們認為：我們無需不斷的警惕，及努力不懈，便能實現我們對於一個自由，而各種並存不同的，未來世界的理想，那我們將是傻子。」（看聯合報）這是說，歷史是由人們來締造的。下面接著說，要努力才能造得成功。我們今日百事落後，我們過去致力的方向固有錯誤，而我們的努力也是不夠的。……我是締造中國歷史的人，我自信方向對而工作努力，歷史當會給我作證明。一年之計在於春，我特別來勉勵你們兩個人。[6]

6　一九六三年一月四日雷震致雷美梅、雷天洪函，雷震著《雷震家書》，頁二二七。

這封短短的家書，真實地反映出雷震本人對自己歷史定位的某種自信。儘管一生大起大伏，多舛多折，但在形格勢禁的非常年代，對民主自由理念的堅守，果敢表達一個自由派知識份子應有的態度和立場，這種道德勇氣和良知，益發顯得十分彌足珍貴。雷震在政治上的是是非非，唯有歷史才能交代，「他是書生，有他的信仰，也更有沈著的精神」[7]，除給人一種「悲劇色彩」的印象之外，在他的性格深處，很明顯，有相當的叛逆性。

雷震當年的政治理想和主張，如今多已獲得時間的檢驗，並一一實現。以雷震當年的看法——實現多黨政治，是現代社會民主政治的必要條件，尤其是當一個社會處於情勢激盪之中，必然會出現對現實政治和公共政策的不同看法和主張，一個政府若不能容忍不同的聲音，「所謂民主只是欺人之談」。

臺灣的「民主憲政運動」並非一帆風順，回顧起來，「一幕幕景色彷彿走馬燈在眼前跳動，變動無論遲緩快速，卻夾雜著血淚、辛酸、哀愁與喜悅」。從總體來看，戰後臺灣歷史始終存在著兩股力量，相互對抗與角逐，一為代表統治者（國民黨當局）的公權力，一為代表臺灣民眾與來台自由主義知識份子共生的反抗力量，這兩股力量長期膠著與較量，經歷了從戒嚴到解嚴、從組黨到民主化的漫長時光，終於譜寫出威權時代「臺灣民主憲政」的動人篇章，在中國百年憲政運動史上寫下驚心動魄的一頁。

雷震作為中國自由主義傳統中鮮有的政治人物，一直是臺灣戰後民主運動參與者的重要標竿，他主導下的《自由中國》半月刊，灌溉了許多崇尚自由民主的幼苗。正如傅正在雷震逝世的那個深夜所寫下的那樣，「現在，你雖然走了，但你並沒有失敗。我相信，就憑你的生命力所散發出來的火花，便足以照耀千萬年千萬裡而引導千千萬萬人繼續前進！」[8]馬之驌認為，雷震當年著力灌溉的民主自由之精神，無論何時怎麼看，「甚至從整體的中國民主政治發展過程看，都應當立刻為雷震造一座銅像。」[9]

7 司馬文武〈悼雷震先生〉，原載一九七九年三月八日，《自立晚報》。
8 《雷震全集》第二冊，頁三六七。
9 馬之驌著《雷震與蔣介石》，頁四四九。

二〇〇三年九月三日，旅居美國加州的雷美琳來台出席雷震《雷震回憶錄之新黨運動黑皮書》、《雷震家書》新書發佈會。在會上，她痛憶當年父親在獄中時，當局設下太多的限制，身為雷震之女，與父親見面的時間由原本每星期兩次，減少為一個月一次，甚至曾經長達半年被迫停止見面。她結婚時，因為丈夫金陵是現役軍人，她是雷震的女兒，結婚申請報告，等了半年未見下文，上級還勸說金陵放棄這段婚姻。金陵則不願意放棄，被海軍總司令黎玉璽上將記了兩個大過，後蔣經國出面，才取消記過處分。雷美琳與金陵結婚後，決定遠渡重洋赴美，這是因為當時國民黨政府不斷壓迫雷家人，「不然我們不會離開臺灣」；父親自一九七〇年出獄，仍受到國民黨當局的嚴密監控。幾次從美返台，入境遭到百般刁難，進行全身搜查，「這是令人難堪的侮辱」！

雷美琳說，父親的冤屈終於得到平反，她本人仍有一心願未了，就是希望將父親一生所戮力追求的臺灣民主、自由與人權精神發揚光大下去。父親當年為民主憲政而獻身，不僅因言獲罪，人身自由受到侵害，在獄中撰寫的幾百萬字回憶錄也遭到銷毀，以致抱恨逝世。雷美琳希望藉此歷史經驗化為實際推動臺灣人權的動力，建議由社會公正人士成立一個「雷震基金會」，來推動臺灣民主、自由、人權制度的研究，將「普世價值」深入整個臺灣社會，延續「雷震精神」，「以便真正揮別舊威權體制的迫害陰霾，讓社會能夠徹底反省人權與自由的真諦」。

二〇一二年三月七日，是雷震去世三十三周年紀念日，「雷震紀念館」暨雷震研究中心在台北國立政治大學社會科學資料中心正式揭幕，由總統馬英九揭牌。馬英九在開幕式上表示：緬懷雷震對臺灣民主自由的貢獻，當年勇於提出異議並不容易，正因為有許多人像雷震一樣用生命爭取，今天臺灣才能享有高度的人權與民主自由，我們面對歷史沒有任何禁區，讓我們誠實面對、誠實認錯、誠實道歉、誠實改錯！馬英九再度用深深一鞠躬，向雷震家屬與所有曾為自由民主奮鬥過的人士，表達他的歉意與敬意，馬英九說，「歷史可以原諒，但是不可以遺忘」。

雷美琳在「雷震紀念館」開幕儀式上哽咽表示，父親生前自信方向正確，歷史自會還他清白，「這一天終於等到了」。對於親自前來道歉的總統馬英九，雷美琳說，前人犯錯，把所有責任都推到他身上，有點不公平，為了臺灣的和諧，她選擇原諒。

雷美琳還表示：她將陸續捐出父親生前的書信、手稿等遺物，紀念館成立代表臺灣民主人權又跨前一步，盼父親在天之靈得到安慰[10]！

二〇〇三年九月二十九日　完稿
二〇〇八年六月十日　二稿
二〇一一年一月十一日　三稿

10　參見二〇一二年三月八日，台北，中央社記者黃名璽七日電。

修訂後記

這本雷震傳記，二〇〇四年在大陸初版，迄今已有九年過去。此次廣西師大出版社再版（易名《雷震傳——民主在風雨中前行》），使我有了一次全面校正、修訂的機會。大約在四年前，臺灣秀威出過該書的繁體字版（原名《民主的銅像——雷震先生傳》），使此書第一次與臺灣讀者見面。今年一月，雷震之女雷美琳女士的助理黃柏瑋透過秀威編輯鄭伊庭與我聯繫上，其後轉來雷女士給我的一封信，內容如是：「一，公益信託雷震民主基金成立於二〇〇六年三月七日成立。（三月七日也是我父母的忌日）；二，雷震紀念館暨雷震研究中心已於二〇一二年三月七日假國立政治大學社會資料中心二樓成立；三，雷震傳目前正由林淇瀁（向陽）執筆。四，雷震的銅像已塑造立於紀念館（我兒子的好友們送的）；五，二〇〇九年四月遠流出版社出版《金陵與我》一書，金陵是我的先夫，如你有興趣，可寄予你；這次回台拜讀了你的大作《民主的銅像：雷震先生傳》，很感動，謝謝！我已七十五高齡，想為父親做的（我與外子的心願）大致已完成。兩年多前我曾去過南京，住了二三天，你如有機會來臺北觀光，歡迎來我們紀念館參觀……」平心而論，在雷震先生的傳記出版近九年之後，能夠接到雷家後人的來信，對我來說，無疑是一種信任和鼓勵，畢竟我是大陸的作者，無論是收集史料、運用史料，以及在敘事角度方面，與歷史現場仍有一定的距離，甚至存在諸多不盡如人意之處。雷家後人持有寬厚的容忍之心，並未對書中的錯誤一一指出，我從內心感謝雷家後人對我的真誠愛護；或許，還可以說，在爭取和追求民主自由、憲政民主的過程中，大陸人和臺灣人有著共同的心願，惟臺灣目前已實現民主化，為大陸民眾所感動和感佩，大陸尚有一段很長的路要走……

不可諱言，雷震在臺灣民主思想史上有著不容忽視的重要地位，對臺灣民主憲政運動來說，他是一位承前啟後的關鍵人物。臺灣自由主義之發軔，實際上，是從雷震及《自由中國》那一代人開始的，而他們的傳承，則來自於二十世紀上半葉中國大陸的自由主義思潮。今天臺灣知識界，仍十分推崇已故雷震先生，就因為知道在當年形格勢禁下，堅持發出正義與理性的聲音，知其不可為而為之的勇氣，是一件多麼不容易的事情。只是這些清醒的聲音，在威權時代，非但沒有對執政當局產生振聾發聵的作用，反而引發一次又一次激烈的言論衝突，及至雷震被捕，《自由中國》被迫停刊，臺灣自由主義運動出現過一段「沉寂期」，即便有過零星的抗爭，卻沒有形成較大的影響和實際作用。說起來，這是一個時代的悲劇，但歷史的經驗和教訓，並不局限於某個年代，雷震與《自由中國》的歷史意義和內涵或許就在這裏。鑒往知來，可以給我們帶來一些思考或信心，「這幾百年來（特別是這一百年）演變出來的民主政治，雖然還不能說是完美無缺陷，確曾養成一種愛自由，容忍異己的文明社會」，這是胡適先生早年說的。

二〇〇三年秋，我撰寫這本雷震先生傳記，當然主要是因為「雷震案」前一年在臺灣得到平反，大陸一般讀者對雷震與《自由中國》所知甚少；而在臺灣，儘管有多本這方面的研究專著，卻沒有一本真正意義上的傳記。具體說來，與幾位師友促成此書的完成，有很大的關係。一位是邵建兄，在他的建議下，我開始了對雷震與《自由中國》的初步研究；一位是馮克力兄，他作為《老照片》執行主編，多次向我約寫有關雷震的稿件，成書之後，幾經輾轉，最後是經他的推薦，交由廣西師大出版社正式出版；還有一位，是袁偉時老師，最早是他老人家約寫此書，當時笑蜀兄擬編一套歷史人物叢書，袁先生作為叢書主編，將雷震列入選題，使我寫了這本雷震傳（叢書後未能運作成功）。這些都為外界有所不知，舊事重提，或許沒有什麼特別的意義，但於我個人來講，是在雷震傳之後，對國民人物尤其是「從政學人」產生了較大的興趣，陸陸續續寫來，一晃也有七八年了。

雷震傳（初版），在當時的情況下，無論敘述，還是觀點，以及史料運用，都存在許多問題。坦率地說，這是我在當年無法克服的困難，有此心，而無此能力。這樣說，並不等於此次修訂本一定盡善盡美，但至少我已能發現其中的若干問題，當然，還會有新的問題出現。此次再版，全書結構，整體未動，加大了後半部分的比重，即雷震來台後創辦與主持《自由中國》至被捕入獄、出獄後九年的新資料，同時刪去一些在今天看來是可有可無的內容。這一調整應當說是必要的，正如老友、歷史學者傅國湧兄所言，雷震先生一生意義最重大的是他的後半生，與我的看法不謀而合。

雷震傳初版之後，又得到來自臺灣友人不斷提供的新資料，為此次修訂提供了條件。除一些熟識的朋友外，特別要感謝未曾謀面的蔣茉春女士，我已記不清與她是怎樣認識的了，好像給我寫過信。當時她是臺灣某校的一位老師，在職研究生，後來又去讀博士，她做過「三位外省人」──雷震、柏楊、李敖的專題研究，將自己搜集的所有資料都寄給了我，現在已聯繫不上她了。另外，華中師範大學歷史系教授何卓恩先生的專著《《自由中國》與臺灣自由主義思潮：威權時代的民主考驗》（臺灣水牛出版），使我獲益匪淺，從中得到不少啟發。何先生不僅對《自由中國》半月刊有深度研究，對雷震、殷海光、夏道平、周德偉等人的思想理念也有獨到理解和精闢闡述。

值此大陸雷震傳增訂本出版之際，臺灣秀威公司決定再次推出增訂本繁體字版，可見不論是在大陸還是臺灣，都認為出版雷震先生的傳記是一件重要的事情，而且，學者林淇瀁先生撰寫的雷先生傳記正在進行中，或許不久的將來，能有機會在大陸出版，對於我們更加全面瞭解雷震先生為憲政民主奮鬥的堅定信念和不懈努力有莫大幫助，衷心期待林先生的專著早日問世。

最後，感謝秀威出版公司對我的厚愛，感謝編輯伊庭小姐為此書再版所付出的辛苦勞動，感謝友人蔡登山先生對我的實際幫助；也要感謝遠在美國的大陸前四通總裁萬潤南先生將所珍藏的全套《自由中國》半月刊惠贈於我，這是一九九〇年一月萬先生訪問臺灣時傅正先生贈送給他的，其夫人李玉女士在信中對我這樣說：老萬這一套珍貴的資料送給你，因為知道你是能夠有效使用它的人，希望通過你和你的朋友使它的精神在大陸發酵，以發揮應有的作用。相信你不會讓他失望……萬先生是為我所尊敬的人，至今滯留異域而不能歸，一如當年臺灣當局不讓雷震先生前往美國，專權下的處境如出一轍，想到這些，再次深感雷震先生在威權時代為爭取自由民主所做出的種種努力，其意義重大，且影響深遠，永遠值得我們感懷和追念，並致以內心的崇高敬意。

以上是為記。

二〇一三年四月十一日於古城揚州

雷震大事年表

一八九七年 陽曆六月二十五日（陰曆五月二十六日）出生於浙江省長興縣小溪口鎮，譜名雷用龍。父親雷錦貴為河南移民，母親陳氏為浙江諸暨人。

一九〇三年 啟蒙接受私塾教育。

一九〇九年 春季，父親雷錦貴過世。

一九一〇—一九一五年 進入安長小學堂，接受新式教育。稍後入梅溪高小。一九一二年入浙江省立第三中學就讀。

一九一六年 參加反帝遊行。同年夏天自浙江省立第三中學畢業。十月赴日留學，更名為雷震，字儆寰。

一九一七年 在日本東京五九國恥紀念會上，由張繼、戴季陶介紹加入中華革命黨（國民黨）。

一九一八年 日學生曾琦、王希天等人反對北京政府與日本簽訂《膠濟鐵路密約》，發起「罷學歸國」運動。雷震支持此運動，於夏天返國，但發覺無事可做，在親友勸告下於十二月再度赴日。

一九一九年 考取東京第一高等學校附設中國學生特別預科的文科。

一九二〇—一九二三年 特別預科畢業，分發名古屋第八高等學校（簡稱八高）就讀。在校期間，曾參與「華工共濟會」活動。

一九二三年 八高畢業，入京都帝國大學法學部就讀。

一九二三—一九二六年 在學期間，深受森口繁治與佐佐木兩教授影響。

一九二六年 三月自京都帝國大學畢業，入「研究院」跟隨森口繁治研究憲法，只攻讀一學期，即於冬季返國。

一九二七年 國民革命軍收復浙江後，擔任浙江省立第三中學校長，未久即離職。在戴季陶介紹下，進入國民政府法制局擔任編審，局長為王世杰。

一九二八年 冬季，法制局併入立法院，改任考試局編譯局編撰，兼中央軍校教官。

一九二九年 銓敘部成立，任秘書兼調查統計科科長。

一九三〇年 兼國立中央大學法學院教授。

一九三一年 在北平與宋英結婚。當選國民黨南京市黨部委員，繼任書記長及常務委員，負責宣傳工作。同年冬季，鉛印「行政改良芻議」，分送各單位，期盼組織改革。在天津《大公報》發表〈我們要準備進攻才能應付國難〉，《時代公論》發表〈統一先從小處做起〉，《日本評論》發表〈國聯何以屈服於日本——東三省事件與國際關係之解剖〉等文。

一九三二年 擔任國民黨南京市代表大會主席。在《日本評論》發表〈日本帝國主義侵略東三省之經濟政策〉，《時代新論》發表〈法制國家的真諦〉，《時代公論》發表〈人道主義與牛蘭〉、〈可歌可泣之義勇軍〉、〈抗日抵貨之合法性〉、〈熱滬情勢之透視〉、〈救國應先恢復民族精神〉、〈荒謬絕倫之日本聲明書〉、〈黨國當局應有之覺悟——為國民黨三中全會開幕而作〉，及〈兩不討好的國民代表會〉、〈高考及格人員的呼聲及考試制度〉等文。

一九三三年 四月王世杰任教育部長，隨王世杰入教育部，七月任總務司長。

一九三四年 紀念母親六〇壽辰，在長興創辦長安小學，於翌年校舍完工後開始招生。

一九三五年 國民黨五全大會，獲選為候補監察委員第三名，並兼任國民黨政治委員會下所屬財政專門委員會委員（主任徐堪，副主任陳其采）。四月份與徐逸樵（總編輯）、周憲文、羅鴻詔（均留日學生）等創辦《中國新論》，督促政府抗日，刊物曾被上海《中國評論週報》評為優秀政治雜誌。在長安小學興建可容納三千人的大禮堂。冬季，在長興小溪口鎮成立「小溪口農村改進會」，以改進家鄉農業。

一九三六年 在《中國新論》發表〈非常時期之意義〉、〈民族與文化〉、〈如此親善〉、〈成都事件真相〉、〈臨難毋苟免〉等文。出版《雷震論文集》，收錄政論二十二篇，十萬餘言。

一九三七年 在《中國新論》發表〈回憶與展望——自力更生〉，編輯「非常時期叢書」，共出版三十六種。七月七日，抗日全面戰爭爆發。

一九三八年 一月間，隨王世杰離開教育部，任軍事委員會政治部設計委員。二月，母親陳氏於長興家鄉為日軍硫磺彈擊中逝世，享年六十四歲。四月，國民參政會成立，王世杰為秘書長，雷震為議事組主任。

一九三九年 國民參政會設川康建設期成會（蔣介石兼會長），雷震兼主任秘書。於一九三九年八月二十三日遞補蕭佛成病逝缺，成為國民黨監察委員。

一九四〇年 國民參政會成立憲政期成會，雷震為助理，此後有關制憲工作，雷震一直為重要人物。

一九四二年 國民參政會川康建設盛會改為全國經濟動員策進會，仍任主任秘書。

一九四三年 升任國民參政會副秘書長。

一九四四年 在參政會起草「保障人民身體自由辦法」。

一九四五年 月十四日，日本宣佈無條件投降，抗日戰爭勝利。國民黨六全大會，連任中央監委。

一九四六年 一月，國民政府召開政治協商會議，任秘書長，負責協商各黨派意見。十一月，制憲國民大會開幕前後，負責協商青年黨與民主同盟中的民社黨參與制憲國大，任制憲國大代表兼副秘書長。

一九四七年 一月起，擔任國民黨與民社黨協商代表，討論各黨派參與國民政府事宜。四月間，國民政府擴大各黨派參與組閣，張群為行政院長，雷震任不管部政務委員，負責聯絡各黨派，並獲選為國民大會代表。

一九四八年 三月參政會結束，在《中央日報》發表「完成了歷史使命的國民參政會」，四月國大選舉蔣介石為總統，五月由翁文灝組織行憲後第一任內閣，雷震任不管部政務委員。年底孫科改組內閣，乃離職。

一九四九年 一月中，蔣介石宣佈引退。二、三月間與胡適、王世杰、杭立武等人經常聚會，主張辦報紙與刊物，宣揚民主自由，挽救人心。刊物經胡適定名為《自由中國》，仿照二次大戰戴高樂之「自由法國」。四月初曾赴浙江溪口，請示蔣介石，獲其允助。任京滬杭警備司令部顧問，與谷正綱、方治協助湯恩伯守備上海，有「三劍客」之稱。上海撤退後，經廣州至臺灣。八月初，國民黨總裁辦公室在臺灣成立，雷震任設計委員會委員。十月，雷震自廈門返台，繼續籌辦刊物，十一月二十日《自由中國》半月刊在台北創刊，在美國的胡適掛名發行人，以雷震為實際負責人。

一九五〇年 繼續參與改造籌畫，主張國民黨應該民主化。三月一日蔣介石「復職」。任命孫立人為陸軍總司令，王世杰為總統府秘書長，雷震擔任國策顧問、中央銀行監事。七月，國民黨成立改造委員會；十月間，雷震至香港考察《香港時報》發行情況。

一九五一年 一月底至三月初，與洪蘭友共赴香港。歸後提出港澳之行報告，建議「廢除學校之三民主義課程及軍隊黨部」。蔣經國在「忠烈祠」公祭時，斥責雷震乃受人唆使，才建議廢除軍隊黨部。四月中旬，蔣介石在軍隊、黨部改造會就職會上亦指責雷、洪二人的建議與匪諜、漢奸無異，令雷震深感難過。六月初，《自由中國》刊登夏道平執筆的社論〈政府不可誘民入罪〉，評論政府採行金融投機作法可能導致執行人員藉機敲詐，受到壓力；刊登〈再論經濟管制的必要〉一文，被迫道歉，引起胡適不滿，於八月十一日來信稱「《自由中國》不能有言論自由，不能有用負責態度批評實際政治，這是臺灣政治的最大恥辱」。

一九五二年 在《自由中國》發表〈學人蒙難，文化遭殃〉（社論）、〈健全輿論形成的要件〉、〈政治與道德〉（社論）、〈對國民黨七全大會的期望〉（社）、〈監察院之將來〉、〈《自由中國》三周年的回顧與自省〉等文。出版《輿論與民主政治》一書。十一月十九日，胡適自美返台，在《自由中國》三周年紀念會上，鼓勵「人人應把言論自由看作最寶貴的東西，隨時隨地努力爭取，努力維持」。中日文化經濟協會成立，張群為會長，雷震為幹事長。年底，社方與亞洲協會簽約，自一九五三年起，亞洲協會長期購買《自由中國》雜誌一千本，一九五四年起增購五百本。

一九五三年 三月間，臺灣省政府主席吳國楨離職，隨即稱病赴美不歸。雷震自三月起陸續被免除國策顧問、中央銀行監事、國民大會籌備委員等職。十一月中，王世杰因「兩航案」被蔣介石以「蒙混舞弊，不盡職守」而被免職。雷震在《自由中國》發表〈國民大會要走到哪裡去〉、〈教育行政應有示範作用——談守法〉（社論）、〈輿論界的反省（為本刊第五年開始而作）〉，在《公論報》發表〈輿論是民主政治的基石〉等文。出版《監察院的將來》一書，主張將監察院改為參議院，立法院改為眾議院。

一九五四年 年初，設計委員端木愷遭到國民黨開除黨籍的處分。一九五四年二月，吳國楨在美陸續發聲抨擊政府。陸軍總司令孫立人轉任榮譽職的總統府參軍長。雷震因為《自由中國》刊登讀者投書「搶救教育危機」被註銷國民黨黨籍。在《自由中國》發表〈行憲六年〉（社論）、〈行憲與守法〉（社論）、〈我們需要怎樣的行政院長〉（社論）、〈這是國民黨反省的時候〉（社論）、〈確立文人治軍制度〉（社論）等文，在《祖國》週刊發表〈反對黨與民主政治〉等文。在〈我們五年來工作的重點〉一文中強調：自由與民主；實行法制建立政治制度；希望出現有力反對黨；團結民主國家和反對力量；鼓勵自由經濟的制度；建立獨立性與批評性的輿論。

一九五五年 美國國務院邀請訪美並為眼疾赴美就醫，未獲准出國，胡適作保亦無法改變。八月二十日，孫立人因郭廷亮所謂「匪諜案」而辭職。

一九五六年 十月三十一日，蔣介石七十誕辰，《自由中國》出版「祝壽專號」為自由派人士向蔣介石建言之總集，言人所不敢言者。胡適的「述艾森豪的兩個故事給蔣總統祝壽」，希望蔣介石努力做一個無智而能「禦眾智」，無能無為而能「乘眾勢」的元首。雷震的「謹獻對於國防制度的意見」，批評國防組織法與國防會議。「祝壽專號」大為暢銷，後加印十三版，引起黨、團軍刊物的圍攻。雷發表「我們的態度」，強調「對人無成見，對事有是非」。

一九五七年

四月《制憲述要》在香港出版。困擾的印刷問題，在黃少谷等人協助下，於五月間暫告解決。七月起，《自由中國》陸續刊登系列社論「今日的問題」，全面討論國事。八月二日，雷震致信胡適，希望胡出面領導一個新的政黨，胡謝絕，並回信給雷：「我平生絕不敢妄想我有政治能力可以領導一個政黨，……如果臺灣真有許多渴望有個反對黨的人們，他們應該撇開一切毫無事實根據的『訛言』、『流言』——例如胡、蔣在美國組黨的妄傳——他們應該做點切於實際的思考，他們應該自己把這個反對黨建立起來，應該用現有的可靠的材料與人才做現實的本錢，在那個現實的基層上，自己把這個新政黨組織起來。胡適之、張君勱、顧孟餘……一班人都太老了，這些老招牌都不中用了。」

一九五八年

「今日的問題」系列社論以〈反對黨問題〉為總結，認為「反對黨是解決一切問題關鍵之所在」。四月一〇日，胡適回國就任中央研究院院長。五月二七日，在自由中國社餐會上胡適公開主張由知識份子來組織一個在野黨。胡適說：「現在可否讓教育界、青年、知識份子出來組織一個不希望取得政權的在野黨」。接著《自由中國》發表社論「積極開展新黨運動」，大聲鼓吹新黨。同時李萬居、吳三連、高玉樹等七八人發起組織「中國地方自治研究會」。六月，出版法修正案於立法院通過。《自由中國》在社論〈國民黨當局應負的責任與我們應有的努力〉中稱：出版法修正案通過，使出版品不待法院的審判，行政官署可直接徑行予以處分，這是立法史上可恥的一頁，鼓勵大家努力爭取言論自由。

一九五九年

陳懷琪事件發生，陳懷琪控告社方偽造讀者投書。三月三日，雷震到台北地方法院應訊。其後胡適發表〈因陳懷琪事件給自由中國社的一封信〉、〈容忍與自由〉，要自由中國社忍耐，還向雷說「個人榮辱事小，國家前途事大，要多多忍耐」。三月二十五日，雷震應傳到法院二次應訊。其後王雲五上書當局，請寬大為懷，就此息事。六月亞洲協會購書合約期滿，未與社方續約。

一九六〇年

二月《自由中國》發表社論〈敬向蔣總統作最後的忠告〉。三月，雷震發表〈在國民大會反對修改憲法和臨時條款的書面意見〉，反對修改臨時條款以達修憲連任。在國大審查會表決修改臨時條款時，雷震並未出席，王世杰表示反對。三月二十一、二十二日，正副總統選舉，雷震均未出席投票。蔣介石、陳誠當選正副總統。地方選舉前，參加集會，要求選舉公平。五月十八日，非國民黨籍人士舉行選舉改進檢討會，主張成立新黨，來要求選舉之公正，實現真正的民主。於是決議即日起組織「地方選舉改進座談會」。六月十五日，「選舉改進工作座談會」發表聲明，決定：一，已成立選舉改進座談會，將督促政府辦好選舉；二，籌組新黨，為真正民主而奮鬥。六月二十五日，召開選舉改進座談會第一次委員會，推舉雷震等十六人為召集委員。翌日召集人會議，推雷震、李萬居、高玉樹為發言人。七月十二日，雷震、夏濤聲、傅正赴彰化演講。在台中召開中部四縣市座談會，出席者近百人，雷震在場演講，聲明新黨十月前成立，決定爭取下屆縣市議員。七月二十四日，參加嘉雲地區座談會。七月二十九日《中央日報》刊登社論〈論政黨的承認問題〉，不承認新黨。八月底發表緊急聲明，宣佈將在九月底成立新黨。九月四日，「雷震案」爆發，雷震、傅正、馬之驌、劉子英四人被捕。《自由中國》停止發刊。胡適兩度在美打電報給陳誠，主張司法審判，九月九日，張君勱長電蔣介石，要求釋放雷。長女雷德全在《紐約時報》發表文章，為父抗議。九月十二日，選舉改進座談會，改名「中華民主黨籌備會」，要求釋放雷。九月底，殷海光、夏道平、宋文明共同發表聲明，願為所寫社論負起法律責任。九月二十八日起，殷海光陸續發表「我看雷震和新黨」、「法律不會說話」、「雷震並沒有倒」等文。十月八日，當局以「知匪不報」、「為匪宣傳」兩項罪名判處雷震有期徒刑十年。十月二十三日，胡適由美返台，稱如傳他作證，願出庭。十一月二十三日，當局維持原判，胡適對記者表示：「大失望……」。

一九六一年

一月十日，國防部拒絕雷震申請提起非常審判，認為原判於法並無不當。一月，在第五屆臺灣縣市議員選舉，中國民主黨籌備會曾往各地為新黨人士助選，其後停止活動，「中國民主黨」胎死腹中。二月初，四十六位社會名流、學者胡適、李濟、蔣匀田等上書蔣介石，為雷震申請特赦，未准。陰曆五月二十六日，胡適手書南宋詩人楊萬里的詩〈桂源鋪〉賀獄中雷震生日。

一九六二年 二月二十四日，胡適在南港中央研究院酒會上心臟病突發逝世。

一九六三年 立委齊世英主辦的《時與潮》雜誌一六六期刊登〈訪宋英問雷震獄中生活〉，並附雷震親筆的「獄中自勵詩」。《時與潮》因而被停刊一年，雷震被罰停止接見家屬六個月。雷獲悉實情後，向獄方提出抗議。

一九六六年 八月五日，教育部去函台大，擬聘殷海光為該部研究委員會委員，其目的想讓殷海光離開台大。八月二十六日，殷海光見校長錢思亮，雙方議定形式上殷仍為台大教授，但停止授課。九月，有關方面到殷家勸其接受教育部聘書，遭至殷怒斥：「我殷海光在這裡！」並說：「我敢拿生命打賭，我不會接受那張聘書，我也不會去做官。」

一九六九年 九月十六日，殷海光因肝癌逝世，享年五十歲。

一九七〇年 陰曆新年，雷震自寫春聯貼牢房門上：「十年歲月等閒度，一生事業盡銷磨」，橫聯「所幸健存」。在獄中所寫四百萬字《回憶錄》遭軍監沒收。九月四日出獄前，被迫寫下誓書，由王雲五、谷正綱、陳啟天三人見證，保證「絕不發生任何不利於政府之言論與行動，並不與不利於政府之人員往來」。九月四日，十年刑期屆滿，清晨六時出獄；九月十六日，參加在懷恩堂舉行的殷海光教授逝世一周年紀念會，流淚追述殷海光一生追求真理的無畏精神。

一九七二年 為中山文化基金會以「中華民國憲法詮真」為題，從事專題研究，月領新臺幣四千元。在南港墓園買五十坪荒山預備做墓地。

一九七五年 七月五日，與家人至日月潭慶祝生日，遭到特務監視。

一九七六年 整理南港墓園，命名為「自由墓園」。除預留夫婦墓穴外，將亡兒雷德成與《自由中國》編委羅鴻詔、殷海光的骨灰，一齊移葬墓園中。

一九七七年 九月，自印《我的母親》一書兩百本，分送友好，在印刷廠內被沒收。

一九七八年 十月下旬常頭痛，到醫院檢查有腦瘤；十一月七日，在榮總醫院開刀取出腦瘤。十二月，《雷震回憶錄——《我的母親》續篇》經由香港七十年代雜誌社正式出版。立遺囑：「死後火化，不進殯儀館，不發訃文，不開弔」。

一九七九年 三月七日，病逝於榮總醫院，享年八十三歲。火化後安葬於自由墓園。墓碑自題：「自由中國半月刊發行人，中國民主黨籌備委員雷震之墓」。司馬文武、宋英、徐復觀等人先後發表文章悼念。

一九八〇年 八月，《八十年代》發表〈雷震・胡適與中國民主黨——記近代臺灣民主運動的一段歷史並悼念雷震先生〉一文。

一九八一年 三月，《八十年代》刊登悼念雷震的文章及陳在君〈雷震先生年譜簡編〉。

一九八二年 三月，《亞洲人》推出雷震逝世三周年紀念專題，刊登宋英、楊永幹紀念文字。四月《亞洲人》刊登〈薪盡火傳——中國民主黨組黨始末〉一文。

一九八八年 四月二十九日，「一九六〇年雷震案平反小組」成立，要求軍人監獄發還雷震被沒收的《日記》與《回憶錄》，與監察院徹底重查「雷案」，還雷震當年受冤誣的清白。四月三十日，發生所謂雷震《回憶錄》焚毀事件。八月五日，監察委員謝昆山提出彈劾案。八月，劉子英赴大陸定居前，致函宋英女士，說明其在非自由意願下自白，承認為匪諜，誣陷雷震。

一九八九—一九九〇年 一九八九年三月四日，「雷震逝世十周年紀念演講會」在耕莘文教院舉行。傅正主編的《雷震全集》共四十七冊，由桂冠圖書股份有限公司出版。一九九〇年，九月七日至九日，召開「臺灣民主自由的曲折歷程——紀念雷震案三十周年學術研討會」，同名論文集於一九九二年出版。

一九九六年 七月七日、八日，殷海光基金會舉辦「紀念雷震先生百歲冥誕暨傅正先生逝世五周年『跨世紀臺灣民主發展問題』學術研討會」，除發表學術論文外，雷震夫人宋英、其兒女雷德甯、雷德全及故舊朱養民、宋文明、馬之驌、聶華苓、殷海光的夫人殷夏君璐女士、以及林毓生、趙天儀、林正弘、陳宏正等人齊聚一堂，見證臺灣民主發展歷程，探討未來臺灣民主的走向。同月，薛化元著《《自由中國》與民主憲政——一九五〇年代臺灣思想史的一個考查》由稻香出版社正式出版。

一九九九年 任德育著《雷震與臺灣民主憲政的發展》，經由國立政治大學正式出版。

二〇〇一年 中研院近史所出版《萬山不許一溪奔——胡適雷震來往書信選集》，萬麗娟編注，潘光哲校閱。二月二十六日，陳水扁總統接見雷震家屬與同僚，同意協尋雷震在獄中回憶錄等資料，並指示立刻成立「專案小組」。二月二十七日，成立「雷震先生現存資料調查專案小組」，隨後展訪談四十九位軍方關係人，清查十八萬八千卷檔案等資料。五月十八日，有關部門召開「故雷震先生現存資料記者說明會」。

二〇〇二年 九月四日，政府公開為雷震平反。國史館正式出版《雷震案史料彙編》兩冊，將當年「雷震等人涉嫌叛亂案」的真相大白於天下。媒體呼籲讓「民眾更加瞭解臺灣過去的歷史」，進而讓歷史見光、見日。十月二十四日，大陸媒體《南方週末》首次揭載「雷震案真相」，刊發范泓〈萬山不許一溪奔——雷震案真相〉一文。

二〇〇三——二〇〇四年 二〇〇三年二月，大陸知名刊物《老照片》刊登范泓〈雷震與《自由中國》半月刊〉、邵建〈《自由中國》的兩個「容忍與自由」〉等文；國史館出版《雷震案史料彙編：黃杰警總日記選輯》；二〇〇三年九月，遠流出版公司出版《雷震家書》、《雷震回憶錄之新黨運動黑皮書》。二〇〇四年五月范泓著《風雨前行——雷震的一生》經由廣西師大出版社正式出版，入圍首屆「華語圖書傳媒大獎」（歷史類）。

二〇〇七年 國史館推出《雷震案史料彙編》系列電子書光碟，包含四大內容：一，《國防部檔案選輯》；二，《雷震獄中手稿》；三，《黃杰警總日記選輯》；四，《雷震回憶錄焚毀案》。

二〇〇八年 范泓著《風雨前行—雷震的一生》易名《民主的銅像——雷震先生傳》，經由秀威資訊科技股份有限公司出版，在臺灣發行。

二〇一二年 三月七日，雷震去世三十三周年，「雷震紀念館」暨雷震研究中心在國立政治大學社會科學資料中心正式揭幕。由馬英九總統揭牌。馬英九以深深一鞠躬，向雷震家屬與所有曾為自由民主奮鬥過的人士，表達歉意與敬意。

二〇一三年 九月，范泓全新增訂版《民主的銅像——雷震傳》在台北問世（台北：秀威資訊出版）。

主要參考書目

傅正主編《雷震全集1—43冊》（台北：桂冠圖書公司，一九八九年，南京大學圖書館館藏）

一九四九年—一九六〇年《自由中國》半月刊（台北：自由中國社，南京大學圖書館館藏）

陳世宏、張世瑛、許瑞浩、薛月順編《雷震案史料彙編：雷震獄中手稿》（台北：國史館，二〇〇二年）

陳世宏、張世瑛、許瑞浩、薛月順編《雷震案史料彙編：國防部檔案選輯》（台北：國史館，二〇〇二年）

陳世宏、張世瑛、許瑞浩、薛月順編《雷震案史料彙編：黃杰警總日記選輯》（台北：國史館，二〇〇三年）

馬之驌著《雷震與蔣介石》（自立晚報社文化社，一九九三年十一月第一版）

萬麗娟編《胡適雷震來往書信選集》（台北：中研院近代史研究所，二〇〇一年十二月）

任德育著《雷震與臺灣民主憲政的發展》（台北：國立政治大學，一九九九年五月）

雷震著《雷震回憶錄——《我的母親》續篇》，（香港七十年代雜誌出版社，一九七八年十二月初版）

雷震著《雷震家書》（台北：遠流出版公司，二〇〇三年九月第一版）

雷震著《雷震回憶錄之新黨運動黑皮書》（台北：遠流出版公司，二〇〇三年九月第一版）

王中江著《殷海光評傳》（台北：水牛圖書事業有限公司，一九九七年九月）

薛化元著《《自由中國》與民主憲政——一九五〇年代臺灣思想史的一個考察》（台北：稻鄉出版社，一九九六年七月）

張忠棟著《胡適五論》（台北：允晨文化實業股份公司，一九九〇年）

張忠棟著《胡適．雷震．殷海光——自由主義人物畫像》（台北：自立晚報社文化部，一九九〇年）

蔣勻田著《中國近代史轉捩點》（香港：香港友聯有限公司，一九七六年版）

張斌峰編《殷海光文集・四冊》（武漢：湖北人民出版社，二〇〇一年十月）
曹伯言整理《胡適日記全編・八冊》（合肥：安徽教育出版社，二〇〇一年十月第一版）
耿雲志、歐陽哲生編《胡適書信集・三冊》（北京大學出版社，一九九六年九月第一版）
唐德剛著《胡適雜憶》（北京：北京華文社，一九九〇年二月第一版）
胡頌平著《胡適之先生晚年談話錄》（中國友誼公司，一九九三年九月第一版）
胡頌平編著《胡適之先生年譜長編初稿》（台北：聯經出版事業公司，一九八四年）
雷德全著《我的母親——宋英》（台北：桂冠圖書股份有限公司，一九九六年十一月初版）
柏楊（郭衣洞）口述、周碧瑟執筆《柏楊回憶錄》（台北：遠流出版公司，一九九六年版）
陶百川等編纂《最新綜合六法全書》（台北：三民書局，一九九四年版）
潮見俊隆、利谷信義編《日本法學者》（東京日本評論社，一九七四年）
夢花編《最美麗的顏色——聶華苓自傳》（南京：江蘇文藝出版社，二〇〇〇年一月第一版）
聶華苓著《三生三世》（天津：百花文藝出版社，二〇〇四年一月第一版）
陳芳明著《殖民地摩登：現代性與臺灣史觀》（台北：麥田出版社，二〇〇四年六月一日初版）
錢永祥著《縱欲與虛無之上》（北京：三聯書店，二〇〇二年十月第一版）
陳峰著《中國憲政史研究綱要》（貴陽：貴州人民出版社，二〇〇三年一月版）
張皓著《派系鬥爭與國民黨政府運轉關係研究》（北京：商務印書館，二〇〇六年二月第一版）
魏誠著《《自由中國》半月刊內容演變及其政治主張》（台北：政治大學新聞研究所碩士論文，一九八四年）
陳儀深著《《獨立評論》的民主思想》（台北：聯經出版事業公司，一九八九年五月初版）
鄭大華著《張君勱傳》（北京：中華書局，一九九七年十二月第一版）
梁漱溟著《憶往談舊錄》（北京：中國文史出版社，一九八七年）

金沖及著《轉折年代——中國的一九四七年》（北京：三聯書店，二〇〇二年十月第一版）
《被遺忘的大使司徒雷登駐華報告》（南京：江蘇人民出版社，一九九〇年第一版）
《胡適選集．政論》（台北：文星書店，一九六六年版）
《毛澤東文選》第四卷（北京：人民出版社，一九九三年版）
《顧維鈞回憶錄》（北京：中華書局，一九八九年三月第一版）
《國共談判文獻資料選輯》（南京：江蘇人民出版社，一九八四年四月第二版）
張玉法著《中華民國史稿》（台北：聯經出版事業公司，二〇〇一年七月二版）
陶百川著《困勉強狷八十年》（台北：東大圖書公司，一九八六年版）
李敖、胡虛一編著《雷震研究》（台北：李敖出版社，一九八八年五月五日初版）
蔡明雲主編《臺灣百年人物2》（台北：玉山社，二〇〇五年三月初版）
李永熾監修，薛化元主編《臺灣歷史年表：終戰篇Ｉ》，（台北：國家政策研究資料中心，一九九〇年）
《張君勱先生七十壽慶紀念論文集》（台北，南京大學圖書館館藏，一九五六年一月）
張忠棟、李永熾、林正弘主編《現代中國自由主義資料選編》（台北：唐山出版社，一九九九年）
《國民參政會紀實．上、下、續編三冊》（重慶：重慶出版社，一九八七年六月第一版）
《南京國民政府紀實》（合肥：安徽人民出版社，一九九三年七月第一版）
《民國軍政人物尋蹤》（南京：南京出版社，一九九一年十二月第一版）
宋英等編《傅正先生紀念集》（台北：桂冠圖書公司，一九九一年第一版）
〔日〕家永三郎著《日本近代憲法思想史研究》（東京：岩波書店，一九六七年）
王世杰著《王世杰日記》（台北：中研院近史所，一九九〇年初版）
陳旭麓、李華興主編《中華民國史辭典》（上海：上海人民出版社，一九九一年八月第一版）

〔美〕費正清編《劍橋中國晚清史》（北京：中國社會科學社，一九八五年二月第一版）

蔣永敬、李雲漢、許師慎編著《楊亮功先生年譜》（台北：聯經出版事業公司，一九八八年版）

沈雲龍、林泉、林忠勝等《齊世英先生訪問記錄》（台北：中研院近史所，一九九七年三月二版）

葉石濤著《一個臺灣老朽作家的五十年代》（台北：前衛出版社，一九九一年版）

曾逸昌編著《悲情島國四百年》（曾逸昌，一九九七年十一月十一日初版）

王作榮著《壯志未酬——王作榮自傳》（台北：天下遠見，一九九九年第一版）

周谷編著《胡適、葉公超使美外交文件手稿》（台北：聯經出版事業公司，二〇〇一年版）

左成慈著《余紀忠辦報思想與實踐研究》（南京：南京大學出版社，二〇〇三年九月第一版）

賀照田編選《殷海光學記》（上海：三聯書店，二〇〇四年七月第一版）

廖宜方著《圖解臺灣史》（台北：易博士出版社，二〇〇四年十二月初版）

薛月順、曾品滄、許瑞浩編注《從戒嚴到解戒——戰後臺灣民主運動史料彙編（一）》（台北：國史館，二〇〇二年七月）

周琇環、陳世宏編注《組黨運動——戰後臺灣民主運動史料彙編（二）》（台北：國史館，二〇〇二年七月）

蘇瑞鏘著《戰後臺灣組黨的濫觴——「中國民主黨」組黨運動》（台北：稻鄉出版社，二〇〇五年初版）

蘇瑞鏘著《超越黨籍、省籍與國籍——傅正與戰後臺灣民主運動》（台北：前衛出版社，二〇〇八年一月初版）

陳正茂主編《左舜生先生晚期言論集》（中研院近史所史料叢刊（28），一九九六年五月初版）

陳正茂編著《五〇年代香港第三勢力運動史料蒐秘》（台北：秀威資訊，二〇一一年五月初版）

（其他文獻、報紙、期刊從略）

Do人物01 PC0330

民主的銅像
──雷震傳

作　　者／范　泓
主　　編／蔡登山
責任編輯／鄭伊庭
圖文排版／詹凱倫
封面設計／陳佩蓉

出版策劃／獨立作家
發 行 人／宋政坤
法律顧問／毛國樑　律師
製作發行／秀威資訊科技股份有限公司
地址：114 台北市內湖區瑞光路76巷65號1樓
電話：+886-2-2796-3638　傳真：+886-2-2796-1377
服務信箱：service@showwe.com.tw
展售門市／國家書店【松江門市】
地址：104 台北市中山區松江路209號1樓
電話：+886-2-2518-0207　傳真：+886-2-2518-0778
網路訂購／秀威網路書店：https://store.showwe.tw
國家網路書店：https://www.govbooks.com.tw

出版日期／2013年9月　BOD一版　**定價**／620元

|獨立|作家|
Independent Author
寫自己的故事，唱自己的歌

民主的銅像：雷震傳 / 范泓著 -- 一版. -- 臺北市：獨立作家, 2013. 09
面； 公分. -- (Do人物 ; PC0330)
BOD版
ISBN 978-986-89761-8-4 (平裝)

1. 雷震 2. 臺灣傳記

783.3886 102015663

國家圖書館出版品預行編目

讀者回函卡

感謝您購買本書，為提升服務品質，請填妥以下資料，將讀者回函卡直接寄回或傳真本公司，收到您的寶貴意見後，我們會收藏記錄及檢討，謝謝！

如您需要了解本公司最新出版書目、購書優惠或企劃活動，歡迎您上網查詢或下載相關資料：http:// www.showwe.com.tw

您購買的書名：________________________________

出生日期：________年________月________日

學歷：□高中（含）以下　□大專　□研究所（含）以上

職業：□製造業　□金融業　□資訊業　□軍警　□傳播業　□自由業

□服務業　□公務員　□教職　□學生　□家管　□其它____

購書地點：□網路書店　□實體書店　□書展　□郵購　□贈閱　□其他

您從何得知本書的消息？

□網路書店　□實體書店　□網路搜尋　□電子報　□書訊　□雜誌

□傳播媒體　□親友推薦　□網站推薦　□部落格　□其他________

您對本書的評價：（請填代號　1.非常滿意　2.滿意　3.尚可　4.再改進）

封面設計____　版面編排____　內容____　文／譯筆____　價格____

讀完書後您覺得：

□很有收穫　□有收穫　□收穫不多　□沒收穫

對我們的建議：________________________________

____

____

____

請貼
郵票

11466
台北市內湖區瑞光路 76 巷 65 號 1 樓
獨立作家讀者服務部 收

（請沿線對折寄回，謝謝！）

姓　　名：＿＿＿＿＿＿＿＿　年齡：＿＿＿＿　性別：□女　□男

郵遞區號：□□□□□

地　　址：＿＿＿＿＿＿＿＿＿＿＿＿＿＿＿＿

聯絡電話：(日) ＿＿＿＿＿＿＿＿ (夜) ＿＿＿＿＿＿＿＿

E-mail：＿＿＿＿＿＿＿＿＿＿＿＿＿＿＿＿